Albrecht Lehmann

Im Fremden ungewollt zuhaus

Albrecht Lehmann

Im Fremden ungewollt zuhaus

Flüchtlinge und Vertriebene in Westdeutschland 1945–1990

Verlag C. H. Beck München

Mit 28 Abbildungen im Text und einer Karte

CIP-Titelaufnahme der Deutschen Bibliothek

Lehmann, Albrecht:
Im Fremden ungewollt zuhaus : Flüchtlinge und Vertriebene in Westdeutschland 1945 – 1990 / Albrecht Lehmann. – München : Beck, 1991
ISBN 3 406 35298 7

ISBN 3 406 35298 7

Reproduktion der Abbildungen: Brend'amour, Simhart GmbH & Co KG, München
Satz: C. H. Beck'sche Buchdruckerei, Nördlingen
Druck und Bindung: May + Co, Darmstadt
Gedruckt auf alterungsbeständigem (säurefreiem) Papier
gemäß der ANSI-Norm für Bibliotheken
Printed in Germany

Inhaltsverzeichnis

I. Einleitung

Etwa 12 Millionen Menschen sind am Ende des Zweiten Weltkriegs aus Ostdeutschland und den deutschen Siedlungsgebieten Osteuropas geflohen oder vertrieben worden. Etwa jeder fünfte, vielleicht jeder vierte, der heute in Deutschland lebt, stammt aus den Gebieten des Ostens oder kommt aus einer Familie von Vertriebenen und Flüchtlingen.[1] Diese erzwungene Massenwanderung der Jahre 1945 und 1946 ist in der europäischen Geschichte ohne Beispiel. Doch schon zehn Jahre danach fand das Thema, wie andere Massenschicksale der Nachkriegszeit, etwa das der Kriegsgefangenen, in der politischen, wissenschaftlichen und publizistischen Öffentlichkeit nur noch wenig Interesse. Bereits in den 1960er Jahren hatten sich die Vertriebenen nach der allgemein geltenden Auffassung in der Gesellschaft der Bundesrepublik aufgelöst.[2] Sie waren „integriert“, wie es nun überall hieß. Das Wort „Integration“ mußte besonders den Politikern gefallen, denn was damit gemeint war, bedeutete die erste große soziale und politische Leistung der Bundesrepublik. Darauf konnten und wollten die Parteien und Verbände stolz sein. Tatsächlich hatten sich die Neubürger in ihrer Mehrheit nicht politisch radikalisiert. Sie waren auch nicht infolge ihrer wirtschaftlichen Benachteiligung, wie es eine Zeitlang befürchtet worden war, zu einem „fünften Stand“ geworden. Statt dessen hatten die Zugezogenen nach der Währungsreform schnell eine akzeptable Arbeit gefunden und danach gemeinsam mit denen, die schon länger im Westen lebten, die neue Gesellschaft, die westdeutsche Bundesrepublik aufgebaut.[3]

Was Integration meinte, das hatte sich von Anfang an vor allem auf den wirtschaftlichen Bereich des gesellschaftlichen Lebens bezogen. Da waren die Erfolge tatsächlich für hiesige und ausländische Beobachter grandios. Doch so gravierende Einschnitte in das Leben, wie diese oft unter erschreckenden Begleitumständen erzwungenen Umsiedlungen lassen sich nur selten „endgültig“ von Menschen bewältigen. Sie beeinflussen überdies das Denken und Handeln nicht nur derer, die unmittelbar davon betroffen sind, sondern auch das in den Familien und in den sozialen Kreisen, in denen sie ihr Leben führen. Als Ängste, Abneigungen, Vorurteile, als Stolz auf eigene Leistungen und als Gefühl der Dankbarkeit gegen hilfsbereite Menschen sind Erfahrungen des Jahres 1945, ihre Geschichte bis in unsere Gegenwart hinein präsent.

Wie dieses Geschehen bei Kriegsende und in den nachfolgenden Jahren in den Köpfen einzelner Menschen und im kollektiven Bewußtsein bis heute wirkt, das ist die leitende Frage dieses Buches. Ich will mich dabei so konsequent wie möglich darum bemühen, meine Fragen an die über 40jährige Geschichte der Flüchtlinge in Westdeutschland von der Gegenwart des Jahres 1990 aus zu stellen. Welches Bild von Heimat, der alten im Osten und der zweiten Heimat in Westdeutschland, brachten die Vertriebenen mit, als sie in Niedersachsen, Bayern oder Hamburg ankamen, dort auf ihre Rückkehr warteten und sich dennoch nach und nach einzurichten begannen? Wie erinnern sie sich heute der ersten Nachkriegszeit, als sie in engen Notunterkünften mit ihren Familien ein neues Leben begannen? Was ist geblieben von der Erfahrung, daß sie für lange Zeit von großen Teilen der Einheimischen als „Fremde" behandelt und als Konkurrenten auf dem Arbeits- und Wohnungsmarkt abgelehnt wurden? Sind sie bereit, einen Zusammenhang zur heutigen Situation der Aussiedler aus Polen oder anderer Einwanderer zu sehen? Wie wurden sie mit den politischen Entwicklungen in einer Welt fertig, die ihnen schon bald vor Augen führte, daß der Verlust ihrer Heimat im Osten endgültig ist? Und schließlich: Was wissen ihre Kinder und Enkel davon? Wie denken sie darüber? Von wem und auf welchen Wegen haben sie davon erfahren?

In der Öffentlichkeit war der Flüchtling, diese „Gestalt einer Zeitenwende"[4] rasch in Vergessenheit und als sozialer Typ ins politische Abseits geraten. Dafür hatten nicht zuletzt die versteinerten politischen Standpunkte in den Vertriebenenverbänden gesorgt. Aber in den Familien blieben die Erfahrungen des Heimatverlusts und seiner Folgen über die Jahrzehnte hin am Leben. Diese Geschichte ist dort endlos und in steter Wiederholung in allen nur denkbaren Gefühlstönungen durchgesprochen worden. Zuerst in der Hoffnung auf Rückkehr. Lange Zeit voll Wehmut. Zeitweilig mit Aggressionen gegen die Vertreiber. Ich habe vieles davon in meiner Familie, die 1945 aus Schlesien nach Niedersachsen gekommen ist, selbst erfahren. Die Flüchtlingserinnerung durchlebte im Erzählen zwischen Eltern und Kindern die Geschichte der Nachkriegszeit. Der Generationenkonflikt, der in den späten 1960er Jahren im Hörsaal und auf der Straße ausgetragen wurde, hatte in den Wohnzimmern und Schulklassen begonnen. Und er setzte sich dort fort. Die offenere Ostpolitik in der Ära Brandt gab den alten Themen neues Gewicht. Gewöhnlich war es ein Kampf der Söhne und Töchter gegen die Väter. An den Müttern war es, zu vermitteln. Mit der Zeit ist zwischen Eltern und Kindern Ruhe eingekehrt. Die Eltern und die erwachsenen Kinder haben inzwischen andere Probleme. Aber die Älteren haben nun vielfach ein neues Auditorium gewonnen, aufmerksame Zuhörer, ihre Enkel. – „Großeltern und Enkel sind natürliche Alliierte."[5]

Überall läßt sich in Familien beobachten, daß dort inzwischen ohne die alten Konflikte mit großem Interesse und einer neuen Bereitschaft zum

Auskunftgeben und zum Zuhören über die Nachkriegszeit, über die alte Heimat und deren Verlust, über die Flüchtlingszeit und die Aufbaujahre geredet wird. Ähnliches gilt für die publizistische Öffentlichkeit; es gibt ja inzwischen auf dem Buchmarkt eine vielfältige Literatur über das Leben in der alten Heimat im Osten, über deren Verlust und den abenteuerlichen Gewinn einer neuen Heimat im Westen. Auch die Beheimatung der Polen in Pommern und Schlesien wird darin einfühlsam erörtert. In Romanen und Lebenserinnerungen – aus der Perspektive der Großelterngeneration geschrieben – ist viel von ausgetretenen Pfaden, Storchennestern und dunklen Wäldern die Rede und immer wieder von den Schrecknissen der Fluchtstraßen des Jahres 1945. Oft sind es nostalgische Erinnerungen von Adligen[6]. Manches ist aus kritischer Distanz und in der Absicht der Versöhnung zwischen den Deutschen und den Völkern des Ostens geschrieben, manches erfüllt die Voraussetzungen des Unterhaltungsromans[7]. Allein die Verkaufszahlen dieser Jugenderinnerungen und Reiseschilderungen beweisen, wie wichtig dieses zeitweilig ins Abseits geratene Thema für viele Familien und auch für die Öffentlichkeit mittlerweile wieder ist. Die Lektüre regt aufs neue zu Gesprächen an. Durch Erzählungen in der Familie oder durch Lektüre angeregt, wollen viele daraufhin ihr Geburtshaus in Schlesien oder Pommern noch einmal sehen. Vielleicht auf einer Erinnerungsreise von einem jahrzehntelang gehegten Bild der alten Heimat endgültig Abschied nehmen. Vielfach sind es die Kinder und Enkel, die nun allein oder gemeinsam mit den Älteren aufbrechen, um ihre „Wurzeln" zu suchen. Es dürften inzwischen Hunderttausende sein, die sich auf die Reise in die eigene Erinnerung oder in die Erinnerung ihrer Eltern oder Großeltern begeben haben. Im Land des Ostens treffen die Reisenden auf die neuen Bewohner. Viele lernen die heutigen Schlesier oder Pommern als gastfreundliche Menschen kennen. Wiederum werden ihre Wahrnehmungen mit Bildern im Kopf konfrontiert. Die Flüchtlingserzählung hat ja nicht nur nostalgische Stimmungsbilder, Fluchterzählungen und die Erfolgsstories der Integration tradiert, sondern für lange Zeit auch ein aggressives und unversöhnliches Stereotyp vom „Polen" und „Russen". Es wirkt bis in unsere Gegenwart hinein.

Das Thema berührt auch auf andere Weise unsere Gegenwart. In unserem Zeitalter der Flüchtlinge kann die Geschichte dieser Begegnung von Einheimischen und Fremden den Prozeß des Einlebens in eine andere Gesellschaft und Kultur modellartig vor Augen führen. Das gilt trotz aller nicht zu übersehenden Unterschiede der ethnischen Gegebenheiten und historischen Voraussetzungen.

Es ist eine lange Linie von Erinnerungen, Traditionen und offenen Fragen im Erzählen zwischen den Generationen, auf der die Themen dieses Buches liegen. Sie ist voller Kontinuitäten und Spiegelungen, voller

Überlagerungen unterschiedlicher Zeitebenen und voller Tabus und Brüche. Dieses Buch soll ein Beitrag zu einer Erfahrungsgeschichte der westdeutschen Nachkriegszeit sein. Eine solche Geschichte von Erfahrungen und Mentalitäten läßt sich aus unterschiedlichen Perspektiven schreiben; etwa aus der ausdrücklich formulierten Sicht von Politikern, Wissenschaftlern, Geistlichen, Richtern, Schriftstellern, Verbandsfunktionären. Ich bin Ethnologe. Deshalb geht es mir um Entwicklungen und Wirkungen von Erinnerungen, Wünschen, Abneigungen in der alltäglichen Lebenswelt, um das Leben mit Erfahrungen und Ansichten bei Frauen und Männern aus den verschiedenen heute zusammenlebenden Generationen Erwachsener. Dabei habe ich mich darum bemüht, die Themen der Erinnerung aus der Sicht unterschiedlicher sozialer Positionen und sozialer Niveaus zu betrachten: Es sollen Frauen und Männer aus Familien zu Wort kommen, die viel an materiellem Besitz – ein Rittergut, ein großes Haus – verloren haben und Leute aus Mietwohnungen im Osten, Leute, die früher auf dem Dorf gelebt haben und heute in der Stadt wohnen; Arbeiter, Beamte, Angestellte.

Das Buch behandelt keinen exotischen Stoff, obwohl manche Erwartungen und Ängste der ersten Nachkriegsmonate für uns heute durchaus exotisch klingen können. Zum großen Teil kommen hier die gemeinsamen Erfahrungen von uns allen zur Sprache. Alle sind wir gemeinsam mit diesen Themen ein Stück durch die Geschichte gegangen, und wir leben mit ihnen in der Gegenwart.

Wer etwas über Erlebnisse und Ansichten erfahren will, muß einzelne Menschen zu Wort kommen lassen. Das wird in diesem Buch ausgiebig geschehen. Erzählte Lebensgeschichten, Selbstdarstellungen, Erinnerungsberichte von Frauen und Männern sind der Ausgangspunkt. Die Mehrzahl stammt aus den letzten fünf Jahren. Zur wichtigsten Quellengruppe sind Erzählungen von Flüchtlingen, ihren Kindern und Enkeln geworden, die wir im Rahmen eines Forschungsprojekts auf Tonband aufgenommen haben. Dieses Buch nutzt aber außerdem noch andere Quellen: Persönliche Aufzeichnungen in Reiseberichten und Tagebüchern – unsere Gesprächspartner haben sie uns stets bereitwillig überlassen –, wissenschaftliche Veröffentlichungen aus Volkskunde, Geschichte, Soziologie, Psychologie. Außerdem kommen Beiträge aus der Vertriebenenpresse und aus der „schönen Literatur“ in den Blick.

Eine wissenschaftliche Darstellung, etwa eine psychologische Doktorarbeit über „verwahrloste Mädchen“ aus dem Jahre 1951, kann uns den zeitspezifischen „moralischen“ Blick auf dieses verbreitete Nachkriegs-Flüchtlingsschicksal in exemplarischer Weise veranschaulichen.[8] Ein Heimatgedicht aus den 1960er Jahren kann in Inhalt und Form beispielhaft den Prozeß der Ablösung von der alten Heimat und ein Gefühl von Fremdheit in der neuen Umwelt des Westens andeuten. Romane vermitteln unabhängig von ihrem literarischen Wert, nicht anders als Kino, Fernsehen, Rundfunk und Zeitung, Erfahrungen und Wirklichkeiten aus zweiter Hand.[9] Das gilt etwa für die schon von mir genannten „Erzählungen von Adligen“ und Wiederbegegnungsromane, in denen Reisen nach Pommern, Schlesien oder Ostpreußen geschildert werden. Gelesenes hilft, die Welt zu deuten, liefert Diskussionsstoff und kann Identifikationsmuster anbieten. Gerade die Massenlesestoffe spiegeln die geläufigen Ansichten ihrer Epoche.

Weil kulturelle Bilder, Stereotype und Sichtweisen in der Öffentlichkeit, in den Familien und schließlich beim einzelnen meistens nicht konstant sind, sondern uns alle mit sich wandelnden Aspekten und sich wandelndem Gewicht durch die politischen und gesellschaftlichen Entwicklungen begleitet haben, ist es immer wieder notwendig geworden, verschiedene Zeitebenen in einer gemeinsamen historischen Perspektive zusammenzufassen. Von der Gegenwart aus sollen uns Rückblicke in Mentalitäten und Milieus die gebräuchlichen Auffassungen aus den 1950er, 1960er und 1970er Jahren wieder vor Augen führen und den Weg der Themen durch die Jahrzehnte der Bundesrepublik skizzenhaft illustrieren. Das selbstgerechte Urteil über „gefallene“ und „verwahrloste“ junge Frauen aus dem Munde der Psychologin des Jahres 1951 kann zur Erklärung beitragen für die Muster und Realitätsdeutungen in der Erzählung von Frauen, die 1990 über ihre Vergewaltigung durch Soldaten der Roten Armee sprechen.

Die lebensgeschichtlichen Erzählungen und Berichte, die wichtigste Quellengruppe dieses Buches, werden jeweils in Ausschnitten möglichst wortgetreu abgedruckt und in den lebensgeschichtlichen Zusammenhang der Erzählerinnen und Erzähler eingeordnet. Auf diese Weise sollen das Lebensalter, die berufliche Stellung, die Herkunftsgegend, die Lebenssituation und die Familienverhältnisse im Westen erkennbar werden. Gelegentlich werden die erzählten Geschichten durch Fotos illustriert. Es ist ein leitendes Darstellungsprinzip, daß die Auffassungen und Erlebnisse von Zeitzeugen ausführlich in ihren eigenen Worten wiedergegeben werden. Auf diesem Wege soll für den Leser ein möglichst hoher Grad von Nähe, vielleicht von Identifikation mit seinen Zeitgenossen erreicht werden. Da die Aussagen aber nicht allein in ihrer individuellen Dimension gesehen werden dürfen, sondern stets in ihrem sozialen, kulturellen und historischen Umfeld, sind kommentierende Hinweise geboten. Dabei muß ein Autor notgedrungen auf Distanz zu seinen Zeitzeugen gehen.

Erzählungen sind stets Ausdruck eines individuellen und kollektiven Bewußtseins. Mein Buch soll ein Beitrag zur volkskundlichen Erzählforschung sein, zu einer modernen Volkskunde, die sich vor allem als empirische Kulturwissenschaft, als historisch fundierte Bewußtseinsanalyse versteht. Was dabei herauskommt, kann, wie jede an Einzelschicksalen und historischen Dokumenten entwickelte Darstellung einer vergangenen Wirklichkeit, nicht das Ergebnis einer „exakt" arbeitenden Wissenschaft sein. Dagegen spricht, daß die Textgestaltung des Autors, nicht anders als die seiner Erzählerinnen und Erzähler, beständig von persönlichen Entscheidungen geleitet ist.

Als Autor wähle ich einen bestimmten Ausschnitt, den ich für ungewöhnlich oder beispielhaft oder nur für illustrativ halte, als Quelle für meine Schilderungen und Analysen aus. Dieses Vorgehen unterscheidet sich wesentlich von den Fragen, Forschungen und Ergebnissen einer Flüchtlings- und Migrationsforschung, die es auf der Basis möglichst umfassender Datenmengen unternimmt, die quantitativen Dimensionen des Wanderungsgeschehens und dessen soziale Folgen für die Gesamtgesellschaft zu beschreiben und zu analysieren.[10] Eine Sozialforschung, die auf dieser anonymen Quellenbasis beruht, bedarf stets als Ergänzung und zur schärferen Konturierung einer Schilderung und Analyse von Einzelschicksalen. Ein Problem qualitativer Natur – ein Prozeß des Einlebens, des Scheiterns, der Traditionsentwicklung oder der Erziehung – läßt sich mit Hilfe quantifizierender Verfahren nicht erkennen und analysieren. Andererseits gilt ebenso: Ein Vorgehen, das den Einzelfall oder das Schicksal einer kleinen Gruppe von Menschen beleuchten will, kann Ansprüchen nach Repräsentativität auf einem exakt durch Zahlenangaben beweisbaren Niveau niemals genügen.

Vieles, was in diesem Buch von den Zeitzeugen als Meinung geäußert wird, ist sehr persönlich gefärbt. Es steht in vielen Fällen unter dem Eindruck von Erinnerungen an eigene grausame oder enttäuschende Erlebnisse, unter den Nachwirkungen persönlichen Leids, oder es spiegelt die Auffassungen wider, die sich im Zusammenleben in der Familie herausgebildet haben. Bisweilen offenbaren sich in einseitiger Sichtweise Denkmuster und Stereotype, die bei manchem Leser des letzten Jahrzehnts des 20. Jahrhunderts Befremden, vielleicht sogar Empörung auslösen können. Das ist auch meinen Kolleginnen und Kollegen und mir in den Erhebungssituationen oft nicht anders ergangen. Aber die von den Betroffenen geäußerten Auffassungen sind ein Teil unserer westdeutschen Geschichte, und sie wirken in unsere Gegenwart hinein. Deshalb müssen diese Ansichten in einer Veröffentlichung zur Bewußtseinsgeschichte zur Kenntnis genommen werden. Wer persönliche Aussagen zur Quelle nutzen will, muß zunächst einmal akzeptieren können, daß das, was die Leute reden, bei ihm nicht immer Zustimmung findet. Erzählen geschieht nicht im Modus der Wahrheit, sondern im Modus der eigenen Betroffenheit.[11] Die Wissenschaft soll sich nicht zur Schulmeisterin oder zur unnachsichtigen Richterin aufschwingen. Nüchterne Analyse ist gefragt.

Es sind westdeutsche Perspektiven, Perspektiven aus der „alten" Bundesrepublik, die aus den unterschiedlichen Quellen sprechen; genauer gesagt, es sind Ansichten aus Norddeutschland. Die völlig andersartige Diskussion der „Umsiedlerfrage" in der ehemaligen DDR bleibt unberücksichtigt.

Unsere lebensgeschichtlichen Erzählungen und Selbstberichte entstammen teils älteren Erhebungen, teils einer Spezialuntersuchung zum Erzählen in Flüchtlingsfamilien. Seit Ende der 1970er Jahre haben wir an unserem Hamburger Institut für Volkskunde autobiographische Zeugnisse, vor allem lebensgeschichtliche Erzählungen, gesammelt. Diese Projekte sind, wie die vorliegende Flüchtlingsforschung, von der Deutschen Forschungsgemeinschaft finanziell gefördert worden. In der ersten Phase ließen wir unsere Informanten ihr Leben in möglichst freier Selbstdarstellung erzählen. Damals waren es vor allem Männer im Lebensalter um die sechzig Jahre, die uns als Informanten gegenübersaßen. Da war viel von dem Erlebnis des Krieges und der Kriegsgefangenschaft zu hören.[12] Viele wußten buchstäblich nichts mehr aus ihrem Leben zu berichten, als sie die Geschichte ihrer Kriegserlebnisse und ihrer Gefangenschaft zu Ende erzählt hatten. Ähnlich prägend – insbesondere bei Frauen aus den Ostgebieten – zeigten sich die Darstellungen des Heimatverlustes, der Flucht und der Nachkriegsjahre im Westen. Bei den Erhebungen der erste Phase sind 125 lebensgeschichtliche Erzählungen zusammengekommen. Darunter waren bereits eine Anzahl von Vertriebenen-Autobiographien. Von 1987 an sind in einer speziellen Erhebung lebensgeschichtliche Erzählungen von Flüchtlingen des Jahres 1945 und ihren Kindern und Enkeln aufgezeichnet worden. Hier ging es darum, die Informanten ausführlich über ihre eigenen Flüchtlingserfahrungen oder über die Erzählungen und Erlebnisse ihrer Eltern und Großeltern erzählen zu lassen. Dabei sind 120 Personen und Nachkommen von Personen aus den ehemals deutschen Ostgebieten, dem Sudetenland und aus Südosteuropa befragt worden. Die Interviewsituation war von uns so gewünscht, daß die Informanten in freier Darstellung zu einer Schilderung ihrer Erlebnisse und zu deren Beurteilung kommen sollten. Außerdem kam es darauf an, Leute in unterschiedlichen Lebensbedingungen und aus verschiedenen Altersgruppen zu Wort kommen zu lassen, Frauen und Männer, Arbeiter, Beamte, Angestellte. Etwa dreißig unserer Flüchtlinge der ersten Generation lebten bereits seit Jahrzehnten in einer norddeutschen Großstadt, und zwar in Hamburg, Bremen oder Hannover. Etwa ebenso viele hatten sich in Dörfern oder Kleinstädten Niedersachsens und Schleswig-Holsteins niedergelassen. Etwa je sechzig unserer Befragten gehörten der ersten, genauso viele der zweiten Vertriebenengeneration an. Die Älteren waren bereits „ältere Jugendliche" oder Erwachsene, als sie in den Westen kamen. Die Jüngeren sind im Westen geboren, teils in Familien, wo beide

Elternteile aus dem Osten kamen, teils in „Mischehen“, d.h. nur ein Elternteil war hier Flüchtling. Weil das wichtigste Milieu der Flüchtlingserinnerung und Schicksalserzählung die Familie ist, haben wir so oft wie möglich versucht, Eltern und Kinder aus einer Familie für unsere Erhebungen zu gewinnen. Meistens kamen die einzelnen Familienmitglieder nacheinander zu Wort. Gelegentlich haben wir Gruppengespräche in Familien und in Bekanntenkreisen aufgezeichnet. Neben den „Flüchtlingsgesprächen“ haben wir zehn ausführliche Gespräche mit „Einheimischen“ über ihr Zusammenleben mit den Neubürgern des Jahres 1945 geführt.

Unsere Partner haben mit großer Bereitwilligkeit, meistens voller Eifer erzählt, besonders die Älteren. Viele, die uns über vierzig Jahre nach dem Geschehen gegenübersaßen, waren offensichtlich froh, wieder einmal einen aufmerksamen Zuhörer – vor allem in einer jungen Wissenschaftlerin eine aufmerksame Zuhörerin – vor sich zu haben. Interviews in dieser Konstellation können sich der „natürlichen“ Großeltern-Enkel-Gesprächssituation annähern. In mehreren Fällen haben junge Frauen und Männer nach Gesprächen mit unserer Forschungsgruppe eine Befragung in der eigenen Familie unternommen, gezielte Gespräche mit ihren Eltern und Großeltern über die Flucht und die Nachkriegszeit und über deren politische und soziale Auffassungen geführt und uns die Tonbandaufzeichnung überlassen. Mit der Zeit ist eine reiche Anzahl sehr vielfältiger lebensgeschichtlicher Erinnerungen zusammengekommen, von der hier nur ein Bruchteil zur Veröffentlichung ausgewählt werden kann. *Alle unsere Informantinnen und Informanten erscheinen in diesem Buch mit einem Decknamen.*

Eine Anzahl der Befragten stammt aus Familien, in denen schon seit Jahren, zum Teil seit den 1950er Jahren „Heimaterinnerungen“ zum Thema erhoben worden sind. Einer der großen volkskundlichen Sammler traditionellen Erzählgutes, der Bremer Erzählforscher Alfred Cammann, hat seit den ersten Nachkriegsjahren über 1200 Befragungen von Flüchtlingen auf Tonband festgehalten.[13] Vor allem ging es ihm darum, (wie den Folkloristen des 19. Jahrhunderts in der Nachfolge der Brüder Grimm) Sagen und Märchen aus dem Osten für die Nachwelt vor dem Vergessenwerden zu retten. Deshalb hat er „gute Erzähler“ bevorzugt, Experten für Traditionsfragen. Cammann hat aber überdies seit den 1960er Jahren Erinnerungen seiner Informantinnen und Informanten zu ihren Fluchterlebnissen und zum Leben im Westen als „Schicksalsberichte“ aufgezeichnet. Davon sind einige in diese Untersuchung eingeflossen.

Ein Wort zum Sprachgebrauch in diesem Buch: Der Personenkreis, um den es geht, wird von mir als „Flüchtlinge“, „Vertriebene“ oder „Heimatvertriebene“ bezeichnet. Diese Begriffe werden synonym verwendet.

Das ist die pragmatische Lösung eines komplizierteren definitorischen Problems.[14] In der Umgangssprache der Nachkriegsjahre hat die Frage nach der säuberlichen Unterscheidung zwischen „Flüchtlingen", „Heimatvertriebenen" oder „Vertriebenen" schnell an Aktualität verloren; übrigens auch in den wissenschaftlichen Veröffentlichungen. Nachdem der Verlauf und die Bedingungen der Vertreibung aus Schlesien, Pommern und dem Sudetenland der Bevölkerung zu Bewußtsein gekommen waren, haftete dem Wort „Flüchtling" im allgemeinen Sprachgebrauch für einige Zeit etwas Pejoratives an. Wer von polnischen oder tschechischen Stellen gegen seinen erklärten Willen ausgewiesen worden war, der legte gerade Wert darauf, von den „Flüchtlingen", d.h. von denen unterschieden zu werden, die „freiwillig" vor Kriegsende aus Furcht vor der Roten Armee oder auf Anordnung der deutschen Behörden die Heimat im Osten geräumt hatten oder später aus der sowjetisch besetzten Zone in den Westen übergesiedelt waren. Wer auf Befehl der Besatzungsmacht das Land verlassen mußte, war ein „Vertriebener", anders wollte er nicht bezeichnet werden.

Hinzu kam gewiß auch, daß die Nachsilbe „ling" in einer Zeit, die teilweise noch das Sprachverhalten der Nationalsozialisten und der Front fortsetzte, unüberhörbar einen abschätzigen Beiklang besaß. So merkte Victor Klemperer[15] in seiner sprachanalytischen Studie an, daß die „Entnazifizierung" der Sprache in den ersten Nachkriegsjahren noch längst nicht vollzogen war. Überall redeten die Leute noch gern von „Heroismus", von heldischem Verhalten, selbst wenn diese Bezeichnung fehl am Platze war. Vielfach wurden noch die alten Negativbilder des Soldatenlebens ins Private übertragen. „Feigling" und „Flüchtling" aus dem Munde eines zackigen Sportlehrers lagen nicht nur phonetisch dicht beieinander. Auch das Lächerliche war nicht fern: Bückling, Engerling, Pfifferling. Wer entsprechende Vorurteile und Aggressionen hegte, der konnte jedenfalls eher auf einen „faulen Flüchtling"[16] schimpfen als auf einen „faulen Heimatvertriebenen".

Der Ausdruck „Vertriebener" bürgerte sich etwa ab 1948 ein. Die Charta der deutschen Heimatvertriebenen vom 5. August 1950 gibt diesen Stand der Begriffsentwicklung wieder. Bezeichnungen wie „Heimatverwiesene", „Neubürger", „Ausgewiesene", „Aufzunehmende" hatten wegen ihres künstlichen Charakters keine Chance, populär zu werden.

Schließlich setzte sich im Alltag der Ausdruck „Flüchtling" als Selbst- und Fremdbezeichung durch. Er existiert allerdings nicht in der offiziellen Sprache der Behörden und in der Sprache der Bevölkerungsstatistik. Dort gibt es nur „Vertriebene" und „Sowjetzonenflüchtlinge". In Institutionen der Länder und Gemeinden mußte eine Unterscheidung zwischen „Flucht" und „Vertreibung" hinderlich sein, weil sie de facto im Westen belanglos war und unnötige Konflikte bei Behördengängen und zwischen den verschiedenen Gruppen von „Neubürgern" nach sich ziehen konnte. Schon nach kurzer Zeit ging das Gefühl für diese Differenzierung der Nachkriegsjahre im täglichen Leben weithin verloren. Zwischen „Flüchtlingen" und „Heimatvertriebenen" gab es nach vorherrschender Auffassung keinen Unterschied mehr. Für einige Zeit stand nun der Bevölkerungsteil der „Flüchtlinge" oder „Vertriebenen" als ein geschlossener Block der Mehrheit – den „Einheimischen" – gegenüber. Die Existenz der 1950 gegründeten Flüchtlingspartei BHE – Bund der Heimatvertriebenen und Entrechteten, ab 1952 Gesamtdeutscher *Block*/BHE – bringt dieses Blockdenken anschaulich zum Ausdruck. Gelegentlich wurden die als Gegensatz empfundenen sozialen Kategorien in einer anderen Dichotomie sprachlich verkürzt, wenn die Rede von den „Ostdeutschen" und den „Westdeutschen" war.

Für das Selbstbewußtsein einer Person dürfte es nicht folgenlos gewesen sein, wenn sie von Bekannten und Kollegen schließlich das Etikett „Flüchtling" angeheftet bekam, gegen das sie sich jahrelang gewehrt hatte, weil sie es als eine Art Schimpfwort empfand.

Die Literatur über die Vertriebenen und Flüchtlinge füllt inzwischen ganze Bibliotheken. Neben einer breiten Belletristik lassen sich in der ersten Phase, die bis in die 1960er Jahre reicht, „Schriften über Vertriebene" und „Schriften für Vertriebene"[17] unterscheiden, wissenschaftliche Untersuchungen und Literatur als Lebenshilfe. Letztere besteht aus Heimatbüchern, Erinnerungsbüchern, Kalendern, und sie erscheint teilweise bis in die Gegenwart hinein in beachtlichen Auflagen.[18] Von seiten der Wissenschaft liegen umfangreiche Dokumentationen über das Geschehen der Vertreibung der Deutschen aus Ostmitteleuropa vor[19], daneben gibt es Arbeiten zur Integrationsforschung und zum Wanderungsgeschehen[20], zur Regional- und Siedlungsforschung[21] und zu Fragen der Flüchtlingsseelsorge.[22] Zu allem existiert inzwischen eine breite Sekundärliteratur, die einen zuverlässigen Überblick über die verschiedenen Aspekte unseres Themas und seine interdisziplinären Verknüpfungen ermöglicht.[23]

Seit den 1960er Jahren hat das Interesse an Flüchtlingsfragen wie überall in der Gesellschaft auch in den Wissenschaften nachgelassen. Einzig in der Volkskunde[24] ist Flüchtlingsforschung über die Jahrzehnte hin kontinuierlich betrieben worden, teils fachspezifisch-dilettierend mit romantischen Rettungsvorstellungen, teils wissenschaftlich reflektiert mit Methoden einer empirischen Kulturforschung.[25] So konnten Detailuntersuchungen zeigen, daß die Vertreibung für die Betroffenen in ihren Folgen nicht allein als Verlust eines kulturellen Hintergrundes und für die altansässige Bevölkerung nicht nur als ökonomische Last gesehen werden darf. Sie initiierte auch einen kulturellen Austauschprozeß, an dem beide Gruppen zu ihrem eigenen Vorteil beteiligt waren.

In jüngster Zeit läßt sich nun neuerlich ein allgemeines Interesse für die Nachkriegsgeschichte und dabei auch für das Thema „Vertreibung und Integration“ in verschiedenen Wissenschaften feststellen. Für Zeithistoriker und für Sozialwissenschaftler wird unser Thema wieder wichtig, weil sich nach 1945 soziale und politische „Umbrüche“[26] ereigneten und Entwicklungen begannen, die bis in die Gegenwart unser politisches und gesellschaftliches Leben bestimmen, etwa die anhaltenden Veränderungen – die „Modernisierung“ – der Dörfer, wozu wesentliche Impulse durch den Zuzug der Flüchtlinge ausgegangen sind.[27]

Ein Wechsel der Forschergenerationen, die sukzessive Freigabe von Archivbeständen und ein durch die Gastarbeiter- und Asylantenfrage sensibilisiertes Interesse an Prozessen des kulturellen Austauschs und an den Chancen und Hindernissen für ein übergenerationelles Einleben in eine andere Kultur sind weitere Ursachen für ein interdisziplinäres Interesse an Fragen der Migrations- und Flüchtlingsforschung. Die neuen Arbeiten unternehmen es oft in überzeugender Weise, die Milieus der Flüchtlinge und der Einheimischen, die Konfliktzonen und gemeinsamen Ziele minutiös zu beschreiben und zu analysieren. Sie erlauben uns einen Rückblick auf eine vergangene Zeit, die für jeden aufmerksamen Beobachter noch überall erkennbar in unsere Gegenwart hinein reicht. Aus Archivstudien entstandene Veröffentlichungen geben Einblick in soziale Institutionen und Entwicklungen, sie lassen erahnen, mit welchen Problemen einzelne Frauen und Männer damals konfrontiert waren. Die subjektive Seite, die Wechselwirkung von Lebensgeschichte und historischem Prozeß, kann ihnen freilich nur zwischen den Zeilen entnommen werden. Deswegen rufen die Studien zur Zeitgeschichte und noch mehr die Arbeiten zur Migrationsforschung[28] und zur demographisch fundierten Sozialanalyse – Forschungen, welche die „rein“ quantitativen Dimensionen des Wanderungsgeschehens untersuchen – nach einer kulturwissenschaftlichen Ergänzung, nach einer individualhistorischen Sichtweise.

In dem hier vorliegenden Buch werden nach dem Einleitungskapitel zunächst Erinnerungen an die Situation bei der Ankunft im Westen und an die ersten Schritte zur Beheimatung (Kap. II) erörtert. Das dritte Kapitel wendet sich der Funktion und der sozialen und geschichtlichen Bedeutung des Erzählens zu, d.h. der Frage nach den Traditionswegen und Traditionsformen von Erfahrungen, Erinnerungen und Ansichten zwischen den Generationen. Dabei will ich auch der Frage nach den sozialen und kulturellen Folgen des Erzählens für die politische und kulturelle Entwicklung der Jüngeren und für die allgemeine Entwicklung der westdeutschen Nachkriegskultur nachgehen. Als Folgen des Erzählens erweisen sich etwa die Reisen der Kinder in die verlorene Heimat ihrer Eltern oder Ansichten zu gegenwärtig in Deutschland lebenden Ausländern.

Es ist ein weiter Weg des Bewußtseins gewesen, den die Flüchtlinge des Jahres 1945 und ihre Kinder gemeinsam zurückgelegt haben. Am Anfang war die Erinnerung an die Schrecken des Krieges, die Besatzungszeit im Osten, die Enttäuschung über „dieses" Kriegsende und über den Tatbestand der Vertreibung und die Art ihrer Ausführung übermächtig. Damals sind kulturelle Fremdbilder – Stereotype – gefördert und fixiert worden, die teilweise bis in unsere Tage hineinwirken. Es war vom einzelnen her betrachtet tatsächlich eine Zeit des „Zusammenbruchs", eine Katastrophe. Viele konnten sich auch deshalb ihr eigenes Überleben in den Bombennächten und auf dem Eis des Frischen Haffs nur als Teil eines Heilsplans vorstellen, als Ergebnis einer Führung durch höhere Mächte. Ein Engel, die Jungfrau Maria, das „Schicksal" hatten geholfen. In Teilen der Bevölkerung – für uns Heutige kaum noch nachvollziehbar – verselbständigten sich Gerüchte, Prophezeiungen, aggressive Wunschbilder und Rachegelüste. Das konnte bis zur Hoffnung auf einen letzten atomaren Krieg gehen, nach dessen Ende die Heimat – von den verhaßten Kommunisten, den „Vertreibern" gereinigt – wieder von den rechtmäßigen Besitzern bezogen werden könnte. Absurde Ängste und Wünsche hatten in dieser Zeit der allgemeinen Unsicherheit, den Jahren des Kalten Krieges in den Familien und Milieus der Flüchtlinge, in Lagern und Notunterkünften in manchen Gegenden im „Volke" weite Verbreitung und eine nicht zu unterschätzende mentale Wirkung. Gewiß waren das oft Äußerungen des „Aberglaubens", der Rache und des Hasses. Aber es sind zugleich Dokumente von Hoffnungslosigkeit. Diesen eigenartigen Gedankengebilden widmet sich das letzte Kapitel (Kap. IV). In ihm wird noch einmal Rückschau gehalten auf die Schrecken und Obsessionen dieser Jahre. Es ist eine Zeit, die nicht viel weiter als vierzig Jahre zurückliegt und dennoch dem Vorstellungsvermögen eines heutigen Westeuropäers so fern, wie die Schreckenswelt Bombays oder der Erdbebenzonen Armeniens.

Ein Teil der hier veröffentlichten Fotos ist uns von Informantinnen und Informanten großzügig zur Verfügung gestellt worden, ein Teil ist dem Archiv des Hamburger Dokumentarfotografen Erich Andres entnommen worden, eines unbestechlichen Beobachters und Dokumentaristen menschlicher Schicksale in unserem Jahrhundert. Für die in diesem Buch wiedergegebenen Fotos gilt, daß sie nicht in erster Linie als Illustration zu verstehen sind, sondern als Quelle und Dokument zu bestimmten Aussagen des Textes ein eigenes Gewicht beanspruchen.

Für das Zustandekommen dieses Buches ist an erster Stelle den zahlreichen Informantinnen und Informanten zu danken. Besonders für die Älteren waren die Erinnerungen oft voller Strapazen, eine sorgenvolle Erinnerungsarbeit, bei der die Schrecken jener Jahre wieder lebendig vor Augen standen. Mein besonderer Dank gilt Karin Hesse. Sie hat die Untersuchung von ihren Anfängen an in Diskussionen und durch ihre

Bayerisches Staatsministerium für Arbeit und Sozialordnung

Beteiligung an den Interviews begleitet. Mein Dank gilt Roswitha Bethge, Kristine Ackermann, Brigitta Schmidt-Lauber und Hans Joachim Schröder. Sie haben Interviews erhoben, Korrektur gelesen und mir in vielen Gesprächen ihre Eindrücke vermittelt. Den Kollegen Alfred Cammann, Ulrich Tolksdorf sowie Christa und Günter Petschel gilt mein Dank, weil sie mir großzügig Tonbandinterviews, Transkripte und Bildmaterial überlassen haben.

II. Ankunft

1. Zufallsheimat

Gegenwärtig wird der Öffentlichkeit meistens eine sehr einheitliche Sicht von der Nachkriegszeit vermittelt: Bilder von verwüsteten Städten, überall Menschenmassen – als endlose Flüchtlings- und Kriegsgefangenentrecks, als Schlangen vor Lebensmittelgeschäften. Das kennzeichnet in den Massenmedien den äußeren und inneren Zustand der Bevölkerung nach dem „Zusammenbruch". Von den Flüchtlingen und Heimatvertriebenen wird fast unbesehen vorausgesetzt, es hätte damals ein einheitliches Flüchtlingsschicksal gegeben. Derartige Typisierungen des Alltags kennen wir auch aus der Gegenwart, wenn es um Massenschicksale geht. Asylsuchende und Flüchtlinge aus den unterschiedlichsten Kulturen und Regionen bekommen leichthin ein Etikett wie „Ausländer", „Gastarbeiter", „Asylant" angeheftet. Keinen einzigen beschreibt es zureichend. Andererseits sind Vereinheitlichungen unumgänglich. So bedürfen nicht zuletzt die sozialpolitischen Maßnahmen stets der Abstraktion von der Unterschiedlichkeit der individuellen Schicksale.

Bei genauerem Hinsehen waren auch beim Massenschicksal der Heimatvertriebenen die Unterschiede nicht geringer als die Gemeinsamkeiten. Sie waren Hausfrauen, Arbeiter, Beamte gewesen. Sie hatten als „Existenz" einen Bauernhof verloren oder als junge Akademiker eine Arbeitsstelle und eine Mietwohnung. Der Bauer mußte im Westen in seinem „zweiten Leben" für Jahre als Handlanger auf eine Baustelle gehen oder als Landarbeiter aushelfen. Das Leben im Westen bedeutete fast immer eine berufliche Neuorientierung für ihn. Für den Beamten stellte sich die Flucht nach einer Übergangszeit, die er möglicherweise ebenfalls auf einem Bauernhof verbracht hatte, oft nur als ein Wechsel der Arbeitsstelle dar, den er vielleicht schon längere Zeit für sich im Lebensprogramm hatte. Neben beruflichen Unterschieden bestanden weitere Differenzen zwischen einzelnen Gruppen. Ob einer aus dem industriell-städtischen Milieu des Sudetenlandes oder aus einem pommerschen oder ostpreußischen Bauerndorf stammte, ob eine Familie Ende 1944 vor der Roten Armee mit Pferd und Wagen und einigem Hausrat geflohen oder ein Jahr später mit 40 kg Handgepäck aus einer niederschlesischen Kleinstadt ausgewiesen wurde, ob es sich um Familien ohne Vater, um entlassene Soldaten, um Kriegsgefangene, um alte Leute handelte, all das bestimmte die Ausgangssituation im Westen und die Chancen zur „Integration" nachhaltig. Nicht anders, wenn man sich die Aufnahmebedingungen der Flüchtlinge in Westdeutschland ansieht: Holsteinische protestantische Gutsdörfer, kleinbäuerliche Gemeinden im katholischen Bayern, Industriereviere, Großstädte.

Eine Minderheit war bei Kriegsende vor der Roten Armee ausgewichen und bei Verwandten oder Bekannten im Westen untergekommen. Als der Krieg zu Ende war, mußten sie erkennen, daß aus ihrer „Besuchsreise" ein „Umzug" geworden war. Einzelnen Familien oder Betrieben, oft ganzen Ortschaften, besonders aus dem Sudetenland, gelang es, sich „geschlossen" in Bayern niederzulassen.[29] Diese planvolle Form der Beheimatung war, wie der „Verwandtenbesuch", die Ausnahme. Für die meisten war der Neuanfang im Westen von Zufall und Willkür regiert. Wer auf diese Weise im Westen ankam, lebte für gewöhnlich zunächst in einem Lager oder als Untermieter in einer provisorischen Unterkunft. Später fand sich oft am Ort eine größere Mietwohnung. Der Schulbesuch und die berufliche Ausbildung der Kinder band die Familie an den Ort oder die Gegend. So blieben alle weiterhin in der Gemeinde oder Region, in der im Jahre 1945 ihr Transport zufällig haltgemacht hatte.

Frau Gabriele Dettmann, die als erste unter unseren Gewährsleuten zu Wort kommt, hat die Geschichte ihrer Flucht und ihres Lebens in der Nachkriegszeit niedergeschrieben. Aus Schlesien hatten sich ihre Eltern (der Vater war Justizbeamter) mit drei Töchtern im Oktober 1944 auf die Flucht begeben. Die Reise, immer wieder von Kurzaufenthalten unterbrochen, zog sich über Monate hin. Fürs erste machten sie für einige Wochen in Prag Station. Von dort wurden sie zur Weiterfahrt gezwungen. Die Nachkriegszeit, Flucht, Vertreibung, Trümmerbeseitigung, die erste Phase des Wiederaufbaus, war die „Stunde der Frauen".[30]

„So verließen wir am 8. März 1945 alle miteinander Prag und reisten über Eger nach Hof. Wir ahnten nicht, daß der Rest der Familie aus Jauer sich ganz in unserer Nähe befand. Der Waggon des Güterzuges, mit dem wir anfangs gereist waren, war nach längerer Irrfahrt irgendwann in Mitterteich in der Oberpfalz abgekoppelt und stehengelassen worden. Als die Familie merkte, daß nun nichts mehr geschah, stieg sie aus, kam irgendwo unter – und blieb für immer in Mitterteich."

Ähnlich vom Zufall bestimmt verlief die Ankunft von Frau Hedwig Mühl, die aus einem Dorf bei Hirschberg in Schlesien stammt. Sie hat mit ihrem Ehemann bis zu ihrem Tode in den 1960er Jahren im niedersächsischen Ort Scheeßel gelebt. Bereits 1957 hat sie die folgende Geschichte auf Tonband erzählt. Ihr Schicksalsbericht stand zwölf Jahre nach den Ereignissen noch deutlich unter dem Eindruck des Fluchtgeschehens. Offenbar wußte sie damals recht sicher, daß sie eine Heimkehr nicht mehr erleben würde.

„Das war nämlich so. Wie uns die Polen rausgeschmissen hatten, da kamen wir ja in einen Viehwagen. Die Dächer waren durchlöchert. Es regnete und regnete und alles war kleckenaß, was man mitgebracht hat. Das Bett und das Brot. Es war alles pfitzenaß [Schlesisch: pfützenaß], und da sein wir mit Ach und Krach bis hier nach Rotenburg [Wümme] gekommen. Und dort wurden wir ausgeladen. Da saßen wir auf dem Bahnhof. Ach, und mir war schon alles ganz egal. Ich blieb sitzen halt und rührte mich nicht. Und die anderen waren schon alle fort, und da kam ein Wachtmeister, ein sehr freundlicher Mann, der sagte: ‚Na, was ist mit Euch, habt Ihr geschlafen?' Und da sage ich: ‚Ja, ich bin sehr müde!' – ‚Na, dann schlaft doch weiter', sagt er. Und dann ging er wieder. Eine Zeit drauf kam er wieder, und da meent er: ‚Ich werde Euch mal was sagen, da steht ein Auto. Die Autos seht Ihr doch dort? Da sind sie schon alle oben!' Und da waren ganz viele Autos, zehn oder noch mehr. – ‚Klettert doch auf das hier drauf, was ich Euch zeige, da kommt Ihr wenigstens nach Scheeßel. Dort habt Ihr eine Bahnstation!' – ‚Gut', sag ich, ‚wir klettern da drauf.' Und auf diese Weise sein wir nach Scheeßel gekommen. Sonst wären wir vielleicht in einem Gummidorfe geblieben, wo es weder eine Bahnstation und eine Kirche und noch sonst etwas gibt. Gibt's hier in Scheeßel ja alles. Das ist ja ganz schön. Bloß mit den Wohnungsangelegenheiten, aber das ist ja überall dasselbe. Aber vor unserem Fenster das Feld und der Busch [Schlesisch: Wald], da können wir im Sommer Pilze suchen und Holz lesen und Beeren sammeln, da geht es immer noch. Das läßt man sich ja noch gefallen."[31]

Diese Ankunftserzählung besticht durch das Bildhafte der Erinnerung. Die Erzählerin hat Menschen und Situationen – den Wachtmeister, die wartenden Autos – wieder genau vor Augen. Diese Genauigkeit zeichnet viele der Geschichten über die ersten Tage in der neuen Umgebung aus. Präzision und Farbigkeit des Erinnerns sind Indizien für die lebensgeschichtliche Bedeutung von Ereignissen; einer Bedeutung, die allerdings meistens erst später erkannt wird. In einem Prozeß der Erinnerung und in unzähligen Gesprächen werden die Ereignisse immer wieder aufs neue rekapituliert, gedanklich „bearbeitet" und bewertet.

Aus der Lebensgeschichte von Frau Mühl wissen wir, daß sie sich in das Dasein in der norddeutschen Gemeinde, die sie in manchem an den Herkunftsort im Osten erinnerte, schließlich noch gut eingelebt hat, obwohl sie bereits über fünfzig Jahre alt war, als sie dort ankam. Des Alters und auch ihres schlesischen Dialektes wegen blieb sie, wie viele der heute bei uns lebenden Ausländer der ersten Generation, überwiegend in ihrem „Einwanderermilieu". Ihre wichtigste Bezugsgruppe – ihr „Kreis" – blieben die Schlesier des Ortes. 1954 hat sie mit ihrem Ehemann bei der Gründung einer schlesischen Trachten- und Volkstanzgruppe mitgewirkt. Dieses bewußte Festhalten an den Traditionen der alten Heimat ist unter Angehörigen der ersten Flüchtlingsgeneration verbreitet gewesen. Hermann Bausinger[32] hat bei dieser Lebensweise von „sentimentalischer Beharrung" gesprochen und diesen durch bewußtes Handeln charakterisierten Verhaltenstyp einer „naiven" Form des Beharrens gegenübergestellt. Bei letzterer wurde die Tradition unreflektiert – nach Art einer Selbstverständlichkeit – beibehalten. Der Boden war für eine Pflege von Heimat-Erinnerungen in der kleinen niedersächsischen Gemeinde Scheeßel besonders günstig. Hier bestand bereits seit Anfang des Jahrhunderts ein Heimatverein[33] zur Erhaltung des niedersächsischen Brauchtums, des Laienspiels, Volkstanzes und Gesanges. Deshalb konnten die Schlesier den selbstbewußten Niedersachsen die „Eigenständigkeit" ihrer Kultur besonders eindrucksvoll demonstrieren.

Frau Mühl beurteilt ihren neuen Wohnort mit den Worten: „Das läßt man sich ja noch gefallen." Dergestalt dürfte auch sonst ihr Urteil über die dortigen Siedlungsverhältnisse ausfallen. Sie ist froh, in einen „richtigen Ort" mit Bahnhof gebracht worden zu sein, in einen runden, um eine Kirche zentrierten Ort, fast wie in ihrer alten Heimat. Sie ist nicht in einem Straßendorf untergekommen, einem „Gummidorf". Auch das Feld vor dem Fenster und der Wald erinnern sie an früher. Sie hat im Norden, zufällig hier ausgeladen, keine „richtige Heimat" gefunden, sondern das, was die Flüchtlinge und Heimatvertriebenen der ersten Generation überall in Deutschland die „zweite Heimat" nannten, nachdem ihnen bewußt geworden war, daß es keine Rückkehr in den Osten geben konnte. Diese Form der Beheimatung teilt sie mit Frau Dettmann, für deren Familie die Eisenbahn zufällig in der Oberpfalz anhielt.

Wie viele in diesen Wochen, wußten Frau Dettmann und Frau Mühl bei der Ankunft nicht, daß sie für den Rest des Lebens im Westen bleiben würden. Teils engagiert, teils widerwillig betrieben sie ihre Beheimatung an einem zufälligen Ort. Nach der langen Zeit der „Reise" und der Mühsal wollten sie zunächst in einem halbwegs sicheren Provisorium zur Ruhe kommen. Wichtig ist auch, daß sie am neuen Ort nicht sich selbst überlassen blieben, sondern „betreut" wurden. Sie wurden von Vertretern der Behörden oder anderen offiziellen Stellen in Empfang genommen. Es gab Flüchtlingsämter und Flüchtlingsbetreuer. Schon ein „Wachtmeister" konnte für Frau Mühl zur Respektsperson werden. Diese Bereitschaft, den Betreuungsbestrebungen durch staatliche Stellen unverzüglich Folge zu leisten, läßt sich auf dem Hintergrund eingelebter Verhaltensmuster in einem autoritären Staat in den Jahren des Naziregimes und der Kriegsjahre leicht begreifen. Die ersten Monate der Nachkriegszeit kommen uns heute zu Recht in vielem wie eine Anarchie vor. Doch diese Gehorsamsbereitschaft gehört ebenso ins Verhaltensinventar wie die kurzentschlossene Neigung zum „Organisieren", zum Nahrungsdiebstahl und zur Rücksichtslosigkeit.

Auch Herr Albert Arlt ist in einer ländlichen Umwelt geblieben. Er lebt mit seiner aus Breslau stammenden Frau und dem Sohn im eigenen Haus in einer Stadt im Harz. 1988 erzählte uns dieser pensionierte Schulleiter seine Geschichte. Der 20jährige Sohn und die drei Jahre ältere Tochter sehen sich heute – „natürlich" – als Niedersachsen. Wenn Herr Arlt über sich nachdenkt, kommt er zu dem Ergebnis, er sei, wie alle Flüchtlinge von damals, längst „voll integriert": „Häuser haben wir ja inzwischen auch alle." – Eine „Zufallsheimat" war die Harzregion, in der er seit 1946 wohnen geblieben ist, allerdings nicht, denn es bedurfte für ihn einiger Mühe und Geschicklichkeit, um überhaupt dorthin zu gelangen. Nach einer zweijährigen Kriegsgefangenenzeit in den USA war er in ein Entlassungslager in Nordfrankreich transportiert worden. Der Charakter des Schelmenstücks wirkt selbst in der distanziert-nüchternen Schilderung unseres Zeugen noch stilbildend. Seine Erinnerung erlaubt einen Blick in die kurze Nachkriegsanarchie, in der Etikettenschwindel mit der eigenen Vergangenheit, falsche Papiere, falsche Namen, „Persilscheine" an der Tagesordnung waren.

„Das Lager Bolbec war von der amerikanischen Armee eingerichtet. Es wurde aber von den französischen Behörden verwaltet und versorgt. In dem Lager sollte es nun eine sogenannte Einzonierung geben. Man stellte uns dar, daß die Gefangenen eine Einzonierungsnummer bekämen, mit der ihr zukünftiger Wohnplatz bestimmt war. Kriegsgefangene, die ihren Heimatort außerhalb der Gebiete der französischen, amerikanischen, englischen oder russischen Zone hatten, d.h. also überwiegend in den deutschen Ostgebieten, kriegten ebenfalls Nummern. Nach diesen Nummern wurden sie dann einem Gebiet in Westdeutschland oder in Mitteldeutschland zugewiesen. Ich erfuhr von einem, daß ich auf Grund meiner letzten Heimatangabe ‚Kreuzburg' in Zone 13 käme. Und da hörte ich auch, daß diese Zone 13 ein Gebiet in der russischen Zone war. Ein paar andere aus unserem Lager waren davon auch betroffen. Dahin wollte natürlich keiner. In unseren nassen Zelten berieten wir, wie wir aus dieser Affäre herauskommen könnten. Für mich ergab sich die Möglichkeit, daß ein Fliegerkamerad sagte, ich könne mit ihm in seine Heimat mitkommen, wenn ich den Einzonierungsleuten klarmachen könnte, daß ich dorthin gehörte.

Ich schrieb nun mit verstellter Handschrift einen Brief, der angeblich aus der Feder eines Herrn Matthies stammte. Diesen Namen hatte ich von meinem Freund erfahren. Herr Matthies war tatsächlich sein Schwager. Nun schrieb dieser Schwager an ihn, daß er das Schicksal von Frau Arlt, meiner Mutter, mit großer Aufmerksamkeit verfolge, und sie zusammen mit meiner Schwester zu sich eingeladen habe. Man kenne sich ja noch aus der Müttererholung im Vorharz. Und so habe Frau Arlt nun im Vorharz Zuflucht gefunden. Mit diesem Brief, der ja genaugenommen an meinen Freund gerichtet war, erschien ich bei der Lagerverwaltung, nachdem ich wirklich in Zone 13 einzoniert war. Dort beantragte ich nun die Umzonierung. Da hatten wir uns an solche Wörter wie ‚Umzonierung' schon gewöhnt.

Der Umzonierungsbearbeiter las sich den Brief durch, guckte mich an, der wußte natürlich auch, was da im einzelnen so lief. Dann winkte er ab und zonierte mich um, d.h. er gab mir eine neue Zahl. Die entsprach dem Kreise Alfeld an der Leine. Das war der Kreis, aus dem mein Kamerad kam. Und so bin ich in das Dorf Neuhof bei Lamspringe gelangt."

Diese Geschichte einer erfolgreichen „Flucht" vor der gefürchteten Umsiedler-Existenz in der sowjetisch besetzten Zone ins vergleichsweise komfortable Vertriebenendasein in Westdeutschland zeigt, wie heute aus der Distanz von vierzig Jahren erzählt wird: Erfolgsstories, Schwänke, Übertrumpfungsgeschichten sind typische Formen der Erinnerungserzählung. Herr Arlt ist seit seiner Ankunft wiederholt umgezogen, denn als ein aufstiegsorientierter Lehrer mußte er ein paar Mal den Dienstort wechseln. Allerdings hielt es ihn über die Jahrzehnte hin im Umkreis von fünfzig Kilometern von seinem niedersächsischen „Einzonierungsort".

Das Einleben in die neue Umgebung und in die Gesellschaft der Nachkriegszeit gelang Herrn Arlt wegen seinem jugendlichen Alter und seinem Beruf mühelos. Nach seiner trickreichen Entlassung aus dem Lager waren nur noch einige Formalitäten zu erledigen. Besonders die Anerkennung der Examina seines Pädagogik-Studiums – das er im wesentlichen in amerikanischer Kriegsgefangenschaft absolviert hatte – bereitete einige Mühen. Aber beim damaligen Lehrerbedarf war das in wenigen Wochen zu erreichen. Aus heutiger Erinnerung war die Zeit bis zu seiner beruflichen Etablierung nur ein unbedeutendes Zwischenspiel:

„Zwischen Bäumefällen und Ackerarbeit, Frühjahrsarbeit auf dem Akker, Kuhstallausmisten hatte ich das erledigt und konnte Pfingsten '46 in einem winzigen Walddorf mit einklassiger Landschule als Junglehrer bei einem anderen Flüchtlingslehrer anfangen, der dort einen noch nicht Entnazifizierten ersetzen mußte."

Ein paar Wochen vor unserem Gespräch hatte der Schulrat ihn bei der Abschiedsfeier zur Pensionierung wieder an seine Tage als Landarbeiter erinnert. Eine Notiz in der Personalakte, Herr Arlt hatte diese Episode aus der Zeit, da er tatsächlich noch ein „typischer" Flüchtling war, selbst schon fast vergessen:

„Der Weg für die meisten, wahrscheinlich für Millionen zurückgekehrter Soldaten war über Wochen, Monate oder manchmal auch länger der landwirtschaftliche Arbeiter, und das war ich auch. Nur wer Arbeit hatte, durfte auch ein Zimmerinhaber sein, hatte ein gewisses Recht, eine Wohnung zu bekommen. Wenn auch manche lange darauf warten mußten. Das war auch mein Schicksal, landwirtschaftlicher Arbeiter zu sein.

Was übrigens bei meiner Entlassung aus dem Schuldienst noch einmal aus den Unterlagen vorgelesen wurde."

Wie viele seiner Kollegen aus dem Osten hat Herr Arlt in den ländlichen Regionen Westdeutschlands schnell Tritt fassen können. Die Lehrerschaft und andere Teile des Beamtenapparats waren überall in großer Zahl entnazifizierungsbedürftig. Bis zum Abschluß der Verfahren waren deshalb in vielen Gemeinden autochthone Lehrer durch „Ostlehrer" zu vertreten oder zu ersetzen. In die Schulen, wie in die anderen Bereiche des öffentlichen Dienstes, sind schließlich selbst die überzeugtesten „Goldfasane" zurückgekehrt.

Herr Arlt merkte an seinem ersten Arbeitsplatz und auch sonst überall im Dorf, daß er bald von den Familien umworben wurde. Dazu trug sicherlich zu guten Teilen bei, daß er ein klares Hochdeutsch sprach. Sofern das bei „Ostlehrern" nicht zutraf, stießen sie häufig auf Ablehnung. Die Bemühungen, den sportlichen und musikalischen Junggesellen zum Schwiegersohn zu gewinnen, waren unverkennbar. Diplomatisch geschickt, spielte er eine Zeitlang mit. Zwei kritische Punkte, die seine Integration in die Dorfbevölkerung hätten verhindern können, trafen für ihn nicht zu:

„Sprach einer dieser Junglehrer davon, daß er seine Braut oder seine Frau oder seine junge Familie nachholen wollte, dann war er wenig beliebt, weil er nicht mehr als aussichtsreicher Freier in Frage kam. Wir Lehrer aus dem Osten wurden absolut nicht diffamiert. Ich kenne das auch aus anderen Dörfern nicht, aber es war so, daß es einem Einheimischen schon mal zustand, sich irgendwo in familiären oder sonstigen Dingen daneben benommen zu haben, irgendwie mit seiner Ehrlichkeit nicht ganz gesetzentsprechend gewesen zu sein. Bei aller Anerkennung des Flüchtlings als Mensch, sowas durfte sich keiner von ihnen leisten."

Die überzogenen Erwartungen an das Verhalten, von denen Herr Arlt hier spricht, haben unter den Flüchtlingen vielfach zu Formen von sozialer Überanpassung geführt. Bei Lehrern konnte ein besorgtes übervorsichtiges Benehmen nicht ohne Folgen für die Schüler bleiben. Klaus J. Bade hat aus lebensgeschichtlichen Interviews den Eindruck eines „stärkeren familiären Leistungsdrucks auf die zweite Generation" der Flüchtlinge in schulischer und beruflicher Hinsicht gewonnen. Er sieht hier die Folge einer „bis zum Versteckspiel mit der eigenen Identität reichende(n), demonstrative(n) Anpassungsbereitschaft der ersten Generation".[34] Das sind sozialpsychische Mechanismen, die auch bei den heute in der Bundesrepublik lebenden Ausländern häufig zu beobachten sind.

Aus einem anderen sozialen Milieu als die vorherigen Informantinnen und der Informant Albert Arlt kommt Hans Maletzke. Er entstammt einer feudalen gutswirtschaftlichen Ordnung und blieb ihr ein Leben lang verhaftet. Er ist Ostpreuße. Im Januar 1945 floh er vor der Roten

Armee. Mitte Februar 1945, also noch ein paar Wochen vor Kriegsende kam er in Schleswig-Holstein an. Er ist einige Jahre älter als Albert Arlt. Maletzke war während des Krieges für kurze Zeit in der Rüstungsindustrie beschäftigt. Deshalb war er vom Kriegsdienst freigestellt worden. Vor dem Krieg war er, der Tradition seiner Familie folgend, zunächst Landarbeiter geworden. Bis in die Gegenwart hinein ist Maletzke allen konjunkturellen Entwicklungen und sozialen Veränderungen zum Trotz Landarbeiter auf einem schleswig-holsteinischen Gut geblieben. Er hielt bis in die 1970er Jahre genau dem Hof die Treue, dem er kurz nach seiner Ankunft zufällig „zugeteilt" worden war.

Maletzke hatte sich im Durcheinander der Fluchtvorbereitungen der Familie seiner Verlobten angeschlossen. Sie war Landarbeiterin auf einem Adelsgut. Deshalb gehörte der junge Mann schließlich selbst zum Landarbeitertroß, denn seinen neuen Herrn, den ostelbischen Adligen, zog es zu Standesgenossen an die Nordsee. Maletzke und die anderen waren nun unverhofft „Ballast" geworden. Zusammen mit den Arbeitern konnte oder wollte sich die „feine Herrschaft" nicht bei den norddeutschen Freunden einquartieren. Der Eisenbahnwaggon mit dem Personal wurde kurz entschlossen auf einem Kleinstadtbahnhof abgekoppelt.

Maletzke:

„Wir waren 'ne gute Woche unterwegs, als wir hier in Oldesloe angekommen sind. Meine Schwiegermutter, die hat am 4. Februar Geburtstag. Und diesen Geburtstag hat sie ja im Waggon zugebracht. Das weiß ich noch genau. Wir kamen hier so Mitte Februar an. Da hat die ganze Flucht ja gut drei Wochen gedauert, und dann kamen wir in diese Königin-Luisen-Schule, und da lagen wir – das war am Wochenende – als wir in Oldesloe ankamen. Von da aus wurden wir dann auf die einzelnen Höfe verteilt. Wir wurden abgeholt mit Pferd und Wagen aus Oldesloe, aus der Königin-Luisen-Schule."

Interviewer:

„War das nun Zufall, daß Ihr in Oldesloe gelandet seid?

Maletzke:

„Wahrscheinlich nicht. Eine Bekannte von dem Besitzer oder von seiner Frau, die kannte hier jemanden in Sankt Peter-Ording. Er hat uns in Oldesloe hier abhängen lassen. Und er fuhr weiter bis nach Sankt Peter-Ording. Und dann wurden wir hier abgeholt, kamen hier in Schmachthagen bei Helmsen auf'm Hof an. Und da wurden wir verteilt. Und dann hieß es: 'Die da! – Die da! – Und die da!' Und wir kamen nun auf Gut H. hin. Da bekamen wir einen Raum angewiesen. Du kennst das ja genau. Neben der Frau St. die Wohnstube, die hatten wir bekommen. Wir waren da mit fünf Personen, nein sechs Personen in einem Raum."[35]

Nach einer kurzen Reise nach Cottbus, Bremen und Hamburg, die nach seiner Auskunft auch eine Suche nach einer anderen Bleibe und beruflichen Tätigkeit war, kommt er schließlich noch vor Kriegsende besuchsweise wieder auf das Gut H. Seine Anwesenheit auf dem Hof hält er damals noch nicht für einen bleibenden Zustand. Eigentlich hatte er bei seiner beruflichen Zukunftsplanung die Landarbeitertätigkeit aufgeben und an sein kurzes Zwischenspiel in der Rüstungsindustrie anknüpfen wollen. Doch als nach ein paar Wochen britische Truppen das norddeutsche Gebiet besetzen, müssen „laut Militäranweisung der Engländer" Listen mit den Namen der alten und neuen Gutsbewohner an die Haustüren geklebt werden. Herr Maletzke, der eben noch vom Dorf in die Stadt ziehen wollte, hatte dadurch ganz offiziell wieder eine Adresse bekommen. Er ist nun beinahe wieder in der gleichen Lage, wie vorher als Landarbeiter im Osten. Auch ein Stück Deputatland gehört zum Arbeitsverhältnis. Er wechselt den Ort, aber bleibt bis ans Ende seines Berufslebens im vertrauten Milieu:

„Ich fing dann Mitte Mai 1945 ständig auf H. zu arbeiten an. Es war ja Arbeit genug, zumal ja maschinell damals noch nichts zu bewältigen war... Bloß es fehlte ja damals noch an allen Ecken und Kanten. Wir hatten kein Bett gehabt. Wir hatten keinen Tisch, keinen Stuhl. Und denn zog da nachher die Ella D. raus aus dieser Wohnung, und wir kriegten die zwei Zimmer. Und oben wohnte die Frau H. aus Ostpreußen. Die war auch als Flüchtling da. Und diese Frau hatte zwei Pferde. Und das fand ich damals auch nicht ganz richtig, wie das gehandhabt wurde: Da war ein Baron von D., der hat seine Pferde auf'm Klee gehütet. Und diese arme Frau, die mußte auf'm Hof und an den Gräben das Gras von ihren Pferden abgrasen lassen. Die durften nicht raus. Der Baron von D., der hat seine schönen Pferde da auf'm Klee geweidet, nicht. Da wurden diese Unterschiede schon gemacht. Und auch besser untergebracht wurden Leute, wie die geflüchteten Grafen und Direktoren. Auf Gut H. war ja auch Frau Sch., ihr Mann war Bankdirektor. Die war im Gutshaus untergebracht, und dieser Graf von P., der war auch auf Gut H. Nachher hat er sich mit dem Besitzer (einem Grafen) befreundet und ging zu dem. Sie haben alle ihre besseren Unterkünfte gefunden. Das ist ja auch so: Die waren ja nicht so groß an Masse da, diese Leutchen. Die waren nur vereinzelt. Und da konnten die sich ja eben da besser mit denen beschnuppern und kamen da dann auch besser unter. Aber wir hatten es noch besser als die Prädikower, die kamen ein paar Tage nach der Kapitulation hier an. Und diese Leute kamen auch noch mit Pferd und Wagen. Und diese Leute haben ja tatsächlich im Kuhstall gehaust. ... Wir kriegten da also nachher die zwei Zimmer und Küche. Da konnte man wenigstens einigermaßen wohnen, platzmäßig gesehen. Und dann mußten wir eben sehen, daß wir uns durchs Leben fristen. Zu Essen gab's auch nicht so viel. Man kriegte zwar Lebensmittelmarken, aber das reichte ja bei weitem nicht aus. Die Versorgung im ländlichen Raum war so eingerichtet, daß sich jeder selbst versorgen mußte. ... Mein Schwiegervater ist dann auf Deputat gegangen, aber das war alles später, ich glaube im Herbst."

Herr Maletzke, dem beim Vergleich seines Schicksals mit dem der Direktoren und Adligen wieder einmal klar wurde, daß er zur „Masse" gehörte, hatte eine Bleibe gefunden. – „Durchs Leben gefristet" hatte sich seine Familie ohnehin schon immer. Hinzu kam, daß er zu einer gemeinsam angesiedelten Familie gehörte und dort Nestwärme zu spüren bekam. Schnell mußte er Verantwortung übernehmen. Als eine Chance sah er damals auch die Möglichkeit zur Selbstversorgung in dieser ihm wohlbekannten Wirtschaftsweise. Es war gerade die Zeit, in der es die Städter zu Hamster-, Tausch- und Organisierfahrten aufs Land zog. Im Vergleich zu denen sah er sich materiell gesichert und gut versorgt. Zehn Jahre später unternahm Herr Maletzke noch einmal halbherzig für mehrere Wochen eine Orientierungsreise. Noch einmal suchte er nach einer „modernen Arbeit", wollte sich vielleicht im Ruhrgebiet ansiedeln. Damals war er bereits Vater zweier Kinder und fand für seine Familie keine passende Wohnung. Außerdem wollte seine Frau bei ihren Eltern auf dem Gut in Schleswig-Holstein bleiben.

Bei Herrn Maletzke wird eine Lebensführung erkennbar, die die tragenden sozialen Entwicklungen unserer Zeit nicht zur Kenntnis nimmt. Er führt ein Leben im gesellschaftlichen Abseits. In seiner Bindung an Familie, Region und eine angestammte Lebensform ist Herr Maletzke dennoch nicht untypisch für die deutsche Arbeiterschaft. Die Ansichten von Herrn Maletzke, seine im Verlauf des Gesprächs zutage tretende Toleranz, etwa seine hier nicht veröffentlichten Äußerungen über Kindererziehung, über Ausländer in Deutschland, über die politischen Entwicklungen in der Nachkriegszeit zeigen ihn als wohlinformierten und aufgeklärten Mann. Die verbreitete Auffassung, derzufolge Individualität und eine „moderne" Lebenseinstellung die Bereitschaft zu sozialer und räumlicher Mobilität voraussetze, trifft nur zum Teil auf ihn zu. In Ostpreußen hatte er die dort geltenden sozialen Unterschiede verinnerlicht: „Der Großgrundbesitz; und dann waren die Großbauern und die Kleinbauern und dann die Arbeiter: so hat sich das gestaffelt." – Im Westen wurde er später mit der „Solidarität" der Besitzenden konfrontiert. Das waren Eindrücke, die später seine politischen Überzeugungen beeinflußt haben. Schon in den 1950er Jahren schloß er sich der Gewerkschaft an. Nur für kurze Zeit hatte er vorher mit der Flüchtlingspartei BHE geliebäugelt. Diese trat zum ersten Male 1950 in Schleswig-Holstein – der „neuen Heimat" von Hans Maletzke – bei Landtagswahlen in Erscheinung. Auf Anhieb erhielt sie ¼ aller Wähler-Stimmen.[36]

„Und als nach'm Krieg das nachher losging mit Parteien, da hat man ja mehrere Parteien gekannt, auch die Flüchtlingspartei BHE: Bund der Heimatvertriebenen und Entrechteten. Aber als ich mir so die Vorsitzenden und die führenden Persönlichkeiten dieses Vereins angeguckt habe, da habe ich mir gesagt: ‚Da gehörst Du nicht rein!' – Denn man konnte da ja überall diesen Großadel finden."

Seine Orientierung an der Welt des Adels mutet anachronistisch an. Herr Maletzke gehört zu den „Überbleibseln" einer vergangenen feudalistischen Ordnung Ostelbiens und auch Schleswig-Holsteins. Drei Jahre vor seinem Übergang in den Ruhestand wurde er ausgangs der 1970er Jahre vom Gut in Schleswig-Holstein entlassen. Er war, wie er selbst anmerkt, als Arbeitskraft „nicht mehr zu halten". Das „kleine Rittergut" war inzwischen vom Pächter des Jahres 1945 gekauft worden. Nur als rationalisierter Familienbetrieb konnte es überleben. Wo in den ersten Nachkriegsjahren mehr als zwanzig Landarbeiter „gedient" hatten, gab es nun kein „Gesinde" mehr. Maletzke war der letzte Landarbeiter des Gutes. Die moderne Welt, vor der er sich ein Leben lang zurückgezogen hatte, hatte ihn im Alter erreicht.

2. Erste Eindrücke und ihre Folgen

Viele haben uns die ersten Erlebnisse bei der Ankunft am neuen Wohnort im Westen bis ins Detail geschildert. Oft hatten wir Zuhörer den Eindruck, es gelinge den Erzählenden mühelos, in der Erinnerung das Kopfsteinpflaster der Dorfstraße noch einmal entlangzugehen, die freundlichen oder abweisenden Leute, die später zu Nachbarn wurden, wieder vor sich zu sehen.

Es steht außer Zweifel, daß die ansässige Bevölkerung den Flüchtlingen und Vertriebenen eher distanziert und abweisend als gastfreundlich begegnet ist. Das konnte so weit gehen, daß die Behörden eingreifen mußten, wenn Tote aus Flüchtlingsfamilien, wie im Mittelalter bei Ortsfremden üblich, außerhalb der Friedhofsmauern beerdigt werden sollten.[37] Über diese Konflikte ist heute in Städten kaum noch etwas bekannt. Aber auf dem Dorf kann sich jeder 50jährige noch an den Ärger erinnern. Die Vermieterin, die „ihren" Flüchtlingen jeden Abend nach 22 Uhr die Glühbirne aus der Fassung drehte, gehört zu den verbreiteten Sozialtypen in der Erzählkultur der Familien aus dem Osten – bis heute. Die Erinnerung an diese Verhältnisse schafft auch gegenwärtig zwischen Einheimischen und Flüchtlingen noch manchmal heikle Situationen. Die folgenden Passagen sind einem Gruppengespräch aus dem Frühjahr 1988 entnommen. Vier etwa 60jährige Schlesier, alle 1945 nach Scheeßel, einen Ort bei Bremen, zugezogen, erzählten von der Ankunft in ihrer „zweiten

Heimat". Im gemeinsamen Erzählen wird ihr Bemühen um soziale Harmonie in der neuen „Dorfgemeinschaft" erkennbar. Damit deuten sie die Richtung an, die tatsächlich zu ihrer „Integration" ins Dorf geführt hat. Vor uns, den aus der Stadt Hamburg Zugereisten, wollten sich unsere Gesprächspartner einerseits zwar gemeinsam ihrer üblen Flüchtlingserfahrungen erinnern; andererseits wollten sie ihr gemeinsames norddeutsches „Nest" aber nicht allzu sehr „beschmutzen". Damit bewiesen sie uns, daß sie mit den Jahren ganz „normale" Mitglieder ihrer Dorfgemeinschaft geworden waren. Nacheinander sollen nun drei der Teilnehmer dieser Gruppe zu Wort kommen.

Helmut Piel kam als 16jähriger mit seiner Mutter und zwei jüngeren Schwestern auf dem gleichen Wege zur gleichen Zeit aus Schlesien nach Scheeßel wie Frau Mühl. Der Vater war „gefallen". – „Als Jugendlicher hat man sich ja schnell eingelebt". Aber wie viele seiner Altersgenossen bekam er damals keine Lehrstelle. So mußte er kurz entschlossen seinen Berufsweg als landwirtschaftlicher Hilfsarbeiter beginnen, „mit aufs Feld" gehen. Das Angebot für diese Tätigkeit erschien ihm schon deshalb annehmbar, weil er sich verpflichtet fühlte, für seine Mutter und die Geschwister zu sorgen. Wie andere, die damals als Landarbeiter begannen, etwa wie Hans Maletzke, rechnete er mit Naturalien als Teil des Lohns: Kartoffeln, Getreide, Milch. Die Möglichkeit, daß ein Mangel an solch schlichten Lebensmitteln bereits zehn Jahre nach der Flucht „keine Frage" mehr sein könnte, lag außerhalb seiner Überlegungen. Piels Weg in die Berufswelt über einen der „Nichtberufe" der 1950er Jahre ist typisch für Flüchtlingsjungen, insbesondere in ländlichen Gebieten. Viele, die heute die letzten Berufsjahre vor ihrer Rentnerzeit in der Industrie arbeiten, haben damals zunächst einen traditionellen Handwerksberuf gelernt, sind Bäcker oder Fleischer geworden, oder sie haben wie Helmut Piel in der Landwirtschaft angefangen. Unter diesen Berufseinsteigern waren besonders viele Jungen aus Flüchtlingsfamilien. Die meisten haben ihren erlernten Beruf bereits in den 1950er Jahren aufgegeben, sich umschulen lassen oder sind – oft nach einer Übergangszeit als Bauarbeiter – inzwischen in eigener Regie zu Industriearbeitern „aufgestiegen".

Helmut Piel hat eine andere Karriere gemacht. In den 1950er Jahren ging er vom Bauernhof weg als Gehilfe zu einem Viehhändler. Dort hielt er es 25 Jahre aus, ehe er sich in diesem Gewerbe selbständig machte. Anders als Herrn Maletzke ist ihm der Schritt aus dem beruflichen Abseits gelungen. Als wir 1988 mit ihm und seinen Freunden sprachen, war er ein wohlhabender Mann, im Ort etabliert, stolz auf das Erreichte. Trotz seiner Karriere ist er „Schlesier" geblieben. Mit seiner ebenfalls von dort stammenden Frau, zwei Kindern und den Schwiegereltern lebt er zusammen in einem stattlichen Haus am Rande des Fleckens. – „Dreisprachig":

Piel:
„Zu Hause wird bei uns Schlesisch gesprochen. Is' ja klar. Ich wohn' ja mit den Schwiegereltern im Hause, und wir sprechen ja nicht Hochdeutsch zusammen. Und wenn ich zu den Bauern gehe, dann rede ich Plattdeutsch."

Interviewer:
„Das können Sie richtig?"

Piel:
„Ja, perfekt. Perfekt zweisprachig, ohne Studium und mit manchen Bauern muß ich beim Geschäft Hochdeutsch reden."

Solch bikulturelle Verhältnisse waren in den ersten zwanzig Jahren nach dem Kriege in Dörfern nicht selten anzutreffen. Sie zeigen einen Weg der Integration, der auch für die heutigen Zuwanderer aus dem Osten, vor allem für die Spätaussiedler aus Polen und der Sowjetunion zu erwarten ist.[38] Piels Erfahrung in der neuen sozialen Umwelt läßt sich in diesem Punkt verallgemeinern. Auch in anderer Hinsicht: Wenn Herr Piel durch seinen Wohnort geht, wird er fast täglich an verschiedenen Plätzen an seine Ankunft im Jahr 1945 erinnert. Seit über vierzig Jahren hat er überdies zu bestimmten Familien aus der einheimischen Bevölkerung ein distanziertes Verhältnis. Trotz aller Wandlungen in der Moderne wirken die in sich geschlossenen räumlichen und sozialen Verhältnisse des Dorfes auf ihre besondere Weise persönlichkeitsprägend.

„Unser Lastwagen kam von Rotenburg, und wir sollten beim Gemeindebüro ausgeladen werden. Von da sollten wir dann verteilt werden. Und unser Lastwagenkutscher, der hat wohl nicht gewußt, wo das Gemeindebüro in Scheeßel ist. Der ist statt rechts links abgebogen und hat uns vor dem Schusterladen abgesetzt. Und dann standen wir da, und er war weg. Nun wollten wir zu Fuß zum Bürgermeisteramt. Und gegenüber war der Schmied Ruhnke. – Zweieinhalb-Zentner-Mensch, vielleicht noch schwerer. Der kommt aus der Tür und guckt böse. Da gehe ich hin und sage: ‚Entschuldigen Sie mal. Können Sie uns sagen, wo hier das Bürgermeisteramt ist?' – Da sagt der: ‚Nö, das weiß ich nicht.' Der war der Meinung, wenn ich das denen nicht sage, dann hauen die wieder ab. Gehen vielleicht in den Nachbarort. – Also ich werde das dem Schmied nie vergessen. Er ist längst tot. Aber wenn ich früher das Kamel gesehen hab, dann habe ich immer gesagt: ‚Der ist so blöd, das Kamel wußte nicht mal, wo der Bürgermeister wohnt.' Mit dem bin ich auch später nie in Kontakt gekommen. Man hat sich einfach übersehen. Manchmal werfe ich das heute noch geschäftlich in die Waagschale. Gerade jetzt wieder. – Wenn man das jetzt so betrachtet, wo wir damals hierherkamen. Uns wollte keiner haben. Wir waren ja Deutsche, aber uns wollte keiner haben. Und wenn heute die

Polen hierherkommen und wollen ein Vierteljahr schwarz arbeiten, dann werden sie mit offenen Armen empfangen."

Als uns Herr Piel 1988 seine Geschichte erzählte, gehörte er selbst längst zur „Dorfgemeinschaft", nicht anders als damals der dicke Schmied. Als Mitglied dieser „Lebensgemeinschaft" hält er es für geboten, die neuen Fremden – „die Polen" – auszugrenzen.

Helmut Piel kam 1945 mit seiner Mutter und den beiden Schwestern auf einem Bauernhof unter. Gepäckschleppen und die Beschaffung der Unterkunft waren damals seine Aufgaben. Daneben half er anderen Flüchtlingen. Auch dabei wurde er mit der Ablehnung durch die Dorfbevölkerung konfrontiert:

„Und Frau Lahn, die hatte die kleine Agnes, die war vielleicht zwei Jahre alt. Die hatte sich den Finger in der Tür im Eisenbahnwagen eingeklemmt. – Wie wir hier ankamen, da sollte die zum Pastor. Und wie sind die da reingekommen? – Mit der Polizei. Die mußten unter Polizeischutz eingewiesen werden. Wie wir da reinkamen – ich hab nämlich mit tragen geholfen – da ging die Schwester von dem Pastor durchs Haus und hat alle Türen abgeschlossen."

Sehr unverhohlen hatte Herr Piel in der Gesprächsgruppe seine Ressentiments gegen große Teile der einheimischen Bevölkerung erkennen lassen, als er das Bild von der Ankunft in seinem heutigen Wohnort zeichnete. Vor den Gästen aus Hamburg hätte leicht ein Eindruck entstehen können, der eigentlich nicht zu seinem wirtschaftlichen Erfolg und zur heutigen sozialen Stellung eines erfolgreichen Geschäftsmannes passen konnte. Auch die anderen Schlesier wollten ihren neuen Heimatort nicht in Mißkredit bringen. Deshalb waren er und die anderen „Exflüchtlinge" erfreut, daß das Gespräch eine andere Richtung nahm. Ein anderer Teilnehmer – Paul Fleck – versuchte, das dunkle Bild von der Ankunft der Flüchtlinge im Ort durch eine lustige Erinnerung ein wenig aufzuhellen.[39]

„Also ich war ja nicht dabei. Ich hab die Polenzeit in Schlesien nicht mitgemacht. Und als die anderen hier angekommen sind, war ich gerade in Kriegsgefangenschaft. Aber meine Eltern sind im Juni gekommen und in der Scheeßeler Mühle einquartiert worden. Nun mußten sie durch das Mühlenhaus durch. – Schweres Gepäck usw. Und da haben sie dann da gefragt, ob sie nicht 'ne Karre haben könnten oder 'nen Leiterwagen, daß sie ihr Zeug aufladen können. Sie würden den Wagen wiederbringen. Da hat ein junges Mädel dagestanden vor einem Häuslingshaus und hat gesagt: ‚Ja? Eure paar Klamotten, die könnt ihr ja noch tragen oder was?' Das hat keine zwei Jahre gedauert, da war das junge Mädchen meine Schwägerin. Wenn wir heute zusammensitzen, und sie hat 'ne große Klappe, dann sag' ich: ‚Angelika, sei ruhig, die Klamotten mußten wir ja selber tragen.' – Aber mit der können Sie Pferde stehlen."

Später haben unsere drei Gesprächspartner ihre Theorie von der „Gemeinschaft" in ihrer „zweiten Heimat" präzisiert. Herr Fleck brachte sie sprachlich etwas gewunden auf die Formel: „Die kleinen Leute halten hier an und für sich immer zusammen." Von den kleinen Leuten will er die höheren Schichten des Dorfes trennen, die Dorfakademiker und die Familien mit altem Geld, etwa den größten Bauern des Dorfes, den Mühlenbesitzer, den evangelischen Pfarrer. Zu diesem Kreis kann sich auch Herr Piel mit seinem frischen Wohlstand nicht zählen. Herr Fleck schon gar nicht: „Ich bin in jedem Häuslingshaus gewesen, aber in der Mühle im ersten Stock, beim Müller von Scheeßel, da bin ich bis heute noch nie gewesen." – Von dieser Trennung der Lebensbereiche läßt sich freilich nicht ohne weiteres auf eine mißlungene Assimilation dieser Vertriebenen ins Dorfmilieu schließen. Die Stube des Großbauern, des Mühlenbesitzers oder das Pastorenhaus bekommt schließlich auch ein Altangesessener aus dem Handwerker- und Kleinbauernmilieu nicht so leicht von innen zu sehen. Soziale Kontakte im Dorf resultieren wie überall aus sozialen Interessen, auch aus handfesten wirtschaftlichen Interessen. Was soll ein Großbauer oder Mühlenbesitzer für ein Interesse an einem intensiven zwischenmenschlichen Kontakt zu einer in einem Einfamilienhaus lebenden Arbeiterfamilie haben?

Aus dieser Gesprächsgruppe soll schließlich noch ein kurzer Beitrag aufgeführt werden. Herbert Walter (Jg. 1928) arbeitet als Schlosser.

„Na ja, es gibt überall Gute und Schlechte. Meine Mutter sagt immer, wenn sie zum Bäcker L. gegangen ist und hat ihr Brot geholt, dann hat der manchmal die Brotmarken nicht angenommen. Oder er hat ihr ein Brot gegeben, das war dann größer als sie es den Marken nach kriegen sollte. Das ist der Grund, deswegen gehen wir auch heute noch dahin unser Brot kaufen."

Die Auffassung von „Gemeinschaft", die sich hier artikuliert, hat ihre Auswirkungen auf das Erinnern. Man hat seine Kontakte, seine Freunde und Leute, denen man aus dem Wege geht, wie überall auf der Welt. Und was das Leid von früher betrifft: „Schwamm drüber!" Wenn dieses Verfahren des eingeschränkten Erinnerns einem leidgeplagten Flüchtling überzeugend gelingt, ist es nicht verwunderlich, wenn Eindrücke von der Ankunft der Fremden und die Konflikte der darauf folgenden Jahre in den Familien der einheimischen Bevölkerung buchstäblich in Vergessenheit geraten sind. Dazu soll nun aus einer Erhebung in einer altangesessenen niedersächsischen Familie berichtet werden. Christiane Fuhrmann[40] ist 1945 in einem Dorf bei Göttingen geboren. Sie hatte immer wieder in ihrer Familie davon gehört, wie kurz nach ihrer Geburt Flüchtlinge aus dem Osten im Haus der Eltern und Großeltern für einige Jahre untergekommen waren. Nun ist sie diesem Teil der Geschichte ihrer Kindheit nachgegangen und hat mit ihren Eltern über jene fast vergessenen Erfahrungen gesprochen. Überdies hat sie in der Familie der damaligen Flüchtlinge nachgefragt, bei Lassmanns. Auch Lassmanns sind am Ort ihrer Zufallsheimat wohnen geblieben.

Christiane:
„Wann bist Du denn überhaupt zum ersten Mal mit Flüchtlingen konfrontiert worden?"

Mutter:
„Das war als wir noch am Bahnhof wohnten. Da hielten D-Züge, Eilzüge und oft Lazarettzüge an. Und eines Tages kam auch ein langer Flüchtlingszug. Der hielt und es quollen viele Menschen heraus. Die sahen ziemlich erbärmlich aus. Mir kamen sie ganz dick vor. Sie waren nämlich unpassend für den Sommer angezogen. Manche müssen zwei oder drei Mäntel übereinander gezogen haben. Sie trugen auch noch Schals, alte Hüte. Und in der Hand hatten sie Koffer, Pappschachteln, Kartons. Das muß im Sommer oder Herbst 45 gewesen sein."
Des weiteren erzählte diese Mutter ihrer Tochter, wie einzelne Flüchtlinge am Ort geblieben, andere nach ein paar Monaten weitergezogen sind. Sie sprach außerdem darüber, wie ihre Familie Anfang 1945 selbst zum „Kriegsopfer" wurde. Ihr Vater hatte wegen seiner politischen Vergangenheit den Platz des Bahnhofsvorstehers und das Diensthaus verloren. Eine familiäre Katastrophe war diese Räumung nicht, denn die aus drei Generationen bestehende Familie konnte in ein kleines, vom Großvater gekauftes Haus am Ortsrand einziehen. Die Eltern von Christiane Fuhrmann wohnen dort heute noch. Zuerst ging es aber doch eng zu, denn für einige Jahre hatte eine ältere Frau ein Wohnrecht behalten, Frau Scholten. Aber der Ärger, die „Ungerechtigkeit", ging weiter; denn in diese ungewohnte Enge wurde nun außerdem noch eine Flüchtlingsfamilie eingewiesen. Noch in der Kürze des nüchternen Berichts wird erkennbar, wie die Flüchtlinge damals als eine Plage und Zumutung empfunden, ja zur „Strafe" werden konnten. Nicht zuletzt wegen der Zusammensetzung der Wohnungskommission, denn die Flüchtlinge hatten sich auf heimtückische Weise ausgerechnet mit den alten politischen Gegnern des Bahnhofsvorstehers verbündet, den Sozialdemokraten. Die Anordnungen bekamen deshalb einen Beigeschmack von Rache.

Helga Fuhrmann (Mutter von Christiane):
„Kaum waren wir eingezogen, Du wirst damals vielleicht eineinhalb Jahre gewesen sein, da kam schon eine Prüfungskommission unser Haus besichtigen. Wir wußten schon, daß das die Leute waren, die überall Zimmer beschlagnahmen sollten. Die Kommission bestand aus dem Bürgermeister, einem Flüchtling, dann aus dem stellvertretenden Bürgermeister, der ein SPD-Mann war, und aus noch einem Flüchtling. Diese Kom-

mission ging nun durchs ganze Haus. Zum Schluß waren sie sich einig, daß hier noch Platz genug für eine Flüchtlingsfamilie war. Der eine Flüchtling fragte den Bürgermeister: 'Meinen Sie nicht auch, daß hier genug Platz ist?' Der nickte nur. Wir waren entsetzt und wütend, denn wir wohnten ja mit sechs Personen in fünf Räumen. Dabei hatte der Tierarzt nebenan sein großes Haus noch frei für sich. Er ist bis zum Schluß nicht behelligt worden. Er war eben angeblich nicht politisch belastet."

Den „Belasteten" wurde nun eine vierköpfige Flüchtlingsfamilie in zwei Zimmer des Hauses zugewiesen. Die Bewohnerin der Zwei-Zimmer-Einliegerwohnung hatte ebenfalls auf einen Raum verzichten müssen. Wenn sie nachts zur Toilette wollte, mußte sie durchs Schlafzimmer der Flüchtlingsfamilie Lassmann: „Lassmanns regten sich auf, wenn sie gestört wurden. Aber Frau Scholten nahm da nicht viel Rücksicht."

Über die erste Begegnung mit ihrer Flüchtlingsfamilie erzählt die heute 70jährige Frau: „Als Lassmanns kamen, waren meine Gefühle gemischt. Ich war ärgerlich, daß unser Haus noch voller wurde. Aber etwas neugierig war ich schon, was das für Leute waren. Allmählich wurde es ein nettes, herzliches Verhältnis zwischen uns und Lassmanns."

Frau Fuhrmann hat in ihrer Darstellung die Idylle eines harmonischen Zusammenlebens gezeichnet, eines Lebens voller gegenseitiger Rücksichtnahme, gemeinsamer Arbeit und wechselseitigen Voneinander-Lernens. So konnte sie sich erinnern, bestimmte Gerichte, schlesische Klöße und „Schlesisches Himmelreich", bei Frau Lassmann kennen- und kochengelernt zu haben. Was damals als eine Notlage voll von widerwilliger Rücksichtnahme, Ärger und Enge empfunden wurde, wird heute von der Mutter und auch in den Erzählungen der Tochter zur „guten alten Zeit" romantisiert. Die Menschen lebten diesem Erinnerungsmuster zufolge in harten Monaten bescheiden und friedfertig miteinander. – „Was haben wir nicht alles zusammen aufgebaut!"

„Lassmanns haben sich damals wie alle Flüchtlinge sehr bemühen müssen, genug zu Essen zu haben. Sie hielten sich Kaninchen, gingen zum Getreidesammeln über die Felder, gingen Beeren und Schlehen pflücken. Sie kochten sich Hagebutten- und Schlehenmarmelade. Die Kinder mußten Löwenzahn für die Kaninchen suchen. Aber sie waren immer sehr ordentlich und sauber."

Die Idealisierung von Geschichte in der Erinnerung, die sich für gewöhnlich erst dann einstellt, wenn die Augenzeugen längst aus der Welt sind und sich der Bestand an Ohrenzeugen schon merklich gelichtet hat, ist hier bereits in der ersten Generation weit gediehen. Harmonisierung und Verklärung sind typische Formen des kollektiven Erinnerns über die Nachkriegsjahre. Es artikuliert sich in diesem Schema ein verbreitetes kulturelles Muster, eine Geschichtsdeutung, die von den Vertriebenen

Christiane Fuhrmann und der Flüchtlingsjunge Harald Lassmann im Jahre 1946 oder 1947 – „Den wollte ich sogar gerne mal heiraten."

und den Einheimischen von damals gleichermaßen akzeptiert wird. Im Falle unserer Informantin Helga Fuhrmann scheint das Klischee unerschütterlich zu sein, denn die Erinnerungsidylle konnte selbst über die Realität einer gerichtlichen Auseinandersetzung mit den Flüchtlingen obsiegen:

„Als Du dann vier oder fünf Jahre alt warst, meinte mein Vater, nun gäbe es ja schon Wohnungen zu mieten. Es war anderer Wohnraum vorhanden, so daß Lassmanns nicht mehr bei uns zu sein brauchten. Die politische Lage hatte sich für meinen Vater auch entschärft. Er bat also Lassmanns, sich doch um eine Wohnung zu bemühen. Aber denen gefiel es inzwischen so gut bei uns. Sie hatten sich an das Haus und die Umgebung gewöhnt, daß sie gar nicht ausziehen wollten. Schließlich, was mir sehr unangenehm war, aber ich sah es ja ein, daß es nicht anders ging, klagte Dein Großvater Lassmanns raus. Er meldete Eigenbedarf an. Er gewann den Prozeß und bekam die Auflage, den Umzug zu bezahlen. Wir sind mit Lassmanns trotzdem nie böse gewesen. Aber ihr Kontakt zu meinem Vater ließ doch mit der Zeit nach."

Christiane Fuhrmann glaubt sich zu erinnern, trotz dieses unfreiwilligen „Umzugs" auch später in Lassmanns neuer Wohnung aus- und eingegangen zu sein.

„Und dann war nur noch der jüngste Sohn da, der Harald. Der war neun Jahre älter als ich. Also, als ich zwei war, da war der zehn oder elf, und da hat der auch viel auf mich aufgepaßt. Der hat mich ausgefahren. Also mit dem habe ich mich ja hervorragend verstanden. Den wollte ich sogar gerne mal heiraten. Der war für mich wie ein großer Bruder. Und als ich ihn jetzt gesprochen habe, da hat er auch gesagt, daß ich für ihn damals auch wie eine kleine Schwester gewesen bin. Das war wirklich – also gerade zwischen Harald und mir war das sehr schön. Und als die ausgezogen sind, sind die ja für die nächste Zeit nur drei Häuser weiter gezogen. Und dann bin ich immer wieder hingegangen. Das war für mich wie bei meinen Großeltern, wo ich immer frei ein- und ausgegangen bin."

Von der Eigenbedarfsklage und von einem Konflikt zwischen den Erwachsenen von damals hörte die junge Frau aus Anlaß der privaten Familienforschung zum ersten Male etwas. Als sie ein paar Tage nach dem Gespräch mit der Mutter dann auch den um neun Jahre älteren Sohn der Lassmanns aufsuchte, der früher oft bei ihr „Kindermädchen" gespielt hatte, erfuhr auch der zum ersten Mal davon.

In der Familie von Christiane Fuhrmann, wie in der Familie der Flüchtlinge, hat sich die Geschichte der Lassmanns inzwischen zur „Integrationsstory", zur Erfolgsgeschichte entwickelt. Freilich werden dabei die Akzente in beiden Gruppen ein wenig anders gesetzt. Daß sich die Lebensverhältnisse der Alt- und Neubürger mit den Jahren immer ähnlicher wurden, daß es Familie Lassmann inzwischen womöglich besser geht als ihrer eigenen „Einheimischenfamilie", kann die 70jährige Helga Fuhrmann immer noch nicht ganz ohne Ressentiments zur Kenntnis nehmen: „Heute denke ich, daß es Lassmanns später viel besser gegangen ist, als wenn sie in Schlesien geblieben wären. Die konnten sich später, wohl auch durch den Lastenausgleich, ein Haus bauen. Und zwar in einer sehr schönen Wohngegend. Ich will eigentlich sagen, daß diese Familie später sozial aufgestiegen ist. Meiner Meinung nach hätten sie diesen Aufstieg im Osten nicht gehabt."

Hier klingt ausgangs der 1980er Jahre noch einmal der Lastenausgleichsneid an, der unter Einheimischen in den 1950er und 1960er Jahren Usus war. Der inzwischen über 50jährige „Flüchtling" von damals arbeitet als Krankenpfleger in Göttingen. Seine heutige Stellung in der Gemeinde und sein Besitz erscheinen ihm als fraglos gegeben:

Harald Lassmann:
„Natürlich ist D. meine Heimat. Guck doch mal, was man hier aufgebaut hat. Man hat hier sein Haus, seinen Bekanntenkreis, sein Hobby usw."

Dem „Lastenausgleichsneid" war der „Neid der Flüchtlinge" vorausgegangen. Dazu notierte Elisabeth Pfeil 1948: „Kaum ein Flüchtling betritt ein fremdes Haus, ohne zu bemerken, daß er selbst auch ein eigenes Haus besaß."[41] Eine unserer Informantinnen erinnerte sich an die Reaktionen der Einheimischen auf das Verhalten der Flüchtlinge. „Bei denen hieß es immer nur, die Flüchtlinge lügen sich was in die Tasche. Für die kamen wir alle aus dem Lande ‚Wir-hatten'. Die Flüchtlingssiedlung vor der Stadt hieß dann auch bald ‚Wir-hatten'!" Als die Lastenausgleichsforderungen eingingen, kursierten überall in Westdeutschland Redensarten, denen zufolge Deutschland vor dem Kriege bis zum Ural gereicht hätte, wenn alle Angaben der Flüchtlinge über ihren Verlust an Boden zutreffend gewesen wären.

3. Einleben in Stadt und Dorf

a) Stadt

Die Heimatvertriebenen und Flüchtlinge sind vor allem ein soziales und kulturelles Problem der ländlichen Regionen, der Dörfer und Kleinstädte gewesen. Für die Großstadt ließen sich die Fragen recht bald auf Probleme des Wohnraums und des Arbeitsmarkts reduzieren. Das war die Auffassung der Politiker und im allgemeinen auch die Sichtweise der Flüchtlinge. Der Wohnraum war in den meisten großen Städten eng begrenzt, da ja Großstädte weitaus stärker unter den Kriegseinwirkungen gelitten hatten als ländliche Regionen. Große Teile der Bevölkerung waren den Luftangriffen der Alliierten zum Opfer gefallen oder ihretwegen ins Umland evakuiert worden. Der Bombenkrieg hatte aus strategischen, auch aus ökonomischen Gründen vor allem den Städten gegolten: Bomben sind zu teuer, um sie über Dörfern abzuladen. Außerdem liegen die strategisch wichtigen Industrieregionen meistens in den Städten. In der Stadt Hamburg waren bei den Luftangriffen im Jahre 1943 nahezu 55.000 Menschen zu Tode gekommen. Große Teile der Bevölkerung waren damals bereits ins Umland geflohen oder hatten kurz darauf[42] in Erwartung neuerlicher Zerstörungen die Stadt verlassen. Im Jahre 1946 war die Hansestadt um 31% ihrer Wohnbevölkerung des Jahres 1939 reduziert, ihre Wohnfläche zu 70% zerstört. Als nach Kriegsende die Evakuierten, die „Buten-Hamburger" (buten = außen) zurückkehrten, mußten sie sich gegen die Flüchtlinge auf dem Wohnungs- und Arbeitsmarkt behaupten. Bis Anfang der 1950er Jahre bestanden deshalb erhebliche Vorbehalte gegen den Zuzug der Flüchtlinge. Die damalige Konkurrenzsituation erlebt heute eine Neuauflage durch Asylbewerber und Spätaussiedler. Dabei handelte es sich in der ersten Nachkriegszeit bei den Flüchtlingen um eine Konkurrenz, die eigentlich von seiten der Behörden überhaupt nicht eingeplant war. Die Ansiedlung von Flüchtlingen und anderen Nicht-Hamburgern sollte zunächst wegen der Zerstörung von Wohnraum und den außerhalb der Stadt lebenden rückkehrwilligen „echten" Hamburgern verhindert werden. Das waren auch die Gründe für die Militärregierung, Hamburg zum Sperrgebiet für Neuankömmlinge zu erklären. Allerdings blieb das bei den räumlichen Ausmaßen der Stadt in den chaotischen Verhältnissen der Nachkriegszeit eine Illusion. Außerdem ließen die deutschen Angestellten der britischen Militärregierung bisweilen Gnade oder Sympathie vor Recht ergehen. Ein „unbürokratisches Verhalten" fiel ihnen nicht schwer, denn gegenüber der Militärregierung konnten sie kaum eine Loyalitätspflicht empfinden, und jeder, der halbwegs realistisch dachte, wußte schon bald, daß die Besatzungszeit kein Dauerzustand sein konnte.

Von den Behörden waren die Verhältnisse so geregelt, daß nur solche Personen eine Aufenthaltsgenehmigung bekamen, die eine Arbeitsstelle in Hamburg nachweisen konnten. Wem das mit List gelang oder infolge seiner Bereitschaft, jede Arbeit anzunehmen, dem stand der Weg in die Stadt offen.

Zum Schlüsselereignis ist dabei immer wieder der Behördengang geworden. Frau Irene Teichler, die später als Büroangestellte gearbeitet hat, war 1945 aus dem ostpreußischen Kreis Insterburg geflohen. Beide Eltern waren auf der Flucht ums Leben gekommen. Zunächst hatte sie im Hamburger Umland bei Verwandten Unterschlupf gefunden. Ihr Schwager, ebenfalls aus Ostpreußen stammend, nahm sie in seine Untermieterwohnung auf. In den beengten Verhältnissen hatte er ein Interesse, diesen Gast so rasch wie möglich loszuwerden. Es gelang ihm schließlich, ihr in Hamburg eine Arbeit als Hausangestellte und einen Termin bei der Besatzungsbehörde zu vermitteln. Dort wurde Irene Teichler rüde empfangen. Wenn sie heute an diesen Behördengang zurückdenkt, kommt ihr die Aufnahme von Polen-Aussiedlern und Asylsuchenden in den Sinn, die heute im Hamburger Rotlicht-Viertel einquartiert werden:

„Da saß 'ne Dame, vielleicht vierzig bis fünfzig Jahre, und da hat die zu mir gesagt: ‚So und warum wollen Sie unbedingt nach Hamburg? –

Denken Sie vielleicht, tagsüber zu arbeiten und abends auf die Reeperbahn zu gehen?' – Wissen Sie, ich wußte erstmal gar nicht so in Einzelheiten, was die Reeperbahn ist. Und auf der anderen Seite hatte ich mich allein durchs Leben geschlagen, und die sitzt da angewärmt auf ihrem Stuhl und sagt mir sowas. Also das werde ich der nie vergessen. Wenn ich heute davon hör', die Ausländer werden da auch im Eros-Center untergebracht, dann muß ich so an mein Ankommen denken. Na, jedenfalls hatte ich meine Stelle und mein Zimmer. Sie durften keine Arbeit annehmen, wenn sie keine Wohnung hatten. Und wer keine Arbeit hatte, der bekam keine Wohnung. So lagen die Verhältnisse."

Der Behördengang wurde auch für unseren nächsten Informanten zu einem „Spießrutenlaufen". Herr Anton Kiesling stammt aus Siebenbürgen. 1942 war er als Volksdeutscher zur Waffen-SS gegangen, obwohl er eigentlich als Freiwilliger zur Wehrmacht wollte.

„Die Erklärung ist, daß wir nicht zur Wehrmacht, sondern zur SS mußten aufgrund dieser rechtlichen Verhältnisse, weil wir nicht deutsche Staatsbürger waren, Gott das war nun mal so."[43]

Seine militärische Ausbildung absolvierte er in Hamburg. Aus heutiger Sicht hatte er mit seiner Entscheidung für die Waffen-SS doppeltes Glück. In der Etappe konnte er sich über die Kriegsjahre retten, auch vor der Kriegsgefangenschaft blieb er verschont. Kurz nach Kriegsende zog es ihn aus dem Umland wieder nach Hamburg. Seine Erzählung erinnert in ihrer Tendenz, die eigene Findigkeit herauszustellen, ein wenig an die Geschichte von Albert Arlt, der etwa zur gleichen Zeit erfolgreich seine „Umzonierung" aus dem amerikanischen Camp in die britische Zone betrieben hatte. Ein typischer Modus des Erzählens: Neben dem Erzählen über die zufällige Beheimatung, neben den Geschichten, die oft die Art der Ankunft und die weitere Existenz im Westen schildern, ist eine selbstbewußte Darstellung der eigenen Initiative, der Tricks und Flunkerei ein verbreitetes Muster. Viele Männer, insbesondere heimkehrende Soldaten ohne Anhang bewiesen oft eine erstaunliche Raffinesse bei der Wahl der ersten Anlaufstelle. In der Willensstärke und Durchsetzungsfähigkeit dieser Männer der Kriegsgeneration lag ohne Zweifel eine Antriebskraft für das bundesdeutsche Wirtschaftswunder.[44]

Im Gegensatz zu alleinstehenden Männern aus der Kriegsgeneration konnten Familien meistens nicht nach eigenem Plan reisen. Viele sind deshalb für immer im ländlichen Milieu hängengeblieben. In diesem unterschiedlichen Siedlungsverhalten wiederholte sich ein Prozeß der sozialen „Auslese", vergleichbar den Auswahlmechanismen, die bereits in der Phase der Industrialisierung im ausgehenden 19. Jahrhundert für ein kulturelles Stadt-Land-Gefälle gesorgt haben. Die Großstadt war für die Flüchtlinge selten ein zufälliger Ort der Ansiedlung, sondern meistens das Ziel von Wünschen und ausführlichen Planungen.

1945: Frauen und Kinder beim Abholen der Kohlenration

Herr Kiesling, genau einen Tag vor Kriegsende 21 Jahre alt geworden, hatte die Absicht, in Hamburg ein Studium aufzunehmen. Nun stand er ein paar Wochen nach dem „Zusammenbruch“ in der Schlange vor der Dienststelle der Hamburger Einbürgerungsbehörde, dem traditionsreichen „Bieberhaus“ am Hauptbahnhof.[45]

„Als ich 1945 nach dem Kriege nach Hamburg kam, da hatte ich ja nichts. Keine Zuzugsgenehmigung, keine Aufenthaltsgenehmigung. – Ich weiß nicht, ob Sie die Unterschiede kennen? – Und im Krieg damals, ich war ja niemand, kannte niemanden. So bin ich zum Bieberhaus gegangen. Im Bieberhaus saß ein sogenannter Beauftragter für die Formalitäten. Ich habe mich da nachts um zwei Uhr angestellt und war glaube ich dann die Nummer 120. Ich kam dann vormittags um halb zwölf dran zu diesem Mann. Der saß hinter dem Schreibtisch. Als ich reinkam, machte er einen sehr grimmigen Eindruck. Dann fragte er mich, woher ich komme. Ich sagte ihm: ‚Aus Siebenbürgen.‘ Und dann guckt er mich an, und dann sagt er: ‚Kommen Sie aus Herrmannstadt?‘ ‚Nein, ich komme aus Bistritz.‘ ‚Ach, da weiß ich Bescheid, das liegt im Norden.‘ Ich sag: ‚Wieso kennen Sie Siebenbürgen?‘ – ‚Ja‘, sagt er, ‚ich bin im Ersten Weltkrieg dort gewesen, und ich wurde da sehr nett behandelt.‘ Und er hat mir dann zwanzig Minuten lang erzählt von Siebenbürgen, und wie gut er es gehabt hat, und da merkte ich gleich, daß das

Hamburg 1946: Das kulturelle Leben beginnt wieder

schon ganz gut lief. Und als er dann fertig war, habe ich ihn gefragt: ‚Können *Sie* mir nun auch helfen?‘ Und da hat er gesagt: ‚Ich bin von der Militärregierung eingesetzt. – Zuzugsgenehmigung mit Zimmeranspruch gibt es für keinen. Aufenthaltsgenehmigung gibt es höchstens für Berufe und dann muß man mindestens in Hamburg geboren sein.‘ ‚Alles aus‘, habe ich gedacht, dann holte der tief Luft: ‚Ich kann Ihnen eigentlich nicht helfen, wenn ich das tue, fliege ich morgen raus, wenn das rauskommt. Aber weil ich es damals in Siebenbürgen so gut hatte, helfe ich Ihnen trotzdem.‘ Und dann hat er mir eine Zuzugsgenehmigung gegeben mit Anspruch auf ein Zimmer. 1945 als Hamburg zu 70% zerstört war. – ‚Und wenigstens noch eine Bedingung‘, hat er zum Schluß gesagt, ‚wenn Sie rausgehen, an der Schlange vorbei, lachen Sie nicht, sondern machen Sie ein ganz ernstes Gesicht.‘ Das war wie ein Spießrutenlaufen.“

Flensburg 1946: Eine Versammlung der Heimatvertriebenen. In diesem Jahr wird von den Alliierten ein „Koalitionsverbot" erlassen, das landsmannschaftliche und interessenpolitische Zusammenschlüsse untersagt. Bereits 1947 verliert es an Wirkung.

Diese Erzählung von der Vererbung einer Wohltat auf einen Angehörigen eines Kollektivs – die Kollektivschuldthese mit umgekehrten Vorzeichen – ist von diesem Aspekt her gewiß wenig repräsentativ. Aber in einem anderen Punkt läßt sie sich durchaus verallgemeinern: Die Nachkriegszeit war eine Zeit partieller Anarchie. Das Ausnutzen kleiner Vorteile, das schnelle Entscheiden am Rande der Legalität, die Kunst des Organisierens[46] bis hin zum rücksichtslosen Übervorteilen anderer waren noch mehr als in unserer heutigen Zeit an der Tagesordnung. Diese anarchische Epoche des Schwarzhandels, von der mancher befürchtete, sie könnte an Stelle geregelter Arbeit über die Nachkriegsjahre hinaus zum bleibenden kulturellen Schema werden, kam durch die Währungsreform (21. Juni 1948) fast von einem zum anderen Tag an ihr Ende. Bis zu dieser Datumsgrenze aber waren die tradierten Eigentumsvorstellungen und Geschäftsgebräuche weithin außer Kraft. Elisabeth Pfeil hat aus eigenem Erleben in der Nachkriegszeit schon 1948 berichtet:

„Schlau und geschmeidig winden sich die ‚Listenreichen' durch ihre Odyssee; pfiffige Burschen erweisen sich als unentbehrlich und schließlich fehlen auch nicht die Eulenspiegel. Und es ist seltsam, selbst für die, welche keine ‚geborenen Räuber‘ sind, trägt das ‚Organisieren‘ in solcher Lage den Akzent des Fröhlichen. Vielleicht weil es Handlung ist statt Getriebenwerden und Meisterung statt Überwältigtwerden.“[47]

Also, 1948 trug die Darstellung der existenzerhaltenden Kleindiebereien des Alltags bereits den Charakter der Eulenspiegelei. Diebstahl und bestimmte andere Delikte waren eine Zeitlang „normal“. Eine juristische Dissertation von 1948[48] führt einen Katalog typischer Nachkriegs- und Flüchtlingsdelikte auf. Es werden darin, wie es in einer strafrechtlichen Dissertation nicht anders zu erwarten ist, nicht nur Chancen „etwas außerhalb der Legalität“ – Köpenickaden, Hochstapeleien –, sondern teilweise recht handfeste Delikte aufgezählt. Daß die Täter unverkennbar „arme“ Kerle sind, wird bei Delikten wie Mitleidsschwindel und Krankenhausbetrug deutlich. Im einzelnen werden aufgeführt: Heiratsschwindler (nahezu zur Hälfte Neubürger, günstig wegen des Frauenüberschusses, oft in Verbindung mit Adelstitelschwindel), Titelschwindel (Adelstitel, akademische Titel, insbesondere Dr. med.) daneben Mitleidsschwindler, Bettelbetrüger, Landstreicher, falsche Grußbesteller (sie gaben vor, mit einem Verwandten das Kriegsgefangenenlager geteilt zu haben, genossen deshalb Gastfreundschaft, versprachen gegen Geld, den Freikauf eines Angehörigen aus der Gefangenschaft), Heimkehrerbetrüger (sie gaben vor, Heimkehrer aus der Kriegsgefangenschaft zu sein, erschwindelten sich einen Kuraufenthalt, Krankenhausaufnahme, Handgeld), Krankenhausbetrüger (legten sich als Obdachlose über den Winter zur „Beobachtung“ ins Krankenhaus). – Daß die Zahl der Unterstützungsschwindler, Amtserschleicher (besonders beliebt unter ehemaligen Nazifunktionären), Urkundenfälscher, Bigamisten anstieg, ist nicht verwunderlich.

Herr Kiesling, der auf legale Weise, aber mit Geschick die strenge Zuzugskontrolle umgangen hatte, war durch den Besitz einer dauerhaften Unterkunft nun zum Hamburger geworden. „Wer in Hamburg eine Wohnung hat, gehört zur Bevölkerung, ist ein Hamburger“, äußerte sich bereits im Juli 1946 der Hamburger Innensenator.[49] Diese Aussage dürfte nicht nur für diese Metropole die sozialen und kulturellen Verhältnisse der Großstadt zutreffend beschreiben. Daß auch in Hamburg die Politiker, etwa am „Tag der Heimat“, den Heimatverlust in den Mittelpunkt ihrer Reden und Appelle stellen konnten und immer wieder ein „Recht“ auf Heimkehr ihrer Flüchtlinge[50] forderten, steht dazu nur in scheinbarem Widerspruch.

Die große Stadt kann genauso Heimat sein wie das Dorf. Allein die Tatsache, daß die evakuierten Städter so schnell wie möglich in ihre zerbombten Orte zurückkehrten und danach unverzüglich begannen, ihre Häuser wieder aufzubauen, beweist es. Die Vorgänge der Industrialisierung hatten meistens in den großen Städten begonnen. Nur dort sind sie in ihrer ganzen Dynamik zur Geltung gekommen. So konnte sich die

Frage des Einlebens, der „Beheimatung“ der Vertriebenen aus dieser Tradition der Mobilität und „Traditionslosigkeit“ heraus, in der Großstadt vornehmlich auf ein Problem der Unterbringung und der Nutzung und Erweiterung des Angebots an Arbeitsplätzen reduzieren. Eine Stadt wie Hamburg war schon seit Jahrhunderten das Ziel von Einwanderungen. Der massenhafte Zuzug von Neubürgern konnte vor diesem geschichtlichen Hintergrund nichts Neues und Beängstigendes haben.

Die Karriere des Herrn Kiesling als eines Neuhamburgers soll noch ein Stück weiter verfolgt werden. Trotz ihrer beruflichen und privaten Besonderheit enthält sie einige verallgemeinerbare Bezüge.

„Ich hatte eine Wohnung, wußte, wo ich bleiben konnte. So bin ich zwar einerseits immer ein Siebenbürger geblieben, aber ich bin mindestens ein ebenso guter Hamburger geworden. Das möchte ich auch in Zukunft bleiben.“

Nach einem Studium der Holzwirtschaft ist er als leitender Angestellter in einer Hamburger Importfirma tätig. Während des Studiums lernte er seine Frau kennen. Bereits 1946 verlobten sie sich. „Obwohl wir wußten, daß wir noch nicht so bald heiraten konnten. Damals mußte man ja erst fertig studieren, um zu heiraten.“

Seine Frau entstammt einer alten Hamburger Familie. Ihr Vater war Pastor an einer Hamburger Hauptkirche, die Mutter kommt aus einer wohlhabenden Familie. So erfuhr Kiesling, was Zugezogene seit Jahrhunderten in Hamburg und in anderen Großstädten erlebt haben: Die Exklusivität altansässiger Familien und deren Distanz gegenüber neu Zugezogenen. Er ging also den Weg fast jedes neuen Großstädters. Es ist eine allgemeine soziale Tatsache der Großstadt, daß Arbeiter in anderen Vierteln wohnen als Notare. Ehrgeizige und sozialkritisch eingestellte Leute reagieren manchmal mit Zorn auf diese Trennung der sozialen Gruppen; für die meisten Großstädter gehört sie zu den Selbstverständlichkeiten. Im Augenblick vollzieht sich bei den Ausländern ein vergleichbarer Prozeß der räumlich-sozialen Separierung auf ethnischer Grundlage. Auch die deutschen Aus- und Übersiedler sind davon betroffen.

„Von meinem Schwiegervater wurde ich sofort herzlich aufgenommen. Aber meine Schwiegermutter war zunächst sehr reserviert, weil meine Schwiegermutter aus einer Familie stammt, die links der Alster wohnt. Links der Alster heißt in diesem Falle „Bellevue“. Und bei der Familie gab es zwei verschiedene Sorten von Menschen. Das waren die geborenen Hamburger, und dann gab es noch gewisse Hamburger. Ich war dort gewissermaßen Ausländer. Ich darf dazu sagen, das war zu Beginn. Später habe ich dann zu meiner Schwiegermutter bis zu ihrem Tod eine so herzliche Beziehung gehabt, die von ihrer Seite mindestens so herzlich war, wie die zu ihrem eigenen Sohn. Mir hat meine Herkunft dann in keiner Weise geschadet – in keiner Weise. Ich arbeite in einem Hamburger Unternehmen, das 150 Jahre alt ist. Ein reines Hamburger Importunternehmen. Ich habe dort nie eine Schwierigkeit empfunden, daß ich nicht ein geborener Hamburger bin."

Wir haben mit etwa dreißig in der Großstadt – in Hamburg, Bremen und Hannover – lebenden ehemaligen Flüchtlingen und Vertriebenen gesprochen. Trotz aller individuellen Unterschiede läßt sich aus den Erzählungen ein relativ einheitliches Bild gewinnen. Das Einleben in die große Stadt, die immer wieder ausdrücklich als „Heimat" bezeichnet wurde, teils als „erste Heimat", teils als „zweite Heimat", reduziert sich auf das Finden einer Wohnung und einer beruflichen Stellung. Ein 62jähriger Behördenangestellter, Ostpreuße, 1952 aus einem nahegelegenen Dorf in Hannover zugezogen, brachte es auf die Formel:

„Sobald man durch eine Arbeit, durch eine befriedigende Arbeit seßhaft wird, dann sieht die Situation doch recht positiv aus. Dadurch kommt dann auch das Umfeld, die Kollegen. Da sucht man sich dann Gleichgesinnte. Woher einer kommt, ist egal. Wir haben hier schon lange Freunde, die gar nichts mit Vertreibung oder Flucht zu tun haben. Da fragt keiner danach."

Die „Integration" in die westdeutsche Nachkriegsgesellschaft wurde von den meisten der von uns befragten heutigen Großstädter kaum noch für erzählenswert angesehen. Wie andere, die hier zugezogen sind, mußten sie alles daran setzen, möglichst rasch und erfolgreich ihren Platz in der neuen Umwelt zu finden. Ein Wechsel der Lebensbereiche, etwa der Schritt vom Dorf in eine Großstadt, ist stets ein gravierender lebensgeschichtlicher Einschnitt. Für die deutsche Nachkriegsentwicklung sollte man in Betracht ziehen, daß die Flüchtlinge von damals vor allem im Dienstleistungsgewerbe und in handwerklichen Berufen untergekommen sind. Demographische Erhebungen weisen für die gesamte Bundesrepublik[51] aus, daß Angestellte, Beamte, Arbeiter bis in die 1970er Jahre hinein unter den Flüchtlingen statistisch gesehen überrepräsentiert waren. Ihr Anteil unter den Selbständigen war entsprechend geringer. Der materielle Vorteil, den „ererbtes Kapital" – etwa Immobilienbesitz in guter Lage – den Nachkommen verschafft, läßt sich nur selten in einer Generation „aufholen". Auch für die Nachkommen dieser Einwanderer aus dem Osten wird es mehrerer Generationen bedürfen, bis sie sich nach Maßstäben der Bevölkerungsstatistik etabliert haben.

Die Vereine der Flüchtlinge- und Heimatvertriebenen waren in den großen Städten schon bald zum Sammelplatz der Erfolglosen, der Gescheiterten und der sozial Abgesunkenen geworden. Erfolgreiche Leute aus dem Osten taten gut daran, vor ihrer großstädtischen Kundschaft und auch vor ihrer Konkurrenz nicht als Inhaber eines „Flüchtlingsbetriebes" aufzutreten. Deshalb griffen sie oft lieber auf einheimische Arbeitskräfte als auf Flüchtlinge zurück.[52] Bereits fünf Jahre nach Kriegsende merkte eine Hamburger Tageszeitung über den Besuch einer „Ostdeutschen Heimatwoche“ an: „Die Ortsansässigen sind bereits so sehr Hamburger geworden, daß sie an den Veranstaltungen nicht mehr ausreichend interessiert sind.“[53]

Was ich als Wege der Beheimatung und Formen des Heimatgefühls geschildert habe, unterscheidet die Verhältnisse der Großstadt eindeutig von denen des Dorfes und der Kleinstadt.[54] Es wäre freilich nicht gerechtfertigt, zu sagen, daß ehemalige Flüchtlinge, die in der Großstadt leben, heute keine Erinnerungen an ihr Flüchtlingsschicksal haben. Tatsächlich zählen die Ereignisse bei der Flucht vor der Roten Armee, die Bedingungen der Vertreibung durch die polnische Besatzungsmacht, die letzten Kriegswochen, die Besatzungszeit, die Geschehnisse auf den Fluchtstraßen bis in unsere Tage auch für sie zu den unvergeßlichen Erlebnissen. Bei diesem Thema macht es keinen Unterschied, ob einer schließlich Hamburg oder ein Dorf im Kreis Lüneburg als seine neue Heimat bezeichnet.

Etwas überpointiert läßt sich im Hinblick auf Stadt-Land-Unterschiede festhalten: Die heutigen Großstadtbewohner reden oft sehr ausführlich über die Ereignisse der Flucht und der Ankunft in der Stadt. Sie haben hingegen wenig über ihre Zeit als „Flüchtling“ in Westdeutschland mitzuteilen. Leute, die auf dem Dorf wohnen geblieben sind, schildern neben ihren Flüchtlingserinnerungen ausführlich die Jahrzehnte ihres Zusammenlebens als „Flüchtling“ mit den Einheimischen. „Der Flüchtling“ existiert als Sozialtyp auf den Dörfern noch heute, wenngleich die Stellung der „Fremden“ im Dorf nach und nach in abgestufter Weise von den später zugewanderten Gruppen der „Gastarbeiter“ und anderer Ausländer oder Aussiedler eingenommen worden ist.

b) Dorf

Trotz aller Wandlungen der Moderne, trotz ihres Anschlusses an die Verkehrssysteme und trotz der Teilhabe an den Massenmedien gilt für Dörfer auch heute, daß sie geschlossene Lebenswelten geblieben sind. Zu diesen Erfahrungsräumen gehört es, daß die Dorfgeschichte personalisierbar ist, unverzüglich auf einzelne Bewohner, kleine Gruppen und Familien bezogen werden kann. Geschichte bleibt so stets gegenwärtige Vergangenheit.[55] Ein uneheliches Kind, ein Streit zwischen Familien, die Einheirat eines Fremden, mögen sie schon vierzig Jahre oder länger zurückliegen, können unter Altangesessenen immer wieder zum Thema werden. Im Erzählen einer gemeinsam erlebten Geschichte versichern sich die Nachbarn der Solidarität. Sie wird in feinen Abstufungen erfahren. Eine 80jährige Bäuerin, vor sechzig Jahren aus dem Nachbarort ins

Dorf verheiratet, erklärt noch heute, sie sei nicht „von hier". Unter Dorfbewohnern wundert sich niemand über diese Selbsteinschätzung. Jeder Erwachsene kann ohne Mühe die Flüchtlingsfamilien des Jahres 1945 oder eine Anzahl heute 60jähriger „Flüchtlingsmädchen" nennen, die damals in Familien von Einheimischen eingeheiratet haben. Dabei sind die Milieus der Einheimischen und der Flüchtlinge natürlich längst nicht mehr so sorgfältig gegeneinander abgegrenzt wie bei der Ankunft. Aber Erinnerungserzählungen über die Jahre des Konflikts und der Fremdheit sind überall heute noch in den Familien im Umlauf. Dazu zwei Beispiele:

„Ich lebte schon vielleicht ein oder zwei Jahre hier in H. Das wird 1946 gewesen sein. Jedenfalls noch vor der Währungsreform. Da ging ich zu einem Bauern. Natürlich gab es damals gegen die Flüchtlinge Verdächtigungen. Wenn da mal was gemopst wurde. ‚Die Pollacken, die klauen hier alles.' Ich kam da zu dem Bauern in die Küche. Und wie ich reinkomme, sitzen die beim Abendessen. Mir gingen die Augen über. Die hatten ihre Wurstdosen geöffnet. Schwarzschlachtung! Ich wollte ja nur ein paar Kartoffeln kaufen. Da sagt der Bauer: ‚Was stellen Sie sich denn vor? Wir haben doch unser Soll!' Das Soll, das nahm er schon genauer, wenn es um die Flüchtlinge ging. So war das damals. Die ganze Familie von diesem Bauern ist inzwischen ausgestorben. Der ganze Hof ist eingegangen. Na ja." – Oder: „Als ich mir Stroh für meine Strohsäcke besorgen wollte, nichts als Stroh für meine leeren Säcke. Ich gehe los und will mir's holen, geh' zu diesem Kalle-Matten [Karl-Martin – plattdeutsche Sammelbezeichnung für Dorfbewohner]. Inzwischen auch schon seit mindestens fünfzehn Jahren verstorben! Ich frage: ‚Können Sie mir etwas Stroh ablassen, damit ich für unsere fünf Personen die Strohsäcke hinlegen kann?' Da sagt der: ‚Wat denn, wat denn? Da kann ja jeder kommen!' – Eine andere Sache: Wir wurden vom Felde vertrieben, wenn wir Ähren sammeln wollten, mit der Peitsche und beim Kartoffelnachlesen hieß es: ‚Runter hier, ich will erst plögen [pflügen].' Sowas konnte man damals bald jeden Tag erleben."

So erzählt Herr Egon Knittel, der 1946 in einem Dorf am Rande des Harzes angekommen ist, wo er bis heute lebt.

1987 stießen wir in einem Dorf bei Hildesheim auf einen 32jährigen Facharbeiter, der recht lebhaft und nicht ohne Mitgefühl von den Erlebnissen seiner Eltern nach 1945 erzählte; von einer Zeit zehn Jahre vor seiner Geburt. Der Vater war aus dem Osten zugezogen und hatte ein einheimisches Mädchen geheiratet. – „Über diese ersten Jahre sprechen meine Eltern bis heute noch oft. Den Ärger mit den Bauern des Dorfes hat mein Vater bis heute immer noch nicht vergessen." – Des weiteren erwähnte er Unstimmigkeiten seines Vaters im Vereinsleben, die gestörten Nachbarschaftsverhältnisse und den Familienärger. Stets hatten beide Eltern (d.h. auch seine im Ort geborene – „einheimische" – Mutter) unter alldem zu leiden gehabt. Er selbst habe allerdings nichts mehr wegen seiner Herkunft auszustehen. Ein Gespräch mit dem Vater ließ sich im elterlichen (eigenen!) Haus vereinbaren. Der Vater, inzwischen Rentner, war vor dem Kriege noch in Ostpreußen ein paar Jahre Landarbeiter gewesen. Nach einer kurzen Gefangenschaft in England war er 1946 als einer der wenigen Protestanten in dieses vornehmlich von Katholiken bewohnte Hildesheimer Stiftsdorf zugezogen. 1952 hatte er eine katholische einheimische Handwerkertochter geheiratet. Die Konflikte Einheimischer – Flüchtling, katholisch – evangelisch, die von den beiden jungen Leuten erlebt wurden, sind in der folgenden 1987 festgehaltenen Geschichte des damals 68jährigen aufbewahrt und in typischer Weise in die Lebensgeschichte integriert worden.

Franz Neumann:
„Ich hatte immer noch von früher her ein Interesse an der Landwirtschaft, und wie wir dann geheiratet haben, hatte ich auch gleich Schweine gehabt. Mal so zwei, drei habe ich gekauft und dann geschlachtet. Und zuguterletzt, da habe ich mir eine Sau angeschafft. Und hier im Dorf ist ein Gemeinde-Eber, und da war ich mit meiner Sau hin, jedes Jahr. Das muß schon in den siebziger Jahren gewesen sein: Die ersten Male hatte ich immer 10 Mark Deck-Geld gezahlt. Aber inzwischen hatte ich erfahren, daß das ein Gemeinde-Eber ist, und da sage ich zum Bauern, bei dem der Eber steht: ‚Das ist doch unentgeltlich, das ist doch ein öffentlicher Eber.' – ‚Ja', sagt er, ‚ganz recht, aber nur für Hiesige und Du bist kein Hiesiger.' – ‚Ach so', sage ich, ‚dann mache ich das anders! – Nächstes Mal schicke ich meine Frau mit der Sau. Meine Frau ist ja eine Hiesige.' Und wie ich das sage, daß ich meine Frau mit der Sau schicke, da sagt er: ‚5 Mark!' Aber damit ist er bei mir nicht durchgekommen. Von jetzt an bekam ich den Eber umsonst."
Nun der Schlußsatz:
„Das ist zum Lachen, aber so wurden wir verstoßen!"

Hier wird im Jahre 1987 – ganz typisch für die Erinnerungen an die Nachkriegsjahre, die Zeit des gemeinsamen Lebens zwischen Einheimischen und Flüchtlingen – ein Schwank präsentiert. Vor 15 Jahren, als sich die Geschichte ereignete, wäre es gewiß unter dem unmittelbaren Eindruck des Erlebens zu einem völlig anderen Modus des Erzählens gekommen. Die Form des Schwankes, einer mit wörtlicher Rede illustrierten, treffsicher gestalteten Übertrumpfungsgeschichte, ist typisch für das Erzählen von zurückliegenden Konflikten. Wo unangenehme Erfahrungen, Ärger, Peinlichkeiten „bewältigt" sind, da werden sie gern als Schwank präsentiert. Aber diese Geschichte ist offenbar immer noch nicht endgültig verdaut. Der (im Transkript wesentlich pathetischer als auf dem Tonband klingende) Schluß der Erzählung – „... aber so wurden wir verstoßen!" – drückt das aus.[56]

Dabei fühlte sich Herr Neumann in dem niedersächsischen Dorf inzwischen längst zu Hause. Mit seiner Familie erfüllt er die Voraussetzungen für die „Integration" der Flüchtlinge ins Dorf, die der Volkskundler Herbert Schwedt ermittelt hat: Eigenes Haus, die sprachliche Anpassung der „zweiten Generation", Leben in einer „Mischehe" und die Mitarbeit im Vereinsleben.[57]

Allerdings zeigt Herr Neumann gerade in seiner Teilnahme am Vereinsleben exemplarisch, daß er sich nicht nahtlos ins Dorf „integriert" hat. Im Sportverein und im Gesangverein gab er nur kurze Gastrollen. Der Ortsgruppe des Bundes der Vertriebenen aber hat er über die Jahrzehnte hin die Treue gehalten. Wenn er an einer Veranstaltung des Vertriebenenverbandes teilnimmt, wird er von seiner „einheimischen" Frau begleitet. Als sie ihn 1952 zum Mann nahm, hatte sie damit ein Stück weit ins dörfliche Abseits geheiratet.[58] Im Dorf gilt bis in unsere Zeit immer noch, daß die Stellung der Ehefrau vor allem durch den Beruf und das soziale Ansehen ihres Mannes bestimmt wird.

Wie in vielen anderen Dörfern ist der Bund der Vertriebenen auch hier mit der Zeit zu einem reinen Geselligkeitsverein geworden. Die Aktivitäten des Jahres beschränken sich neben den Pflichtübungen des deutschen Vereinswesens vor allem auf ein bis zwei Tagesausflüge und ein Sommerfest. Bei diesen Veranstaltungen sind die Flüchtlinge schon seit über 25 Jahren nicht mehr unter sich. Das Sommerfest gehört zu den wenigen Feiern des ganzen Dorfes, zu denen sich außer den „geborenen" Mitgliedern stets Einheimische in großer Zahl einfinden. Allerdings: Einheimische Bauern trifft man hier fast nie. Und wenn Herr Neumann – etwa im Anschluß an eine Sitzung seines Vereins – die Gaststube des Wirtshauses aufsucht, hält er sich vom Stammtisch der Bauern in „gebührendem" Abstand. Herr Fleck hat noch nie die Wohnung des Müllers von Scheeßel von innen gesehen. Herr Neumann noch nie am Stammtisch der Bauern in D. gesessen.[59]

Vereine waren überall für das Einleben der Flüchtlinge wichtig, vor allem in Kleinstädten und Dörfern. Das Vereinswesen, dessen Krise heute oft konstatiert wird, erlebte in den kleinen Gemeinden in den ersten Nachkriegsjahren einen Aufschwung. Neben den angestammten ländlichen Vereinen, neben Sport- und Gesangvereinen entstanden – vielfach auf Initiative der Flüchtlinge – gesellige Gruppen, etwa Vereine für Laientheater[60] oder Volkstanz. Oft wollten die Flüchtlinge noch eine Zeitlang exklusiv bleiben. Ein Beispiel dafür waren die Scheeßeler Schlesier. Aber in der allgemeinen Vergnügungsseligkeit der ersten Nachkriegsjahre kam es überall zu gemeinsamen „Ost-West-Aktivitäten". An diese Zeit, mit ihrer entwickelten „Vergnügungskultur"[61] erinnert sich manches Flüchtlingsmädchen von damals immer noch gern. Die neuen Bewohner brachten Schwung ins Dorf. – Es kam „ein bißchen anderes Blut hier rein", wie Frau Elsa Diehl es nennt, die 1987 – 64 Jahre alt – in einer Kleinstadt am Harz lebte:

„Wir gingen damals mehr aus dem Haus. Die Wohnungen waren eng, und es gab kein Fernsehen. Und alle hatten Nachholbedarf. Heute denke ich, daß wir damals viel mehr gelacht haben als heute. Wir gingen viel zum Tanzen – meistens in Gruppen. Da waren die Einheimischen mit dazwischen. Nur ein einziger Unterschied war zu merken: Wenn Tanzpause war, dann gingen die und zogen sich nochmal um, die einheimischen Mädchen. Und wir armen Flüchtlinge, wir blieben in unserem bescheidenen Zeug da sitzen. Na ja, sie konnten es eben so'n bißchen zeigen: Wir ham doch noch 'n bißchen mehr Möglichkeiten, uns rauszuputzen. Das war das einzige, worüber wir uns geärgert haben. Sonst waren wir aber als junge Frauen gern gesehen. Das war bei den Flüchtlingsjungen schon anders. Die wurden manchmal vergrault."

Der öffentlichen Vergnügungs„sucht" der ersten Jahre folgte nach der Währungsreform rasch der oft beschriebene Rückzug ins Private. Wenn noch Zeit neben dem Familienleben blieb, wurde sie für den Bau eines Eigenheims, für Umbauarbeiten am Haus, für Gartenarbeit genutzt. Später hat das Fernsehen diesen Trend zur Häuslichkeit weiter verstärkt. Von vielen der Vereinsneugründungen und Aktivitäten der ersten Nachkriegsjahre sind nur noch Erinnerungen geblieben.

Zum dörflichen Vereinswesen sind im Zusammenhang mit unserem Thema weitere Erörterungen angebracht. Die Teilnahme am Vereinswesen war für die neu Zugezogenen ein wichtiger Schritt zu ihrer Integration in das Dorfleben. Konflikte konnten nicht ausbleiben. Herbert Schwedt[62] hat dazu aus einer schwäbischen Gemeinde der 1950er Jahre einen in seiner Drastik ungewöhnlichen Fall mitgeteilt. Ein Flüchtling war in den Gesangsverein eingetreten; ein musikalischer Mann. Deshalb wurde er gern gesehen. Zu seiner persönlichen Katastrophe und zur Krise dieser Vereins-„Gemeinschaft" kam es nach einem Singabend, als einer der einheimischen Sangesbrüder die Brieftasche vermißte. Wie selbstverständlich geriet nun der „Flüchtling" in Verdacht. Seine „Vereinskameraden" nahmen ihn ins Verhör. Es war nicht die Polizei, sondern diese Sangesbrüder, die seine Wohnung durchsuchten: tatsächlich ein „Ehrengericht", das der Volkskundler hier schildert. Daß sich die Brieftasche in der Wohnung des Neubürgers nicht finden ließ, sondern später im Hause des schwäbischen Sängers wieder ans Licht kam, ist fast bedeutungslos angesichts der rigorosen Selbstjustiz dieser Dorfbewohner. Es ist nicht verwunderlich, wenn der Verein damals nicht bloß auf diesen Sänger, sondern für einige Zeit überhaupt auf die Mitgliedschaft von Flüchtlingen verzichten mußte.

Der Fall von extremer Volksjustiz zeigt, in welchem Maße in den 1950er Jahren Aggressionen auf seiten der einheimischen Dorfbevölkerung gegen „die Fremden“ mobilisierbar waren und wie sich die Flüchtlinge ihres besonderen Gruppen-Status im Dorf bewußt waren.

Das Vereinswesen ist heute eher in den Dörfern sozial bedeutsam als in den großen Städten, wo es sich im 18. Jahrhundert zuerst entwickelt hat. Ob auf einem Dorf „etwas los“ ist, oder ein Dorf kulturell „tot“ ist, das leiten die Dorfbewohner vornehmlich aus den Aktivitäten des „Vereinslebens“ ab. „Dorfkultur“ ohne Vereinsleben ist aus der Sicht des Dorfes kaum vorstellbar. Über Ansehen und Einfluß im Dorf entscheidet häufig die Stellung im Vereinswesen. Schon aus diesem Grunde ist die Mehrzahl der Männer, die mit „beiden Beinen“ im Dorf stehen, Vereinsmitglied.[63] Auch da gibt es Multifunktionäre, Vereinsmeier, die überall mitreden wollen. Aber weil für gewöhnlich verschiedene Vereine in Konkurrenz und gelegentlich in Konflikt zu einander stehen, ist es ratsam, sich für die Mitgliedschaft in einer Gruppierung zu entscheiden.

Vielfach hat das dörfliche Vereinswesen seine lebensgeschichtliche Perspektive, die aktive Teilnahme an verschiedenen Gruppen vollzieht sich in alterstypischer Weise. Gerade dieser Aspekt hat bei der „Integration“ der Flüchtlinge ins Dorfleben vielfach eine besondere Bedeutung bekommen. Der Vorgang der Sozialisation ins Dorf- und Vereinsleben soll nun – aufs Typische verkürzt – beschrieben werden.

Die dörfliche Vereinskarriere beginnt im Schulalter, meistens beim Sport. Aus der Schulklasse oder der Gruppe der Freunde und Spielkameraden heraus schließen sich die Jungen (inzwischen immer häufiger auch Mädchen) einer Sportgruppe des Vereins an. In diesen Jahren können in besonders prägender Weise über die Schule, den Sport, die Spielgruppe gemeinsame Erfahrungen gemacht werden, die zu dauerhaften persönlichen Beziehungen und zu Freundschaften am Ort führen. In diesem Alter haben die jungen Leute zum Verein eine spielerische, lockere Einstellung. Für die, die nicht wegen eines auswärtigen Schulbesuchs das Milieu wechseln, setzt sich dieses Zusammenleben und Zusammenspielen in einer Mannschaft meistens bis ins frühe Erwachsenenalter fort, bis in die Zeit der Verlobung und Heirat. Nach diesen Entscheidungen werden die sportlichen Aktivitäten im allgemeinen deutlich eingeschränkt. Viele der jungen Leute hören endgültig mit dem Sport auf. Sie haben „wichtigeres“ zu tun, wollen eine Familie gründen. Allerdings bleiben die jungen Ehemänner ihrem Sportverein weiterhin treu, und zwar meistens als passive Mitglieder. Allein deshalb zählen überall auf den Dörfern die Sportvereine die meisten Mitglieder. Nach einigen Jahren der Häuslichkeit und des Hausbaus treibt es viele dann wieder nach draußen. Nun kommt es zur Mitgliedschaft in einem zweiten Verein, etwa in einem Gesangverein, dem Heimatverein, Schützenverein oder bei der Feuerwehr. Gleichgültig, welcher Gruppe sich einer anschließt, überall trifft er auf Bekannte aus seiner Zeit im Jugendsport. Der Sport hat ihn im Dorf heimisch werden lassen. Für einen jungen Erwachsenen hat sich die Einstellung zum Verein nun aber gewandelt, sie ist jetzt nicht mehr „kindlich-spielerisch", wie früher, sondern eine „ernsthafte" Beschäftigung. – Allein die Rituale des Tagesordnungswesens und Sitzungslebens verweisen auf die „Würde" des Erwachsenseins. Die Funktionäre reden nicht von „Spiel", wenn sie über die eigene Tätigkeit sprechen, sondern von „Vereinsarbeit", von „Verantwortung" und „Ehrenämtern". Von „einfachen Mitgliedern" wird erwartet, daß sie sich zumindest an den Vereinsabenden sehen lassen. Auf diese Weise wird man endgültig ein „richtiger" Dorfbewohner. Diese Vereinskarriere ist ein kulturelles Muster, das unsere Intellektuellen gern belächeln. Ganz „fremd" ist ihnen diese Lebensform aber nicht; sie haben ja bereits einen Begriff dafür: „typisch deutsch". – Dem ist schwer zu widersprechen.

Wer als Flüchtling des Jahres 1945 in diese deutsche Karriere einsteigen wollte, der konnte auf diesem Wege recht leicht zu einem vollgültigen Mitglied seiner „Dorfgemeinschaft" werden. Wer nur ein paar Jahre zu alt für diesen lustvoll-dornigen Pfad war, dem fiel es in der Regel schwerer, ein „echter Dörfler" zu werden. Von diesem Manko dürfte Schwedts Flüchtling im schwäbischen Gesangsverein betroffen gewesen sein;[64] Herr Neumann aus unserer Befragung war es zweifellos. Als er ins Dorf zog, war er schon ein junger Mann. Eine Knieverletzung aus einem Arbeitsunfall hinderte ihn außerdem an dieser glatten Laufbahn via Vereinssport in die Dorfgesellschaft. Auf dem Weg in die Dorfgemeinschaft über den Verein gibt es natürlich erhebliche Unterschiede, etwa regionale: In katholischen Gegenden Bayerns oder Frankens dürfte der Einfluß des kirchlichen Vereinswesens, der Jungenschaft, des Kolpingwerks ähnliche Standardkarrieren initiiert haben, wie ich sie für den niedersächsischen Vereinssport skizziert habe. Überdies gab es in vielen Gemeinden eine Zeitlang das Angebot eines kirchlichen Flüchtlings-Vereinswesens, etwa die St. Hedwigskreise im westfälisch-niedersächsischen Raum.[65] Wie die Ortsgruppen des Bundes der Vertriebenen oder des BHE förderte die Teilnahme an solchen Gruppen fürs erste die Außenseiterstellung der Flüchtlinge. Außerdem: In größeren Gemeinden, in Marktflecken oder Kleinstädten konnte es leicht zu einer Abschottung bestimmter Vereine gegenüber den Neubürgern kommen. Bestimmte Gruppen hatten sich freilich auch früher schon von neu Zugezogenen und gegenüber Leuten, die nicht ins Gruppenbild paßten, abgegrenzt. Daß ein kleinstädtischer Heimat- und Traditionsverein 1963 nur zwei Heimatvertriebene zu seinen Mitgliedern zählte und daß beide in „Mischehe" mit Altangesessenen lebten, ist nicht verwunderlich.[66] – Auch „Integration", „Assimilation", Anpassung haben ihre Grenzen.

III. Generationen und Traditionen

Wie in jedem Einwanderungsprozeß, war auch für das Einleben der Flüchtlinge in Westdeutschland die Generationenfrage folgenreich. Ein Begriff wie Generation kann freilich nur vage die verwickelten sozialen Verhältnisse benennen. Falls man eine Vorstellung wie „Generation" nicht allein auf eine zusammenlebende Flüchtlingsfamilie mit Kindern, Eltern, Großeltern bezieht, sondern auf eine ganze Gesellschaft, kann das Bild irritierend sein. So gibt es bei der Ankunft im Jahre 1945 bereits nennenswerte Unterschiede, wenn die Situation der damals 5jährigen Flüchtlingskinder mit der der 10jährigen Ankömmlinge verglichen wird, etwa im Hinblick auf die Schule und die Frage der sprachlichen Anpassung. Nimmt man die Gruppe der damals 17jährigen aus der Flüchtlingsgeneration hinzu, also junge Leute, die gerade den Einstieg ins Berufsleben suchten, so standen für sie wiederum wesentlich andere soziale Probleme im Vordergrund. Der 10jährige gehört unter diesem Aspekt zu einer anderen Kategorie als der 17jährige. Ob er zur gleichen historischen Generation wie der 5jährige gehört, ist ebenfalls fraglich. Ein 21jähriger Kriegsheimkehrer dieser Zeit war wiederum mit völlig anderen Problemen konfrontiert und verfügte über wesentlich andere Erfahrungen als damals ein 17jähriger. Gleichwohl teilen beide zusammen mit dem 10jährigen des Jahres 1945 das Schicksal der „Nachkriegsjugend".

Von heute aus betrachtet, verwischen sich diese Grenzen zwischen den Altersgruppen der damaligen „jungen Generation". Sieht man die Angehörigen von Generationen einer Familie – Eltern und Kinder, Enkel und Großeltern – als „Träger" von Erinnerungen, die jeweils zusammenlebenden Generationen als Erinnerungseinheiten[67] mit spezifischen zwischenmenschlichen Kontakten, Konflikten und Aufgaben, dann kompliziert sich das Verhältnis noch weiter. Schließlich leben als Zeitgenossen stets 40jährige Enkel neben 2jährigen Enkeln. Und 40jährige Großeltern gibt es ebenfalls. Alle diese Personen können sich ihre Lebenserfahrungen und deren Beurteilung mitteilen oder diese verschweigen.

Beim Thema „Generationen" will ich bei den Möglichkeiten und Schwierigkeiten derer beginnen, die 1945 als Kinder aus dem Osten gekommen sind. Danach soll es um die „Flüchtlingskinder" der zweiten und dritten Generation gehen. Die Altersgruppen der „Nachkriegskinder" sind längst zu Erwachsenen geworden. Viele von ihnen haben inzwischen selbst Enkel. Vergleicht man die heutigen Lebensbedingungen und Konsumchancen dieser „Flüchtlingskinder" des Jahres 1945 mit denen der Abkömmlinge aus den Familien der Einheimischen, dürfte kaum ein Unterschied auffallen. Wer riskiert es heute, ein Scheitern im beruflichen oder privaten Leben mit seinem Flüchtlingsschicksal des Jahres 1945 in Zusammenhang zu bringen? Es besteht schließlich ein allgemeiner Konsens, daß die „Integration" der Flüchtlinge aufs Prächtigste gelungen ist. – Aber wer wird bezweifeln, daß Geschehnisse, wie sie von vielen während der Flucht oder Vertreibung erlebt wurden, auch in friedlichen Tagen ihre seelischen Nachwirkungen haben? Wer wird bezweifeln, daß die Kindheit in einer sozialen Außenseiterposition, jahrelanges Leben in materieller Not oder das Aufwachsen in einer vaterlosen Familie ihre lebensgeschichtlichen Folgen haben? Daß bei entsprechendem Nachhilfeunterricht durch Journalisten das Schicksal eines „typischen Flüchtlingskindes" der Nachkriegszeit bis heute als eine lebensgeschichtliche Hypothek gesehen werden kann, beweist die Berichterstattung im Falle Uwe Barschels. Keiner wunderte sich darüber, daß als plausible Erklärung für den vom Anfang bis zum Ende außergewöhnlichen Lebensweg des ehemaligen schleswig-holsteinischen Ministerpräsidenten immer wieder seine Herkunft aus einer zeitweilig in einem Lager lebenden vaterlosen Flüchtlingsfamilie angeboten wurde. Wer so einen Start ins Leben hat, das war die Lektion, der muß fast zwangsläufig zu einer von Ehrgeiz und Rücksichtslosigkeit gegen sich und die anderen gehetzten Persönlichkeit werden.

1. Die Flüchtlingskinder

a) Lagererinnerungen

Im politisch gravierenden und menschlich tragischen Falle Barschel wurde die Öffentlichkeit noch einmal an eine bei Flüchtlingsfamilien der ersten Stunde verbreitete Lebensweise, an das Lagerleben erinnert. Daß es diese Lebensform als kollektives Schicksal für Hunderttausende deutscher Familien gegeben hatte, war fast in Vergessenheit geraten. Hier liegt ein weiteres tabuisiertes Thema der deutschen Nachkriegsgeschichte; weder die ehemaligen Insassen noch ihre Nachbarn wollten sich später gern daran erinnern. Dabei zählt ein zeitweiliges Leben in Lagern doch fast zu den „normalen" Lebensformen dieses Jahrhunderts. Die überall in der Welt anfallenden Flüchtlings- und Kriegsgefangenen-, Internierten-, Fremdarbeiter- und Asylsuchenden-Massen haben Millionen von Menschen immer wieder in diese Zwangsgemeinschaften geführt. Angesichts der neuerlichen Flüchtlingsströme ist das Thema auch hierzulande wieder zunehmend aktuell geworden. Dabei ist die Abneigung geblieben. Wer sucht den Kontakt zu heutigen Lagerbewohnern? Wer

Elternlose Kinder erreichen das Flüchtlingslager Kielseng bei Flensburg

hat sich überhaupt schon an Ort und Stelle informiert? Es gehört zu den großen wirtschaftlichen und sozialen Leistungen in der Nachkriegszeit, daß das Lagerleben für die Flüchtlinge in West-Deutschland nicht, wie für die Palästinenser im Nahen Osten, zu einem Dauerzustand geworden ist. Immerhin zählten Flüchtlingslager bis weit in die 1950er Jahre hinein überall zum Landschaftsbild des Stadtrandes. Noch im Oktober 1949 gab es allein in Bayern 465 staatliche Flüchtlingslager mit über 94.000 Insassen. Das letzte Lager wurde in diesem Bundesland erst am 1. Juli 1963 aufgelöst.[68]

Wer im Lager leben mußte, blieb von der einheimischen Bevölkerung weitgehend isoliert. Die Insassen lebten vielfach als Diskriminierte, wie Lagerbewohner überall. Dazu trug nicht zuletzt die Tatsache bei, daß die Lager meistens keine neuen Anlagen waren, sondern schon längere Zeit als Aufbewahrungsort für diskriminierte Minderheiten gedient hatten. Vor dem Kriegsende waren dort Fremdarbeiter stationiert. Später lebten die „Heimatlosen Ausländer", die Displaced Persons der Besatzungszeit darin, ehemalige Fremd- und Zwangsarbeiter.[69] Die Verhältnisse bedeuteten stets eine extreme Lebenssituation für die Insassen. Sie standen dort unter Anstaltsrecht, nicht unter Mietrecht. Bis ins Detail war das Zusammenleben durch die Lagerordnung festgelegt. Das war in der Regel ein

Kinderspeisung im Lager Kielseng

Anweisungskatalog, der sich aus heutiger Sicht fast wie eine Zuchthausordnung liest. So hieß es beispielsweise 1946 im Lager Michaelsbuch im Kreis Deggendorf in Niederbayern: „Anordnungen des Lagerpersonals und der Lagerwache" sei „Folge zu leisten". „Widersetzlichkeit" wurde als „Amtsbeleidigung" klassifiziert. Das „wilde Zusammenleben von männlichen und weiblichen Personen" sollte den Gerichten „zur weiteren Bearbeitung" übergeben werden. Für Kontakte zur Lagerleitung war „höfliche und anständige" Form ausdrücklich vorgeschrieben.[70]

Vermutlich sind solche Formulierungen von den Nachkriegsdeutschen als nicht ganz so schikanös und unzumutbar empfunden worden, wie sie für heutige Ohren klingen. Eine Redewendung wie „Ordnung muß sein" konnte im Jahre 1950 durchaus ohne den kabarettistischen Beiklang zur Kenntnis genommen werden, der ihr heute anhaftet. Schließlich waren

1946: Lagerunterkunft

alle durch eine autoritäre Schule, durch die Hitler-Jugend oder den BDM, durch Arbeitsdienst und Militär gegangen. So waren sie das Leben in straff organisierten Gruppen, vielfach auch das Lagerleben, von klein auf gewöhnt; auch die Formen des Umgehens von Lagerbestimmungen, des Sich-Drückens vor Befehlen, des stillen Wegtauchens waren eingelebt.

Das betraf die, die als Erwachsene oder als Jugendliche in die Lager gekommen waren. Kinder von fünf bis zehn Jahren dürften sich in die Verhältnisse mühelos und „spontan" eingelebt haben, vor allem dann, wenn sich die Lagerzeit über die Phase der schlimmsten Nachkriegsnot, über die Währungsreform des Jahres 1948 hinaus, erstreckte. Die Räume in den Anlagen waren eng und überfüllt. Das erzwang ein Leben auf den Lagerstraßen und in der Umgebung. Dabei mangelte es nicht an Gleichaltrigen zum Spielen. Auch im Lager entwickelten sich Formen von Alltagsleben, Freundschaften, Nachbarschaftsverhältnisse und ein Gruppenleben.

Eine persönliche Reminiszenz des Autors sei erlaubt: Die vier Monate in dem als Flüchtlingslager genutzten Schloß Derneburg bei Hildesheim zählen keineswegs zu den unangenehmen Erfahrungen meines Lebens. Nach den unsicheren Monaten der Flucht hatte die Familie wieder ein „Dach über dem Kopf". Ich erinnere mich daran, mit einer Anzahl

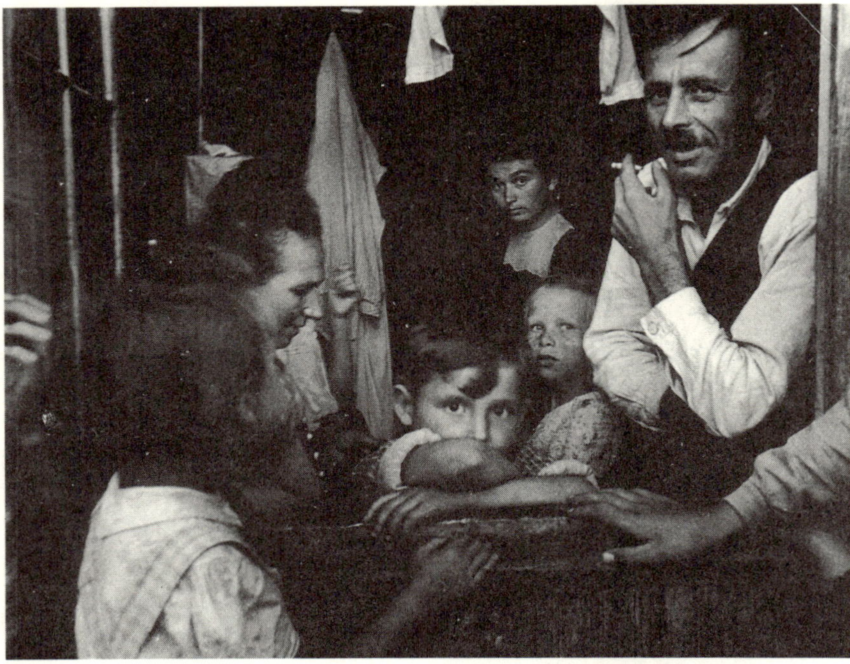

1948 im Lager Kielseng – Eine Familie lebt hier seit 1945 in einem Raum von 16 qm

Gleichaltriger mit Duldung des Pächters an den dortigen Fischteichen eine abenteuerliche Zeit verbracht zu haben. Meine Erinnerungen an das Lagerleben sind wesentlich freundlicher als die an die darauf folgenden Jahre in einer engen Mietwohnung.

Wie in meinem Falle, so dürften für viele Kinder die größeren Probleme erst später entstanden sein, als ihre Familie das Lager verließ. Meistens waren die ersten Wohnungen der Flüchtlinge immer noch unzureichend. Viele lebten zur Untermiete. In den Monaten oder Jahren davor hatten sich die Kinder an die unkomplizierteren Formen des Lagerlebens gewöhnt, wo es keine abgeschlossenen Räume, vor allem keine in sich geschlossenen Familien gab. Das Lager konnte ja gerade wegen seiner Abgeschlossenheit nach außen und wegen seiner räumlichen Enge zu offenen Formen des Zusammenlebens von Familien und Gruppen führen. In der Not- und Zwangsgemeinschaft der Lager entwickelten sich manchmal ungeplant Aspekte des Zusammenwohnens, wie sie zwanzig Jahre später mit – überzogenen – idealistischen Vorstellungen planmäßig und freiwillig von Studenten und Akademikern als Alternative zur bür-

1951 in Hamburg: Nissenhütten in einem Flüchtlingslager

gerlichen Kleinfamilie – als Wohngemeinschaft, Kommune, Großfamilie – angestrebt wurden.

Die zeitgenössischen Darstellungen des Lagerdaseins sind sozialpolitischer Herkunft. Sie zeichnen ein trübes Bild. Vor allem die Prognosen für die dort lebenden Kinder fallen beängstigend aus. Eine Studie des Hilfswerks der Evangelischen Kirchen in Deutschland, 1947 für deutsche und alliierte Interessenten abgefaßt, beschreibt die Enge in den Lagern, den mangelhaften Ernährungszustand, die Unsauberkeit, schildert Krankheiten und weist auf Entwicklungen zur Kriminalität, gerade bei jungen Insassen hin.[71] Im Württembergischen waren 20% der Lager-Flüchtlinge von Krätze befallen, Geschlechtskrankheiten breiteten sich in vielen Unterkünften aus, Diebstähle und Plünderungen, typische Formen der Nachkriegskriminalität, gehörten zum Alltag.

Was wir aus dieser Zeit im Flüchtlingslager in unserer Befragung zu hören bekamen, konnte den Eindruck entstehen lassen, jener Lebensabschnitt sei weniger Teil eines unentrinnbaren Schicksals gewesen, sondern eher die Folge eines persönlichen Versagens. Es ist nicht leicht, heute aus Erinnerungserzählungen über ein Lagerdasein genaueres zu

Kinder im Lager Kielseng 1948

erfahren. Es scheint, als seien die Erlebnisse mit den Jahren in Vergessenheit geraten. So zeigt sich im individuellen Fall eine Folge des Ausblendens und Tabuisierens dieses Massenschicksals der Nachkriegszeit. Es ist zweifellos eine Sichtweise, in der der Erfolg des neuerlich gewonnenen bürgerlichen Lebens in den 1950er und 1960er Jahren die Maßstäbe des Erinnerns setzt. Was überhaupt zu erfahren war, war äußerst knapp gehalten, eher Gemeinplatz als schildernde Erzählung. „Na ja, es war

Kinder im Lager Kielseng 1948

halt diese Zeit, wie überall in den Lagern." „Viele mußten noch für einige Zeit im Lager leben. Das ging nun nicht anders. Darüber redet man heute nicht so gern."

Zwei vom kollektiven Muster „Vergessen-Wollen" abweichende Erinnerungsberichte will ich aufführen: Hans Dogowski war sieben Jahre alt, als es ihn 1945 nach Schleswig-Holstein verschlug. Helga Altmann kam als 15jähriges Mädchen in ein Lager bei Delmenhorst. Herr Dogowski romantisiert die Lagerzeit heute als ungestörtes Räuberspielen, als ein freies Leben in der Natur. Es sind Erinnerungen an Erlebnisse, die mit denen des Autors übereinstimmen und auch aus den Fotos von Erich Andres vom Leben der Kinder in einem schleswig-holsteinischen Lager zu uns sprechen. Ein völlig anderes Bild vermittelt Frau Altmann. Die Unterschiede in der Qualität der Erinnerung dürften sich auch aus dem Lebensalter unserer Auskunftspersonen bei der Ankunft ergeben. – Hans Dogowski war ein kleiner Junge im Grundschulalter, Helga Altmann mußte als 15jährige, wie damals fast alle Flüchtlingsmädchen, zur Existenzsicherung der Familie beitragen.

Hans Dogowski:
„Weil wir keine Zuzugsgenehmigung in Hamburg hatten, kamen wir in ein Lager nach Hohn bei Rendsburg – in ein Flüchtlingslager. Da wohn-

Hamburg 1946: Notunterkünfte

ten wir in einer Baracke in einem Zimmer zusammen mit meiner Tante und ihrer Tochter, sieben Personen. Ich war der älteste von allen fünf Kindern. Da haben wir also bis Mitte '48 etwa zwei Jahre in diesem Lager gelebt. Ich hab' an dieses Lager eigentlich schöne Erinnerungen. Das ist erstaunlich. Ich bin da zur Dorfschule gegangen. Und wir hatten so'n schönen Spielplatz draußen zum Spielen. Wir waren immer draußen, wir waren wie eine Bande, hatten viel freies Gelände, Hecken usw. Also, ich bemitleide all die Kinder heute, die diese Spielmöglichkeiten nicht mehr haben."

Helga Altmann:
„Die Zeit im Lager war sehr hart. Wir mußten versuchen, uns über Wasser zu halten. Das hieß, daß wir an alles mögliche ran mußten, Äpfel erbettelten – es war ein erträgliches Jahr 1946 für Äpfel. Und Kartoffeln und Ähren haben wir auch gelesen. Mir ist damals folgendes passiert. Das werde ich nie in meinem Leben vergessen. Ich bin zu Fuß fünf Kilometer in die Stadt marschiert. Das war eine Hauptstraße von unserem Lager in die Stadt. Natürlich muß jeder Mensch mal seine Bedürfnisse verrichten. Ich kannte mich nicht aus in Delmenhorst, versuchte, ohne mir was dabei zu denken, beim nächstmöglichen Haus die Toilette zu benutzen. Ich klingelte und wollte die Hauswirtin fragen, ob ich die

Hamburg 1946: Notunterkünfte

Toilette benutzen dürfte. Sie öffnete und sagte: ‚Bei mir nicht! Flüchtlinge kommen mir nicht ins Haus!' – Und schlug die Tür zu. Wenn ich heute das Haus seh', ich weiß noch, wer es war, dann muß ich ganz bitter daran denken. Wir aus dem Lager, wir waren minderwertig. Wir waren ja nichts."[72]

Daß Erfahrungen, wie sie unsere Informantin hier mitgeteilt hat, von den heute „integrierten" ehemaligen Lagerkindern lieber für sich behalten als erzählt werden, ist nicht verwunderlich. Die einheimische Frau, die ihr die Tür vor der Nase zuschlug, dürfte dieses für sie fast alltägliche Ereignis schon zwei Tage später „vergessen" haben.

Dabei sahen die Verhältnisse für die Familien, die nicht in Lagern, sondern in Notwohnungen oder zur Untermiete lebten, vielfach nicht wesentlich günstiger aus. Ein Bremer Pädagoge berichtete 1949 über die Verhältnisse in seiner Stadt, daß dort 40% der Schüler das Bett mit einem Familienmitglied teilen mußten. Ein Viertel aller Flüchtlingskinder kam aus einer Wohnung, die für die ganze Familie aus einem Raum bestand.[73] In jeder dritten Flüchtlingsfamilie fehlte der Vater.

b) „Schultüchtigkeit"

In den Bildungsinstitutionen, Schule, Hochschule, auch im beruflichen Ausbildungswesen, machten sich die sozialen Probleme und ihre Folgen in besonders bedrängender Weise bemerkbar. Deshalb wurde die Frage nach den Folgen des Flüchtlingsleids – nach der „Sozialtüchtigkeit"[74] der Flüchtlingskinder – lebhaft in Pädagogenkreisen und gelegentlich auch in den Familien diskutiert. Hier fühlt man sich wiederum an aktuelle Diskussionen über die Arbeitsfähigkeit und Arbeits„moral" der gegenwärtigen Neubürger aus der DDR, der deutschen Aussiedler und Übersiedler aus der Sowjetunion, Polen und Rumänien erinnert. Die Überlegungen galten nach dem Kriege zunächst der Zuordnung der Schüler aus dem Osten in den ihrem Kenntnisstand angemessenen Jahrgang. Fast alle hatten ja in der Besatzungszeit in Schlesien oder Pommern und während der Fluchtmonate keinen schulischen Unterricht erteilt bekommen.

„Ich wurde 1946 in die erste Klasse eingeschult. Der Unterricht hatte aber schon begonnen, als wir im Sommer ankamen. Jedenfalls konnte ich dem Unterricht nicht gleich folgen. Da kam eines Tages der Schularzt. Ich kann mir nicht helfen, aber ich glaube, daß ich genau gehört hab', wie der Lehrer dem Arzt einen Hinweis gab, daß er mich unbedingt wegen meines körperlichen Zustandes um ein Jahr zurückstellen sollte. Da war die Schulzeit erst einmal für mich zu Ende."

Albert Schulz, der sich hier an seine Flüchtlingszeit in der kleinen Stadt Bockenem am Harz erinnerte, wo die Familie mit fünf Personen zur Untermiete in zwei Zimmern leben mußte, hat später auf dem zweiten Bildungsweg, d.h. ohne Abitur nach einer kaufmännischen Lehre ein Studium an einer Pädagogischen Hochschule absolviert und arbeitet heute als Realschullehrer in Hildesheim.

Als der Soziologe Karl Valentin Müller, der einem „Institut für Begabtenforschung"[75] vorstand, mit Untersuchungen der Begabung und sozialen Leistungsfähigkeit von Flüchtlingskindern beginnen wollte, stieß er zunächst auf Unverständnis im Kreise der Fachleute aus Pädagogik und Psychologie. Seine noch nicht repräsentative Vorstudie hatte eine Begabungsunterlegenheit der Flüchtlingskinder ergeben. Daraufhin hatte Müller es schwer, den Sinn seiner Forschungspläne nachzuweisen; denn es galt als ausgemacht, daß die kleinen Flüchtlinge den Kindern der Einheimischen erheblich an Begabung unterlegen sein mußten.[76] Es bedürfe schließlich nicht einer umständlichen und aufwendigen wissenschaftlichen Untersuchung, daß die Zeit der Entbehrung, das Erlebnis der Flucht, das Aufwachsen großer Teile der Flüchtlingsjugend in der „qualvollen persönlichkeitsvergiftenden Enge der Massenlager", der seelischen „Vermassung Vorschub" geleistet habe. Unbezweifelbar seien

Kinder mit dieser seelischen Hypothek für eine höhere schulische und berufliche Ausbildung weniger geeignet als die „schicksalsbegünstigten Kinder" der Einheimischen. Mit solchen schnell getroffenen Einschätzungen lieferte eine populäre Massenpsychologie Argumente gegen junge Menschen, die unverschuldet in ein Leid gestürzt waren. Diese massen- und milieutheoretischen Erwägungen wurden noch um den Hinweis auf das im allgemeinen mindere kulturelle Niveau der Ostgebiete gegenüber dem Westen ergänzt. Hinzu kamen zu allem Überfluß gelegentlich Argumente einer Rassenlehre und der populären Auffassung von unterschiedlichen „Stammescharakteren" oder „Regionalcharakteren" innerhalb der deutschen Bevölkerung.[77] Allein aus der wissenschaftlichen Frage Müllers, vor allem aber aus den Stellungnahmen der Fachgenossen läßt sich auf eine verbreitete Diffamierung der Flüchtlingskinder schließen. Was hier von Fachwissenschaftlern geäußert wurde, war unter der einheimischen Bevölkerung eine Zeitlang die landläufige Ansicht. Im Einzelfall dürfte dieses Vorurteil bisweilen eine gegenläufige Dynamik entwickelt haben: Nun wollte der kleine Flüchtlingsjunge seinem gleichaltrigen Nachbarn aus einer einheimischen Familie seine Überlegenheit in den Schulfächern besonders beweisen. – Auch die Konkurrenz zwischen Alt- und Neubürgern um Ausbildungschancen konnte zu einem Movens des späteren Wirtschaftswunders werden.

Heute mutet diese Begabungsdiskussion absurd an. Vorstellungen von der Meßbarkeit von Begabungsunterschieden, Vergleiche der „Intelligenz" zwischen Gruppen und Einzelwesen sind inzwischen aus der öffentlichen Diskussion fast verschwunden. Unter dem Eindruck der Konkurrenz um die knappen Ausbildungsplätze in der Schule und dem Beruf mußte das Ergebnis, welches Müller nach seiner den Widerständen zum Trotz schließlich doch durchgeführten Untersuchung vorlegte, von seiten der Flüchtlinge mit Genugtuung zur Kenntnis genommen werden: „Das heimatvertriebene Kind in Westdeutschland weist durchschnittlich etwas besseren Schulerfolg auf als das einheimische."[78] „Etwas besser", das hieß „exakt", daß in sechs Kreisen im südlichen Niedersachsen 18% der einheimischen gegenüber 20,1% der heimatvertriebenen Kinder einen Notendurchschnitt von „2 und besser" hatten. Es kann kein Zweifel sein, daß dieser knappe „Begabungsvorsprung" den Flüchtlingskindern der ersten Stunde zunächst keinen Startvorteil brachte. Der Vorteil lag auf seiten der Kinder von Einheimischen. In Handwerksbetrieben zählte seit jeher die persönliche Bekanntschaft der Familien zu den begünstigenden Voraussetzungen bei der Lehrlingsauswahl. Und der Zugang zum Studium war damals über die Kosten für Unterbringung und Verpflegung hinaus durch Schulgeld und Studiengebühren den Kindern aus ärmeren Bevölkerungsgruppen erschwert.

Der „Ostlehrer" Hermann Johns, der in einem Dorf bei Goslar als Lehrer begann und auch nach seiner Pension dort wohnen geblieben ist, erinnert sich:

„Was betrüblich war für uns Lehrer, war, daß die Flüchtlinge ihre Kinder damals nicht zu weiterführenden Schulen schicken konnten. Erstmal waren sie noch nicht bodenständig geworden, lebten noch in dieser Enge. Zweitens: Sie konnten ja nicht zahlen! Damals mußte man ja noch Schulgeld bezahlen. Es gab keine Ermäßigung. Da gab es keine höhere Schule für viele Begabte. Statt dessen wurden sie in die Kohlegruben nach Nordrhein-Westfalen angeworben. Da gab es Arbeit, die hatten früher die Ausländer gemacht. Da sind viele meiner Schuljungen damals nach Schulschluß dorthin gekommen. Lebten in Baracken. Viele mußten danach auf dem Zweiten Bildungsweg einen vernünftigen Beruf lernen, den sie gern machten. Viele haben später noch Abendkurse besucht. Gerade unter den Flüchtlingskindern. Wir haben darunter jetzt Dozenten. Wir haben darunter Ingenieure und Pastoren. Wir haben darunter Meister. Ich fing mal oben bei den Akademikern an. Aber geworden sind die meisten etwas. Auch wenn sie nicht studiert haben. Sie wollten einfach aus dem Morast herauskommen."

Bis in die 1950er Jahre wurde in der Öffentlichkeit den Flüchtlingen in Zeitungsberichten und von Verbandsfunktionären des Vertriebenenwesens die soziale Stellung eines neuen Proletariats – „des fünften Standes" – zugeschrieben. Viele von ihnen haben dieses Fremdbild übernommen, widerstrebend, manchmal mit Resignation. Erst als ausgangs der 1950er und dann zunehmend in den 1960er Jahren die sogenannten „Gastarbeiter" in Nachbarschaft und Betrieb eintrafen, konnten sich die Flüchtlinge im alltäglichen Zusammenleben als vollgültige Mitglieder der bundesdeutschen Gesellschaft fühlen. Die Stellung der Fremden im Lande war neu besetzt.[79] Jetzt waren es, wie seit dem Ende des 19. Jahrhunderts, wieder Ausländer, die in die Kohlengruben des Ruhrgebiets einfuhren. Für viele unter den Flüchtlingen war inzwischen Geld und ein Angebot des Staates und der Wirtschaft für eine zweite Berufskarriere über Abendkurse und Umschulung vorhanden.

c) Die Integrationsideologie und das Erinnern

Die Frage nach der „Sozialtüchtigkeit" der Flüchtlinge spiegelt den Geist der 1950er Jahre. Beim Wiederaufbau, in den Jahren des Wirtschaftswunders war Leistungsfähigkeit noch mehr als in anderen Zeiten gefordert. Das Schlüsselwort für die Lage der Flüchtlinge hieß „Integration". Dieser Zustand wurde zunächst in den Massenmedien und in den Äußerungen der Verbände als das soziale und politische Ziel der Vertriebenenpolitik verkündet. In den 1960er Jahren – inzwischen hatte sich der Ausländerzuzug verstärkt – galt die Flüchtlings-„Integration" als erreicht. Flüchtlinge und Einheimische hatten gemeinsam die neue Gesellschaft der Bundesrepublik Deutschland aufgebaut, eine „nivellierte Mittelstandsgesellschaft".[80] Die Neubürger wurden danach von Politikern kollektiv und ex cathedra für „integriert" erklärt. Sie waren zu einem essentiellen Teil der Erfolgsstory der Bundesrepublik geworden. Für den einzelnen bedeutete das: Jeder mußte für sich diesem Anspruch gerecht werden. Wer wird sich selbst als gescheitert, als einen „Nicht-Integrierten" bezeichnen? „Der Flüchtling" gehörte einer vergangenen historischen Epoche an. Dem Eintrag „Heimatvertriebener" im Klassenbuch der Schule haftete nun eine peinliche Nebenbedeutung an: Ein Geruch von Armut und Asozialität. Anfang der 1960er Jahre bereitete es Lehrern und Schülern bereits Schwierigkeiten, in der Schulklasse festzustellen, wer aus einer Flüchtlingsfamilie kam und wer „Einheimischer" war. Allein die Häufigkeit von Mischehen erschwerte eine „saubere Klassifikation".[81]

Ein Begriff wie „Integration" harmonisiert die historischen Tatsachen auch in der Erinnerung. Was in diesem Erinnerungsmuster im Gedächtnis bleibt, muß beinahe zwangsläufig auf ein glückliches Ende hinauslaufen. Die eigene Lebensgeschichte wird also nicht als täglich gelebtes Leben mit Freude neben Ärger, schon gar nicht als Zeit der Diffamierung und Benachteiligung erinnert, sondern nach dem allgemein verbindlichen sozialen Muster auf eine reine Erfolgsstory reduziert. Durch diese gesellschaftlich formulierte Vorstellung wird die Wahrnehmung der eigenen Geschichte geprägt. Bis heute läuft das Erinnern und Erzählen derer, die als Kinder und Jugendliche aus dem Osten gekommen waren, auf der „Integrationsschiene". Sie mußten „sozialtüchtig" sein, sich bewähren. Der Leistungsdruck auf diese Nachkriegskinder und ihre eigene Anpassungsbereitschaft in Schule und Beruf waren prägende Aspekte ihrer Jugend.

Läßt man diese Flüchtlingskinder des Jahres 1945 ohne Zwischenfragen ihr Leben berichten, bekommt man meistens die „Integrationsgeschichte" zu hören. Diese beginnt bei einem Nullpunkt. Eine Familie von Habenichtsen betritt die Szene. Soziale Anerkennung und vor allem wirtschaftlicher Erfolg sind schnell erreicht. Ein chronologisches, teleologisch angelegtes Erzählen führt über Hindernisse und Erfolge in die Gegenwart. Es ist ein zügiges Erzählen, bei dem nichts bewiesen werden muß. – „Häuser haben wir Flüchtlinge ja auch alle", ist eine typische Floskel. Dieses Bild hat aber auch seine Schattenseite. Manchmal lebt neben der Integrationsstory eine andere Geschichte, die jemand, der lange und aufmerksam zuhört, fast in jedem Falle zu hören bekommt. Ein Beispiel dafür war die Geschichte der Frau Altmann, der ihr sozialer Außenseiterstatus in unvergeßlicher Weise zu Bewußtsein kam, als sie wegen eines „menschlichen Bedürfnisses“ an die Tür einer Einheimischen klopfte. Die folgenden beiden Beispiele enthalten weitere Selbstaussagen über Spätfolgen des Flüchtlingsdaseins, verweisen auf die Langzeitwirkung peinlicher Ereignisse bei der Begegnung von Flüchtlingskindern mit Einheimischen. Diese Erinnerungen spiegeln die Atmosphäre kurz nach der Ankunft im Westen. Gabriele Dettmann und Albert Schulz mußten als Kinder mit ihrer Familie zur Untermiete leben.

Frau Dettmann:
„Wasser mußten wir in der Küche bei unseren Vermietern holen. Die Küche war schmal. Der Wasserhahn war in der hintersten Ecke angeschlossen. Man störte eigentlich immer, und es ging keiner von uns gern zum Wasserholen. Das verbrauchte Wasser mußte eine Treppe tiefer ins Klosett gebracht werden. Auch wenn sie versuchten, freundlich zu bleiben, so war es den Vermietern anzumerken, wie lästig es ihnen war, daß Fremde mit ihnen die Wohnung teilten.“

Herr Schulz, der aus einer Beamtenfamilie stammt, erinnert sich, welchen Verdruß es ihm und seinen beiden Brüdern bereitete, wenn die Mutter wieder einmal einen von ihnen zum „Fragengehen“ schickte:

„Da hieß es: ‚Geh mal fragen, ob der oder der Nachbar uns seinen Leiterwagen oder eine Zange leihen kann.‘ Das war übel, jeder versuchte es, auf den anderen abzuwälzen. Jeder wußte, wann er schon das letzte Mal mit dem Fragen dran war. Ich glaube, daß die Abneigung, mir von einem anderen etwas zu leihen, noch aus dieser Zeit stammt. Das wirkt bis heute.“

Beide mußten die Tatsache als besonders beschämend empfinden, daß es hier nicht allein um ein persönliches Problem ihrer Kindheit ging, sondern um das Bewußtsein, einer Familie anzugehören, die in ihrer Ärmlichkeit und Aufdringlichkeit anderen Leuten zur Last fiel. Die Mutter von Herrn Schulz, die die Kinder zum Fragen schickte, bediente sich einer Überlebensstrategie, in der bis heute in der Kultur der Armut Südamerikas oder Afrikas die Kinder ihre Aufgabe haben. Schon die Kleinsten müssen da durch Betteln und schlimmeres zum Unterhalt der Familie beitragen.

Als Indiz für ihr Außenseitertum ist verschiedenen unserer Befragten besonders peinlich im Gedächtnis geblieben, daß sie stets vor der Tür der Nachbarkinder warten mußten. Die Kinder der Einheimischen aber wurden in die Wohnung gebeten. Einige erinnerten sich an den Zwiespalt der Gefühle, wenn sie von einem einheimischen Kind ein Schulbrot bekamen. Zuweilen bestanden regelrechte Brotpatenschaften, bei denen die Eltern einheimischer Kinder einzelne Flüchtlingskinder täglich bedachten. In anderen Fällen war die Wohltat in das eigene Ermessen der Kinder gestellt. Gerade die zweite Form dürfte oft zu kränkenden Situationen geführt haben.

Eine verbreitete Erfahrung unter Flüchtlingskindern, gelegentlich auch unter Kindern Einheimischer, war die Nachlese von Kartoffeln und Ähren auf den abgeernteten Feldern. Viele mußten außerdem das Gras für die Kaninchen „irgendwie besorgen". Das war nicht leicht in einer Zeit, in der jeder Wegrain verpachtet war. Im Gegensatz zur Bittleihe aber sind diese Formen des Organisierens, bei denen gelegentlich zum eigenen Vorteil die Eigentumsnormen großzügig ausgelegt wurden, selten als Peinlichkeiten in Erinnerung geblieben. Statt dessen werden sie heute als Gemeinschaftserlebnisse der Familie, als „Abenteuer" erinnert. Die Bittleihe war ein peinlicher Vorgang, dem ein einzelner allein ausgesetzt war. Zum Ährenlesen zog die ganze Familie aufs Feld, eine Form von „Freizeitgestaltung". Weil es viele – gemeinsam! – taten, war es niemanden unangenehm.

Was die Qualität des Erinnerns an die Flüchtlingskindheit betrifft, kann bereits ein Altersunterschied von drei oder vier Jahren entscheidende Ergebnisse haben. Aus der ersten Generation der Schulkinder, vor allem aus der Altersgruppe derer, die 1945 nicht älter als zehn Jahre waren, ist von Streit zwischen Einheimischen und Flüchtlingen im allgemeinen wenig zu hören. Wer 1945 aber als Schulabgänger vor der Berufswahl stand, die Schulzeit bereits hinter sich hatte oder gar für die Mutter und die Geschwister auf dem Dorf oder in der Kleinstadt eine Wohnung suchen mußte, der erzählt mehr von Konflikten und Diffamierungen. Es ist also kein reiner Zufall, wenn Herr Piel und Frau Altmann ausführlicher von Konflikten erzählen als Herr Dogowski.[82]

d) Sprache

Als der Volkskundler Alfred Cammann im Jahre 1957 bei einer aus Bessarabien stammenden Familie in einem niedersächsischen Dorf Volkslieder, Bräuche und Volksdichtung aus der alten Heimat auf dem Tonband festhalten wollte, kam unverhofft der 15jährige Sohn ins Zimmer. Helmut besuchte das Gymnasium in der benachbarten Kleinstadt, war ein engagiertes Mitglied einer Pfadfindergruppe. Der „Traditionensammler", der gerade voller Begeisterung bei den Eltern des Jungen Lieder und Geschichten im „Schwäbisch" der Bessarabiendeutschen festgehalten hatte, wandte sich jetzt Helmut zu:

C: „Kannst Du mal ein schwäbisches Gedicht sagen?"
H: „Nee."
C: „Nee, das kannst Du nicht? Erzähl mal auf Schwäbisch, was Du werden willst. Weißt Du das schon?"
H: „Nee."

C: „Erzähl mal hier vom Dorf etwas. Kannst Du das mal auf Schwäbisch erzählen? Sage mal ein paar Worte, ob Du das kannst. Wie groß ist Lünninghausen?"

H: „Ja, Lünninghausen ist zwei Kilometer lang und hat 200 Einwohner."

C: „Auf Schwäbisch! – Erzähl es auf Schwäbisch! – Oder: Wieviel Kinder seid Ihr in der Schule?"

H: „Ja, vierzig ungefähr."

C: „Das ist aber doch nicht Schwäbisch, was Du da sagst. – Nun erzähl mal etwas von den Pfadfindern! – Kannst Du Plattdeutsch?"

H: „Ja, dat war voriges Jahr im September, dat war clock sieben, wenn das losföhrt. Und gegen zehn ist de Zug ankommen, das wi no Bremerhaven hinführt."

C: „Ja, das war Plattdeutsch! Nun erzähl dasselbe noch mal auf Schwäbisch."

H: „Ja, das war voriges Jahr im September. Da sind wir morgens um sieben Uhr in Worpswede losgefahren, ungefähr 16 Mann, und wie wir in Osterholz gewese sin, henn wir auf de Zug gewart, ist der komme und sind wir nach Bremerhave fahre."

Das transkribierte Tondokument, so komisch es heute klingt, ist in zweifacher Hinsicht kennzeichnend: Erstens für das Deutsch der Flüchtlingskinder, die im Vorschulalter oder in den ersten Schuljahren in den Westen gekommen sind, zweitens für die damals unter Sprachforschern und Mundartpflegern verbreiteten Absichten.

Überall trafen Deutsche mit unterschiedlichem kulturellen und sprachlichen Hintergrund aufeinander. Selbst wenn man die Ergebnisse der Einwanderungsforschung aus den USA nicht kannte oder nicht berücksichtigen wollte, ließ es sich von seiten der Mundartforscher kaum ignorieren, daß die Dialekte der alten Heimat mit der Zeit im Westen verlorengehen mußten. Die ersten Anzeichen waren bereits kurz nach dem Eintreffen der Flüchtlinge unverkennbar. Der 15jährige Helmut, ein Lehrerssohn, der in einem niedersächsischen Dorf in die Schule gekommen war, ist – wenn man zu Zugeständnissen bereit ist – noch immer „dreisprachig". Er spricht ein reines Hochdeutsch, das er im Elternhaus und im Gymnasium als wichtigste Verkehrssprache benutzt. Außerdem kann er von seinen Kontakten zur einheimischen Dorfbevölkerung her schon recht zuverlässig und flüssig Plattdeutsch „snaken". Das „Schwäbisch", die Mundart der Eltern, wird als zweite Sprache zu Hause noch immer gepflegt. Dem Sohn gelingt es freilich erst nach einigen einleitenden Sätzen in Hochdeutsch, ins Schwäbische zu wechseln. Das Hochdeutsche ist für den Gymnasiasten, wie sollte es in Norddeutschland anders sein, die eigentliche Muttersprache.

Von Sprachpflegern ist ein variabler Umgang mit der gesprochenen Sprache oft mit Trauer, nicht selten voller Abneigung beobachtet worden. Viele der Sprachforscher und Sprachpfleger kamen aus zweisprachigen Gegenden des Ostens oder Südostens, oder sie hatten, wie der 1901 in Bad Harzburg geborene Lutz Mackensen, für längere Zeit in sprachlichen Mischzonen gelebt. Dort waren wechselseitige Verachtung, Vorurteile und Mißverständnisse zwischen den Sprachgruppen an der Tagesordnung.[83] Wenn der bekannte Philologe und Volkskundler Mackensen die sprachlichen Entwicklungsprozesse im Westen aus der Sicht der Vertriebenen beurteilt, dann kommen ihm in seinem Beitrag zu einem Standardwerk der Flüchtlingsforschung fast ausschließlich apokalyptische Bilder und militärische Sprachmuster in den Sinn.[84] Er sieht die Lage der Mundartsprecher „bedroht", fürchtet, über die Sprachen des Ostens sei längst das „Todesurteil" gesprochen; die Flüchtlinge seien schließlich den Einheimischen „zahlenmäßig unterlegen". Deshalb könnten sie ihre Sprache nicht „durchsetzen". Ein anderer Sprachforscher, er hatte vorher in ungarndeutschen Gebieten gewirkt, spricht davon, daß die Flüchtlingssprachen in der „Abwehr" stehen, redet von deren „Untergang" und empfiehlt ein „Kampfbündnis" der Dialekte der Flüchtlinge mit dem Hochdeutschen. Letzteres könne vielleicht verhindern, daß die Flüchtlinge den Dialekt der einheimischen Bevölkerung übernehmen.[85]

Diesen Wissenschaftlern gelingt es offenbar mühelos, die militaristische Sprache des „Dritten Reiches" und den Geist der Nationalitäten- und Abstimmungskämpfe auf die vergleichsweise friedliche kulturelle Begegnung der Nachkriegszeit zu übertragen. Ein anderer Beobachter, der in Pilsen geborene Soziologe Eugen Lemberg[86], will kurz nach Kriegsende beobachtet haben, daß die Volksgruppen, die „in der alten Heimat die Sorge um die Erhaltung der eigenen Sprache und Kultur kannten", den eigenen Dialekt nun auch in der aufs neue „verwandten und doch so fremden Umgebung zu erhalten" trachteten. In einem Punkt hatte er zweifellos recht: Das Beharren auf der „Altsprache" aus dem Osten ging stets von Angehörigen der Elterngeneration aus. Fälle, in denen der Flüchtlingsjunge auf dem Schulhof Prügel bezog, weil er nicht in der Lage war, den Dialekt der Einheimischen zu sprechen, und ein paar Stunden später dann noch einmal – jetzt von den Eltern – geprügelt wurde, weil er die Familiensprache des Ostens nicht mehr sprechen konnte oder wollte[87], mögen gelegentlich vorgekommen sein. Aber im allgemeinen vollzog sich der Sprachwechsel wenig spektakulär. Hermann Bausinger, der die Vorgänge des Einlebens der Flüchtlinge über Jahre hin gründlich beobachtet hatte, kam gewiß zu einem realistischen Urteil, als er feststellte, die Übergänge und Vermischungen seien im allgemeinen „friedlich" und das Aufgeben des alten Dialekts auf seiten der Flüchtlingskinder der ersten Generation „gern" geschehen.[88]

Sprachliche Anpassungsprobleme und Konflikte waren dabei allerdings nicht zu vermeiden. Fälle von „Kettenwanderung", wo die Familien mehrfach den Wohnort wechselten, waren nicht selten. Die Kinder mußten bis zum Alter von zehn Jahren zwei- oder dreimal die Mundart ändern. Über die lebensgeschichtlichen Folgen derartiger Anpassungsleistungen, die oft eine Zeitlang ein peinliches Verbergen der eigenen Identität und ein Gefühl der Unsicherheit bedeuteten, ist wenig bekannt. Auch unsere Informanten haben hierzu nicht viel an eigenen Erinnerungen beigetragen. Zu den wenigen, die dazu heute noch Vergangenes aktivieren konnten, gehört der Lehrer Ekkehard Mehl, der 1946 in eine Kleinstadt im Kreis Hildesheim kam.

„Ich war gerade mit sieben Jahren aus Niederschlesien gekommen. Bei uns zu Hause hatten wir immer großen Wert darauf gelegt, Hochdeutsch zu sprechen. Schlesier sprechen das beste Hochdeutsch, besonders die Breslauer. Das war bei uns zu Hause klare Sache. Und hier in der Gegend hatte ich eigentlich gar keine Probleme mit der Sprache. Hier spricht man ja auch Hochdeutsch überwiegend, auch wenn viele noch Platt verstehen können. Als ich dann etwas später, vielleicht in der dritten Klasse einen Lehrer hatte, dem lag das Plattdeutsch wohl besonders am Herzen, da kriegte ich dann doch noch einen kleinen Schock. Der verlangte, daß ich ein plattdeutsches Gedicht lernen sollte: ‚Lütt Matten de Has' von Klaus Groth. Das ging natürlich voll in die Hose, alle lachten mich aus. Am nächsten Tag machte er dann wieder den einheimischen Kindern diese Freude. Ich weiß nicht, wenn ich heute plattdeutsche Sendungen im Radio höre, mache ich sofort aus."

Ein mehrjähriges Leben in der „Sprachinsel" eines Flüchtlingslagers konnte oft das Aufgeben der Mundart aus dem Osten verzögern. Doch selbst in der überwiegend von Schlesiern bewohnten, aus einem Flüchtlingslager entstandenen Stadt Espelkamp in Nordrhein-Westfalen meldeten sich bereits 1954 nur noch wenige, als ein Lehrer in der Grundschule für einen Chor Kinder suchte, die „Schlesisch" sprechen konnten.[89]

Wer im Grundschulalter oder jünger nach Westdeutschland in eine Region von Mundartsprechern kam, eignete sich die Ortsmundart mühelos an. Bald beherrschte ein Kind dieses Alters den neuen Dialekt genauso wie die Kinder von Einheimischen. Älteren, also denen, die bereits 13 oder 14 Jahre waren, als sie in die neue Heimat kamen, wurde im allgemeinen schnell das Hochdeutsche zur Muttersprache. Sie verstanden zwar den Dialekt der neuen Heimat, konnten ihn aber nur selten flüssig verwenden. Die jüngeren Kinder sind oft „zweisprachig", oder wie unser Zeuge, der im Jahre 1957 15jährige Helmut, „dreisprachig" aufgewachsen. Überall in Deutschland aber konnte infolge der neuen Siedlungsverhältnisse bald jeder Hochdeutsch sprechen, auch in den traditionellen Dialektregionen. Von daher gesehen, förderte das Zusammenleben von

Einheimischen und Flüchtlingen die Auflösung der traditionellen Horizonte[90] und die Modernisierung der Gesellschaft, und zwar in beiden Teilen der Bevölkerung. Vorher war die Verbreitung des Hochdeutschen in den Volksschulen oft nur mit Mühe von seiten der Lehrer durchzusetzen. Aus Süddeutschland wird berichtet, daß dort allgemein die Flüchtlingskinder die besten Hochdeutschsprecher waren.[91] Was manch Sprachpfleger als kurzfristiges „Kampfbündnis" gegen die Übernahme der Sprache der Einheimischen empfehlen wollte, war zum Dauerzustand geworden.

2. Heimatrecht – Heimattradition

Nach dem bis heute geltenden Bundesvertriebenengesetz sind auch die im Westen geborenen Nachkommen aus Ehen von Vertriebenen „Flüchtlinge". Überdies haben Kinder aus sogenannten „Mischehen", d.h. aus Verbindungen, in denen nur ein Elternteil aus dem Osten stammt, ebenfalls ein Recht darauf, mit 16 Jahren einen Flüchtlingsausweis zu beantragen. Dieses Papier kann seinen Inhabern ein paar Mark an steuerlichen Vergünstigungen verschaffen. Und es sicherte ihnen für eine lange Zeit der bundesdeutschen Geschichte darüber hinaus – nach der Auffassung von Verbandsfunktionären des Vertriebenenwesens – auch für ihre Zukunft ein ideelles „Recht auf Heimat". Es ging bei diesem „Anspruch" auf eine „Heimat" im Osten um ein Gebiet, das bereits ihre 1950 als „Flüchtlingskinder" geborenen Eltern, wenn überhaupt, nur aus der Erzählung ihrer eigenen Vorfahren „kannten" oder erst anläßlich einer Reise als Heimwehtouristen gesehen haben. Das „Flüchtlingsmädchen", das 1970 in einen bayerischen Bauernhof eingeheiratet hat, bringt nach dieser Auffassung immer noch „Vertriebene" zur Welt. Durch diese juristische Regelung nahm die Zahl der „Vertriebenen" absolut und relativ beständig zu, und zwar längst bevor wieder Spätaussiedler in großer Zahl einwanderten. Daß der Anteil der Vertriebenen an der Bevölkerung der Bundesrepublik unter Beibehaltung dieser juristischen Regelungen recht bald die 50%-Marke überschreiten wird, läßt sich leicht errechnen.[92]

Die Frage eines „Rechts auf Heimat" im Osten, die in der Vergangenheit immer wieder mit Blick auf die Kinder der Flüchtlinge gestellt und lange Zeit insbesondere von Funktionären des Vertriebenenwesens bejaht worden ist, soll hier nicht weiter erörtert werden, so wenig wie die obskuren Rechenexempel der Vertriebenen-Statistik. „Recht auf Heimat" in Schlesien oder Pommern haben schließlich durch ihre Geburt inzwischen die da lebenden Kinder aus polnischen Familien erworben, die sich seit 1945 dort freiwillig oder auf staatliche Anweisung hin angesiedelt haben. Die Vertreibung der deutschen Bevölkerung war ein Unrecht. Daran kann kein Zweifel sein. Sie war ein Unrecht, wie die Untaten von Deutschen in Polen, die dem Unrecht der Vertreibung vorausgingen. Doch Unrecht darf nicht noch einmal durch weiteres Unrecht fortgezeugt werden. Das ist zum Glück die vorherrschende Auffassung der Bevölkerung in Deutschland. Menschenrechte, wie der Anspruch auf Sicherheit und Geborgenheit, das Recht auf eine „Heimat" entstehen mit jedem Menschen neu.[93] „Gott hat die Menschen in ihre Heimat hineingestellt", heißt es in der Charta der deutschen Heimatvertriebenen von 1950. Da kann Schlesien heute allein die Heimat der jungen Polen sein, die Gott dort zur Welt kommen ließ. Die Nachkommen der Vertriebenen hat er nach Bayern oder Niedersachsen „gestellt". Ein Heimatrecht im Osten ist bei nüchterner Betrachtung auf jemanden, der im Westen zur Welt gekommen ist, so wenig vererbbar wie eine Schuld der Eltern oder eine Feindschaft zwischen Familien und Völkern. – Die Propagierung einer Vererbbarkeit von Schuld, von „Feindschaft", dem Recht auf eine verlorene Heimat der Eltern bedeuten einen Appell an archaische Instinkte und Wünsche. Wo sie mit Unversöhnlichkeit gepaart auftreten, ist das Prinzip „Rache" fast unvermeidlich.

Als juristische Frage hat die Diskussion um „Heimat" inzwischen ihre Brisanz in der Öffentlichkeit verloren. Niemand außer ein paar Unbelehrbaren will heute einen Anspruch auf eine verlorene Heimat von den Vorfahren auf die Nachkommen tradieren. Es ist zu wünschen, daß es dabei bleibt. Als Thema für eine Kulturwissenschaft bleibt die Frage nach der Bedeutung von „Heimat" gleichwohl wichtig. Was wissen die Nachkommen der Flüchtlinge, die als kleine Kinder hierher kamen oder hier geboren sind, von der Heimat ihrer Eltern oder Großeltern im Osten? Welche Vorstellungen von „Heimat" haben sie selbst? Was wissen sie und wie denken sie über die Vertreibung ihrer Vorfahren und über deren Einleben in die Gesellschaft und Kultur der Bundesrepublik?

a) Forderungen an die Eltern

Die Heimatvertriebenenpresse kann eine Fundgrube für den Kulturwissenschaftler sein, denn sie dokumentiert vom journalistischen Teil bis zu den Reklamen den Wandel und die Konstanz kultureller Vorstellungen und Sichtweisen. Sie läßt Rückschlüsse auf die Entwicklung der Mentalität ihrer Leser zu. Sie ist eine Presse von Heimatvertriebenen für Heimatvertriebene. Wie in anderen Formen der Heimatpresse finden sich die Angehörigen der traditionellen Bildungsschichten, vor allem Lehrer, Theologen, pensionierte Beamte, unter den Autoren. Die Leser dürften hingegen eher bei den Angehörigen aus unteren sozialen Schichten, vor allem in der ersten Vertriebenengeneration zu finden sein. Diese Presse liefert also keine Zeitung „von unten", sondern eher eine „für unten". Den Verlautbarungen ihrer Autoren zufolge verstehen sich diese Schriften als „unpolitisch". Tatsächlich sind explizit politische Themen nicht gerade häufig zu finden. Aber das Politische ist stets präsent, und zwar als ein durchgängiges Argumentationsprinzip, welches das Thema „Heimaterinnerung", die Berichte über den Zustand der alten Heimat und über das heutige Leben im Osten durchzieht. Gerade der Teil dieser Presseerzeugnisse, der sich mit Heimaterinnerungen, Reiseberichten, mit Traditionsfragen und Heimatpflege befaßt, enthält für den Kulturwissenschaftler wichtige Informationen. Für die verstreute Lesergemeinde dürften die persönlichen und familiären Nachrichten, die Glückwünsche, Todesmeldungen, Vereinsberichte besonders lesenswert sein.

Die „Osteroder Zeitung" gehört in dieses Genre. Sie erscheint seit 1954 zweimal jährlich für die Heimatvertriebenen aus der ostpreußischen Kreisstadt. Zehn Jahre nach der Vertreibung erschien in diesem Blatt ein Gedicht, das sehr vehement eine Rückkehr in den Osten forderte. Dort hieß es u.a.:

> „Wir fügen uns nicht dem Geschick:
> den Osten fordern wir zurück!
> Zehn Jahre Trennung dürften reichen,
> jetzt sollen unsre ‚Gäste' weichen!
> Wir wollen heimwärts in den Osten,
> Drum dürfen wir hier niemals rosten!
> Landsmann, wache, sei bereit!
> Gebe Gott, s'ist bald so weit!"[94]

Die Äußerung derart deutlicher und lauter Töne dürfte schon 1955 nicht mehr ganz zeitgemäß gewesen sein. Jedenfalls hielt der Autor sich bedeckt, denn er unterschrieb seine Reime mit „XYZ". Er hatte sich noch an die Generation der Erlebnisflüchtlinge gewandt, als er „unser Väter Land" zurückforderte.

Ein Jahr später hatte sich der Schwerpunkt der Mahnungen und Forderungen bereits auf die nächste Generation verlagert. Der Autor, der zugleich Herausgeber des Blattes war,[95] fragte in einem „Unsere Pflicht" überschriebenen Artikel: „Werden wir zurückkommen?" Damit schnitt er ein zentrales Gesprächsthema der 50er Jahre unter Flüchtlingen der Erlebnisgeneration an. Seine Antwort: Es müsse vor allem das „Heimweh" „genährt" werden. Es könne dabei freilich nicht mehr allein um diejenigen gehen, die die Länder des Ostens noch selbst als Heimat erfahren haben, sondern ganz besonders um deren Kinder und Enkel. Heimweh sei eine „treibende seelische Kraft". Diese Kraft müsse nun für eine

Wiedergewinnung des deutschen Landes im Osten genutzt werden. „Wir Alten aber werden matt, müssen abtreten. Die Uhr steht nicht mehr weit von 12."

„Und die Jugend, welche die Heimat nicht mehr bewußt erlebt hat? Erzählt den Kindern, auch den älteren von der Schönheit der Heimat. Das ist gut! Wichtiger ist, daß sie etwas hören von der großen Geschichte, von der Arbeit, den schweren Aufgaben, Pflichten und Kämpfen ihrer Vorfahren. Wahre Tradition wächst in der Familie. So war's, so ist es heute noch mehr, da wir verstreut auf einem Boden wohnen, auf dem wir nicht gewachsen sind."

Diese als Appell vorgetragene Argumentation erscheint auf den ersten Blick unkompliziert. Und der Artikel dürfte unter den damaligen Lesern überwiegend mit Zustimmung aufgenommen worden sein. Gleichwohl haben wir es hier mit einem komplizierten Gedankengebilde zu tun. Zunächst empfiehlt der Autor die bewußte Pflege, die „Nährung" des Heimwehgefühls, eines Gefühls, das von allen, die unter seinem Eindruck stehen, als Leid empfunden wird. In politisch eindeutiger Absicht fordert er die Beibehaltung eines unglückseligen persönlichen Zustandes, und zwar als ein kollektives Schicksal. – „Das Ausland könnte glauben, wir hätten aufgegeben, seien zufrieden mit dem Ersatz des materiellen Schadens!", heißt es ein paar Zeilen weiter.

Heimweh – Nostalgia – ist seit dem 17. Jahrhundert als eine Krankheit des Gemüts beschrieben worden, die sich besonders heftig unter Soldaten äußere. Noch im 19. Jahrhundert gab es medizinische Fachbücher, die das Heimweh als Ursache für Selbstmord und Wahnsinn aufführten.[96] Bis in unsere Tage scheint es mir eine Definitionsfrage zu sein, ob dieser seelische Ausnahmezustand tatsächlich den Charakter einer „Krankheit" annehmen kann. Entscheidend dürfte, wie bei jeder Diskussion um „Heimat" und ihren Verlust, wiederum die Frage sein, ob die Soldatenkrankheit „Heimweh" tatsächlich eine Reaktion auf die Trennung von der vertrauten räumlichen Umwelt meint, oder nicht vielmehr die unerfüllte Sehnsucht nach geliebten Menschen, nach der Mutter, der Familie.[97] Daß der zeitweilige oder endgültige Verlust eines Menschen zur Krankheit führen kann, wer würde es heute bezweifeln?

Unser Autor geht nun einen Schritt weiter; denn er möchte, wie paradox das klingen mag, Heimweh zu einer Erbkrankheit werden lassen. Dieser „Arzt" verordnet kein Medikament gegen eine Krankheit, sondern, wie es manche Politiker seiner Zeit ebenfalls taten, die Krankheit selbst. Dabei kann er sich eines seit der Romantik vertrauten Bildes, eines Stereotyps von Heimat mit Erfolg bedienen. Die Heimat, der Ort der Sehnsucht, liegt räumlich und zeitlich fern oder ist bereits für immer „verloren". „Ach, die Heimat hinter den Gipfeln, wie liegt sie von hier so weit", heißt es in einem der schönsten Gedichte der deutschen Sprache, in Eichendorffs „Heimweh“. Daß viele der Kinder aus Familien der ersten Vertriebenengeneration tatsächlich unter diesen Voraussetzungen eines ungesunden Erinnerungskults und des darin enthaltenen Verzichts auf ihre Gegenwart, den Eltern den Dialog verweigerten, ist eine glückliche Entscheidung für ihr eigenes Leben und für den Frieden in Europa gewesen.

Aber Heimatsehnsucht hat außer dieser politischen Seite auch noch ihren kulturellen Aspekt, denn es wird hier auch ein Erinnerungsraum vermittelt, der durch Erzählen zwischen Generationen geistig am Leben erhalten werden soll.

Im Dezember 1959[98] nimmt sich ein anderer Autor der Generationenfrage unter diesem Gesichtspunkt an. Er gibt ein Gespräch wieder, in dem sich ein 14jähriger, der kurz nach Kriegsende bereits im Westen geboren ist, gegenüber seinem um einige Jahre älteren Vetter äußert:

„‚Du bist ein richtiger Ostpreuße – ich leider nicht!‘ Das sagte ein 14jähriger Junge zu seinem Vetter, der noch kurz vor der Flucht in Ostpreußen geboren war, während er selbst erst wenige Wochen nach der Flucht in Niedersachsen zur Welt kam. Die Mütter der beiden kamen aus dem gleichen ostpreußischen Dorf. ‚Du bist ein richtiger Ostpreuße – ich leider nicht!‘ Ich möchte behaupten: Der Junge, der das sagte, konnte sich mit mehr Recht einen echten Ostpreußen nennen als viele, die in Ostpreußen geboren sind und ein halbes Menschenalter dort verbracht haben. Denn er hing an seiner Heimat, obwohl er sie nie gesehen hatte.“

Der Autor drückt des weiteren seine Bewunderung für diesen heimattreuen 14jährigen aus. Aber noch mehr müsse er dessen Mutter bewundern, die es geschafft habe, ein lebendiges Bild von der Heimat Ostpreußen durch ihre Erzählungen zu tradieren. Schließlich wendet er seine Heimat-Reflexionen ins Transzendente: „Ich habe Gott dafür zu danken, daß er mir eine Zeit meines Lebens eine Umgebung gab, in der ich ganz geborgen war.“

Das offensichtlich fiktionale Gespräch der beiden Jungen, welches diese Überlegungen einleitet, ist deutlich erkennbar zu Zwecken einer Erwachsenenbildung mitgeteilt worden. Es leitet einen Text ein, der Eltern sagen will, wie sie es mit ihren Kindern halten sollen. Der Autor vermittelt auf diese Weise sein nostalgisch und religiös geprägtes Wunschbild als Mahnung an die Eltern. Aber wie der Appell des Jahres 1956, der eine politisch begründete Tradition des Heimwehs fördern wollte, so war auch dieser Text eine arge Zumutung für die Generation der Nachkommen. Einer auf diesem Weg tradierten „Heimat“ aus zweiter Hand, einem Raum, den der Mensch nie selbst erfahren, nicht einmal gesehen hat, muß etwas Trübsinniges anhaften. „Er hing an *seiner Heimat*, obwohl er sie nie gesehen hatte.“

Wenn es diese Bindung an einen fernab liegenden, geradezu ins Sakrale verklärten Sehnsuchtsraum tatsächlich als kollektives Phänomen unter jungen Menschen gegeben hätte, so hätte das für einen Teil der westdeutschen Nachkriegsjugend bedeutet, daß sie unfroh im Provisorium einer Ersatzheimat ihr Leben gefristet hätten, in einer „Heimat auf Abruf". Der unfromme Wunsch eines frommen Mannes! Ein gutes Jahr zuvor[99] hatte dieser Autor das Flüchtlingsschicksal in populärphilosphischer Manier ins Allgemeinmenschliche und noch deutlicher als hier ins Überirdische gewendet.

„Trotzdem bleiben wir Fremdlinge in dieser Welt. Das kommt nicht von ungefähr, sondern es hat mit Gott zu tun. Vielleicht müssen wir in die Fremde, um richtig zu begreifen, was Heimat ist? Das heißt dann aber, daß wir auch in der Fremde Gottes Willen zu erfüllen haben und dabei froh werden können – daß wir aber zugleich den Ort, da wir geboren wurden und an dem unser Wesen hängt, in Ehren zu halten haben. ‚Wo sind wir zu Hause?'

Lieber Landsmann, wenn du so gefragt wirst, dann sage ruhig: ‚Ein wenig in Osterode, ein wenig in Hannover.' Und dann magst du, wenigstens im Stillen, hinzusetzen: ‚Ganz zu Hause bin ich da, wo ich Gottes Liebe spüre.'"

Die geistig-religiöse Sehnsucht ist zum „Heimatersatz" geworden.[100] So beschrieb Ina Maria Greverus eine der probaten Lösungen, das Fremdheitserlebnis des Flüchtlings zu kompensieren.

b) Der „Bruch"

Der folgende Abschnitt aus einem Gespräch mit einem Lehrer des Jahrgangs 1951 öffnet den Blick für einen anderen, deutlich weltzugewandten Aspekt der Heimaterzählung in deutschen Nachkriegsfamilien. Frank Duhm gehört zur Generation der Nachgeborenen, also zu jener Kategorie der „Vertriebenen", der die Sorge der zitierten Autoren galt. Sein Vater kommt aus Oberschlesien, der Gegend um den Annaberg.[101] Vater und Sohn Duhm haben sich in den Jugendjahren des Sohnes wiederholt heftig über die politischen und ethnischen Probleme in der oberschlesischen Heimat des Vaters gestritten. Das konnte kaum ausbleiben, denn der Ältere hatte Ansichten vertreten, wie sie in den vorhergehenden Texten zu Wort kamen, während der Sohn sich gerade aktiv am linken Rand des politischen Spektrums betätigte. Aber immerhin: Sie stritten mit Lust und Eifer, trafen sich regelmäßig, nicht nur zu diesem Zweck. Im Frühjahr 1989 äußerte sich Frank Duhm:

„Als Kind hab' ich das eigentlich nur als eine Gefahr zum Streit wahrgenommen. Für mich war es eine Gefahr, daß ich immer von ‚Polen' sprach, wenn mein Vater aus seiner Jugend erzählte. Also mein Vater hat 'ne lange Zeit darauf bestanden, daß immer, wenn ich ‚Polen' gesagt hab', er gesagt hat: ‚Das ist nicht Polen, das ist Oberschlesien, das ist deutsch.' "

Ein Jahr vor dem Gespräch hatte sich unser Informant – ausgerechnet zusammen mit seinem Vater – auf die Reise nach Oberschlesien begeben. Seither hat sich sein Bild von dieser Region ein gutes Stück der Auffassung seines Vaters angenähert.[102] „Die Erfahrungen, die ich letztes Jahr in Polen gemacht hab', waren die gleichen, die mein Vater hat. Dort leben immer noch überwiegend Leute, die sich als Deutsche fühlen. Für diese Leute, die nun mittlerweile vierzig Jahre in Polen leben, ist das immer noch Oberschlesien. Und das ist immer noch deutsch. Also ich tue mich heute schwer, zu sagen, das ist so unrechtmäßig annektiertes Gebiet seit 1000 Jahren, und die Deutschen durften dort eigentlich gar nicht leben. Ich hab' das früher zwar mal gemacht, um für mich selber auch 'ne historische Begründung zu kriegen, aber das ist 'ne Sache, von der ich heute finde, sie steht auf wackligen Füßen."

Es ist zunächst bemerkenswert, daß sich dieser im Westen geborene „Flüchtlingsjunge" der 1950er und 1960er Jahre noch immer deutlich an die Atmosphäre erinnern kann, in der in den 1960er Jahren in seiner Familie über die Themen „Heimat" und „Heimatverlust" geredet und gestritten wurde. Heute erinnert sich Frank an ein „gefährliches" Thema für den Familienfrieden. Ob die „Gefahr" ihn damals tatsächlich belastet hat, steht dahin. Vermutlich kam ihm die Chance zur Provokation nicht ungelegen, denn es waren die politisch heißen 1960er und 1970er Jahre, in denen die „skeptische" Generation der eher unpolitischen Nachkriegsjugend überall auf den Widerspruch und Eifer ihrer „kritischen" Kinder stieß. Frank erinnert sich, daß die Mutter, eine geborene Hannoveranerin, neutral geblieben sei. Aber der Streit zwischen dem einzigen Kind und seinem Vater kann ihr nicht gleichgültig gewesen sein. Wenn Frank Duhm von „Gefahr" spricht, dann dürfte er dabei an diese unerwünschte Ausweitung eines typischen Vater-Sohn-Konflikts denken. Es ist bemerkenswert, daß dieser politisch engagierte Mann zusammen mit seinem Vater fast zwanzig Jahre nach den großen Familien-Debatten noch eine Reise in die Erinnerungsheimat seines Vaters unternommen hat und daß er von dort mit einem revidierten Bild von der Jugend seines Vaters zurückgekehrt ist.

Junge Leute wie Frank Duhm hatten in Erzählungen der Eltern und Großeltern von deren alter Heimat im Osten gehört. Später wollten sich manche selbst ein Bild machen.

Die sechs Jahre jüngere Kathrin Hahn, eine Germanistik-Studentin, 1957 in Hannover geboren, hat eine schlesische Mutter und einen niedersächsischen Vater. Als sie im Interview nicht ganz ohne provozierende

Absicht von mir gefragt wurde, ob sie der Ansicht sei, daß die aus der niederschlesischen Stadt Grünberg stammende Familie der Mutter dort bis 1945 zu Recht oder zu Unrecht gelebt habe, antwortete sie nach längerem Überlegen:

„Also, ich würde das schon eher so sehen, daß die Deutschen dort so Eindringlinge gewesen sind. Immer mehr von ihnen siedelten sich an. Bald waren sie in der Mehrzahl. Sie lebten mit Polen zusammen. Meistens gab es wohl Streit zwischen ihnen."

In diesem Gesprächsausschnitt wird wiederum das Ergebnis einer Erzähltradition erkennbar. Auch hier war es wie bei Frank Duhm während der Jugendjahre der jungen Frau zwischen ihr und ihrer Mutter zur Diskussion gekommen über die Rechtmäßigkeit der Vertreibung aus den Ostgebieten und das damalige und heutige „Recht" der Schlesier auf die Gebiete im Osten. Den Anstoß hatte der schulische Geschichts- und Gemeinschaftskunde-Unterricht gegeben. Beide Fächer waren überwiegend von Lehrern unterrichtet worden, die während oder kurz nach dem Zweiten Weltkrieg geboren sind. Die politischen Entwicklungen und öffentlichen Trends nach den deutsch-polnischen Verträgen in den 1970er Jahren und nach den deutsch-polnischen Schulbuchempfehlungen waren hinzugekommen. Diese Entwicklungen haben sich positiv auf das politische Verhältnis der Bundesrepublik zu ihren Nachbarn im Osten und auf den Frieden in Europa ausgewirkt. Aber sie haben zugleich – jedenfalls in Norddeutschland – Unwissen und Fehlinformationen bei den Jüngeren über die deutsch-polnische Geschichte nach sich gezogen. Das hat dann auch zu Erzählsperren zwischen den Generationen in den Familien geführt oder bereits bestehende politische Dissonanzen verstärkt. Über das Unrecht der Vertreibung sollte angesichts der Verbrechen von Deutschen möglichst nicht mehr geredet werden. Dabei wäre es um der historischen Wahrheit willen darauf angekommen, mit bewährten Mitteln der Didaktik den unbestreitbaren Tatbestand zu vermitteln, daß das Unrecht der Vertreibung mit dem Angriffskrieg der Deutschen und mit dem neuen Recht der Menschen, die heute in Schlesien oder Pommern leben, in Verbindung gesehen werden muß. Territoriale Grenzen zwischen Völkern dürfen nicht mehr durch aggressive Handlungen oder Drohungen in Frage gestellt werden. Das ist ohnehin allgemein-europäisches Gedankengut. Der „Ostkundeunterricht" der ersten Nachkriegszeit hat die Kriegsopfer einseitig auf deutscher Seite gesehen. Aber dieses Zerrbild aus der Zeit des Kalten Krieges hätte nicht dazu führen dürfen, ein paar Jahre später das Mitgefühl mit den Opfern auf deutscher Seite zu brandmarken.

Wer will, kann sich leicht davon überzeugen, welch abwegige Vorstellungen bei Leuten, die um 1960 geboren sind, über die Siedlungsverhältnisse in den deutschen Ostprovinzen des Jahres 1930 bestehen. Wie selbstverständlich werden die Verhältnisse in Niederschlesien mit der

Situation der Ungarn-, Jugoslawien- und Rußlanddeutschen in eins gesetzt. Das Breslau des Jahres 1930 wird nach heutigem Muster der westdeutschen Großstädte zu einer multikulturellen Stadt, zum gemeinsamen deutsch-polnischen Wohngebiet. Mehrere unserer Informanten haben erlebt, daß sie als Angehörige der ersten Generation der Vertriebenen von ihren erwachsenen Kindern gefragt worden sind, ob auch sie damals in Breslau diesen „typisch deutschen Standpunkt" eingenommen haben, nicht mit den „polnischen Nachbarkindern" spielen zu wollen. Die polnische Rechtfertigungs- und Propagandaformel von den „wiedergewonnenen Gebieten" hat hier ihre Dynamik bis hinein in die deutschen Klassenzimmer und Familien entfaltet.[103] Über die Siedlungsverhältnisse im böhmischen Raum war 1989 selbst unter Volkskunde- und Geschichtsstudenten, die ich danach gefragt habe, nur selten etwas bekannt.

Tatsache ist: Seit Ende der 1960er oder seit Anfang der 1970er Jahre ist ein Bruch im historischen Bewußtsein der jungen Generation offenkundig. Die erregte, über den Eisernen Vorhang hinweg geführte Debatte um die Frage, ob es sich bei den Ostgebieten tatsächlich um deutsches Land gehandelt habe oder nicht, ob das Potsdamer Protokoll den endgültigen Verlust von Schlesien oder Pommern für die Deutschen zu bedeuten habe, die Frage schließlich, ob Leute aus Polen nach 1945 Schlesien und Pommern „zu Recht" besiedelt haben, ist für Angehörige der nach dem Zweiten Weltkrieg in Westdeutschland geborenen Bevölkerung in der Regel buchstäblich nicht mehr nachvollziehbar. Die Besiedlung Schlesiens und Pommerns mit polnischen Familien erweist sich als das inzwischen in der Bundesrepublik weithin akzeptierte Faktum einer Landnahme. Noch 1967 hatten die Mitscherlichs über „die ‚Logik' der polnischen Seite" Kritisches geschrieben: „Es ist unhaltbar, die nach dem Zweiten Weltkrieg erfolgten Annexionen aus historisch begründeten Gebietsforderungen abzuleiten." Sie von polnischer Seite als „Kompensation" für das durch die deutschen Aggressoren erlittene Leid zu fordern, sei „ein starkes Argument".[104] Aber von beiden Seiten, von polnischer wie von deutscher Seite, sei das Thema Oder-Neiße-Linie durch ein Tabu reguliert. Wer sich gegen die in der eigenen Gruppe vorherrschende Meinung wende, werde „rasch von seinen angestammten Bezugsgruppen dissoziiert", könne zu einem „Unreinen" werden. Unverzüglich werde er als „Militarist", „getarnter Kommunist" oder „Verräter" verfemt. Diese Diffamierungen seien auf beiden Seiten zu erwarten. Die Studentenbewegung, die politischen Entwicklungen, die Realität des schulischen Geschichtsunterrichts haben in der Folgezeit auch in Westdeutschland die ideologischen Rechtfertigungsformeln der polnischen Seite gestützt. Inzwischen hat sich, was Alexander und Margarete Mitscherlich 1967 als deutsches Tabu bezeichneten, ins Gegenteil gewandelt. Wer immer noch von deutschen Opfern spricht, provoziert eine peinliche Situation.

Als symptomatisch kann eine Textkorrektur in verschiedenen Auflagen eines Buches angesehen werden, das es seit 1950 zu kaufen gibt, in Jürgen Thorwalds „Es begann an der Weichsel". In der ersten Auflage ließ dieser „Chronist" und „Dokumentarist" den deutschen Panzergeneral Guderian über seine Bereitschaft und die Notwendigkeit sinnieren, sich gegen seine Gegner zur Wehr zu setzen „... gleich welche Schuld Hitler in der vergangenen Zeit auf sich geladen haben mochte ..."[105]. Ein paar Auflagen später hat Guderian bei Thorwald „seine" Gedanken aktualisiert, gleichsam politisch auf Vordermann gebracht. 1979 heißt es an dieser Stelle des Buches „... gleich welche Schuld Hitler und Deutschland auf sich geladen haben mochten ..."[106]. Eine Seite davor wird über die Morde und Vergewaltigungen von Angehörigen der Roten Armee im Spätherbst 1944 im ostpreußischen Nemmersdorf und Goldap berichtet. 1950 schrieb der Autor: Mord, Vergewaltigung, Plünderung und Verschleppung seien der deutschen Zivilbevölkerung dort „angetan worden", im Jahre 1979 heißt es statt dessen abschwächend „zugestoßen". Was zunächst als vorsätzliche Handlung der Täter dargestellt wurde, wird nun zum schicksalhaften Ereignis. Es ließen sich Hunderte derartiger Korrekturen in der Neuausgabe finden. Allein infolge dieser Änderungen konnte das Buch noch für die Generationen der Nachkriegskinder lesbar bleiben. Es hat mit den Jahren den Charakter des flüchtigen Bestsellers gegen den des „Standardwerks" eingetauscht. Symptomatisch sind diese Änderungen für einen Wandel des Bewußtseins, der in weiten Teilen der westdeutschen Bevölkerung vollzogen ist und der die Diskussionen in der DDR von Anfang an bestimmt hat. In den jüngeren Altersgruppen Westdeutschlands, besonders im akademischen Milieu, wird es in Gesprächen und Diskussionen als nicht akzeptabel, ja fast als undenkbar und als Beleidigung der Opfer des Nazismus empfunden, auch Deutsche, die den Zweiten Weltkrieg erlebt haben, unter die Opfer zu zählen. Dieser Vorstellung werden geradezu die Gedanken verweigert. Eine junge niederländische Historikerin hat dieses auch außerhalb der Bundesrepublik verbreitete Unvermögen auf die Formel gebracht und dabei unverkennbar einen blinden Fleck in ihrem eigenen historischen Vorstellungsvermögen signalisiert: „Die Beteiligung der deutschen Bevölkerung an der Vernichtung der Juden war so massiv, daß es mir schwerfällt, mir irgendeinen Deutschen als Opfer, das selbst an diesem Krieg und seinen Folgen gelitten hat, vorzustellen."[107]

Auf einer Polenreise von Hamburger Studenten Anfang 1989 trug eine 23jährige anläßlich des Besuches der Stadt Schweidnitz und der dortigen lutherischen Friedenskirche in ihr Exkursionstagebuch ein:

„Auf dem zur Kirche gehörenden Friedhof liegen die schon erwarteten alten deutschen Gräber. Nachdem ich sie mir betrachtet habe, und in der nachfolgenden Mittagspause allein, auf der Suche nach etwas Eßbarem durch die Stadt gehe, kann ich mich eines leisen Bedauerns nicht erwehren. Obwohl ich keineswegs unter einem verstärkten Nationalstolz zu leiden habe oder mich sonst jemals in irgendeiner Beziehung für die ‚deutsche Frage' interessiert hätte, finde ich es in diesen Momenten schade, daß Deutschland nicht mehr seine ursprüngliche Ausdehnung hat, und ich mich jetzt im Ausland befinde. Solche Gedanken sollte man als Deutscher meiner Generation natürlich nicht haben und so schäme ich mich ihrer pflichtgemäß auch ein bißchen; äußern werde ich diese Empfindungen auch nicht jedem gegenüber, da man sich so doch recht schnell in einer rechtsextremen Position wiederfindet."

Formulierungen wie die, daß sie keinesweg unter einem „verstärkten Nationalstolz zu leiden" habe, und ihre Angst, mit diesen Gedanken im Studentenmilieu in die Nähe einer „rechtsextremen Position" geschoben zu werden, beschreiben die gegenwärtige Situation zutreffend. Weitere Tagebucheintragungen anderer Studentinnen aus Anlaß dieser Reise:

„Schlesien, das Land, das wir bereisten, war ja lange Zeit von Deutschen besiedelt und stand unter preußischer und österreichischer Herrschaft. Hier liegen sicherlich einige Verbindungslinien einer ehemals gemeinsamen Kultur." (Studentin, 27 Jahre)

Eine 26jährige Studentin hat sich ausgiebig über die Luftverschmutzung und Umweltzerstörung geäußert. Nun kommt sie zu dem Fazit:

„Eigentlich möchte ich nur beschreiben, daß ich froh bin, nicht in Polen, aber vor allem nicht in Schlesien geboren worden zu sein, noch dort leben zu müssen. Etwas differenzierter möchte ich diese Schlußfolgerung jedoch darstellen. Polen ist für mich ein fremdes Land, und ich kann es mir schwer vorstellen, daß bis zum Jahre 1945 Teile davon einmal deutsch gewesen sind. Die Menschen, die dort leben, tun mir gewissermaßen leid, und ich kann es verstehen, daß viele von ihnen das Land verlassen möchten."

c) Traditionen – Heimat aus zweiter Hand

Vertriebener

Ich bin nicht aus Bochum und nicht aus Berlin,
nicht aus Frankfurt und erst recht nicht aus Köln.
Ich bin nicht aus Hamburg (wie viele Leute glauben),
nicht aus München und auch nicht aus Mölln.

Ich wurde geboren in einer Baracke
im Flüchtlingslager Espelkamp.

Ich wurde gezeugt an der Oder-Neiße-Grenze,
ich hab nie kapiert, woher ich stamm.

Ich bin auch ein Vertriebener.
Ich will keine Revanche, nur Glück.
Ich bin auch ein Vertriebener.
Fester Wohnsitz Osnabrück.

Meine Mutter war so treu, daß mir schwindlig wird.
Mein Vater war bei der SS.
Ich heiß Heinz wie mein Onkel, der in Frankreich fiel,
und Rudolf wie Rudolf Heß.

Alle gießen ihre Wurzeln, alle reden Dialekt.
Niemals Zeit gehabt, einen zu lernen.
Ich war immer unterwegs, ohne Grund und ohne Boden,
mein Geschäft ist Überleben und Entfernen.

Ich bin auch ein Vertriebener.
Schlesien war nie mein.
Ich bin auch ein Vertriebener.
Ich werd überall begraben sein.

Ich hab in Lengerich gewohnt, in Hannover und Bad Grund.
Immer das Gefühl, daß man stört.
Ich bin auch ein Vertriebener, nirgendwo Gebliebener.
Zuhause ist, wo man mich hört.

Dieses Lied des bekannten Liedermachers und Rocksängers Heinz Rudolf Kunze ist 1985 auf einer Schallplatte erschienen.[108] Kunze wirkt mit seinen Texten vornehmlich ins Milieu der Intellektuellen hinein. Er ist unter Studenten und unter Angehörigen des politisch wachen urbanen Bürgertums bis in die Altersgruppe der 30jährigen hinein populär. Aber Kunze findet als ein Vertreter des „Deutsch-Rock" mit anspruchsvollen Texten ebenso in der Altersgruppe der 14- bis 16jährigen Gehör. „Vertriebener" ist also kein „Schlager", aber ein Text, der in exemplarischer Weise gegenwärtig verbreitete Auffassungen der zweiten Generation der Flüchtlinge und Heimatvertriebenen im Gebiet der „alten" Bundesrepublik Deutschland über ihre eigene Lebenserfahrung in diesem Lande und über die historische Situation dieser Generation ausdrückt.

Der Sänger entstammt der Generation, auf deren schwindendes Heimatgefühl sich die Sorge der überzeugten Heimatvertriebenen, etwa der Funktionäre des Vertriebenenwesens und der Pädagogen des Ostkunde-Unterrichts richtete. Kunze faßt aber bereits eine „neue Heimatwelle" in Worte, die seit Mitte der 1970er Jahre in der Bundesrepublik zu beobachten ist, wenngleich das Wort „Heimat" in seinem Lied überhaupt nicht vorkommt. Doch von den Gefühlen und Inhalten des neuen Heimatbewußtseins ist in ganzer Breite und sehr vollständig in diesem „Vertriebenenlied" die Rede.

Der „Renaissance des Heimatbewußtseins" war in den ausgehenden 1970er und frühen 1980er Jahren zunächst eine deutliche Abneigung gegenüber dem Wort „Heimat" und wohl auch gegenüber jeglichem Sentiment, also auch gegenüber einem Heimatgefühl vorausgegangen. Die Zeiten des Wiederaufbaus und des gesellschaftlichen Neuanfangs ließen für nostalgisch besetzte Begriffsbilder, für rückwärts gewandte Träume und Utopien wenig Raum. Alle träumten lieber nach vorn! Überheblichkeit konnte nicht ausbleiben. Hätte jemand in einem Stab von Stadtplanern von „Heimat" oder anderen Sentimentalitäten gesprochen, so hätte er sich lächerlich gemacht. Einen Höhepunkt der Überheblichkeit der planenden Vernunft deutscher Beamter und Parlamentarier markieren zweifellos die Gemeindereformen, in denen fast überall im Bundesgebiet in den 1970er Jahren meistens gegen den erklärten Willen der Bevölkerung historisch gewachsene Dörfer, Städte und Landkreise allein unter Gesichtspunkten der Zweckrationalität zu „größeren Einheiten" gebündelt wurden.

Zur gleichen Zeit waren Teile der Studentenschaft in Aufbruchsstimmung. Die ausgehenden 1960er und frühen 1970er Jahre waren eine Aufklärungszeit, auf Rationalität und Entzauberung der Welt angelegt. Wie weit diese jungen Gesellschaftskritiker und -veränderer vom Leben der Menschen im Lande entfernt waren, läßt sich daran erkennen, daß Entwicklungen wie die erwähnten Gemeindereformen weit unterhalb der Wahrnehmungsschwelle dieser akademischen „Großtheoretiker" lagen.

Ein Soziologe, der in den 1960er Jahren über die räumlichen und sozialen Bindungen von Menschen eine vielbeachtete Arbeit veröffentlichte, mußte zunächst allerhand vom Begriffsinstrumentarium seines Faches aktivieren, um den „schillernden Begriff" „Heimat" für eine empirische Analyse als fragwürdig zurückzuweisen. Für seine damalige Leserschaft und für die Intellektuellen der Studentenbewegung der folgenden Jahre gelang das überzeugend. Er ersetzte „Heimatgefühl" durch „symbolische Ortsbezogenheit". Das anrüchige Wort blieb dennoch im Untertitel erhalten: „Eine soziologische Untersuchung zum Heimatproblem"[109]. Dabei kann es eigentlich sekundär sein, welchem Ausdruck der Vorzug gegeben wird, denn es ist fast aussichtslos, den Tatbestand anzuzweifeln, daß Menschen sich in ihrem Leben, ob einmal oder wiederholt mit bestimmten sozialen und räumlichen Gegebenheiten identifizieren wollen.

Das Wiederaufkommen des Heimatgefühls und des Heimatbegriffs in den ausgehenden 1970er Jahren ist sicherlich als eine Reaktion „von unten" auf das selbstgerechte und rechthaberische Theoretisieren in Teilen der akademischen Protestkultur zu sehen. Die einzelnen Menschen mit ihren Wünschen und Gefühlen ließen sich in deren abstrakten Konstruktionen nicht finden. Deshalb konnte ein mit romantischen Gefühlen aufgeladenes Wort wie „Heimat" zu einem Begriff des Gegenprotests der neuen akademischen Jugend gegen ihre „Väter", gegen die um zehn Jahre älteren werden. Vor allem aber drückte der „Protestbegriff"[110] „Heimat" den Widerstand von unten gegen die Planungseuphorie, gegen die Realität des menschenfeindlichen Wohnungsbaus und die Schäden der Umwelt aus.

Der sensible Teil der Jugend hatte bemerkt, daß nicht nur die Flüchtlinge des Jahres 1945 „Heimat" verloren haben, sondern alle, die in lieblos betonierten Städten leben müssen. Was sich als neues Heimatgefühl Ende der 1970er Jahren artikulierte, das ging einher mit der Umweltschutzbewegung, mit einem neuen Geschichtsbewußtsein („Geschichte von unten"), mit Altstadtsanierung und Dorferneuerung, mit einer Wiederbelebung des Volkslieds und einem Boom der Dialekte. In dieser Gefühlskultur artikulierten sich teilweise Vorstellungen des studentischen Protests der 1970er Jahre. Freilich mußten sie dazu ihrer dürren Begrifflichkeit und auch ihrer Weltfremdheit entkleidet werden. Anders als die Protestbewegungen der frühen 1970er Jahre ist der Protest dieses Mal nicht auf das studentische Milieu beschränkt geblieben. Er erreicht auch die Angestellten und Arbeiter. Allerdings ist der Heimatbegriff inzwischen wiederum ins Hintertreffen geraten. Er ist durch den ursprünglich in der Biologie gebräuchlichen Begriff „Umwelt" ersetzt worden. „Heimat" ist tatsächlich seit über zweihundert Jahren, ein schöner, immer wieder veraltender, immer wieder erneuerbarer Ausdruck „voll von dunkeln Begriffen und Empfindungen". Er ist eine „Zierde und Schönheit unserer Sprache". Das schrieb 1793 Karl Philipp Moritz, als er sich die Wiedereinführung dieses Begriffes in die poetische Sprache seiner Zeit wünschte.[111] Als Rahmen für „exakte" wissenschaftliche Untersuchungen läßt sich der Heimatbegriff freilich nicht „operationalisieren". Für ausgearbeitete politische Programme eignet er sich auch nicht.

Diese Entwicklungen eines neuen Heimatbegriffs sollte man beim Vertriebenenlied Kunzes beachten. Wenn der populäre Sänger sich zu seinem Vertriebenenschicksal bekennt, artikuliert er – wie sollte es anders sein? – ein Stück dieses „Zeitgeists". Dazu gehört es, seine Wurzeln, besonders die Wurzeln seiner Familie in der Nazizeit, sorgfältig zu erforschen und zu „gießen". Er „leidet", wie viele seiner städtischen Zuhörer, darunter, keinen Dialekt sprechen zu können. All das ist nur in eng begrenztem Umfang als ein Hinweis auf das Besondere einer Kindheit in einer Flüchtlingsfamilie zu nehmen. Nur die Angabe des Flüchtlingslagers Espelkamp, seines Geburtsorts, ist ein Hinweis auf ein individuelles Schicksal.

Hingegen ist die Aussage, „keine Revanche" nehmen zu wollen und Schlesien nie als „sein" betrachtet zu haben, eine im Intellektuellenmilieu in dieser Generation geradezu konstitutive Äußerung. Sie könnte ebensogut von einem gymnasial gebildeten Bauernsohn aus dem Kreise Osnabrück stammen, wo der Liedermacher heute seinen „festen Wohnsitz" zu haben angibt. Die verbreiteten Bilder von „Heimat" unter Flüchtlingskindern und -enkeln stimmen weithin mit den Vorstellungen und Wünschen von Nachkommen der seit Generationen im Westen ansässigen Bevölkerung überein: Heimat ist ein verlorener Sehnsuchtsraum, wie die „unberührte Natur" einer ländlichen vorindustriellen Welt. Diese rückwärts gewandte Utopie meint kaum noch die Heimat der Eltern, sondern eher die der Großeltern, Urgroßeltern ... hier im Westen und mehr noch in einer fernen, fremden Welt im Osten.

Wir haben es hier mit einer Erzählkultur zu tun, die aus vielen Quellen gespeist wird. Eine 25jährige Germanistik-Studentin, Viola Artelt, erzählte, welche Assoziationen sie mit der Herkunftsgegend ihrer Mutter, mit Oberschlesien, verbindet. Ihre Mutter hatte dort bis zu ihrem 17. Lebensjahr gelebt und ihrer Tochter das Dorf ihrer Kindheit als ihre eigentliche Heimat beschrieben.

Frau Artelt:
„Oh, eigentlich stelle ich mir das ganz schön vor. Irgendwie so naturverbunden. Manchmal erinnert mich das an diese Geschichten von Astrid Lindgren. Ich weiß nicht, ob Sie das kennen. ‚Wir Kinder aus Büllerbü'. Meine Mutter hatte viele Geschwister, und ich stelle es mir teilweise ganz idyllisch vor. (Lacht!). Was sie da für Streiche gemacht haben! Und dann gab es da eine Dorfschule und eine Lehrerin, und dann saßen sie eben alle zusammen in einem Klassenraum. In diesem Buch von Astrid Lindgren, da wird das ja auch so beschrieben und so mit diesen Kindern, die da in Holzklocks langgehen."

Interviewer:
„Wann ist dieses Bild bei Ihnen entstanden?"

Frau Artelt:
„Ja, ganz früh, wenn sie erzählte, und ich habe auch damals ein Bild von ihr gesehen. Sie hatte lange Zöpfe und trug ein Sommerkleid."

Das „Vertriebenenlied" Kunzes und diese „Flüchtlingserzählung" zeigen exemplarisch, was aus den Forderungen nach Erinnerungspflege durch Erzählen über eine verlorene Heimat im Osten schon in der nächsten Generation geworden ist. Von diesem Ergebnis aus gesehen, ist die „Integration" in die Kultur der westdeutschen Gesellschaft tatsächlich nahtlos vollzogen. Es klingt widersinnig: Die Nachkommen der Flüchtlinge wie der Einheimischen sind gleichermaßen in diese Gesellschaft „integriert", doch weiterhin auf der Suche nach „Heimat".

Eine Passage aus der Erzählung einer Hamburger Büroangestellten (Jg. 1950), etwas älter als Kunze (Jg. 1956), die bis zu ihrer Heirat nach Hamburg im Hannoverschen gelebt hatte, zeigt die Folgen des Erzählens über Nachkriegszeit und Heimatverlust allerdings in einem anderen Licht.

Interviewerin:
„Hat Ihre Mutter Ihnen denn aus ihrer Heimat in Schlesien erzählt?"

Katharina Hassel:
„Ja, meine Mutter – und meine Großmutter auch – haben immer wieder von ihrer Heimat erzählt, von der Schönheit ihrer Heimat. Und oft haben sie von ihrer Flucht gesprochen. Sie mußten von einem Tag auf den anderen ihr Haus verlassen. Da ging es auf die Flucht. Meine Mutter hat erzählt, daß sie teilweise einen kleinen Jungen da aufgelesen haben. Der hatte seine Eltern verloren. Wo der dann genau abgeblieben ist, weiß ich auch nicht mehr. Ich glaube, den haben sie später dem Roten Kreuz übergeben. Aber das weiß ich eben nicht genau. Es kann auch sein, daß ich auf das Rote Kreuz dadurch gekommen bin, weil damals immer im Radio Suchmeldungen kamen. Da wurde dann über die Flüchtlingskinder geredet, die ihre Eltern suchten: Name, Größe, Augenfarbe usw. Das war schrecklich für uns alle damals, die Vorstellung, die Eltern und die Geschwister zu suchen. Jedenfalls muß dieses Thema mich sehr beschäftigt haben, denn meine beste Freundin und ich, wir haben uns immer wieder ausgemalt, wie schlimm das wäre, wenn wir selbst einmal auf die Flucht müßten. – Wenn wir auf die Flucht gehen, dürfen wir uns auf keinen Fall verlieren und so. Aber wenn das doch geschehen sollte, müßten wir uns unbedingt beim Roten Kreuz melden, damit wir uns wiederfinden könnten. Ich habe damals sehr oft davon geträumt, daß ich von zu Hause weg müßte, aus unser'm schönen Haus, und auf der Flucht war und meine Eltern verloren hätte."

Interviewerin:
„Wie alt waren Sie zu dieser Zeit? Noch ganz jung oder schon in der Schule?"

Katharina Hassel:
„In der Schule war ich ganz bestimmt schon, muß ich schon gewesen sein, denn meine Freundin Beate habe ich ja erst in der Schule kennengelernt. Na ja, so sieben oder acht Jahre, zweites Schuljahr vielleicht."

Nicht die Heimat der Mutter ist es, von der hier ausführlich die Rede ist. Dieses Thema wird nur mit einem Wort auf die Frage der Interviewerin gestreift. Die Rede ist statt dessen von der neuen Heimat der Familie. Mit „Heimat" ist dabei offensichtlich nicht ein bestimmter Ort, sondern sind vertraute Menschen gemeint. Die Angst vor dem Verlust bezieht sich in diesem kindlichen Angsttraum zunächst auf den Verlust der Eltern und der Freundin. Es ist erschreckend, wie das Erzählen der Mutter über ihre Flucht, über die Suchmeldungen des Roten Kreuzes, den aufgelesenen Jungen, dessen Schicksal die Tochter für sich selbst befürchtete, in den Jahren der Kindheit die Gefühlswelt dieser Frau belastet haben.

Wer nach Gründen für das Aufkommen der westdeutschen Friedensbewegung – des Vietnamprotests und des Protests gegen den Golfkrieg – sucht, der sollte die Folgen des Erzählens aus der Kriegs- und Nachkriegszeit in Betracht ziehen. Die ausgehenden 1950er Jahre waren eine Zeit, in der das Reden über einen Krieg und eine neuerliche Vertreibung nicht verstummen wollte. Der Koreakrieg lag erst ein paar Tage zurück. Der Zweite Weltkrieg war überall noch in Trümmergrundstücken sichtbar. Es war den Kindern verboten, auf diesen Plätzen zu spielen. Aber, wer tat es nicht? Viele trieb die Angst vor einem europäischen Krieg und einer neuerlichen Vertreibung ins Ausland, nach Australien oder Kanada. Das ist das historische Umfeld einer Kindheit, vor dem diese Erzählung ihre Aussagekraft gewinnt. Die Erinnerung der Mutter an den Verlust ihrer Heimat hat sich auf das Kind übertragen. So ist nicht Heimweh zur „Erbkrankheit" geworden, wie es sich manche unserer Heimatpädagogen und Vertriebenen-Politiker gewünscht hatten, sondern Kriegsangst; ein Gefühl der Furcht, das als kulturelles Leitmotiv inzwischen die Generation der heutigen Schulkinder erreicht hat.

d) Besitz und Traditionsbildung

Klaus von W.:

„Ja, so Geschichten im einzelnen erinnere ich jetzt nicht so sehr. Es ist eher so 'ne Gesamtsache. Aber es ist viel vom Zuhause unserer Familie gesprochen worden. So 'ne Sache, die häufig erzählt wurde, die ich konkret erinnere, das sind so seine Ferienerinnerungen, die Erinnerungen an die Schulferien. Mein Vater ist ziemlich früh von zu Hause weggekommen, wurde nach Dahlem ins Internat gegeben. So mit 12 Jahren. Und wenn er dann – in den Sommerferien hauptsächlich war das – nach Hause kam, dann hat er sich mit dem dortigen Försterjungen und noch so zwei oder drei anderen vom Hof oder aus dem Dorf zusammengetan und dann wurden die von der Mamsell oder der Köchin ordentlich mit Proviant versorgt. Und dann sind sie mit Zelten und ähnlichen Dingen ausgestattet, mit einem Boot auf die Insel gefahren, denn zu dem Gut meines Großvaters gehörte ein See. – Wir können uns das später auch mal angucken, draußen habe ich eine Karte hängen. Also diese kleine Jungengruppe, die ist dann auf den See rüber und hat dann so mehrere Tage da kampiert. Und dann wurde da auch so aus der Natur gelebt.

Tauchernester wurden ausgenommen, dann wurden Eier gebraten, Kirschen gegessen. Ne, Milch hatten sie nicht, denn auf der Insel war immer nur Jungvieh. Dann noch 'ne Sache, die ich ganz genau erinnere: Als sie dann als Jungen so von der Insel wieder rüberkamen, sind sie auch teilweise rübergeschwommen. Auf der Insel waren noch 'ne Menge Obstbäume, hauptsächlich wohl Kirschen. Dann hatten sie sich immer diese Kirschen so paarweise über die Ohren gehängt, und mit diesen Kirschen über den Ohren sind sie dann über den See geschwommen. Der Förstersohn war im gleichen Alter wie mein Vater. Den habe ich später dann selber noch kennengelernt. Der ist nämlich auf unserer zweiten Polenreise dann mit dabeigewesen. Die haben wir dann gemeinsam durchgeführt. Deren Kinder sind auch mitgefahren...."

Interviewer:
„Wie muß man sich dort die Natur vorstellen?"

Klaus von W.:
„Ja, das ist auch so ein Ausspruch meines Vaters: Dieser Ort und dieses Gut, Waternitz heißt das übrigens, daher kommt ja unser Name, ist nach seinen Worten eine klassische Leistikow-Lage. Leistikow war so ein Maler um die Jahrhundertwende, der insbesondere so märkische Landschaften gemalt hat. Ich habe draußen auch einen Druck, ich glaube das ist ein Leistikow. Der stellt genau dar, wie es da ist. Also, leicht wellig, Endmoränengebiet, sehr viele Seen, Kiefernwälder. Also wirklich recht idyllisch, gerade in so einer Landschaft kann sich sicherlich Romantik schneller ausbreiten."

Dieser 34jährige lebt in seiner Erzählung die Kindheit seines Vaters nach. Sechzig Jahre nach dessen Erlebnissen kann er aus Familienerzählungen die Lebenswelt eines ostelbischen Rittergutes en détail schildern. Er läßt sich die Stullen von der Mamsell packen, paddelt hinaus auf die Familieninsel, nimmt Tauchernester aus und schwimmt – Kirschen über den Ohren – mit dem Sohn „seines" Försters wieder zurück. Der Sohn weiß genau, daß auf der Familieninsel nur Jungvieh stand. – Keine Milchkuh! Er hat in seiner eigenen Person eine ganze Strecke weit folgerichtig das Leben seines Vaters in der Realität geführt: Der Vater, Berufssoldat, war als Hauptmann in Gefangenschaft geraten. Als Hauptmann hat auch der Sohn die Bundeswehr verlassen. Inzwischen studiert er Geschichte, mit dem Schwerpunkt „Preußen". Von der „Leistikow-Lage" des väterlichen Gutes in der Neumark, vom obligatorischen See, vom Endmoränengebiet hat er sich auf vier Erinnerungsreisen zusammen mit den Eltern (bei der zweiten zusätzlich mit den Nachkommen aus der Familie des Försters) ein eigenes Bild gemacht. Die feudale Hof„gemeinschaft" lebt nicht allein in der Erinnerung; ein wenig davon hat sich noch im Westen fortführen lassen. Sein Vater hat das Familiengut inzwischen bereits siebenmal wieder in Augenschein genommen – inspiziert.[112] Schon vor diesen Reisen stimmten die Vorstellungen des Sohnes vom Gut im Osten und von der Landschaft mit den tatsächlichen Gegebenheiten des Ortes überein. Er „kannte" alles, bevor er es zum ersten Mal sah. Dafür hatten Erinnerungserzählungen, Literatur, Malerei und zahllose Familienfotos gesorgt.

Diese Familie hat tatsächlich materiell gesehen viel an Heimat verloren. Aber das „Bild" der Heimat ist in den Köpfen lebendig geblieben. Es lebt auch im Bewußtsein des Sohnes fort, der zehn Jahre nach der Vertreibung geboren ist. Als ein teils bei Besuchen in der Realität entstandener, teils durch Erzählungen tradierter, verklärter Erinnerungsraum stabilisiert dieses „Leistikow-Bild" die Familie als Gruppe. Die Heimat im Osten wirkt hier – gleichgültig, ob zum Wohle oder zur Last der Nachkommen – prägend auf sie ein. – Lebendige Geschichte!

Die Genauigkeit des Bildes und die Sicherheit des Urteils, mit der hier über tradierte Heimaterinnerungen erzählt wird, ist nichts Außergewöhnliches für die soziale Schicht, der Klaus von W. entstammt. Erinnerungen des Adels an seine verlorenen Güter im Osten interessieren offenbar nicht allein dessen Nachkommen im Westen, sondern scheinen bis in die Gegenwart hinein von allgemeinem Interesse für die Gesellschaft der Bundesrepublik zu sein. Das beweisen die Erfolge der Erzählungen gerade von Adligen auf dem Buchmarkt.[113] Die Frage nach den Auswirkungen von Besitz und Vermögen auf das Erzählen in Familien wird im Zusammenhang mit unserem Thema, dem Erzählen zwischen den Generationen und der Qualität der tradierten Erinnerungen, wichtig. Immer wieder zeigt sich nämlich, daß es gerade die Familien mit verlorenem Großbesitz im Osten sind, in denen die Heimaterinnerungen besonders lebendig geblieben sind. Wer viel verloren hat, hat viel zu erzählen! Es ist die traditionelle Bedeutung von „Heimat" als Besitz von Haus und Hof, die hier noch deren Verlust überlebt hat.[114] In den Besitzschichten, vor allem bei Grundbesitzern und Adligen, haben die Erzählungen über die Güter im Osten oft den Familien über deren Verlust und auch über den Verlust an sozialer Geltung hinweggeholfen. Das Erzählen hat viele Familien in sich und gegenüber dem gesellschaftlichen Umfeld gefestigt.

Der Träger dieser Tradition des lebendigen Erzählens, der Vater unseres Informanten, war nach dem Kriege nach einem Landwirtschaftsstudium selbständiger Kaufmann geworden. Dieser Berufswahl lag freilich ein halbherziger Entschluß zugrunde. Die Wahl des Studienfaches ist es, die uns zeigt, in welche Richtung die Pläne für sein Leben tatsächlich gingen: Er hoffte auf die Rückkehr auf das Gut der Familie.

Bei der Landschaft mit Seen und Kiefernwäldern waren die Erzählungen des Vaters so bildhaft, daß der Sohn sich wie in einer langvertrauten

Umgebung bewegen konnte, als er mit dem Vater dorthin gereist war. Was der Vater indes vom Zusammenleben mit Förster, Mamsell, Köchin und Dorfjugend erzählte, das können nach Auffassung des Sohnes bei Licht besehen nur „so seine Feriengeschichten und Kindheitserinnerungen" sein, denn bereits mit 12 Jahren war der Vater nach Berlin ins Internat geschickt worden.

Nochmals Klaus von W.:
„Der kam ja eigentlich nur bei festlichen Anlässen nach Hause. Der blieb auf dem Berliner Internat bis zum Abitur, und dann schloß sich eigentlich unmittelbar der Arbeitsdienst an, und dann kam die Militärdienstzeit, und damit war er ja eigentlich weg. Das muß man immer berücksichtigen, wenn man seine Geschichten von zu Hause hört, weil dadurch ein ziemlich verklärtes Bild entsteht. Und das sagt meine Mutter auch: Mittlerweile wird diese Heimat oder das Elternhaus dermaßen in den Himmel gehoben, daß es über das Normale möglicherweise hinausgeht."

Das Bild der „Heimat" ist „verklärt", eine Kindheitserinnerung des Vaters. Wenn der Sohn vom Vater und „seinen" Geschichten spricht, wird erkennbar, daß dieses Land im Osten immer noch das eigentliche „zu Hause" der Familie ist. Dabei hat es Familie von W. inzwischen im Westen neuerlich zu Besitz und Vermögen gebracht.

Im Kontrast dazu steht das Erzählen bei Leuten, die in Dienstleistungsberufen, als Beamte und Angestellte oder als Arbeiter geschafft und im Osten in „kleinen Verhältnissen" gelebt hatten, etwa in einer Mietwohnung. Diese Berufsgruppen sind „modern" in unserer industrialisierten Welt. Der Wechsel des Wohnorts und der Arbeitsstelle ist für Menschen dieser Herkunft seit der Industrialisierung kein außergewöhnliches Ereignis. Soziale und regionale Mobilität ist in diesen Berufen meistens sogar ein Teil der Lebensplanung des einzelnen. Seit Ende des 19. Jahrhunderts hat es eine beständige Ost-West-Wanderung in diesen Bevölkerungsteilen gegeben. In unserer Erhebung hat sich immer wieder gezeigt, daß die Nachkommen aus Flüchtlingsfamilien dieser Schichten im Vergleich zu den Nachkommen aus dem „Besitzermilieu" kaum über tradiertes Wissen verfügen. Kathrin Hahn[115], die die Deutschen als „Eindringlinge" in Niederschlesien bezeichnet hat und sich die Herkunftsgegend ihrer Mutter als eine multikulturelle Gesellschaft vorstellt, ist in ihrer Sichtweise exemplarisch für junge Leute aus dieser sozialen Schicht. Ihre Mutter ist heute als Postbeamtin beschäftigt und entstammt einer Handwerkerfamilie.

Die folgenden drei Gesprächsausschnitte sollen einen Eindruck von der Art der Heimaterinnerungen unter „kleinen Leuten" geben, wie sie im Gegensatz zum Erzählen in Kreisen der adligen Flüchtlinge typisch sind.

Elisabeth Thun, 1927 in Schlesien geboren, Beruf: Hauswirtschafterin, Geburtsort: Kleiner Ort im Kreis Görlitz.

„Meine Eltern hatten vor dem Ersten Weltkrieg gerade noch geheiratet, und der Vater kam Gott sei Dank gesund aus dem Krieg zurück. Und der Bruder wurde dann 1920 geboren, die eine Schwester 22 und die andere 23, und dann kam 'ne Weile nichts und dann ich noch. So war das an und für sich doch ganz schön zu Hause. Und die Großmutter hatten wir bei uns im Hause. Vater hatte eine Tischlerei, Mutter hatte 'nen kleinen Nebenerwerb. So'n bißchen Landwirtschaft im kleinen Rahmen. Da war sie auch immer beschäftigt. Die Großmutter hat uns Kinder versorgt. Es war ja kein großer Reichtum, wenn man das so rückblickend mal sieht. Aber wir waren irgendwie doch ganz zufrieden, wenn jeder Arbeit hatte, und jeder nahm seine Pflichten ernst. Da gab es nichts anderes als Arbeit und viel zu verlieren gab es auch nicht."

Frieda Groß, Krankenschwester, Jahrgang 1928, Geburtsort: Dorf bei Hirschberg:

„Ich habe keine sehr große Erinnerung an Schlesien mehr. Wir haben uns da ganz wohl gefühlt. Wir waren nicht die Ärmsten, wir waren aber auch nicht reich. Mein Vater war Tischler, und da war noch ein Tischler im Ort, und das war ein Junggeselle. Da schimpfte mein Vater immer: ‚Ja, der hat mir mal wieder die Arbeit weggenommen. Der hat keine Familie zu ernähren, der macht alles billiger, dafür taugt das Zeug bei dem nichts!' – Er wollte ein Lager bauen, aber vielleicht auch nicht. Es war alles noch nicht so klar. Aber ganz schön war es doch. Manche Erinnerung habe ich noch. Wir hatten ja im Dorf immer so Kirmes. Das war Tradition. Da hab ich noch 'ne gute Erinnerung dran.

Ich glaube aber auch nicht, daß ich in Hirschberg geblieben wäre und auf unserem Dorf sowieso nicht. Aber durch die Flucht und später ist dann praktisch dieses Heimatgefühl so intensiv geworden. So tief war es bei uns nicht. Meine Geschwister wollten noch was erleben, und ich genauso. Wir wollten da nicht bleiben. Ich hätte mir bestimmt was gesucht beruflich. Das Schicksal hat es eben anders gemeint. In Schlesien wär ich sicher geblieben. Und von uns gingen damals die schlesischen Mädchen viel nach Berlin, ja schon vor dem Krieg. Und in Berlin hatten wir schon Verwandte. Aber da hat es mich nicht so hingezogen, eher nach Breslau. Da stammte auch mein Vater her – Breslau, Brieg."

Hedwig Kraner, Jg. 1912, Klavierlehrerin, Geburtsort: Dorf bei Lauban/Schlesien:

„Naja, wir hatten eine schöne Wohnung in Lauban. Vier Zimmer und Küche. Die Schüler kamen ins Haus. Die meisten aus Lauban oder viele auch vom Dorf, aus Hennersdorf und Kerzdorf und so. Aber mein Mann hatte dann schon bei der Krankenkasse in Breslau eine Stellung gefunden. Es stand fest, wir wären bald nach Breslau gezogen. Da hätten wir auch erst wieder eine Wohnung suchen müssen. Aber aus der Kleinstadt wären wir bestimmt bald weggezogen. Uns ging es dort gut, das schon. Ich hab' die ersten Jahre mehr verdient als mein Mann. Und unsere Verwandten wohnten alle in der Umgebung. Man besuchte sich mit dem Fahrrad."

An diesen Zitaten ist folgendes charakteristisch: Alle drei Frauen fühlten sich in der östlichen Region ihrer Jugend zu Hause. Daran kann kein Zweifel sein. Es war ein normales Leben. Reichtum oder ein ansehnlicher Besitz war in keinem Fall vorhanden, nicht in Sicht und folglich nicht zu verlieren. Die Arbeit ist in Erinnerung geblieben und die Pläne, die die einzelne oder die Familie damals hatten. Wichtig sind die Erinnerungen an die Verwandtschaft und Bekanntschaft. Heimat wird ganz deutlich als Geflecht von Beziehungen zu vertrauten Menschen erinnert. Nicht wenige von den Jüngeren waren innerlich bereits auf den Schritt hinaus aus diesem überschaubar-beschaulichen Milieu eingestellt. Sie wollten weg vom Dorf oder der Kleinstadt, etwas erleben. Vor allem wollten sie sich beruflich und materiell mit ihrer Familie verbessern. Daß solche Bedürfnisse sich nicht leicht im Dorf oder in der Kleinstadt realisieren lassen, ist seit Jahrhunderten jedem bekannt. Ob alle diesen Schritt tatsächlich riskiert hätten, ist eine andere Frage. Der Hinweis von Frau Groß, daß das Heimatgefühl eigentlich erst nach der Vertreibung zur Entfaltung gekommen sei, ist eine Aussage, die sich in unserem Erhebungsmaterial in ähnlicher Form – allerdings meist zwischen den Zeilen – wiederholt finden läßt. Häufig kommt es zu Äußerungen wie den folgenden: „Erst wer die Heimat verloren hat, weiß sie zu schätzen." Oder: „Wer seine Heimat nicht verloren hat, weiß nicht was Heimat ist." Das sind standardisierte Redewendungen, die in sprachlicher Verdichtung lebensgeschichtliche Erinnerungen des einzelnen und soziale Erfahrungen seiner Gruppe in eine vertraute – floskelhafte – sprachliche Form bringen. Trotz ihres stereotypen Charakters erinnern sie uns daran, daß „Heimat" als Gegenwart zu den Selbstverständlichkeiten eines Lebens gehört. Zugleich unterstreichen sie, daß diese Auffassung durchaus im Bewußtsein der Bevölkerung verbreitet ist. Es ist eine Einstellung, die wir für gewöhnlich erst dann zu hören bekommen, wenn wir auf eine nostalgisch-larmoyante Stimmungstönung im Gespräch verzichten. Heimat bedeutet in der Realität ja vor allem Alltag. Darüber wird selten reflektiert und romantisiert wird diese Lebensform schon gar nicht. In der Realität meint Heimat vor allem Arbeit, freie Zeit und Daseinsvorsorge. Das Gefühl, daß es sich damals um einen besonders günstigen Abschnitt des Lebens, um ein Dasein in Harmonie und Glück gehandelt habe, entstand, wenn überhaupt, erst aus der Rückschau. Die typische Kindheitserinnerung und die Erinnerungen an eine „Heimat" stimmen weithin überein.

Frau Groß denkt bei Heimat recht konkret an die harmonische Zeit im Elternhaus und im Dorf im Osten zurück. Diesen Charakter ihrer Erinnerung hat sie im Gespräch an anderer Stelle noch einmal hervorgehoben. Hirschberg und seine Umgebung wären dieser Frau wohl, wenn sie ihren Plänen folgend nach Berlin oder Breslau gezogen wäre, ohne die Zwangsumsiedlung des Jahres 1945 Heimat geblieben: Eine Heimat in der Ferne; Erinnerungsraum und ein gelegentlich genutztes Rückzugsgebiet. – Von Breslau oder Berlin ist es mit modernen Verkehrsmitteln nach Hirschberg kein Weg aus der Welt.

Der Althistoriker Alfred Heuß hat mit Blick auf den heutigen Erinnerungstourismus in die alte Heimat beklagt, die Reisenden hätten dabei Empfindungen wie Besucher einer Sommerfrische. Das ginge so weit, daß sie sich sogar ohne innere Erregung ihre damalige Wohnung ansehen könnten. „Ziemlich getreu dem trivialen Spruch: ubi bene ibi patria." Dergestalt zeige sich offenbar eine Korruption durch den goldenen Westen. Der jetzige Lebensstandard sei schließlich höher als der von damals im Osten. Wohlstand korrumpiere die höheren Strebungen, wozu das Heimatgefühl zu rechnen sei.[116] Es ist verwunderlich, diese Einsicht ausgerechnet aus der Feder eines Angehörigen des akademischen Milieus geboten zu bekommen, aus einem Bevölkerungsteil, in dem jeder dorthin zieht, wo es ihm „gut geht". Heuß kritisiert mit schulmeisterlicher Attitüde ein Bewußtsein als „falsch", das spätestens seit der Industrialisierung für große Teile der Bevölkerung prägend ist, seit mehr als hundert Jahren zu den Lebensentwürfen und Hoffnungen von Millionen Menschen gehört, von Menschen, die sich ihren Lebensunterhalt durch Arbeit verdienen müssen. Wer heute eine schöne Wohnung oder ein Haus im Westen hat und an seine kleinere „alte" Wohnung[117] im Osten denkt oder diese noch einmal aufsucht, dem wird trotz aller wehmütigen Gefühle und Erinnerungen der Erfolg seines Lebens vor Augen stehen. „Wo es mir gut geht, da ist mein Vaterland!" Was gibt es da zu kritisieren?

Das Erzählen über die verlorene Heimat in Flüchtlingsfamilien mit ehemals großem Besitz im Osten trägt oft dazu bei, die Familie als Gruppe über den Verlust an Besitz und Geltung hinweg stabil zu halten. Gemeinsames Erinnern kann ein solidarisierendes Bewußtsein von Geschichte bei den Nachkommen wecken, wobei die allgemeine Geschichte der Gebiete im Osten und die Geschichte der eigenen Familie zur Synthese geführt werden; eine Sichtweise auf die Geschichte, die einem Arbeitersohn oder einer Beamtentochter aus dem Osten nicht so leichtfallen dürfte. Aber auch im Adelsmilieu ist das Erzählen von Heimat, Besitz und Erbe nicht immer in undistanzierter Weise „verarbeitet" worden. Dafür steht Friederike von L.

Friederike von L. ist 1953 im Westen geboren. Sie arbeitet in Hamburg als Pädagogin an der Kulturbehörde. In ihrer Familie gehörte das Erzählen aus der Geschichte der Familie, wie im Fall von Klaus von W., zum täglichen Leben. Ihre Erinnerungen aus zweiter Hand verweisen auf die Lebendigkeit einer Erinnerungskultur. Das kommt wohl am deutlichsten zum Ausdruck, wenn sie an einer Stelle unseres Gesprächs „wir" sagt, als sie von der Flucht der Familie im Jahr 1945 erzählt. Das betrifft Ereignisse, die acht Jahre vor ihrer eigenen Geburt geschehen sind. Die Art des Erzählens aus der Vergangenheit der Familie zeigt noch im Transkript die Anschaulichkeit und Sicherheit ihrer Erinnerungen, gerade auch in den genealogischen Verästelungen. Fast mühelos gelingt es ihr, die verzwickten Wege, die ihre Vorfahren in den Osten führten, zu entflechten:

„Mein Großvater hat dahingeheiratet und meine Großmutter hat schon in Ostpreußen gelebt. Meine Großmutter ist die Tochter eines Bauingenieurs, und der hat den sogenannten ‚rasenden Masuren' gebaut. Das war ein Zug von Königsberg nach Insterburg. Und der hat dann irgendwie wiederum in eine Domäne eingeheiratet, die dann auch gekauft. Und dann ist mein Großvater als Landrat hingekommen und hat meine Großmutter kennengelernt, und dann ist er da hängengeblieben. Mein Vater ist eigentlich der erste, der wahrscheinlich für dieses Gut absichtsvoll Landwirtschaft studiert hat."

Auf unseren Wunsch führte Frau von L. ein paar Tage später – im Frühjahr 1988 – Gespräche mit Familienangehörigen. Sie sind auf Tonband festgehalten. In der folgenden Unterhaltung mit ihrem Vater ist die Rede vom Rittergut in Schlesien, wo die väterliche Familie nach der Einheirat des Großvaters „hängengeblieben" ist. Der Vater konnte ähnlich dem alten Herrn von W. sein Landwirtschaftsstudium im Westen nicht zum geplanten Zweck nutzen. Als Berufsoffizier war er später im Ausbildungsdienst der Bundeswehr tätig.

Tochter:
„Für Dich ist es aber noch der Punkt, daß dieses Gebiet polnisch verwaltet ist."

Vater:
„Ja, das ist klar. Es ist ja ein wichtiges Papier von den Vertriebenen niedergelegt worden. Das ist die Charta der Vertriebenen. Und hier ist ganz klar gesagt, daß der Besitzstand auf Grund der Reichsgrenzen von 1937 gewahrt bleibt. Daß das nun unter polnischer Verwaltung steht, daß aber ein Besitzanspruch besteht. Aber daß nur etwas ohne Anwendung von Gewalt zu machen ist."

Tochter:
„Ja, und jetzt ..."

Vater:
„Da muß man sich, sagen wir mal, verlassen auf die Einsicht späterer Generationen. Keiner weiß, wie sich das später entwickeln wird. Es ist

natürlich auch klar, daß die Dinge nicht restauriert werden können. Aber eine Entwicklung ist im Rahmen Europas eben nicht auszuschließen. Wie sich das entwickelt, ob es hier zu einem Zusammenleben kommt oder so, ob die uns mal vielleicht brauchen werden, das können wir alles nicht wissen."

Tochter:
„Also, Du willst sozusagen eine Option haben, daß das Land einmal Dir gehört hat?"

Vater:
„Ja, natürlich."

Tochter:
„Und das willst Du auch nie aufgeben?"

Vater:
„Nein."

Tochter:
„Und wie stehst Du dazu, wenn Deine Kinder zum Beispiel – also ich bin ja eine davon, die Brüder denken nicht viel anders – dieser Option nicht nachhängen?"

Vater:
„Das kann ich nicht so sagen, eine Restauration wird niemals in Frage kommen, da kommt nichts Gutes raus. Aber im Prinzip ist es durchaus möglich, daß Polen eines Tages mal einen Marshallplan bekommt, das könnte ja durchaus sein, daß dann die Mitarbeit der deutschen Nachbarn benötigt wird. Die Deutschen können im Falle einer europäischen Zusammenarbeit durchaus eine Rolle spielen."

Das Erzählen hat zu exakten Kenntnissen über die Familiengeschichte geführt. In diesem Punkt hat die Erziehung durch den Vater Früchte getragen. Aber die politische Einstellung der Tochter und offenbar auch die ihrer beiden Brüder sieht anders aus als die des Vaters. Wünsche und Überzeugungen, wie sie Herr von L. hier äußert, sind trotz aller Erzählsperren, moralischen Hindernisse und Tabus in Westdeutschland lebendig geblieben, vor allem im Milieu der Besitzer-Familien. Als Folge der aktuellen politischen Programme und Entwicklungen in Europa sind solche Träume wieder politisch aktivierbar geworden. – Der Eiserne Vorhang ist gefallen, bald läßt sich vielleicht über ein neuerliches friedliches Siedeln im Osten reden. Möglicherweise werden die Deutschen dazu wieder vom polnischen Staat als „Kolonisten" „gerufen".

Ulrike von L. und ihre beiden Brüder haben sich für eine großstädtische Lebensweise entschieden. So können sie die Erinnerungen an die Geschichte der Familie stolz, aber ohne einen Besitzanspruch lebendig erhalten. Es wird über diesen Fall hinaus wiederum eine allgemeine Folge der Vertreibung erkennbar: Die erzwungene Migration hat in vielen Familien des ostdeutschen Grundbesitzes eine Modernisierung des Denkens und der Lebensformen bewirkt.

Eine andere Gesprächspartnerin aus der ostdeutschen Adelsschicht spricht diesen Wandel der Lebenseinstellung von sich aus an. In ihrer Familie war nach der Vertreibung ein neues Denken maßgebend geworden. Berta von G. (Jg. 1960) studiert in Hamburg Kunstgeschichte. Sie arbeitet gelegentlich bereits als Journalistin; später will sie den Journalismus als Beruf ausüben.

„Also es ist von beiden Eltern versucht worden, in der Erziehung herüberzubringen, daß wir auf uns selbst gestellt sind im Westen. Das war für mich und für meinen Bruder furchtbar schwierig, weil wir beide ausgesprochen schlecht in der Schule waren. Aber der wichtigste Satz meiner Eltern stand fest: ‚Hängt euch nicht an irdische Dinge! – Lernt was. Das ist heute die Hauptsache. Was ihr im Kopf habt, das kann euch keiner nehmen!‘ Und auch sogar noch: ‚Aber alles, was drumrum ist, das kann euch jederzeit wieder genommen werden.‘ Das ist für meine Eltern ein schmerzlicher Lernprozeß gewesen. Und das haben sie versucht, bei ihren Kindern rüberzubringen. Da wurde dann auch Druck ausgeübt. Klar, das war für uns Kinder sehr schwer. Aber heute kann ich das nachvollziehen."

Der Vater unserer Informantin hatte für sich den Verlust des ererbten Besitzes akzeptiert. Als er aus dem Kriege heimkam, begann er ein Studium im Ingenieurfach „Maschinenbau". Er studierte also nicht Land- oder Forstwirtschaft wie manche der Rückkehrorientierten aus seinen Kreisen. Als Manager in der Industrie ist er nun aus eigener Kraft zu Vermögen gekommen. Aber das Bild der Heimat im Osten und einige Prinzipien des Denkens haben sein Handeln im Westen dennoch beeinflußt. Als er die Mittel dazu hatte, schuf er sich eine neue Heimat nach altem Muster. Zwar ist alles kleiner ausgefallen als früher. Aber immerhin sieht nach seinem Tode inzwischen ein Gutsverwalter auf dem neuen Hof nach dem Rechten.

Bertha von G.:
„Er war Manager von 'ner größeren Firma und hatte dann also wirklich so viel Geld verdient, daß er sich tatsächlich – '68 war das glaub ich – 'n Hof kaufen konnte, in der Nähe von Bremen, den wir heute noch haben. Aber da ist inzwischen ein Verwalter drauf. Der Hof hatte Eigenjagdbezirk. Da konnte er endlich wieder jagen gehen. Er hat immer gesagt: ‚Nur eingeladen zu werden zu irgendwelchen Jagden, das verdirbt den Charakter, das soll man nicht machen!‘ Und dann hatte er seinen eigenen Grund und Boden wieder, und ein Schulfreund von ihm, der war mal da auf diesem Hof, der sagte dann plötzlich: ‚Also ich weiß genau, weshalb

euer Vater das hier gekauft hat. Das erinnert ihn an Pommern, von der Landschaft her!' – Also, das war uns nie so klar, weil wir nie dagewesen sind. Aber das muß wirklich 'ne ganz enge Assoziation gewesen sein!"

Der Vater unserer Informantin hat die Güter im Osten zusammen mit seinem Vater nur noch ein einziges Mal aufgesucht.[118] Bertha und ihr Bruder haben bis heute kein Interesse an einer Reise nach Pommern gezeigt.

e) Erinnerungsgegenstände

Carola Behnke, eine 35jährige kaufmännische Angestellte, in Hamburg geboren, spricht von Breslau, dem Herkunftsort der Eltern, wie von einer sehr weit östlich, gewissermaßen im „fernen Osten" liegenden Stadt. Bis jetzt ist sie nicht nach Schlesien gereist. Sie stellt sich als kennzeichnend für dieses Land vor allem Weite und Unwegsamkeit der Natur vor, harte Winter und riesige Landflächen. Die Herkunftsgegend ihrer Eltern charakterisiert sie durch das Vorstellungsbild „kalte Heimat".

„Wenn ich mir die Gegend meiner Eltern vorstelle, dann denke ich immer, da war in Schlesien ein riesiges Land. Viel Natur wahrscheinlich. Und sehr strenge Winter. Das war eben der Osten, Landklima. Man lebte dort sehr naturverbunden. Wenn ich mir die Kindheit meiner Eltern vorstelle, dann denke ich immer, daß war eine kalte Heimat."

Im Verlauf des Gesprächs kann sie eine Erklärung für den Ursprung dieses Gedankenbildes geben: „Bei uns zu Hause hing immer ein Bild von Breslau, ein Foto mit einem Rahmen. Auf dem Foto war Breslau im Winter zu sehen. Eine Straße, Häuser und sehr viel Schnee."

Gewiß überlagern sich in dieser Vorstellung – wie in allem lebensgeschichtlichen Erzählen – Erinnerungen, Wissensbestände und Ansichten unterschiedlicher Herkunft. „Landklima im Osten", das dürfte eine Reminiszenz aus dem Geographieunterricht sein, und die Vorstellung von der Weite des Landes gehört zum traditionell im Westen verbreiteten „Wissen" über Osteuropa. – „Je tiefer der Osten, desto weiter und ursprünglicher die Natur." Auch Erinnerungserzählungen der Eltern haben dieses Breslau-Bild vermutlich mitgestaltet. Frau B. kann sich entsinnen, einige Male mit den Eltern über das Foto gesprochen zu haben. In dieser Heimaterzählung aus zweiter Hand wird die die Erinnerungen stützende und Erzählungen inszenierende Wirkung von Gegenständen erkennbar. Sehr viele Flüchtlinge haben Bilder und Gegenstände von zu Hause mitgebracht, Devotionalien, Fotos, Erinnerungsstücke, oft sehr persönlicher Art. Besuche in Altenheimen haben mir gezeigt, daß es oft gerade diese Heimaterinnerungen sind, die manche als einen wertvollen persönlichen Besitz in die letzte Station ihres Lebens mitgeführt haben. Fotos des

Elternhauses oder des Bauernhofes im Osten hängen dort oft über dem Bett oder über der „Sitzecke". Wo solche „Erinnerungsgegenstände" zur Habe der Familie[119] gehören, da sind im allgemeinen die Erinnerungen zweiter Hand, die Erinnerungen der als Nachkommen von Flüchtlingen im Westen geborenen Leute farbiger, detailreicher, persönlicher als sonst. Gewiß: es kommt dabei – wie im Beispiel des Schneemotivs – immer wieder zu sehr subjektiven Sichtweisen und Deutungen. Aber diese Dokumente regen im allgemeinen zu Überlegungen an, schaffen Erzählanlässe, begründen und erhalten Tradition und können auf diesem Wege zu wichtigen identitätsstiftenden Erfahrungen in den Familien beitragen. In unserem Zusammenhang ist es über die einzelnen Erinnerungserzählungen an Heimatverlust, Flucht oder Vertreibung hinaus wichtig, daß die Gebrauchsgüter des täglichen Lebens vielfältige Anlässe zu Erzählungen schaffen und daß dieses Erzählen unverkennbar kulturellen Mustern unterliegt. – Die Erzählungen sagen stets nicht nur etwas über die Gegenstände aus, sondern auch über die Menschen. – Menschen „finden sich in den Dingen."[120]

Volkskundler und Soziologen haben schon früh in der Nachkriegszeit die subjektive Bedeutung einzelner aus der alten Heimat mitgeführter Gegenstände für die Flüchtlinge erkannt.[121] Allein die Tatsache, daß damals die polnische Besatzungsmacht strenge Vorschriften über die Beschaffenheit und das Gewicht des Handgepäcks (manchmal nur 20 kg oder 10 kg) erlassen hatte[122] und daß für die letzten Vorbereitungen auf die Zwangsumsiedlung schließlich nur wenige Stunden blieben, verweist auf die notwendige Sorgfalt bei der Auswahl unter den Besitzgütern. In der Entscheidung für die Mitnahme einer bestimmten Sache wurde offenbar von vielen Flüchtlingen an eine Tradition angeknüpft, etwa an eine familiäre oder berufliche. Das bedeutet auch, daß es in der alten Heimat schon einige Zeit vor dem Befehl zur Zwangsumsiedlung zu Überlegungen über die mitzuführenden Gegenstände gekommen sein muß. So erklärt es sich, daß es neben Kleidungsstücken und anderen notwendigen Bedarfsgütern oft die gleichen, nach ideellen Gesichtspunkten ausgewählten Dinge waren, die sich im Handgepäck der Flüchtlinge und Vertriebenen fanden, etwa die immer wieder erwähnte Heimaterde.

Um die mitgeführte Heimaterde ist in der ersten Zeit im Westen ein regelrechter Kult entstanden. Die Volkskunde hat immer wieder über das Mitnehmen von Erde aus der Heimat, über die darüber verbreiteten Vorstellungen und über deren Verwendung berichtet.[123] Die Flüchtlinge, am verbreitetsten war dieser Brauch unter katholischen Sudetendeutschen und Schlesiern, griffen vermutlich bewußt auf ältere Traditionsschichten, auf einen eingelebten Brauch, zurück.[124] Vor dem Abschied nähte die Mutter dem scheidenden Soldaten oder Auswanderer ein paar Krümel davon in die Kleider oder packte einen Beutel voll „Heimat" ein, möglichst heimlich zwischen dem Reisegepäck. Durch die Erde sollte der Sohn oder die Tochter in der Fremde mit der Heimat „verwachsen“, durch sie vor Gefahren und Heimweh geschützt bleiben. Der Brauch war gelegentlich bis ins 20. Jahrhundert hinein praktiziert worden, z.B. von Soldaten des Ersten Weltkriegs.[125] Gerade bei Soldaten dürfte er ursprünglich aus dem resignativen Wunsch entstanden sein, im Falle des Todes wenigstens zusammen mit etwas „heimatlicher Erde“ begraben zu werden. Jedenfalls überlagerten sich im Flüchtlingsbrauch um die Erde aus der alten Heimat unterschiedliche Vorstellungen älteren Datums.

Der Volkskundler Alfred Karasek-Langer war der Auffassung, daß Millionen von Menschen aus dem Osten teils in feierlich nachdrücklicher Form, teils eilig und hastig vor der plötzlichen Ausweisung selbst Heimaterde mitgenommen haben oder wenigstens anwesend waren, wenn Eltern oder Nachbarn den Brauch praktizierten. Die Verbreitung dieses Verhaltens zeigt, daß die von Helmut Schelsky[126] mit Nachdruck formulierte und später im Intellektuellenmilieu populäre Auffassung, „Heimat“ und „Fremde“ seien Gefühle von gestern, seien heutzutage funktionslos gewordenes Traditionsinventar aus der Mottenkiste der Dualismen des 19. Jahrhunderts, für die Mehrheit der Bevölkerung in dieser Ausschließlichkeit nicht zutreffend ist. Wo das Verlassen der gewohnten Umwelt mit einem so hohen Grad an Bewußtheit erlebt und ein Abschied so nachdrücklich rituell gestaltet wird, da wird der Gegensatz Heimat und Fremde sehr eindringlich erlebt; zumindest als bewußtes Gestalten des Übergangs von einem Lebensabschnitt in einen deutlich anderen, von einer vertrauten Vergangenheit in eine fremde und offene Zukunft. Dabei dürfte das Mitführen der Heimaterde oft nicht allein mit Blick auf eine Zukunft in der Ferne, sondern zugleich aus dem Wunsche entstanden sein, durch die „Verbindung“ mit der Heimat stets an die erwünschte Rückkehr erinnert zu werden, das mystische Band nicht zu zerreißen. Diese Heimkehr wollten die meisten der Vertriebenen bis in die 1950er Jahre hinein noch einmal selbst erleben.

Die Heimaterde ist in den 1950er Jahren meistens an privilegierter Stelle in der neuen Wohnung der Flüchtlinge aufbewahrt worden – etwa im Herrgottswinkel in einem Glaspokal. Sie läßt sich als Weihnachtsgeschenk, als Ehrenpreis bei Wettspielen und sogar als Geschenk für Politiker nachweisen.[127] Oft ist sie den Verstorbenen aus der ersten Flüchtlingsgeneration ins Grab mitgegeben worden. Andere Verwendungsweisen sollten den bewußt vollzogenen Schritt in die neue Heimat akzentuieren, etwa wenn die Erde in die Fundamente des neuen Hauses im Westen eingelassen oder ins frisch erworbene Bauernland gemischt wurde.

Von diesem damals lebendigen Brauchkomplex ist heute aus Erzählungen nur noch wenig zu erfahren. Der Heimaterde-Kult verlor seinen

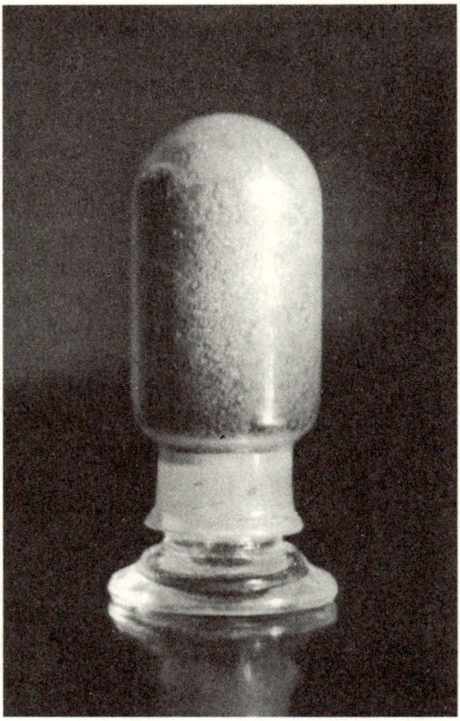

Heimaterde aus dem Nachlaß eines Flüchtlings

Hintergrund, als die Flüchtlinge hier im Westen heimisch wurden. Die Zeit des „Wirtschaftswunders", eine Zeit des zukunftsfrohen Wiederaufbaus und des Blicks nach vorn, ließ wenig Raum für derartige „Sentimentalitäten". Nachkommen aus Flüchtlingsfamilien, die wir nach diesem Brauch fragten, wußten nur selten genaueres davon. Auf den einzigen Beleg für Heimaterde im Besitz einer Familie bin ich eher zufällig anläßlich eines Vortrags gestoßen. Ein Glaszylinder, sorgfältig luftdicht verschlossen, fand sich im Nachlaß eines Flüchtlings aus Schlesien. Der 40jährige Sohn bewahrte ihn auf dem Dachboden in einem Schuhkarton zusammen mit ein paar Tonscherben und einem Steinbeil auf, dem ganz persönlichen Nachlaß seines Vaters.

Einige unserer Informanten hatten wohl etwas von diesem Erinnerungskult gelesen; ein paar der Befragten hatten von Eltern oder Großeltern davon gehört. Das Gefühl der Heimatsehnsucht konnte zweifellos von den Nachkommen im Westen immer noch „verstanden" werden. Aber ein Brauch, der dieses Gefühl zum Kult erheben und am Leben erhalten sollte, mußte von den Nachkommen bald als sentimental, wenn nicht als peinlicher Aberglaube empfunden werden. Immerhin aber zeigt die Tatsache, daß „Heimaterde" bis heute das häufigste Mitbringsel von Erinnerungsreisen geblieben ist, daß dieser Flüchtlingsbrauch eben doch nicht in Vergessenheit geraten ist.[128]

Vielleicht war es dieser „Geruch" der Heimaterde, ein Geruch nach Aberglauben, Mythos, Blut und Boden, der dazu geführt hat, daß andere der mitgeführten Materialien, vor allem konkretere Dinge, später in der neuen Umgebung der Geflüchteten oder Vertriebenen schließlich oft größere Bedeutung für die Erinnerungs- und Erzählkultur innerhalb der Familie bekommen haben als dieser „reine" Erinnerungsgegenstand. Das zeigt etwa das Beispiel des Breslau-Bildes der Frau Behnke. Durch Dinge ließen sich Erinnerungen konkretisieren und lebendig erhalten. Über die Gesichtspunkte bei der Auswahl für bestimmte Stücke lassen sich mit Vorsicht einige allgemeine Aussagen machen: Oft nahmen Leute aus manuellen Berufen außer den lebensnotwendigen Kleidungsstücken ein paar Arbeitsgeräte mit; Leute aus bürgerlichen Milieus trafen ihre Entscheidung im Vergleich dazu eher nach ideellen Vorstellungen.

Der 1896 in Mähren geborene Kleinbauer Franz Dahm erzählte bereits im Jahre 1970, welcher Art seine Überlegungen waren, als er 1945 die Tschechoslowakei mit 70 kg Gepäck verlassen mußte.[129]

„Nun muß ich noch sagen, was ich hab mitgenommen. Vielleicht interessiert das. Ich ham mir gedacht, wenn ich auf Deutschland komm und krieg ka Arbeit, vielleicht kann ich amal mähen gehen mit der Sense, mit dem Sensenbaum, daß ich mir das Brot verdien. Da hab ich meinen Sensenbaum mitgenommen. Sie wissen's ja, was das ist, wo man die Sense anmacht, zum mähen. Also zwei Stück Sensen und dann zum dengeln den Dengelstock und an Hammer."

Hier leiten familiäre Erfahrungen und Erinnerungen einer bäuerlichen Tradition eine rationale Entscheidung. Tatsächlich beginnt er seine Arbeiterkarriere, die ihn schließlich ins Sägewerk und zum Straßenbau führt, als Landarbeiter im Umland von Hannover.

Aus einem völlig anderen Traditionszusammenhang hat sich die Entscheidung von Frau Hedwig Gansel[130] ergeben, die zu unseren wichtigsten Informantinnen gehört. Ihr Erinnerungsgegenstand kann – wie das Arbeitsgerät von Herrn Dahm – keinen Anspruch auf „Originalität" erheben, denn wiederum ist es ein „bewährtes" kulturelles Objekt. Als sie uns über ihre ereignisreiche Flucht erzählte, präsentierte sie dazu eine für die Familiengeschichte wichtige Devotionalie, ein Kreuz mit Kruzifixus. Aber kurios und zugleich für die Situation charakteristisch erscheint ihr, daß die Christusfigur nur noch einen Arm hat.

„Und dieses Kreuz hab ich in meinen Rucksack gesteckt, in dem eigentlich nichts als ein bißchen Kinderwäsche und ein paar Windeln steckten

Die Flucht als Wallfahrt – Das Kreuz der Familie Gansel

für das neugeborene Kind. Dieses Kreuz mit dem einarmigen Christus habe ich eben immer bei mir gehabt. Und wo wir uns aufgehalten haben, im Lager und dergleichen, hab ich dieses Kreuz nach Möglichkeit immer irgendwo in meiner Nähe aufgehängt. Und ich hab es immer mitgenommen. Wir haben es heute noch."

Im Jahre 1986 feierte die Familie die Goldene Hochzeit der Eltern. In einer zu diesem Zwecke erschienenen Familienschrift nahm der invalide Christus eine zentrale Stellung ein. Als Frau Gansel mit fünf Kindern aus Schlesien auf die Flucht ging, war ihr Mann in Kriegsgefangenschaft. Ihr jüngstes Kind starb auf dem Treck. Diese Flucht war ein Martyrium und zugleich eine Wallfahrt unter dem Kreuz. Ich werde in Kap. IV ausführlich darüber berichten. Bis heute verbinden sich in der religiös-katholischen Lehrerfamilie in diesem Gegenstand einer Familientradition eine Fülle von Gedanken an Ängste, Verlusterfahrungen und Hoffnungen;

Der Hausschlüssel vom Elternhaus im Wappen der Gemeinde Hela – heute in Schleswig-Holstein

Erzählungen über gemeinsame Erlebnisse fördern wiederum ein Gefühl der Zusammengehörigkeit.

Als Alfred Cammann 1960 eine Bauersfrau aus Bessarabien im Umland von Bremen aufsuchte, zeigte diese ihm stolz im Vorgarten des neuen Hauses das „Abendlüftchen", eine Blume, die von Samen abstammte, die die Familie aus Südosteuropa mitgebracht hatte. Über eine Zwischensiedlung im Wartheland hatten die Gewächse die endgültige Ansiedlung der Familie in Westdeutschland erlebt. Wenn diese „Neu-Westdeutsche" auf den Hof ihres Einfamilienhauses kam, empfing sie dort ein Duft, fast wie auf dem Bauernhof in Bessarabien.

So wichtig ideell bestimmte Gegenstände später waren, zunächst dachten alle an praktische Sachen, wenn es ans Einpacken ging. Die meisten, die darüber sprachen, hatten nützliche Dinge mitgenommen, wie der Bauer Franz Dahm, ein paar Arbeitsgeräte und vor allem Teller und Tassen, Eßbesteck oder die Sparbücher. Manchen Gegenständen wuchs ihr Erinnerungswert erst später zu. In einer Familie gab es einen unscheinbaren grauen Eisenbecher, den die Mutter als ein besonders stabiles Trinkgefäß auf die erwartete strapazenreiche „Reise" mitgenommen hatte. Als längst wieder Porzellan und Küchengerät angeschafft waren, kam er als Erinnerungsgegenstand nachträglich zu Ehren.

Ein Fischer von der westpreußischen Halbinsel Hela nahm einen Hausschlüssel mit, so wie jeder seinen Schlüssel einsteckt, wenn er aus dem Haus geht. „Ein paar Tage später" – bei seiner Rückkehr – wollte er ihn wieder benutzen. Inzwischen ist der Schlüssel in ein Wappen von Hela integriert worden, welches das Gartentor zum neuen Haus in einem schleswig-holsteinischen Dorf schmückt. Der volkskundliche Forscher Ulrich Tolksdorf bekam dazu eine Überlegung mitgeteilt: „Das ist ein Symbol dafür, daß die Schlüsselgewalt über mein Elternhaus immer noch bei mir ist – als Besitz und in Gedanken."[131]

3. Erinnerungsreisen

„Die Deutschen besuchen die Schneekoppe als Pilger. Das ist für die eine Pflicht, wie für die Mohammedaner die Reise nach Mekka."

So äußerte sich Anfang 1988 ein polnischer Kaplan aus Cieplice Slaskie Zdrój, früher Bad Warmbrunn, gegenüber einer Reisegruppe von Hamburger Studenten. Erinnerungsreisen in die ehemaligen Ostgebiete, „Pilgerfahrten in die alte Heimat,"[132] sind inzwischen zu einem Kulturthema besonderer Art geworden. Das beweisen allein die Markterfolge von Büchern, wie „Die Reise nach Pommern" oder „Wiedersehen mit Schlesien"[133]. Vor allem aber zeigen uns die Hunderttausende von

„Heimwehtouristen", wie wichtig ihnen diese Reisen in die eigene Kindheit sind. Natürlich gibt es längst Reiseunternehmen, die sich auf diesen Erinnerungstourismus spezialisiert haben. Es sind nicht allein die wirklichen Heimatvertriebenen, Männer und Frauen, die noch für eine Zeit in Schlesien oder Pommern gelebt haben, die sich auf die Ostfahrt begeben. Außer Ehepartnern und „einheimischen" Touristen sind es gerade Angehörige aus der zweiten und dritten Nachkommengeneration, die teils allein, teils zusammen mit ihren Eltern die Reise antreten. Die Tatsache, daß es so viele aus den Nachkommengenerationen sind, die sich ein eigenes Bild von der verlorenen Heimat der Eltern im Osten machen wollen, ist für uns wichtig. Diese Reisen verweisen auf die Folgen einer lebendigen Tradition des Erzählens zwischen den Generationen. Das Erzählen zwischen den Altersgruppen erhält überdies durch die Fahrten der Kinder und Enkel neue Nahrung, weil das, was die jungen Leute im Osten erfahren haben, aufs neue Erzählungen, Geschichten und Diskussionen bewirkt.

In den Erinnerungserzählungen, die wir gesammelt haben, hat sich kein „Revisionismus" geäußert. Niemand aus der zweiten und dritten Generation hat davon geredet, die heute dort wohnenden polnischen Familien lebten zu Unrecht in diesen Gebieten. Niemand hat gefordert, die deutschen Grenzen von 1937 wiederherzustellen. Sieht man von einer kleinen Minderheit jüngerer Leute und älterer Funktionäre aus dem Umkreis der Vertriebenenverbände und aus Gruppierungen des rechten politischen Spektrums ab, so scheint diese „kleindeutsche Auffassung" heute für das Denken der Kinder der Flüchtlinge des Jahres 1945 charakteristisch zu sein. Die Reiseschilderungen der jungen Westdeutschen enthalten oft den ausdrücklichen Hinweis, daß diese Gebiete nach ihrer Auffassung inzwischen zweifelsfrei zu Polen gehören. Ob sie nach Auffassung der im Westen geborenen Flüchtlingskinder bis Kriegsende einmal wirklich „deutsch" oder nicht schon damals eher „irgendwie polnisch" oder „deutsch-polnisch" waren, ist, wie ich bereits dargestellt habe, selbst für Niederschlesien und Pommern aus den Erinnerungserzählungen schwer zu entnehmen. Aber vor allem ist all das für die jungen Leute, die im Westen geboren sind, „kein Thema". Ohnehin üben große Teile dieser Regionen als dauerhafter Aufenthaltsort auf jüngere Touristen allein schon wegen des Ausmaßes der Umweltzerstörung wenig Reiz aus. Die wichtigste politische Dimension des Erzählens der Jüngeren von diesen Ostreisen äußert sich nicht in siedlungspolitischen Fragen, sie liegt vielmehr in einer breiten Darstellung und detaillierten Kritik der Umweltschäden in Ost-Europa. Wenn von „Rückständigkeit" der Verhältnisse die Rede ist, wird das nicht wie früher am kulturellen Stereotyp eines West-Ost-Gefälles, sondern am Beispiel der Umweltschäden konkretisiert. Die augenfälligen Versorgungsnöte der polnischen Bevölkerung finden weitaus seltener das Mitleid der jungen Westler. Das ist der Blick der Satten auf eine Kultur der Armut.

Die vorherrschenden Tendenzen des Erzählens weisen auf die soziale und kulturelle Dimension dieser Reisen in den Osten hin. Zur kulturellen Bedeutung des Erinnerungs-Tourismus tragen die Kontakte zu den Menschen bei. Die Reisenden lernen die neuen Bewohner Schlesiens oder Pommerns oft als gastfreundliche Leute kennen. Gelegentlich kommt es sogar zu Bekanntschaften, die über den Augenblick hinaus aufrechterhalten werden. Man begegnet dort ohnehin überwiegend armen Menschen, denen eher Mitleid als Neid oder gar Rache entgegen gebracht wird. Allein deshalb nimmt ein weitgereister und erfahrener westdeutscher Tourist auch Enttäuschungen in Kauf, die mit jeder Reise in ein unterentwickeltes Gebiet verbunden sind. Es ist allerdings eine andere Frage, ob man auch Polen ins Programm einer „Entwicklungshilfe" einbeziehen sollte. Bei diesem Punkte werden dann – trotz aller Erzähltabus – die Ressentiments erkennbar, welche sich aus einem hierzulande noch immer populären Stereotypenkatalog über den „polnischen Nationalcharakter"[134], aus den Berichten westdeutscher Massenmedien und zunehmend aus Kontakten zu Bürgern der ehemaligen DDR speisen.

So distanziert, wie die große Mehrheit der Erinnerungstouristen zweiter und dritter Generation, können nur wenige unter den „Erlebnisflüchtlingen" die Verhältnisse sehen. Reisen in die alte Heimat werden inzwischen seit über dreißig Jahren unternommen. Die Erzählungen darüber hatten bei den Erlebnisvertriebenen von Anfang an deutlich einen politischen Akzent. Manchmal zustimmend, manchmal im Widerspruch reflektierten die Reiseberichte die Strömungen des politischen Zeitgeistes. Vor allem waren es stets Reisen in die eigene Vergangenheit, zum Geburtshaus, zum Wohnhaus der Kindheit. Besonders die erste Reise löste, von der Phase der Vorbereitungen bis lange nach der Rückkehr in den Westen, Erregung, Trauer, Irritationen, Wut aus. „Ich war im Oberschlesierland, im schönen Heimatland", ist ein Reiseeindruck aus der Pionierzeit des Erinnerungstourismus überschrieben, der 1957 in einem Heimatblatt veröffentlicht wurde.[135] Doch, was da aus Gleiwitz geschildert wird, ist nur in wenigen Punkten so „schön", wie es die Überschrift des Artikels verheißt. – Alles ist schmutzig, die Straßenbahnen sind überfüllt, die Wohnungsknappheit verheerend. Immerhin: Die Menschen – und zwar die Polen wie die Deutschen – zeigen sich in Gleiwitz den Besuchern als gute Gastgeber. In Beuthen[136] sieht es äußerlich nicht viel anders aus. Allerdings sind dort allein die verbliebenen Deutschen für den Reisenden als Stadtbürger akzeptabel. In diesen Berichten aus einer traditionellen ethnischen Mischzone klingt bereits neben den Ressentiments gegen die polnischen Bewohner ein wenig von dem Mitleid an, das in den Reiseerzählungen der Nachkommen aus der Vertriebenengeneration den Ton angeben sollte. Die Polen möchten dem Westreisenden – man nannte die Besucher dem Bericht zufolge „Westbomber" – „am liebsten seine Ledertaschen und seinen Koffer aus der Hand weggukken".[137] – Immerhin: nicht stehlen!

„Das polnische Element prägt das gesamte Stadtbild. Kein Wunder ist es, wenn die Straßen ungepflegt sind und wenn selbst an den Osterfeiertagen der Schmutz wohl zusammengefegt, aber nicht wegtransportiert ist." Es war der alte Ton der „Abstimmungskämpfe", den der anonym bleibende Autor fast vierzig Jahre später wieder mühelos in der Begegnung mit der alten Heimat anschlagen konnte. Aber erkennbar wird zugleich, daß ein Zusammenleben von Polen und Deutschen in Oberschlesien von früher her Tradition hat.

Ein anderes Gefühlsbild vermitteln die Reiseeindrücke unseres Informanten Hans Machulke. Als er 1978 für vierzehn Tage in das Heimatdorf Schönwiese in Westpreußen reiste, war es die erste Urlaubsreise seines Lebens, die ihn über die deutschen Grenzen hinausführte.

Machulke:
„Die Polen dort waren genauso Vertriebene wie wir. Und zwar waren das Polen aus dem Gebiet, das der Russe besetzt hat."
Interviewer:
„Das waren also Ostpolen?"
Machulke:
„Ostpolen, ja. Das wurde ja nach'm Krieg an Rußland abgetreten, von Polen an Rußland abgetreten. Diese Leute wurden dann einfach angesiedelt in diesen besetzten Gebieten, die wir ja verloren haben durch den Krieg. Und die waren sich so lange nicht sicher, bis das Abkommen zwischen der Bundesrepublik und Polen durch den Bundeskanzler Brandt zustande kam. Das konnte man immer hören, von Brandt hielten sie sehr viel dort. Brandt war immer der Mann, der sich wahrscheinlich dafür eingesetzt hat, daß Polen in seinen Grenzen garantiert bleibt."

Als dieser sozialdemokratisch eingestellte Arbeiter 1985 berichtete, hatte er noch seine Schwierigkeiten bei der Wahl der Worte. Die allgemein verbindliche Formel der 1950er und 1960er Jahre, „besetzte Gebiete", klang noch einmal – gewissermaßen aus Versehen – an. Danach entschied er sich für eine Form der Sprachregelung aus der neueren Ostpolitik. Er redete von den Gebieten, „die wir ja verloren haben durch den Krieg". Die inzwischen sozial sanktionierte Version „Überfall auf Polen", die jedesmal ein deutsches Schuldbekenntnis formuliert, wird von ihm (noch?) nicht verwendet. – 35 Jahre sozialdemokratische Ostpolitik in einem Satz! Herr Machulke ist als Einzelfall auch für einen anderen verbreiteten Sichtwinkel auf die alte Heimat exemplarisch:

„Was mich da etwas beeindruckt hat, man hat die Landschaft so erhalten, wie sie war. Die großen alten Bäume stehen noch an den Straßen. Aber doch sieht alles anders aus. Ganz anders als vor 30 Jahren. – Das ist ja auch verständlich. Die Bäume sind größer geworden, da ist so manches Haus nicht mehr da, was früher stand, und 'ne neue Schule ist gebaut worden. Die alte Schule – früher war da ein Pfannendach drauf, rote Pfannen, jetzt ist nur noch Blech drauf. Es hat sich schon vieles verändert. – Aber die Landschaft, die blieb ja so, wie sie war. Ne herrliche Landschaft. Wir sind da einmal gefahren durch eine Eichenallee, also unter einer Eichenallee – einmalig. Und wo gibt es hier heute noch 'ne Eichenallee?"

Nostalgische Erinnerungen überlagern hier die Wahrnehmungen. Die Natur hat die Region wieder zurückgewonnen. Die Armut, das Blechdach auf der neuen Schule, paßt dazu fast besser als der „Reichtum" von früher. Von der Umweltzerstörung im Osten ist in diesen Erinnerungen an die verlorene Kindheit ausnahmsweise nicht die Rede.

Auf eine Typik unterschiedlicher Reiseeindrücke, auf Reisevorbereitungen und Nachwirkungen will ich nun näher eingehen. Dabei sollen drei Aussageformen genauer betrachtet werden:
Ich fahre da niemals hin.
Ich bin einmal (oder höchstens zweimal) gefahren, das reicht mir.
Ich fahre immer wieder.

a) Ich fahre da niemals hin

Als in den 1950er Jahren die ersten Reisen in verschiedene Gebiete des Ostens möglich wurden, war das Antragsverfahren kompliziert und die Bewegungsfreiheit im Lande eingeschränkt. Im Sommer 1973 machte sich eine Gruppe von „Schlesiern" aus Scheeßel[138] zum ersten Mal auf den Weg in die alte Heimat. 34 Personen fuhren mit, davon stammten 24 aus dieser Ostprovinz. Unter den Reisenden waren außerdem Eheleute, die nicht aus Schlesien kamen und Kinder aus „Flüchtlingsfamilien" und „Mischehen". Ziel der Reise waren verschiedene Orte im Riesengebirge. Von seiten der polnischen Botschaft in Bonn gab es bei der Visaerteilung Vorbehalte gegen den von der Gruppe favorisierten Reiseleiter, denn dieser war noch in den Ostgebieten geboren. So wurde dessen 16jährige Tochter von der polnischen Visastelle formell zur Reiseleiterin ernannt. Über diese Wiederbegegnungsreise hat ihr Vater eine ausführliche Dokumentation zusammengestellt. Sie führt einige der vor der Fahrt schriftlich geäußerten Erwartungen der Teilnehmer auf, einzelne Tagebuchnotizen und selbstverfaßte Gedichte sowie nachträgliche Urteile über das Gesehene. Sie enthält außerdem eine kleine Sammlung von Begründungen für das Nicht-Teilnehmen an der Reise. Aus den Aussagen der Mitfahrenden und aus den Äußerungen derer, die die Teilnahme verweigerten, wird die große lebensgeschichtliche Bedeutung der Reise erkennbar. Gespannte Erwartungen stehen neben Ängsten.

Als Begründung für das Zuhausebleiben heißt es etwa: „Ich möchte meine Heimat so in Erinnerung behalten, wie sie mir vertraut ist.“ – „Ich glaube, ich kann die Fahrt seelisch nicht verkraften!“ – „Ich habe Angst vor dem Wiedersehen.“ – Ein Ehepaar S. gab gemeinsam zu Papier: „Wer die Heimat liebt, wie du und ich, bleibt ihr im Herzen treu, auch ohne nochmal hinzufahren. Die Erinnerung an unsere schöne Riesengebirgsheimat lebt in unseren Herzen weiter.“

Gerade die, die eine Teilnahme ablehnten, zeigen, daß die innere Lösung von dem Ort im Osten, vom Heimathaus, den Straßen und Gebäuden in einem schmerzlichen Prozeß inzwischen weit vorangeschritten ist. Die Heimat hat sich mit der Zeit „ins Herz“ verlagert, wie es das Ehepaar S. ausdrückte. Sie ist räumlich endgültig verloren gegangen, aber noch deutlich als Erinnerungsraum präsent. – Bei dieser Bewältigung der Heimatfrage soll es bleiben. Die Befürchtung obsiegt, diese Welt der Kindheit und Jugend könne sich inzwischen dermaßen verändert haben, daß durch die Teilnahme an der Reise ein bewährtes Erinnerungsbild von neuen Eindrücken überlagert werden könnte und danach mühevoll im Kopf wieder in den alten Zustand gebracht werden müßte. – Zwei Heimaten, ein östliches Erinnerungsbild im Kopf und eine zweite Heimat in der Realität des Westens, das soll ausreichen. Eines dritten Bildes bedarf es nicht. In diesem Zusammenhang sollte man politisch klingende Ablehnungsbescheide nicht immer für so aggressiv nehmen, wie sie sich anhören. – „Den Polen schmeiße ich mein Geld nicht in den Rachen.“ – „Ich bin grundsätzlich gegen Fahrten in den Osten.“ – „Wir sind aus politischen Gründen gegen diese Fahrt.“ – „Ich fahre nicht dahin, wir wollen jetzt mal ganz ehrlich sein, wenn die D-Mark nicht den Wert hätte, würden sie uns nicht nach Schlesien reinlassen. Keinen Fuß dürften wir da reinsetzen. Und außerdem ist alles in schlechtem Zustand. Man erkennt bald nichts wieder.“

Gewiß spiegeln sich in diesen Aussagen persönliche Erinnerungen an die Besatzungszeit – die „Polenzeit“ – und an die Art und Weise der Vertreibung. Die „Heimat“ gönnt man den Polen immer noch nicht. Aber außerdem können die aggressiven Äußerungen im Einzelfall durchaus auch einer Angst vor verborgenen romantischen Gefühlen Ausdruck geben. Auf diese – gesellschaftlich sanktionierte – Weise muß man nicht über den eigenen seelischen Zustand sprechen, sondern kann etwas quasi „Objektives“ in den Vordergrund stellen, etwas, das man der Heimatvertriebenenpresse entnommen oder auf „Heimatabenden“ und bei Begegnungen in westdeutschen Patenstädten immer wieder gehört hat. Beispielsweise erzählten uns einige unserer Informanten, nachdem sie gerade auf die Polen geschimpft hatten, die „bekanntlich" das alte deutsche Gebiet verfallen und verrotten lassen, daß sie das Haus ihrer Kindheit nicht in der Realität wiedersehen, sondern als Kindheitsbild in der Erinnerung „behalten" wollten.

Die Erhebungen haben immer wieder auf eine quasi ökonomische Dimension des Gedächtnisses verwiesen. Davon war bereits die Rede, als es um das Erzählen im Grundbesitzermilieu ging. Zur Ablehnung einer Reise in den Osten – sentimental oder „rein" politisch begründet – kam es vor allem bei Leuten, deren Familien dort früher keinen ansehnlichen Besitz hatten. Wer tatsächlich Haus und Hof verloren hat, der gibt sich selten mit einem Erinnerungsbild zufrieden. Die „Vielreisenden" fanden sich beinahe ausschließlich in Besitzer-„Kreisen", etwa unter früheren Gutsbesitzern.

b) Einmal und nie wieder

Wer nur einmal an seinen Herkunftsort im Osten zurückgekehrt war und durch diese Fahrt endgültig für sich akzeptieren konnte, daß Westdeutschland inzwischen seine „Heimat" geworden war, der hatte für gewöhnlich erst nach einer Zeit voll innerer Konflikte die Reise angetreten. Wie bei denen, die solche Fahrten überhaupt ablehnten, waren die Vorurteile beträchtlich. Aber sie konnten der Erwartung schließlich nicht standhalten. Einige unserer Gesprächspartner äußerten, schon vor der Fahrt sei ihnen klar gewesen, daß sie diese „Heimat" als Raum inzwischen längst innerlich „abgeschrieben" hatten. Eine Reise sollte sie in dieser Entscheidung bestärken, zu einem endgültigen Abschied führen. Wie erwartet, hatten sie schließlich den alten Wohnort und die Umgebung verändert vorgefunden. Sie lasen jetzt überall den neuen Ortsnamen, den sie zwar kannten, aber nie mit ihrem Heimatort in Verbindung bringen mochten. Gerade der Ortsname oder die Bezeichnung einer Region sind es, die in der Erinnerung „Heimat" in pointierter Weise symbolisieren: „Mein Schlesierland – mein Heimatland!" – „Unser Breslau", das sind stehende Redewendungen. Der Verwaltungsakt einer Änderung des Ortsnamens kann offenbar als besonders heimtückische Form des „Diebstahls" aufgefaßt werden, als ein Diebstahl von Erinnerungen. Deshalb führt es bei Gemeinschaftsreisen von Erlebnisflüchtlingen und ihren Kindern oft zu peinlichen Situationen, wenn sich die Jüngeren – provozierend oder spontan – der neuen Ortsnamen bedienen. Am Verlauf der dann zu beobachtenden Reaktionen der Eltern wird augenfällig, daß für die Erlebnisgeneration das erzwungene Verlassen des Wohnortes im Osten nicht mit einem normalen Umzug verglichen werden kann, wie das jüngere Leute manchmal sehen.

Neben den befremdenden Gemeindenamen stießen die Reisenden vor Ort überall auf räumliche Veränderungen. Neue Häuser stehen neben verfallenden oder verfallenen alten. Ein leerer Platz liegt nun an einer Stelle, die in der Erinnerung noch immer mit Gebäuden belebt ist. Veränderungen der Landschaft kommen hinzu. Immer wieder erzählten die Rückkehrer, daß sie besonders vom Wachstum markanter Bäume beeindruckt gewesen seien. Zur Grundausstattung von Heimat gehören offenbar besonders prägnant „die Bäume". Es klingt paradox: Ausgerechnet Veränderungen in der vertrauten Natur scheinen den Lauf der Geschichte eindrucksvoll zu veranschaulichen, haben sie sich doch „von allein", d.h. ohne Zutun der neuen Bewohner der alten Heimat ergeben. Dadurch bilden sie, dem Auge wahrnehmbar, die Zeit ab, die seit dem Weggang verstrichen ist. Die neuen Bewohner dieser Orte und ihre bedauernswerten wirtschaftlichen und sozialen Verhältnisse veranschaulichen demgegenüber – gleichgültig, ob diese Leute sich unzugänglich oder freundlich verhalten – die heutige Fremdheit des früher Vertrauten. Deshalb mußte bei diesem Gemisch der Eindrücke vielen zur Reise „nach Hause" nicht der Weg in den Osten, sondern die Rückreise in den Westen werden:

„Und dann sind mein Vater und mein Großvater also auf ihrem alten Hof gewesen. Und dazu gibt es in unserer Familie 'ne Familienmythologie, daß sie also, nachdem sie sich alles angeguckt hatten, so festgestellt hatten, wie sehr sich die Landschaft und alles verändert hat, einfach durch die Wälder, die rangewachsen sind. Da hat dann plötzlich mein Großvater sich umgedreht und zu meinem Vater gesagt: ‚Komm, jetzt laß uns nach Hause fahren.' – Eigentlich waren sie ja sozusagen zu Hause, aber er meinte Bielefeld oder was auch immer. Für uns ist das ein wichtiger Gedanke."

Diese Erinnerung der Berta von G.[139], die die alte Heimat der Eltern selbst noch nicht aufgesucht hat und das auch nicht beabsichtigt, dokumentiert eine Bewußtseinsschwelle in der Geschichte einer Familie und den endgültigen Abschied zweier Erlebnisflüchtlinge von der Heimat als Erfahrungsraum. Die beiden Älteren haben damals nicht allein für sich selbst, sondern zugleich für ihre Kinder und Enkel Abschied von der alten Heimat genommen. In dem Zitat aus der Erzählung der jungen Frau offenbaren sich wiederum die lebensgeschichtlichen Folgen einer Erzähltradition.

Es ist die Rückreise von der ersten und einzigen Fahrt in den Osten, die oft im Mittelpunkt von Heimatgedichten oder ausführlichen Heimatreflexionen in Tagebüchern steht. Dann wird etwa, wie im Beispiel der von G.'s, der Akzent auf die Darstellung eines entscheidenden Moments – gewissermaßen auf die „zweite Entheimatung" – gelegt. Es fällt ins Auge, daß es oft gerade Angehörige aus unteren sozialen Schichten sind, die hier ein Reisegedicht schreiben. Ein Beispiel aus der bereits erwähnten Scheeßeler Mappe sei angeführt.

Wir wollten gern heim

Wir wollten gern heim
und wollten mal sehn,
was mit unseren Häusern in 27 Jahren geschehn

Wir waren enttäuscht –
und fanden manches gut.
Wir brauchten für manchen Anblick großen Mut.

Heimweh trieb uns nach Haus –
Wir haben die Fahrt auch nie bereut:
Rübezahl hat mit seinem Gebirge
uns sehr erfreut.

Die herrliche Luft,
das Knieholz so schön
dort möchte man jedes Jahr spazieren gehn.

Nun sagen wir, was wir erfahren:
Wer das Gebirge sehn will, der soll
auch künftig fahren.

Doch wäre Sehnsucht nach Heimat
und eigener Scholle Dein Begehr,
dann, Landsmann, laß Dir sagen:
Wir nicht mehr.

(Reinhold und Else O.)

Vielleicht das einzige Gedicht eines Lebens – nicht aus Anlaß der ersten Liebe geschrieben, sondern auf einer Erinnerungsreise in die alte Heimat. Was so als Heimatdichtung entsteht, ist zweifellos eine durch die traditionelle Heimatliteratur und -dichtung angeregte und deren Bilder verwendende Amateurdichtung. Sie ist „naiv", allein deshalb, weil sie sich nicht durch den Blick auf die große Dichtung einschüchtern läßt. Für den Literaturwissenschaftler dürften solche Reime allein wegen ihrer abgenutzten Formeln und wegen ihrer sprachlichen Unbeholfenheit von geringem Interesse sein. Aber für die Volkskunde und die Sozialgeschichte können sie eine Quelle bei der Erforschung von Mentalitäten, von kulturellen Vorstellungen und individuellen und kollektiven Bewußtseinsprozessen werden.[140]

Frank Duhmke fuhr 1988 mit seinem Vater zum ersten Mal nach Oberschlesien. Ich habe schon berichtet, daß diese Reise sein Urteil über die Heimat seines Vaters beeinflußt hat, und wie Vater und Sohn dabei lernten, einander besser zu verstehen.[141]

„Ich glaube er hat seine alte Heimat ziemlich unverändert wiedergefunden. Ich kann mich erinnern, daß er mir von ein paar Gebäuden gesagt hat: ‚Mensch, das ist doch nicht viel anders als damals. Vom Putz sind ja noch'n paar Quadratmeter abgefallen. Aber der bauliche Schaden war vor vierzig Jahren auch schon da.' Und die Ankunft im Dorf, wie er nach vierzig Jahren da aus'm Wagen stieg, an irgend'nem Haus und ihm 'ne alte Frau, 'ne Deutsche aus dem Nachbarhaus, die dageblieben war, in die Arme fiel, die er vor vierzig Jahren zum letzten Mal gesehen hat, die er auch im ersten Moment nicht erkannt hat. Und da stellte sich raus, die beiden waren damals Freund und Freundin gewesen. Mittlerweile so 'ne alte, zahnlose Mutti mit Kopftuch. Das war für ihn alles sehr beeindruckend. Aber das könnte ich für mich genauso sagen. Ich war auch beeindruckt. – Ich glaube, wenn ich zwanzig oder dreißig Jahre von dem Ort, wo ich groß geworden bin, weg wär', um dann wieder hinzukommen und so 'ne emotionale Nähe auch sofort mitzukriegen, das würde mich auch, glaube ich, sehr betroffen machen. Ich glaube, wenn er weinen könnte, hätte er das gemacht in dem Moment."

Für beide ist es eine prägende Begegnung. Von den Bedingungen der Vertreibung – von Recht und Unrecht – ist beim Sohn keine Rede. Die Aufregung des über 70 Jahre alten Vaters und die aufwühlenden Gefühle bei der Wiederbegegnung mit den Menschen und Orten seiner Jugend kann der junge Pädagoge leicht nachempfinden. Die Rückreise, die Reise „nach Hause" wird zum Krankentransport:

„Er ist krank geworden in Polen, wollte schnell nach Hause. Und auf der Rückfahrt, auf der Transitstrecke hat er 'nen Herzanfall gehabt. Und ich hab' so gedacht: ‚Das muß mit der Aufregung zu tun haben. Es muß damit zu tun haben, daß es in ihm Konflikte gibt, die er einfach so nicht bewältigen kann. Daß er einfach zusammenbricht'. Und ich glaube, die Widersprüche in ihm müssen ziemlich gewaltig gewesen sein. Aber auch die hat er nie irgendwie thematisiert."

Der alte Herr hat in Oberschlesien noch Bekannte von früher angetroffen, Deutsche, die das Land nicht aufgegeben, sondern wie ihre Vorfahren gemeinsam mit Polen besiedelt haben. Deutsche und Polen sind sich dort trotz aller Konflikte des 19. und vor allem des 20. Jahrhunderts nie ganz fremd geworden. Diesen traditionellen Tatbestand eines gemeinsamen deutsch-polnischen Siedlungsgebiets Oberschlesien sollte man sich auch bei den heutigen Erinnerungsreisen vor Augen halten. Worum es geht, sei durch eine Reminiszenz aus dem 19. Jahrhundert in Erinnerung gerufen. 1868 schrieb ein Neffe Jacob Burckhardts, den es als Gymnasiallehrer nach Oberschlesien verschlagen hatte, an seine Eltern in Basel.

Über die Stadt Kreuzburg, etwa neunzig Kilometer östlich von Breslau, heißt es da:

„Und die Bevölkerung! Ich hatte wohl gewußt, daß hier schon viel polnisch gesprochen wird, aber daß das sämmtliche Landvolk polnisch ist, hatte ich doch nicht gedacht. Da sieht man denn die Männer mit kurzen blauen Jacken, die Kanonen über blaue Hosen gezogen und bei kaltem Wetter einen blauen, bis weit unter die Kniee reichenden Mantel tragend, die Weiber mit blau und weiß gestreiften Röcken und Halskrausen, wie ich sie bis jetzt nur vom Sommerhause des Oberstpfarrhauses und von einigen Galerien her kenne."[142]

Im Gegensatz zur Reise von Vater und Sohn Duhmke muß eine Fahrt in ein vormals „rein deutsches" Gebiet, das inzwischen „rein polnisch" ist, tatsächlich in die „Fremde" führen. Hans Machulke[143] konnte in den heutigen Bewohnern Westpreußens, den Vertriebenen aus Ostpolen, Leidensgenossen sehen. „Die Polen dort waren genauso Vertriebene wie wir." Mitleid mit „den Polen" ist verbreitet, ein Gefühl, das in den Erzählungen vorzugsweise zum Ausdruck kommt, wenn Umweltschäden und die wirtschaftliche Notlage erörtert werden. Allerdings kann das Mitleid schnell in Aggression umschlagen, insbesondere, wenn es um den heutigen Zustand der Gebäude und Straßen geht.

Agnes Klaus (Jg. 1919) arbeitete bis zur Rente als Änderungsschneiderin in Hamburg. Sie stammt aus einem Dorf in der Grafschaft Glatz. Die Familie besaß dort einen Bauernhof; „seit 1691", wie sie betont. Ihr neues Leben im Westen verlief von Anfang an unter einer von dieser Tradition bestimmten Lebensplanung. Sie hat keinen Beruf erlernt. 1979 ist sie nach Schlesien gereist. Was sie dort sah, hat ihre Erinnerungen für einige Zeit überlagert und korrigiert. Zwei Jahre bewußter „Erinnerungsarbeit" waren nötig, die heutigen Verhältnisse zu „vergessen" und wieder in der Erinnerung im alten Schlesien leben zu können. Diesem „Heimatverlust" im Kopf möchte sie sich nicht noch einmal durch eine zweite Reise aussetzen.

„Ich fühle mich nach wie vor hundertprozentig als Schlesierin, und das werd' ich auch immer bleiben. Aber ich fahr' nicht mehr nach Schlesien in meinen Heimatort. Ich bin dagewesen. Es ist keine Heimat mehr. Ich war so enttäuscht. Unser Hof ist in so einem Zustand, daß einem die Tränen kamen. Das war ein Hof mit vier Häusern, so im Viereck gebaut. Ein Haus ist ganz weg, das Wohnhaus auch schon zur Hälfte und so ungepflegt. Also, das ist keine Heimat mehr. – Und das hat zwei Jahre gedauert, bis ich mir meine Heimat wieder so vorstellen konnte, wie ich sie als Kind und als Jugendliche erlebt habe, und das möchte ich behalten. Nicht wie es jetzt aussieht! Die Heimat ist jetzt polnisch, das sehen wir. Berge und das, das können sie ja nicht verändern. Aber das Dorf, wo ich geboren bin, das ist nicht mehr das R. von früher. Da hat sich so viel verändert. Da gehört auch die Dorfgemeinschaft von früher dazu. – Und wir haben alle zwei Jahre unser Treffen in Westfalen, in Oelde. Da wohnen die meisten von uns. Da kommen wir zusammen, und dieser Tag ist für mich Heimat. Aber nicht, wenn ich jetzt noch einmal nach R. fahren würde."

„Heimat" ohne vertraute Menschen wird Fremde. Nun, da das ursprüngliche Erinnerungsbild des Dorfes in ihrem Kopf wieder hergestellt ist, kann sie endlich so etwas wie Heimat in Westfalen beim Treffen der Nachbarn von früher genießen. Alle zwei Jahre reist sie nach Oelde und ist dann einen Tag „zu Hause". Zur Stadt Hamburg, wo sie inzwischen seit über dreißig Jahren lebt, ist sie innerlich stets auf Distanz geblieben.

Schaut man sich die Reaktionen auf die Reisen an, wie sie in den Erzählungen, Tagebuchnotizen und Gedichten immer wieder zum Ausdruck kommen, dann zeigt sich, daß die polnische Politik tatsächlich im Interesse beider Seiten klug war, als die neuen Besitzer die Deutschen aus den Ostgebieten schon bald wieder in die alten Wohnorte fahren ließen. Wer hier im Westen nur halbwegs ein Zuhause gefunden hatte, für den mußten die Veränderungen seiner alten Heimat so eindrucksvoll sein, daß es ihm nach der Rückkehr leichter wurde, sich mit der räumlichen und sozialen Umwelt in Niedersachsen oder Bayern zu identifizieren. „Da würde ich auf keinen Fall noch einmal hinwollen. Es ist doch irgendwie ganz gut, daß man weiß, wie das jetzt da aussieht." Das ist eine exemplarische Aussage, die fast mit den gleichen Worten immer wieder zu hören war.[144]

c) Reisen als Gewohnheit
Ich fahre immer wieder

Dieter Schuller:
„Ich bin zuerst mal mit dem Bus rübergefahren, später dann selbst mit'm Wagen. Und jetzt gibt's auch 'ne gute Möglichkeit rüberzufliegen von Hamburg nach Danzig."

Interviewer:
„Wie oft sind Sie schon drüben gewesen?"

Dieter Schuller:
„27mal. Ich fühl mich wieder ganz zu Hause dort. Es ist nämlich herrlich durch den Wald zu gehen und auch so. Man hat doch sehr viele recht gastfreundliche, nette Menschen inzwischen da kennengelernt."

Das sagt ein Angestellter, der 1919 im pommerschen Stolp geboren wurde. 1974 hat er seine erste Ostreise angetreten. Seitdem ist er immer wieder mit allen möglichen Verkehrsmitteln nach Glowitz, Kreis Stolp, in den ehemaligen Wohnort gereist. In diesem Dorf hatte seine Familie bis zur Ausweisung in der Dienstwohnung des Vaters, eines Telegraphenbeamten, gelebt. Es ist bemerkenswert, daß er bei seinen vielen Reisen nicht längst das Zählen aufgegeben hat. Offenbar hat sich ein festes Ritual eingespielt: Abreise – Aufenthalt – Rückkehr – Eintragung in das Reisetagebuch. Diese Fahrten erinnern an ein verbreitetes Urlaubsverhalten, insbesondere unter älteren Ehepaaren. Viele Leute verreisen Jahr für Jahr in ihre „zweite Heimat", an einen zur „Urlaubsheimat" erklärten Ort. Gerade unter Großstädtern ist ein derartig gespaltenes Heimatbewußtsein verbreitet. Einige Orte im Harz sind inzwischen zum zweiten Wohnort vieler Hamburger und Berliner geworden.

Unter den gewohnheitsmäßigen Reisenden in die alte Heimat finden sich offenbar häufig Einzelpersonen und Familien, die dort einmal über einen ansehnlichen Besitz verfügt hatten. Aus dieser Gruppe soll nun nochmals Klaus von W. zu Wort kommen, dessen Familie früher in der Neumark ein großes Gut in „Leistikow-Lage" besessen hatte.[145] Inzwischen hat sein Vater diese Anlage siebenmal besucht, viermal ist der Sohn mit auf die Reise gegangen. Über jede der Fahrten hat der Vater ausführlich Tagebuch geführt. Waternitz, das Heimatgut, ist inzwischen wieder zum eigentlichen „zu Hause" des Vaters geworden. Es ist keine Frage, welchen Ort er meint, wenn er von „Heimat" spricht. Der Sohn „kannte" aus Erzählungen und Bildern „alles", als er in den 1970er Jahren zum ersten Mal vor dem Geburtshaus des Vaters stand. Inzwischen hat sich dieses Wissen vertieft. Bei den wiederholten Aufenthalten hat die Familie zahlreiche neue Bekanntschaften geschlossen. Fast ist es wieder wie früher: Die Familie trifft sich mit dem Apotheker, Lehrer, Arzt und der Geistlichkeit, wird zu Essen und Wodka von den heutigen Bewirtschaftern des Gutes eingeladen und bringt selbst Geschenke mit.

Klaus von W.:
„Mein Vater war inzwischen siebenmal drüben. Und da werden also dann große Päckchen mitgebracht und vorher gefragt: ‚Was brauchen Sie?'"

Interviewer:
„Sagen die Leute dann: ‚Da kommen die alten Herrschaften?'"

Klaus von W.:
„Ja, doch so'n bißchen ist da was dran. Also mein Vater spielt da sicherlich eine besondere Rolle. Hin und wieder wird er – glaube ich – von dem einen auch als ‚Chef' angeredet ... Beim ersten Mal und auch noch beim zweiten Mal kam das raus – man unterhält sich dann ja kaum miteinander, wenn man sprachliche Probleme hat. – Aber eine Sache, die seitens der Polen da auftauchte, war, daß sie erzählten, sie hätten sich schon immer gefragt, wer denn hier der Gutsherr gewesen war. Und ob der denn überhaupt nicht mal kommen wollte und sich angucken, wie das jetzt hier so alles ist."

Die erste Reise 1974 war ein erregendes Ereignis, besonders für den Vater. Das wird in dem von ihm schriftlich niedergelegten Reisebericht erkennbar, aus dem im folgenden ein Ausschnitt veröffentlicht wird. – So schildert der alte Herr das Einbiegen in die Straße zum Gutshof:

„Nun wurde es einem aber doch anders – eine Mischung von Beklommenheit, Traurigsein und doch Dankbarkeit dabei, hier nach über drei Jahrzehnten mit K. und M. Einzug zu halten.

Wir bogen um die Ecke der Chaussee, die nun ganz geradeaus nach Waternitz führte! Die Landschaft war welliger als in Erinnerung, die Kirschbäume waren alle fort, andere kleine Bäume standen dafür. Der „Unkenpfuhl" links hatte sich verschönt, die Bäume drumrum waren erwachsen geworden. Dann sahen wir die Bahnhof-Wegs-Eichen und Ahorn, erreichten auf unserer Strasse die Kastanien, leider fehlten die beiden rechts.

Ich lenkte den Wagen nicht in's Dorf, sondern bog in den absolut unveränderten Bahnhofs-Weg ein, Pflaster wie eh und je! Rechts hoher Roggen, über den man vom Kutschwagen aus hinweggesehen hätte, nicht aber vom Auto her. Nicht fern von dem Platz der alten Feldscheune, die nicht mehr existiert, endete der Roggen und der Blick auf den See, auf beide Inseln, war frei! Ein sehr bewegender Moment."

Bereits auf dieser ersten Reise – dem „Einzug-Halten" nach über drei Jahrzehnten – suchte Familie von W. in erstaunlich offener Weise den Kontakt zu den neuen Bewohnern. Es entstehen in der Folgezeit von Reise zu Reise immer engere Bindungen, Erwartungen von beiden Seiten und schließlich eine regelrechte Besuchsordnung. Die akribisch, teilweise blumig-metaphorisch, teilweise in trockener Soldatensprache abgefaßten Reiseberichte des Vaters über die späteren Besuche erwecken den Eindruck, daß Herr von W. die alte Formel der westdeutschen Nachkriegspolitik – unter „polnischer Verwaltung" – ganz wörtlich nimmt, wenn er an „sein" Gut denkt. Bald kommt er, um zu inspizieren. Über die fünfte Reise (1984) hat er festgehalten:

„Dann ‚bei uns' Einbiegen in den D.-Weg, auf dem einst am 30. Januar 1945 die russischen Panzer in's unverteidigte Dorf vorgestoßen sind. Wie jedes Mal bei unseren diversen Reisen nach drüben geht's hin zur Mietzel, nach welcher Soldin heute Mysliborz heißt. Mitten im Wald ist ein kl. Kartoffelacker gegen das Wild mit Holzlatten eingezäunt. Nahebei packen wir nun sämtliche diversen Mitbringsel bei strahlendem Sonnenschein aus und stellen Tüten und Kartons für die vielen Parteien in Wa., Rosenthal, Soldin, Ostpreussen und Schlesien zusammen. Es folgt ein sehr reizvoller Spaziergang zur Mietzel mit ihrem überhöhten, gewundenen Ufer. Dann als erstes zu Mutter Lili's Grabstelle zum Niederlegen des einen der beiden Blumensträusse für die im uralten deutschen Osten 1945 so grausam umgekommenen Eltern. Dann kurzer Besuch im Henschel-Haus bei Mutter Marczynski, deren Mann – der sogen. ‚Kinnlose' – im Mai erst verstorben war. Anschl. sind wir ab 13 Uhr bei Familie Krupa zum Mittagessen mit Suppe, Kaninchenbraten und Wodka. Stanislaw Krupa hat als Rentner seinen Acker wieder bis auf 2 ha. hergeben müssen. Weiter geht's dann nach Rosenthal, am einstigen Friedhof, auf dem alle deutschen Gräber beseitigt wurden bis auf die Kapelle, welche heute Kirche von Wa. ist, vorbei auf dem hübschen Waldweg entlang. An der Karthäuserbrücke steigen I. und F. aus, um zu baden und zu ruhen und danach zu Fuss die 2 Klm. abends uns nachzukommen nach Ro. Wir fahren also alleine weiter zu Alfreda Todte, ihrem künftigen Mann Franek Pietrowski und sehen uns in einer grossen Schar weiterer Leut'chen – sofort werden Kartoffelsalat, Klopse, Kuchen und Ungarnwein aufgefahren – später Kaffee und Kuchen. Hier werden besonders viele Mitbringsel abgegeben, zwei Enkelinnen warten mit glühenden Augen, was ihnen zugedacht ist und ihnen passt. Reizende Momente sind das. Erleben Alfreda's Sohn, der jetzt die Landwirtschaft führt, sowie einen jungen verheirateten Polen, der unbedingt nach Westdeu.(!) zur Arbeit will, ein problematisches Unterfangen. Als dann unsere zwei Badeurlauberinnen kommen, geht's gemeinsam mit dem Vikar zur nahen Kirche. Ein weisser, hübscher Seitenaltar ist zu meiner Überraschung der aus der nach dem Kriege zerstörten Wa.Kirche, er wurde nach deren Brand nach Ro. hinüber gerettet. Alles in der Kirche ist sehr gepflegt. Abschied bis zur nächsten Reise in die alte Neumark. Bei sich schon senkender Abendsonne erreichen wir die bewusste Strassengabel mit der nun neuerdings dort vermuteten letzten Ruhestatt des Vaters ‚Hata'. Ich lege dort still verharrend den zweiten der beiden Blumensträusse als kl. Gruss nieder."

Es ist ein freundlich-paternalistischer Herrenstandpunkt und teilweise der Inspektionsblick des 19. Jahrhunderts, mit dem der alte Herr sich hier seinen „Leutchen" nähert. Offenbar wird diese Attitüde „gehörig" erwidert, wenn die neuen Bewirtschafter einen Imbiß „auffahren", wenn die Kinder mit „glühenden Augen" die Mitbringsel „empfangen". Ein neuer Brauch der Gutswirtschaft ist hier entstanden, der an Erntebier und Festgabe im Zusammenleben von Gutsherren und Gesinde im 19. Jahrhundert erinnert. Bemerkenswert ist an diesen Begegnungen mit der Natur, den Gebäuden und den neuen Bewohnern, daß der Besucher an keiner Stelle seiner mit Reflexionen unterschiedlichster Art durchsetzten Berichte von der Möglichkeit schreibt, für seinen Sohn oder einen Enkel könne es später einmal eine Chance zur Rückkehr nach Waternitz geben. „Bei uns" setzt er in Anführungszeichen. Über die dritte Reise (1977) hieß es: „... bogen dann an unserem See entlang zu den ältesten Eichen des einstigen Besitzes ..." Und anläßlich der fünften Reise bringt der heutige Diplom-Landwirt und ehemalige Offizier seine Heimatauffassung auf den Punkt:

„Mich berührt das nun eingetretene Stehen auf der heimatlichen, elterlichen Scholle, wo ich behütet und umsorgt aufwachsen durfte, wieder mit aller Macht. Immer wieder zieht es einen ja ganz urgewaltig zu diesem, einem so ungemein stark am Herzen liegenden Fleckchen Erde hin! Das Wort ‚Heimat' wird einem erst vollends in seiner ganzen großen Tiefenwirkung bewußt, wenn man sie verlor!"

Heimat ist seit der Romantik eine „zwiespältige Zuflucht".[146] Diese Auffassung ist Teil unseres modernen Heimatverständnisses. Deshalb fällt es dem alten Herrn nicht schwer, dieses kulturelle Bild zu treffen. – Heimat ist stets „verloren". Die des Ostens in besonderem Maße. Daß diese Region als realer Raum wieder einmal zurückgewonnen werden könnte, ist ein Gedanke, den man angesichts der politischen Lage in Europa möglichst unausgesprochen läßt. Herrn von W. wird niemand des „Revisionismus" und schon gar nicht des „Revanchismus" bezichtigen können. Er betreibt auf seine Weise Wirtschaftshilfe und moderne Reisediplomatie, eine „Ostpolitik" der friedlichen Begegnung, des Gedanken- und Geschenkaustauschs, eine Art „Entwicklungshilfe". Auf die Frage der Interviewerin an den Sohn, wie dessen Vater die Besitzverhältnisse in historischer Perspektive tatsächlich beurteile, werden die vertrackten völkerrechtlichen Auffassungen bundesdeutscher Ostpolitik des Jahres 1989 erkennbar:

Interviewerin:
„Ist er der Auffassung, daß ihm der Besitz noch ideell gehört?"

Klaus von W.:
„Ja, das auf alle Fälle. Das läßt sich nachweisen durch schriftliche Niederlegungen und ein Testament."

Interviewerin:
„Über einen Besitz, der in Polen liegt, oder wie?"

Klaus von W.:
„Ja, ich glaube mit der Formulierung: ‚Für den Fall, daß jemals unter friedlichen Umständen oder sowas. Und wenn überhaupt Interesse in der Familie besteht, dort wieder hinzugehen'. ... Also wirklich, so die Art: ‚Sollten die Umstände jemals wieder danach werden, dann könnten wir.' Also er hat niemals mich als Erben direkt angesprochen, sondern wenn, dann in erster Linie sich gemeint. ... Und irgendwann habe ich auch einmal ganz unverblümt gesagt: ‚Also was Wesentliches zieht mich da drüben nicht hin.' Also das ist eine wunderschöne Landschaft. – Die Natur, ich bin also 'n großer Naturfan. Das ist wirklich grandios, aber mehr als Ferien usw. ..."

Familie von W. hat sich inzwischen ein paar Reiseandenken als „Erinnerungsgegenstände" mitgebracht. Außer der traditionellen Heimaterde und außer Kacheln vom Ofen des Großvaters zwei zentnerschwere Kugeln aus Sandstein. Sie zierten früher die Einfahrt zum Herrenhause und nun die Terrasse des Neubaus am Starnberger See (vgl. Abb. S. 139).

Klaus von W.:
„Und da haben uns die Polen, die jungen dort, die auf dem Hof wohnten jetzt, geholfen. Das war wohl schon auf der ersten Reise, und da haben wir gemeinschaftlich diese drei Zentner da auf's Auto gewuchtet. Die lag auf einem Friedhof inzwischen. Die nächste Kugel ist dann beim nächsten Mal so rüber transportiert worden. Sie ist getrennt worden von ihrer Sockelplatte und der Sockel mit dieser Grundplatte, das ist dann zu Hause vom Vater mit Zement zusammengeklebt worden, und jetzt stehen zwei so'ne Dinger da auf der Terrasse, machen sich eigentlich ganz gut, kann man nicht meckern. Die Hunde pinkeln dagegen, das wirkt sehr schön."

Die Reisen in den Osten lassen sich in einigen Punkten mit Reisen von Ausländern in ihre Herkunftsregion vergleichen. Vielen, die hier geboren sind, wird nach einem Besuch in der Heimat der Eltern deutlich, daß ein Leben dort größere Probleme mit sich brächte, als das Leben in Deutschland. Eine Reise kann so betrachtet zur Lösung der Frage nach der eigenen kulturellen Identität beitragen. Daß Fernreisen infolge der modernen Verkehrsmittel heute leicht möglich sind, macht diese Erfahrung für Hunderttausende von Ausländern in Deutschland zum „normalen" Erlebnis. Historisch gesehen eine recht neue Erfahrung. Wer im 19. Jahrhundert nach Amerika ging, konnte kaum darauf hoffen, die alte Heimat noch einmal wiederzusehen.

Auch der dritte Typ, die gewohnheitsmäßige Fahrt, erinnert an ein besonders unter „deutschen Ausländern" und ihren Kindern verbreitetes Reiseverhalten. Viele fahren immer wieder, oft mehrmals im Jahr, in das Herkunftsland. So halten sie den Kontakt zur alten Heimat aufrecht, zu den Menschen und der Landschaft. Bei diesem „gespaltenen Heimatbewußtsein" bleiben ihnen für später beide Wege offen.

d) Der Weg zum Elternhaus

Im Brennpunkt der Erwartungen stand bei den Reisenden in die alte Heimat die Wiederbegegnung mit ihrem ehemaligen Wohnhaus im Osten. Von vielen, die sich die Reise seelisch nicht zumuten wollten, wurde ihre Entscheidung gerade mit der Furcht vor einer Konfrontation der Erinnerung mit der Realität gerechtfertigt. Wo sich Erwartungen und Ängste dergestalt verdichteten, da handelte es sich stets um ein eigenes Haus, um Familieneigentum von früher. Von einem eigenen Wohnhaus gibt es meistens Fotos und eine lebendige Erzähltradition. Deshalb findet jeder dieses Haus wieder; gleichgültig, wie alt er war, als er es verlassen mußte. Selbst die im Westen geborenen Nachkommen sind dazu meistens in der Lage. Anders ist es bei Familien, die aus städtischen Mietwohnungen stammen. Da können Leute, die als Kinder in den Westen gingen, vielfach das alte Wohnhaus buchstäblich nicht mehr erkennen. Manche finden schon der neuen Straßenschilder wegen den Platz nicht, andere können das Gebäude in der Häuserzeile nicht mit Sicherheit bestimmen. Vor allem: Niemand belegt die städtische Mietwohnung von früher mit Erwartungen, die denen der „Hausbesitzer" gleichkommen. Der Heimatort mag als Ensemble von Landschaft und Gebäuden anschaulich in Erinnerung geblieben sein, als Vorstellungsbild nach Art einer Postkarte. Wenn aber Heimat konkret werden soll, dann darf ein bestimmtes Haus, Geburtshaus oder Familieneigentum nicht fehlen. Daneben kristallisierten sich die Vorstellungen von „Heimat" im Schulgebäude, in der Kirche und in den Familiengräbern. Alles das sind sehr traditionelle, sehr provinzielle Vorstellungen. So konkret als „Heimat" werden weder Breslau noch Stettin oder eine andere große Stadt erinnert, so wirken immer nur Dörfer und kleine Städte in den Köpfen.

Die Erwartungen und Ängste der Reisenden richteten sich vor der Wiederbegegnung vor allem auf den Zustand der Gebäude. Aber Ängste und Ressentiments bezogen sich auch auf die heutigen Bewohner. Jeder wußte bereits vor der Reise aus vielen Quellen, daß diese Heimat ihm inzwischen fremd geworden sein mußte. Unser Informant Oskar Frese (Jg. 1926)[147] scheute, in Schlesien angekommen, sogar vor einer Begegnung mit dem Elternhaus zurück. Dabei hatte er die Polenreise vor allem mit dem Ziel angetreten, dieses Haus wiederzusehen und nach Möglichkeit dessen Räume wieder zu betreten. Zwei Tage strich er zu Fuß um seinen alten Heimatort, ging durch die Wälder, am Fluß entlang, sah sich den Kirchturm und ein paar markante Bauernhöfe von Ferne an. Schließlich nahm er sich ein Taxi, ließ sich über die Hauptstraße des Dorfes chauffieren. Achtzig oder hundert Meter vom Elternhaus entfernt ließ er anhalten, drehte das Fenster herunter, fotografierte aus dem Auto das Gebäude, ließ sich zurück zum Hotel fahren. Die ganze Zeit über schämte er sich vor dem polnischen Taxifahrer, weil er fürchtete, dieser könne ihn als einen „Kapitalisten" klassifizieren. Aber noch mehr Angst hatte er vor einer Begegnung mit den heutigen Bewohnern. Die für beide Seiten peinliche Konfrontation wollte er vor Ort unbedingt vermeiden. Keineswegs mochte er wie Herr von W. die polnische Verwaltung „inspizieren" und eventuell alte Besitzansprüche demonstrieren: „Das ist alles weg, gehört heute den Polen. Damit habe ich mich abgefunden." Der nächste Versuch des damals 55jährigen Behördenangestellten, das Elternhaus zu besuchen, scheiterte ebenfalls:

Oskar Frese:
„Und es waren dann die beiden Lehrerinnen aus Westfalen, die zu unserer Gruppe gestoßen waren, und die haben am vorletzten Abend dann noch gesagt: ‚Herr Frese, wir machen folgendes: Wir fahren mit ihnen rüber und gucken uns ihr Heimatdorf an. Also wir lassen einfach die Taxe vor dem Ortseingang stehen und gehen dann zu Fuß zu ihrem Elternhaus.' – Also sind wir dann tatsächlich in den Ort reingelaufen, ein Stück. Dann haben wir uns die Kirche von außen angeguckt, und dann war ich derjenige, der sagte: ‚Ne, ne, so will ich nicht mitmachen!' – Ich hab' mich einfach gesperrt, und dann sind wir zurückgefahren".

Interviewer:
„Und so haben Sie Ihr Elternhaus nicht mehr von nahem gesehen und berührt?"

Oskar Frese:
„Ja, die Aufnahme vom Elternhaus hab' ich ja, aber mehr nicht, und als wir dann umdrehten mit dem Auto, hab' ich ganz ehrlich erklärt: ‚Das war für mich die erste und auch für mich die letzte Fahrt!' "

Die Erinnerungsreisen – insbesondere die erste Reise in die alte Heimat – haben für empfindsame Leute stets einen peinlichen Aspekt. Die Reisenden werden in einem armen Land unverzüglich als die reichen Deutschen wahrgenommen. Wenn sie einen Straßenzug genau und aufmerksam in Augenschein nehmen, meinen sie damit rechnen zu müssen, daß die heutigen Bewohner in ihnen die „typischen Deutschen" vermuten; also Leute, die immer noch Ansprüche auf das Land geltend machen, in dem sie selbst seit langem mit ihrer Familie leben; Deutsche, die überall geradezu zwanghaft mit ihren Vorstellungen von Sauberkeit und Ordnung die „polnische Wirtschaft" suchen. Es ist dabei fast gleichgültig, ob die deutschen Besucher tatsächlich mit solchen Vorstellungen durch das Land reisen oder nicht. Die öffentliche Meinung in Polen, die ökonomischen Unterschiede und traditionelle Stereotype sind Realitäten. Was allgemein für die wechselseitige Wahrnehmung zwischen Deutschen und Polen gilt, steigert sich, wenn sich die Reisenden tatsächlich ihrem ehemaligen Besitz nähern. Offenbar erkennen die heutigen Bewohner unverzüglich, wer da gerade sein Auto vor dem Hof parkt oder um das Haus geht. Herr Frese war in seiner peinlichen Zurückhaltung hier eine Ausnahme. Jemand, der sich so distanziert verhält, wird ohnehin selten als Bedrohung wahrgenommen. Die „normalen" Besucher sind im Gegensatz dazu erregt, zeigen verdeckt oder unverhohlen ihr Interesse an Details. Welche anderen Deutschen sollten sich dieses Haus sonst noch ansehen?

Frau Thea Müller (Jg. 1915) fuhr Anfang der 1980er Jahre mit ihrem Sohn und der Schwiegertochter in das Dorf ihrer Kindheit im ostpreußischen Kreis Angerburg (Wegorzewo). Bis 1945 hatte die Familie dort einen großen Bauernhof besessen. Vierzig Jahre nach der Flucht geschieht die Annäherung an das Grundstück zunächst in ähnlich tastender Weise wie bei Herrn Frese:

„... Und zunächst fuhren wir erst einmal am Hof vorbei und dann noch einmal und als wir dann so am Insthaus vorbeifuhren, da sagte ich: ‚Nun bleib mal hier stehen. Fahr man nicht auf den Hof rauf.' – Da sah ich schon unsere Scheune stehen. Da kommen wir auf den Hof. Es war ja nun im Juni – am 22. Juni – eine Hitze, nix rührt sich. – Auf einmal kommt eine alte Frau an. Die kam in Lumpen gehüllt an, voll Dreck. Also man kann wirklich sagen: Dreck! – Na, nun wußte oder ahnte sie ja wohl gleich, daß wir hier mal die Besitzer waren. – Da fragte ich immer, ob ich mal rein kann. Da schüttelte sie nur den Kopf. Ich stand dann da an unserem Schlafzimmerfenster und wollte reingucken. Das ging nicht. Es war ja alles dreckig. Ging nicht! – Ob Sie's mir glauben oder nicht, ich konnte nicht reingucken. Und in den Garten kam ich nur ein paar Schritte rein, da waren die Nesseln und alles hochgewachsen ... Dann sind wir zu Fuß weitergegangen und kamen am Friedhof vorbei, da wollte ich gern auf den Friedhof. – War nicht möglich. War immer nur Gestrüpp. Und da gehe ich so in diesen Hohlweg rein, da lag der Grabstein von meiner Mutter. Der lag dann da."

Im Haus, das früher den Müllers gehört hatte, wohnte noch eine andere Familie, junge Leute mit Kind und einer assoziierten Großmutter. Offenbar hatte sich die Visite der früheren Besitzer inzwischen in der Nachbarschaft herumgesprochen. Jedenfalls wurden die Reisenden aus dem Westen, als sie sich am nächsten Tag nochmals dem Hof näherten, von den beiden Frauen ins Haus gebeten. Jetzt konnten sie die Wohnräume besichtigen und die obligatorischen Kleidergeschenke überreichen. Mittlerweile kam trotz des Sprachproblems eine persönliche Beziehung ohne Aggression auf. Als die Besucher nach einer Stunde aufbrechen wollten, entstand dann doch noch eine heikle Situation:

„Ja, nun muß ich noch erzählen, als wir nun wegwollten, da sagt die Polin, die Mutter von der Tochter da, sie will mir ein Huhn mitgeben. – Ich sage: ‚Nein, möchte ich nicht!' – ‚Na, ein Stück Fleisch wenigstens.' – Da hab' ich mich bedankt und gesagt, sie soll essen, sie sind eine große Familie, sie braucht das doch."

In der Unsicherheit der Frau Müller zeigt sich etwas Typisches für diese Wiederbegegnungen mit dem alten Eigentum und dem Kontakt zu den neuen Bewohnern. Zunächst ist der Zustand des Hauses für die Besucher wichtig. Hier ergibt sich trotz aller Vorwarnungen fast in jedem Fall ein erschreckendes Bild. Kommt es tatsächlich zu einer persönlichen Begegnung zwischen den alten und den neuen Besitzern, schlagen die zunächst vorherrschenden Aggressionen und Ressentiments der Besucher oft in eine komplizierte Gefühlsmischung um. Viele erkennen jetzt deutlich:

Die Exkursion in eine wirtschaftlich unterentwickelte, räumlich ferne Region ist zu einer Reise in die eigene Vergangenheit in der Vor- und Nachkriegszeit geworden. – Nicht ein kunstvoll verpacktes Präsent, wie zu Hause im Westen, wird hier als Gegengabe angeboten, sondern ein nacktes Huhn. Das erinnert an Verhältnisse in der eigenen Kindheit im Osten. Ein Gefühl von romantischer Sehnsucht will aufkommen. Schließlich setzt sich die Auffassung durch, die gastfreundlichen Leute, die den Reisenden aus dem Westen „dort unten" begegnen, sind in ihrer materiellen und kulturellen Entwicklung stehengeblieben.

Aufs Ganze gesehen sind die neuen Besitzer in den Erinnerungserzählungen nur ausnahmsweise einmal als Personen greifbar. Sie sind „Fremde". Deshalb bleiben sie als „Typen" im Gedächtnis.[148] Nur in Ausnahmefällen werden – wie von Herrn von W. – ihre Namen erinnert. Statt dessen heißt es lapidar: Es kommt „eine alte Frau" an. – „Diese Polin" will ein Huhn als Reiseproviant mitgeben. „Diese Polen", das ist die Bezeichnung, die die Einstellung der ersten Generation aus dem Osten zu den neuen Bewohnern charakterisiert, eine stereotype Sammelbezeichnung. Ein wenig Mitleid mit den neuen Bewohnern mischt sich mit Trauer um den Verlust des Besitzes. Trauer, Mitleid und Verachtung ergeben schließlich bei den Heimweh-Reisenden die vorherrschenden Gefühle. Viele der Touristen konnten auf diesem Wege des Bewußtseins ein Lebenskapitel endgültig abschließen. Was immer in der öffentlichen Meinung der Bundesrepublik und im Ausland für Auffassungen über die Ansichten der Vertriebenen kursieren mögen: Die uns vorliegenden Reiseprotokolle und Reiseerinnerungen drücken keinen „Revanchismus" aus. Das muß noch einmal deutlich ausgesprochen werden!

Unsere nächsten Beispiele sollen dieses Bild schärfer konturieren. Frau Elise von H. (Jg. 1928), die mit ihrem Sohn und einer Bekannten im Jahre 1986 noch einmal nach Pommern reiste, hat dort das Rittergut ihrer Familie besucht. Nach einem Bauingenieurstudium ist sie in Hamburg Redakteurin bei einer Architekturzeitschrift geworden. Als sie die Innenräume ihres alten Besitzes zu betreten wünschte, stieß auch sie zunächst auf Ablehnung. Eine Bekannte übersetzt die Kommentare eines der heutigen Bewohner des Gutes aus dem Polnischen. In Erinnerung ist ihr folgende Aussage geblieben: „Ach, was wollt ihr mit diesen Deutschen? – Die wollen hier nur Fotos machen und zu Hause zeigen, wie schlecht hier alles aussieht! – Schickt sie doch weg!" – Schließlich wird den drei Deutschen für „ein paar Minuten" der Zugang gestattet. Nun kann sie ihrem Sohn zeigen, wo über zehn Jahre vor dessen Geburt bestimmte Möbelstücke gestanden hatten. Daß von der wertvollen Einrichtung nichts mehr vorhanden ist, wundert sie nicht. Eigentlich ist sie froh darüber. Die Beschaffenheit des Hauses, des Parks, der ganzen Anlage lösen ein

Gefühl der Trauer aus. Aber es bestehen keine Aggressionen gegen die neuen Bewohner. Dazu drei resümierende Aussagen von Frau von H.:

„Nein, also wissen Sie, ich hab' ja kein Gefühl des Hasses oder der Verbitterung da empfunden. Nur eben ein bißchen Trauer. Irgendwo ist doch dieses ganze Kapitel abgeschlossen, so weit zurück. Man kann sich nicht mehr damit identifizieren, denn es war einfach mal 'ne schöne Anlage. Sehr traurig. Es gab 'nen Park, der zum Haus gehörte. Der war als solcher inzwischen nicht mehr zu erkennen. Das war nun 'ne Wildnis. Die Gräber sind auch alle aufgerissen worden, die Särge rausgerissen. Alles durchwühlt, weil sie dachten, da hätte man Silber versteckt oder sowas."

„Wissen Sie, dadurch, daß das Land auch so arm ist, hat man eben sehr viel Mitleid mit diesen Polen. Und es ist so traurig, man sieht morgens junge Leute besoffen in den Kneipen rumsitzen. Diese Trostlosigkeit, die diese Menschen haben. Wenn sie sich nun da unheimlich bereichert hätten und alles so an sich gerissen hätten und prassen würden, würde man vielleicht Wut auf sie kriegen."

„Ich wollte dann auch nach sechs Tagen eigentlich wieder abfahren, denn es läuft einem kalt den Rücken runter, wobei man mit den einzelnen Leuten ganz nette Gespräche hat, und sie freundlich sind. Dann war da auch noch irgendwie eine Frau im Dorf, die kannte noch jemanden aus unserer Familie. Aber was nützt das alles? Man steckt ihr ein Paket Kaffee in die Hand, ein Paar Strümpfe, und sie küßt einen. Es ist nett so. Aber es ist 'ne andere Welt.... Man hat das Gefühl, man ist so ein gewisser Eindringling unter den Polen, und sie sind einfach ganz fremd."

Neben das Gefühl von Trauer und Wehmut wegen des Zustandes der ehemaligen Besitztümer, neben Scham und Wut über die geplünderten Gräber der Vorfahren und Mitleid mit „diesen Polen" tritt ein Gefühl der Fremdheit. Es ist das Befremden, das einen westlichen Großstädter auch zu Hause überkommen kann, wenn er mit der „Zurückgebliebenheit des Landlebens" konfrontiert wird. Im Osten wird der Reisende außerdem mit einer traurigen Ansicht der Armut konfrontiert, nicht mit deren malerisch-bunter Form, die er als oberflächlicher Betrachter in Urlaubsgebieten der Dritten Welt des Südens schätzen gelernt hat.

Zu den verbreiteten Reisemotiven zählt ein Bedürfnis nach „Selbstvergewisserung", insbesondere bei Leuten, die als Kinder auf die Flucht mußten. Die Rückkehrer wollen die Bilder ihrer Erinnerung wiederfinden und auf ihren Wirklichkeitsgehalt überprüfen. Immer wieder bekamen wir in breiter Schilderung zu hören, in welchen Details die Erinnerungen zuverlässig waren und wo sie getrogen hatten.

Hedwig Gansel (deren Familie den einarmigen Christus mit in den Westen gebracht hat) erzählt von einer gemeinsamen Reise der Familie.

Einer der Söhne – 1941 geboren – fuhr mit den Eltern im Jahre 1978 zum ersten Mal nach Schlesien:

„Der Zweite, der sagt: ‚Ich fahr euch rüber. Ich möchte die Orte kennenlernen, wo ich aufgewachsen bin.‘ Er hatte eine ganz bestimmte Erinnerung. Nun wollte er sehen, ob er die bestätigt findet. Als er wegfuhr, war er ja erst drei Jahre alt. Und da hat er gesagt: ‚Ich suche jetzt mein Fenster zu ebener Erde, Gitter davor, dahinter eine Küche.‘ Wo er das Butterbrot bekommen hat. Und er findet das Fenster, beugt sich durch und macht sich dann Aufnahmen. Und dann sprach er von einem Mäuerchen. – ‚Ich muß mein Mäuerchen finden!‘ Und er findet sein Mäuerchen. Am Abend kommt er ins Hotel und bringt wilde Kamille mit und sagt: ‚Das ist der Geruch von meinem Mäuerchen.‘ Den hatte er immer noch in der Nase.“

Der Geruch ist der „Sinn des Gedächtnisses“ [149]. Unter denen, die ihre Reise bewußt als Konfrontation mit den Wandlungen und der Konstanz der eigenen Person geplant und erlebt hatten, war immer wieder von der Suche nach erinnerten räumlichen Gegebenheiten und nach bestimmten Gerüchen der Kindheit die Rede. So auch bei Frau Suhl und ihrer Tochter, die im folgenden zu Wort kommen. Dieses Beispiel zeigt überdies, wie eine Reise in die alte Heimat ein durch Erzählen entstandenes Vorstellungsbild korrigieren kann.

Frau Alma Suhl und ihre damals 23jährige Tochter sind 1979 nach Schlesien in den kleinen Geburtsort der Mutter gefahren. Die Tochter, in Hannover aufgewachsen, hatte die ganze Kindheit über wieder und wieder Geschichten vom Elternhaus der Mutter, dem Garten, dem „einzigartigen Duft“ der Wälder zu hören bekommen. Nun wollte sie all das einmal selbst kennenlernen. Als die Frauen ankommen, zeigen sich die heutigen Bewohner gastfreundlich, öffnen ihnen die Tür. Unsere Interviewerin besuchte 1988 die Mutter, die ihr eine Heimaterinnerung aus der Welt der eigenen Kindheit erzählte. Die Tochter sah diese Welt ein paar Tage später in ihren erzählten Reiseeindrücken deutlich in einem anderen Licht.

Frau Suhl (Briefträgerin von Beruf):
„So über den Hof auf einer Seite stand der Stall. Und auf der anderen das Wohnhaus. In der Mitte war dann viel Platz. Und der Mühlenberg, da ging es von oben runter, da konnte man eben den Weg da, von oben, vom Berg an bis in den Graben rein Schlitten fahren. Das war eine unheimlich lange Strecke. Und irgendwie diese ganze Freiheit und was wir gespielt haben.“

Tochter Karin (Germanistin):
„Sie hat es ja so erzählt, daß ich mir das groß vorstellen mußte. Was anderes wär's jetzt gewesen, wenn ich als Kind da gewesen wäre und mir

wäre alles groß erschienen, und dann wieder hingekommen und hätt' festgestellt, daß alles viel kleiner ist. Aber in den Erzählungen war alles groß. Ein riesiger Küchenschrank, der ist – das war auch so 'ne Geschichte – mal auf einen Onkel raufgefallen, wie der an die Süßigkeiten dran wollte. Und wie ich nun davor stand, da war das ein Haus mit vier Fenstern, wie es die Kinder malen. Es war dunkelrot und dann war eine Eingangstür und eine Küche, so 'n schmaler Flur ging dann und dann war da die Küche und dann kam man in den Hauptraum. Vor dem Haus direkt war noch so 'ne Art Plumpsklo. Und dann dieser wunderschöne Obstgarten, von dem sie immer erzählt hatte, der in meinem Kopf irgendwas vom Paradies hatte, das waren einfach so 'n paar kleine Bäumchen, total verwildert. Ich konnte nicht genau feststellen, wo der Garten einmal angefangen hatte, und wo er aufgehört hatte."

Mutter und Tochter reden hier über das gleiche Stück Land und dasselbe Haus. Aus einem komfortablen Anwesen mit Garten wird ein kleines Häuschen in der Wildnis. Eine tradierte „Erzählgeschichte"[150] wird durch die Betrachtung der Realität korrigiert. So endet eine gemeinsame Reise in die Kindheit der Mutter. Für die junge Großstädterin ist die Fahrt nicht zu einer Begegnung mit einer idealisierbaren und romantisierbaren Heimat geworden, sondern zu einer desillusionierenden Begegnung mit dem kleinen Leben in der Kindheit ihrer Mutter, mit der Rückständigkeit des Dorfes, mit Plumpsklo, engen Fluren, niedrigen Räumen. Die Wirklichkeit hat die Bilderwelt des Erzählens korrigiert. Die Tochter hat endgültig die Geschichte ihrer Mutter als Idealisierung, als ein „Erinnerungsmärchen" erkannt. Was damals der Familie verloren gegangen ist, hat keinen Reiz für sie. Wie will man einer jungen Großstädterin von heute nach diesen Eindrücken noch etwas von der Schönheit der Dörfer im Osten erzählen, wenn sie dazu nichts anderes als deren Rückständigkeit in Erinnerung behalten hat, wie von den „Gerüchen des Dorfes", wenn sie dabei vielleicht an das Plumpsklo denken wird?

e) Deutsche begegnen Polen

Die Reisen in die früher deutschen Ostgebiete werden in diesem Buch vornehmlich als Reisen in eigene Erinnerungsräume oder in die Erzählwelten der Eltern und Großeltern geschildert. Sie haben außerdem, wie jeder Auslandsaufenthalt den Charakter einer Bildungsreise. Sie ermöglichen ethnographische Beobachtungen, geben Einblick in die Lebensverhältnisse und die Kultur eines anderen Volkes. Davon war wiederholt die Rede. Ob beabsichtigt oder nicht, es kommt zu Vergleichen der sozialen und kulturellen Verhältnisse des eigenen Landes mit denen der „Fremde". Solche ethnographischen Vergleiche und Bewertungen gewinnen ihre Themen und Aspekte vor allem aus dem Bildungsstand der Reisenden und aus früheren Reiseerfahrungen. Bereits die ersten Fahrten deutscher Nachkriegstouristen in den europäischen Süden, die Reisen des beginnenden Massentourismus ins Ausland, waren vielfach von kritischen Urteilen über „südeuropäische Sauberkeitsvorstellungen", den Stand der Hygiene-Entwicklung, die Straßenverhältnisse bestimmt. Aus solcher Polemik ergaben sich zu Hause zuweilen spannendere Themen für Reiseerzählungen als aus den Zeugnissen der traditionellen Bau- und Museumskultur.[151] Die Reisen in den europäischen Osten standen von Anfang an noch unversöhnlicher unter dem Aspekt unterschiedlicher Hygiene- und Sauberkeitsauffassungen. Inzwischen beherrscht das „neue Sauberkeitsthema", das Thema „Umweltverschmutzung und -zerstörung", die sachliche Seite der Reiseerinnerungen aus dem Osten so eindeutig, daß manchmal von nichts anderem die Rede ist.

Ethnographische Vergleiche sind auch sonst nie vorurteilslos. Als Folge der konfliktreichen deutsch-polnischen Geschichte, insbesondere der Geschichte dieses Jahrhunderts, ist in diesem Falle ein neutraler Standpunkt besonders schwer zu erreichen. Gleichwohl wäre es nicht gerechtfertigt, heute vom Vorherrschen eines überkommenen Polenstereotyps in diesen Schilderungen zu sprechen. Das Polenbild der Reiseerinnerungen ist differenzierter und vielschichtiger. Die folgenden Beispiele und Kommentare sollen weitere Antworten auf die für dieses Buch zentrale Frage nach dem Verhältnis der Flüchtlinge und ihrer Nachkommen zu den heutigen Bewohnern der Ostgebiete versuchen.

Herr von W., der die stattlichen ehemaligen Besitztümer immer wieder auf Besuchen in Augenschein nimmt, erscheint dort leutselig in der Rolle des Gutsherrn auf Visite. Sein Blick ist nicht frei von Herablassung gegenüber „diesen Leutchen". Er äußert aber keine Revanchegelüste und Revisionsträume. Frau von H. hat sich von ihrem Besitz innerlich gelöst. Sie empfindet Trauer über den Zustand des früher so prächtigen Anwesens aber auch Mitleid mit den heutigen Bewohnern. Hans Machulke[152], ein Arbeiter, sah in den heutigen Westpreußen vor allem Heimatvertriebene, d.h. Schicksalsgenossen. Freilich waren diese Vertriebenen, anders als die deutschen Ostflüchtlinge, auf dem ökonomischen Niveau der ersten Nachkriegszeit stehengeblieben. Da konnte sein Mitleid nicht ausbleiben.

Nur wenige Begegnungen mit den heutigen Bewohnern, über die uns erzählt wurde, sind auf seiten der deutschen Besucher emotionslos verlaufen. Einer, den die Kontakte zu den heutigen Schlesiern nicht aggressiv stimmten, ist der 1934 in Rauschwalde im oberschlesischen Kreis Falkenberg geborene Herbert Groschke. Er kann davon sprechen, „auch" von dort zu sein, d.h. gemeinsam mit den heutigen Bewohnern ein Interesse an der Gegend zu haben. Seine Gelassenheit erklärt sich zum einen aus der Tatsache, daß er noch ein Kind war, als seine Familie in den Westen mußte. Außerdem hat er es in der neuen Heimat, einem Dorf im Göttinger Umland, inzwischen als selbständiger Geschäftsmann zu beträchtlichem Vermögen gebracht. Überdies hat er eine Frau aus Niedersachsen geheiratet. 1977 suchte er zusammen mit ihr sein altes Heimatdorf auf. Davon hat er 1988 erzählt:

„Die Polen da in unserem Haus, die waren ganz gastfreundlich und haben sich also riesig gefreut. Die eine Familie, die kannte uns nicht. Aber sie freuten sich eben, daß wir mal kamen und sagten: ‚Wir sind auch von hier, das war mal unser oder so ähnlich.‘ – Aber die andern, die da wohnten, die kannte ich noch. Die konnten sich noch an unsere ganze Familie erinnern. Und die waren richtig froh, wie sie hörten, daß wir alle noch am Leben waren."

Das ist ein seltener Beleg. Die Erinnerungen vermitteln sonst ein anderes Bild. Sucht man nach einer generalisierbaren Vorstellung für die Reiseeindrücke der ersten Vertriebenengeneration, dürfte sie sich am treffendsten im Klischee des „Siegers" finden lassen, eines Siegers, der ein geschlagenes und zerstörtes Land durchreist. Die Umkehrung der historischen Tatsachen gibt der Situation das Raffinement. In den beiden folgenden Erzählungsausschnitten äußern sich Enttäuschung über den Verlust des Besitzes, Mitleid mit dessen heutigen Inhabern und wohl auch ein wenig Schadenfreude in Form einer Theorie ausgleichender „Gerechtigkeit".

Frau Beate Vorler (Jg. 1927 – Verlagsangestellte) redete im Herbst 1988 zunächst über das Unrecht der Vertreibung und die materiellen Verluste ihrer Familie. Diese Familie hatte im Osten ein ansehnliches Bauerngut besessen. Nach dieser Reminiszenz kam sie auf ihre Schlesienreise im Jahre 1986 zu sprechen.

„Aber wissen Sie, ich hab' auf der Reise eine etwas andere Einstellung gekriegt. Ich habe gesehen, was dort für eine Armut herrscht. Wie bitter die Polen dafür bezahlen müssen, daß sie die Ostgebiete kassiert haben. Wie wir als Touristen, als aus dem Land gebürtige Leute durch die Orte reisten, wurden wir in unserem Bus angestarrt, wie das siebente Weltwunder. – Ich denke nun, wir leben hier im Westen wirklich gut, haben Freiheit, können reisen, können lesen, was wir wollen. Wir haben die Möglichkeit, aus unserem Leben heute etwas zu machen. Diese Leute dort haben aber nicht die geringste Möglichkeit, aus ihrem Leben etwas zu machen. Also ich muß sagen, daß die Ostgebiete die polnische Bevölkerung teuer zu stehen gekommen sind. – Und da muß ich auch sagen, man hat manchmal das Gefühl, ich bin gläubig und ich denke manchmal wirklich, der liebe Gott hat uns alle gestraft. Uns hat er gestraft, unsere Generation für das alles, was von den Nazis angerichtet wurde, und die

Polen müssen das ausbaden, was sie uns bei der Vertreibung angetan haben. Ich hab' manchmal wirklich das Gefühl, es herrscht irgendwie eine göttliche Gerechtigkeit, daß jeder, der wirklich was Böses angerichtet hat, auch Völker, dafür die Zeche bezahlen müssen. Das ist wirklich wahr."

Hier ist es eine ausgleichende „göttliche Gerechtigkeit", die die „christlich-frommen" Polen seit der Nachkriegszeit bis in die Gegenwart des Jahres 1988 hinein in der „wohlverdienten Not" gehalten hat. Ohne Gott und bezogen auf die „Tschechen" funktioniert dieses selbstregulative System eines Schuld- und-Sühne-Ausgleichs bei dem aus dem mährischen Olmütz stammenden Gymnasiallehrer Dr. Helmut Biehl:

„Es wäre dazu zu sagen, daß man allerdings auch hinzufügen könnte: Die Tschechen, die uns vertrieben und uns alles weggenommen haben und 250.000 Deutsche ermordet haben im Jahre 1945, seither in keiner Weise Glück hatten und sicher auch heute noch sehr, sehr viel schlechter leben und unfreier als wir."

Der Gedanke liegt nahe, zu fragen, wofür denn dann eigentlich die Bevölkerung der DDR so lange gebüßt hat, die die sozialen und ökonomischen Verhältnisse mit diesen Ländern weithin teilen mußte, ohne sich vorher durch eine Austreibung „bereichert" zu haben. Der „Eiserne Vorhang" ist nicht von Menschen, sondern auf Geheiß einer „höheren Gerechtigkeit", „von oben" hernieder gegangen. Die Tatsache, daß dieses Denken in Schuld-und-Sühne-Kategorien derartig einseitig vom eigenen Standpunkt und vom eigenen Schicksal her argumentiert und so schnell an ein plausibel klingendes Ende kommt, beweist die kompensierende Wirkung dieser Argumente. Es ist eine „Erklärung", die für lange Zeit die Funktion erfüllen konnte, über den erlittenen Verlust hinwegzutrösten. Daß jeder Gott auf seiner Seite hat, gehört als fixe Idee zu diesem populären Alltagsdenken in Freund-Feind-Schemata – bei einzelnen Menschen und Kollektiven!

Es bleibt festzuhalten: Bilder vom verzögerten Sieg der Deutschen, vom Triumph des freien Westens über den kommunistischen Osten fanden wir ausschließlich unter Erinnerungstouristen aus der Generation der Erlebnisflüchtlinge. Nicht nur Leute, die tatsächlich einmal persönlich ein sozial etabliertes Amt bekleidet oder über Besitz verfügt haben, verfallen in dieses Denken. Auch Arbeitern, die weder vor der Flucht noch danach zu Reichtum gekommen sind, mißlingt diese Argumentation nicht. Helmut Holzick[153] (Jg. 1920) arbeitete 1979, als er zusammen mit seiner Ehefrau seine Geschichte erzählte, als Vorarbeiter in der Lackiererei einer Hamburger Maschinenfabrik. Anfang der 1970er Jahre hatten die Eheleute seine alte Heimat, die Stadt Beuthen in Oberschlesien wieder aufgesucht. Sein Vater hatte dort als Bergmann gearbeitet.

Herr Holzick:
„Dann kommen wir nach Beuthen rein. Ich habe es aber nicht wiedererkannt. Zunächst habe ich erst einmal das Hotel Monopol gesucht. Dann sind wir da aufs Zimmer rauf. Erstmal hat schon das ganze Hotel nach Lysol gestunken."

Frau Holzick:
„Wir waren schon acht Tage später wieder zu Hause. Wenn ich da meine Handtasche aufmachte, kam mir noch immer der Geruch entgegen."

Herr Holzick:
„In diesem Hotel hat schon Hindenburg im Ersten Weltkrieg übernachtet. So alt war das. Das hieß aber damals noch Kaiserhof zu meiner Zeit. Das war das beste Hotel in Beuthen. Und wir hatten im Urlaub ein großes Zimmer. Das Badezimmer war so groß wie dieser Raum hier. Aber sauber gemacht wurde fast gar nichts. In der Badewanne hatte Hindenburg noch drin gebadet. Da war aber auch noch der Dreck von damals drin. Das Wasser lief Tag und Nacht, hörte gar nicht auf. Und dann das Essen. Das Hotel hatte nichts zu essen, kein Frühstück, kein Abendbrot. Sie haben keine Küche gehabt. Da mußten wir jeden Abend in so ein Lokal gehen. Gibt es ja Klasse 1, Klasse 2 und Klasse 3. – Was willst du essen? Polnisch kann ich nicht! So haben wir uns das Kotelett ausgesucht. Aber Du faßt den Teller von unten an. Da war der unten ganz fettig. Das Essen ist mir vergangen [...] Und so viele Besoffene wie in Polen habe ich in meinem ganzen Leben noch nicht gesehen. Ob das morgens oder abends war, überall Besoffene. Und die Miliz, die Polizei, immer mit zwei Mann und mit 'ner MP sind die durch die Straßen gelaufen. Ich bin abends nicht auf die Straße gegangen und nicht mit dem Wagen gefahren. Die ziehen einem die Kleider aus."

Ein bundesdeutscher Arbeiter kehrt nach Beuthen zurück. Wie selbstverständlich steuert er den ehemaligen „Kaiserhof" an. Daß man ihn dort in der Suite des „Siegers von Tannenberg" unterbringt, setzt er ungeprüft voraus. Seine Beurteilung der heutigen „polnischen Verhältnisse" fällt in der Sprache drastisch aus. Derartig ungebremst äußert sich die aggressive Kritik am „Dreck und Suff" der Polen – an den „polnischen Nationaleigenschaften" nur selten. Aber auch in diesem Falle, wo von Mitleid nicht die Rede ist, ist die Verachtung größer als Aggression oder Haß.

Anders fallen die Urteile in den Reiseerinnerungen bei Leuten aus, die bereits im Westen geboren sind. In dieser Gruppe ist das Mitleid oft von Schuldgefühlen durchsetzt. Dabei können die Empfindungen gegenüber dem polnischen Volk leicht in Widerstreit geraten. Mitleid und das Bewußtsein von einer deutschen Schuld gegenüber den Ländern Europas, insbesondere gegenüber Polen wird von Erzählungen der Älteren überlagert, von Erzählungen, in denen nicht Polen Opfer sind, sondern allein die Vertriebenen. Außerdem gibt sich häufig ein merkwürdiges „protestantisches“ Denken zu erkennen, demzufolge der Reiche stets gegenüber dem Armen neben Mitleid und dem Bedürfnis zur Hilfeleistung ein diffuses Schuldgefühl empfinden sollte. Diese Verwirrung der Gefühle führt die jungen Polentouristen meistens zu milden Urteilen, selbst dann, wenn sie überall Negatives wahrnehmen. Jetzt fürchten sie sich davor, überhaupt eine Ansicht zu äußern. Eine Befangenheit des Blicks und des Urteils ist unverkennbar. Vor allem wollen die Westler es vermeiden, durch eine kritische Aussage überkommene Stereotype mit neuem Leben zu füllen oder neue Vorurteile begründen zu helfen.

Petra Kanter, eine Hamburger Studentin, bemerkt, wie fast alle deutschen Polenreisenden, das in aller Öffentlichkeit zutage tretende Alkoholproblem:

„Ein weit verbreitetes und wohl bekanntes Stereotyp hat durch meine Beobachtungen scheinbare Bestätigung erhalten: Polen seien Säufer. Schon am frühen Abend sah ich besoffene Männer auf den Straßen. In den Bars, Kneipen und Restaurants waren immer wieder Szenen zu beobachten, in denen die Kellner/innen zum Randalieren neigende Besoffene beruhigten. Ich hatte das Gefühl, noch nie so viele betrunkene Menschen gesehen zu haben. Aber mir ist bewußt, daß der Alkoholismus bei uns in wesentlich versteckteren Bahnen stattfindet. Hinzu kommt, daß die Kneipen in Polen bis auf wenige Ausnahmen spätestens gegen neun Uhr schließen.

Mein Aufenthalt in Polen hat bei mir ein neues Stereotyp geprägt, das ich mir mit der enormen Umweltbelastung und dem immer als zu fett empfundenen Essen erkläre: Sollte ich die polnischen Kinder beschreiben, würde ich sie als Kinder mit bleichen, zum Teil aufgedunsenen Gesichtern bezeichnen.“

Wo Touristen der ersten Generation von „den Polen“ reden, die „überall“ betrunken herumliegen oder herumlaufen, spricht sie verklausuliert von der „scheinbaren Bestätigung“ eines Stereotyps. Wenn sie als persönliches Urteil in ihrem Reisetagebuch notiert, daß dort die Umweltbelastung und der Mangel in der Nahrungsversorgung zu gesundheitlichen Schäden der Bevölkerung führen, wagt sie das nicht als ein „Urteil“ oder nur als eine „Meinung“ auszusprechen. Sie mißtraut ihrer Wahrnehmung, will nicht kränkliche Kinder sehen, sondern fürchtet sich vor dem „Stereotyp“. Bei der Lektüre dieser Notiz entsteht der Eindruck, daß sie nicht leibhaftige Menschen, sondern lebende Stereotype in den Gastwirtschaften und auf den Straßen gesehen hat.

Am Ende dieses Kapitels steht eine Erzählung, die aus dem Rahmen des bisher Entworfenen fällt. Hier wird eine freundschaftliche Beziehung zwischen Deutschen und Polen geschildert. Sie hatte bereits vor der Vertreibung begonnen. Es ist eine Geschichte, die in unserem Material ohne

Beispiel ist; in exemplarischer Weise praktizierte Versöhnung. Leopold Streblow, der nach dem Kriege als Verwaltungsangestellter in Hamburg gearbeitet hat, ist 1919 in Reddies im pommerschen Kreis Rummelsburg geboren. 1973 fuhr er zum ersten Mal dorthin zurück. Er betont, nicht der Besuch des Heimatortes sei damals sein wichtigstes Reiseziel gewesen, sondern die Wiederbegegnung mit einer bestimmten „deutschfreundlichen" polnischen Familie.

„Nun kamen die Polen und übernahmen sofort dieses Haus meiner Eltern. Die mußten dann hinten in ein kleines Zimmer, und der Pole nahm von dem Vieh und allem sofort Besitz. Die kriegten auch keinen Tropfen Milch ab. Aber wir hatten da noch einen ganz anderen Polen als Nachbarn, einen sehr guten. Das waren sehr deutschenfreundliche Polen. Der Mann hatte im Ersten Weltkrieg in der kaiserlichen Armee gedient. Bei dem hatten meine Eltern es gut. Meine Mutter konnte bei dem in der Küche, also auf dem Nachbarhof arbeiten. Die konnten ja Deutsch, da war die Verständigung nun wirklich gut. Und diese Leute, die so um meine Eltern bemüht waren, diese Nachbarn, die habe ich gesucht. Die wohnten schon lange nicht mehr auf diesem Hof. Sie mußten damals raus, weil er sich durch sein Verhalten gegenüber den Deutschen bei den Polen unbeliebt gemacht hatte. Die sind mehr in die Danziger Gegend geschickt worden, nach Karschin in Westpreußen. Ich hab' viel suchen und fragen müssen, bis ich alte Polen fand, die in Reddies in unserer Nachbarschaft wohnten und den noch kannten. Ich hab' die Familie gefunden und konnte mich revanchieren. Ich fuhr von Stolp aus mehrmals mit dem Wagen nach Karschin und fragte nach Familie Ossowski, so hießen die Leute. Beim dritten Mal hab' ich sie gefunden. Aber der Vater war ein paar Jahre vorher schon gestorben. Seine Frau, die Aniela, lebte mit ihrem Sohn zusammen. Das sind nun unsere Freunde in Polen. Da konnte ich mich nun revanchieren. Inzwischen sind wir vier- oder fünfmal drüben gewesen. Wir nehmen immer Textilien mit, Seife, Konserven, Wurstdosen, Schokolade, Bohnenkaffee. Aber sie stellen keine Ansprüche, sondern freuen sich über alle Geschenke. Sie sind eben Freunde. Aniela und ihr Sohn sind für uns sehr, sehr gute Freunde."

Streblows haben Reddies, den Geburtsort des Mannes, nur dieses eine Mal besucht. Wenn sie heute nach Polen fahren, ist Karschin, der Wohnort der Ossowskis, ihr Reiseziel. Anfang der 1980er Jahre, während des Kriegsrechts in Polen, erreichte die Eheleute eine bischöfliche Einladung aus Anlaß der Primizfeier des Sohnes Ossowski. Streblows nahmen teil.

Heimaterde als Andenken an eine Erinnerungsreise im Jahre 1973. Ein Ehepaar reiste an die Geburtsorte Elbing und Kahlberg/Frische Nehrung.
(Aus dem Besitz der Kommission für Ostdeutsche Volkskunde)

f) Andenken

Als der erste Abschnitt der Nachkriegsgeschichte zu Ende war und wieder Reisen in die Länder des damaligen „Ostblocks" möglich wurden, brachten sich viele wiederum eine Handvoll Erde mit in den Westen, Erde vom Friedhof oder aus dem Garten der Familie.[154] Manche wollten ein „Versäumnis" des Jahres 1945 wettmachen, andere ein Geschenk für Verwandte oder ein Reiseandenken für sich selbst mitnehmen. Gelegentlich bekommen Ostreisende noch heute von Bekannten, die nicht selbst reisen können oder wollen, den Auftrag, ein wenig Erde mitzubringen. Herr Albert Hase (Jg. 1940 – Fernfahrer) ist im Winter 1944/45 mit seiner Mutter aus Memel geflohen. Die Stadt heißt heute Klaipeda und liegt in der litauischen Sowjetrepublik. Für deutsche Reisende war das Memelland bis vor kurzem absolutes Sperrgebiet. Trotzdem sind die Hases an eine Schachtel Heimaterde gekommen:

„Und meine Mutter hatte den großen Wunsch, daß sie ein bißchen Heimaterde ins Grab mitbekommt. Und wir hatten einen Freund, der

Ein sorgfältig dokumentierter Kulturtransfer

Um 1920: Die Kugeln an der Gutseinfahrt

1974 liegen sie auf dem Friedhof ...

... und 1990 auf der Terrasse des Einfamilienhauses – „Machen sich eigentlich ganz gut ...".

fuhr zur See. Der bekam den Auftrag. Und irgendwann ist er dann einmal nach Memel gekommen und hat ihr von da ein bißchen Heimaterde mitgebracht. Er hat sie in eine Spanschachtel getan. Das haben wir ihr dann ins Grab nachgeworfen, weil ihr das wichtig war."

Als der Schriftsteller Horst Bienek[155] in den 1980er Jahren nach Gleiwitz – in seine Geburtsstadt – reiste, brachte er unter anderem ein Stück schwarzer Kohle aus Gleiwitzer Erde im Reisegepäck nach Deutschland. Sie diene ihm nun neben anderen Reiseandenken als Anlaß für Erinnerungen an seine Heimat in Oberschlesien, schreibt er.

Die Heimaterde scheint mir vornehmlich bei Leuten, die wie Bienek im Osten nicht viel an eigener Erde besessen hatten, nach wie vor „das" bevorzugte Andenken zu sein. Daneben fanden sich Leute, die sich Pflanzenstecklinge, Blumensamen oder junge Bäume für ihren Garten im Westen mitgenommen hatten.

Unter dem Aspekt eines Importes von Heimaterde ist gewiß auch das große Interesse unter Heimatvertriebenen für das „echte Bunzlauer" Geschirr zu sehen. Es stammt aus dem heutigen Boleslawiec und seiner Umgebung und wird von polnischen Töpfern fast ausschließlich für die Ausfuhr nach Deutschland produziert.[156] Für Leute aus dem Osten ist es echte „schlesische Erde", die dort verarbeitet worden ist. Dabei kommen die Bunzlauer Dekors von früher keineswegs aus den polnischen Töpfereien. Das Bunzlauer „Pfauenaugenmuster" und das „Schwämmelmuster" werden schon seit der ersten Nachkriegszeit von deutschen Bunzlauern in Westdeutschland hergestellt, im niedersächsischen Fredelsloh oder im fränkischen Leutershausen.

Leute, die einmal im Osten Haus und Hof hatten, lassen es für gewöhnlich nicht bei ein paar Erinnerungskrümeln bewenden. Der Vater des Informanten Klaus von W. hatte sich neben Heimaterde und Ofenkacheln zwei zentnerschwere Steinkugeln (Abb. S. 139) in den Kofferraum wuchten lassen und sie auf der Terrasse des Neubaus verankert. Dazu nochmals der Kommentar des Sohnes: „... machen sich eigentlich ganz gut, kann man nicht meckern. Die Hunde pinkeln dagegen, das wirkt sehr schön."[157]

In dieser saloppen Formulierung zeigt sich ironische Distanz, die typische Reaktion von Angehörigen der jüngeren Generation, wenn es von seiten der Eltern allzu heimatbezogen-sentimental oder pathetisch zugeht. Friederike, unsere Hamburger Pädagogin[158], erinnert sich an die erste Reise auf das alte Familiengut in Schlesien im Jahre 1975. Das gewichtige Stück Heimat, das dabei in den Westen transportiert wurde, löste später nicht nur Ironie und Schmunzeln aus, wie im Falle der von W.schen Kugeln, sondern „einen kleinen Zorn" in der Familie.

„Also, wir haben zum Beispiel auch den Grabstein meines Urgroßvaters auf der Bleichwiese gefunden. Er ist 1860 oder sowas gestorben. Das

Der Grabstein des Ururgroßvaters im Garten –
„Er ist 1860 oder sowas gestorben.“

muß dann wohl mein Ur-Ururgroßvater gewesen sein, dann kommt das mit dem Datum 1860 eher hin. Die Bleichwiese existiert noch. Wird zwar nicht mehr dafür benutzt. Sie ist heute ein Bolzplatz. Jedenfalls lag der Grabstein als Flurbegrenzung da. Der einzige Familiengrabstein, der sich erhalten hat, war dieser Stein, aber er lag nun nicht mehr auf dem Friedhof.

Und dieser Stein, der liegt jetzt im Garten bei meinen Eltern, den haben wir mitgenommen. Wir kriegten irgendwie so einen kleinen Polen mit, der uns rumführen sollte. Also, die hatten schon erkannt, daß sozusagen die alte Herrschaft da war. Und wir durften uns frei auf dem Gelände bewegen. Als wir dann den Stein fanden, haben wir halt so'n bißchen mit dem gekungelt und dann haben wir den Stein einfach eingepackt und abgewartet, was passiert. Und es ist nichts passiert. Der Pole war einverstanden, daß wir den mitnehmen durften.

Um den Stein ist dann zu Hause in der Familie ein kleiner Zorn entstanden. Eine Cousine meines Vaters, die direkt aus dieser Linie abstammt, die war völlig pikiert. Sie fand es unmöglich, den Stein von dem Toten mit in den Westen zu bringen und ihn sozusagen als Souvenir im Garten zu haben.

Aber letztlich sagte mein Vater, daß das ein Stück Erinnerung an seine Heimat ist. Er lag ja auch nicht mehr an seinem eigentlichen Ort, und er fand es unverschämt, daß dieser Grabstein als Bolzklumpen auf der Wiese lag, also als Torbegrenzung.“

Die Hofglocke vom Gut in Schlesien am Einfamilienhaus in Norddeutschland

Außer dem Grabstein hat die Familie die alte Hofglocke mitgebracht, mit der vor der Flucht dem Haus- und Hofpersonal zu Arbeit und Pausen geläutet wurde. Diese hängt jetzt außen am Einfamilienhaus der Eltern in Norddeutschland.

Die Cousine des Vaters stammt selbst noch aus der Erlebnisgeneration. Wenn sie den Import des Grabsteins als Pietätlosigkeit maßregelt, sich über dieses Souvenir „pikiert", so geschieht das auch in dem Bewußtsein, daß die Wurzeln der adligen Familie im Osten liegen, und sich von dort nicht leichthin nach Westdeutschland transferieren lassen. Die von der alten Dame akzeptierte Form der Weitergabe der Geschichte einer Familie ist die Erzählung oder die Chronik, eben nicht der Denkmalsimport. Das Argument, Gedenksteine dürften nicht zu mobilen Gegenständen gemacht werden, hat in diesem Fall freilich gegen das Bedürfnis, sich mit „echter" heimatlicher Familientradition zu umgeben, keine Chance.

Daß dieser Transport vom polnischen Bolzplatz in den elterlichen Garten im Westen nicht allein unter dem Aspekt eines Traditionstransfers, sondern zugleich unter dem Rettungsgedanken stand, mag der „alten Herrschaft" das Handeln erleichtert haben. – Außerdem ist zu bedenken: Der Vater holte einen Teil von den Gräbern seiner Ahnen, ein Stück Geschichte der Familie in die neue Heimat. Er handelte so, weil der traditionelle Wunsch vieler Auswanderer in seinem Falle kaum zu realisieren ist, der Wunsch, in der Heimat – bei den Vorfahren – beerdigt zu werden. Die Unmöglichkeit, diesen Wunsch zu realisieren, dürfte gerade vielen unter den traditionsbezogenen Flüchtlingen das Akzeptieren des Westens als neue Heimat erleichtert haben.

Wie die Erinnerungsgegenstände, die bereits bei der Flucht oder Vertreibung mitgeführt wurden, stiften und erhalten die neuen Andenken Traditionen des Erzählens über die Generationen und sozialen Kreise hinweg. Die schlesische Eiche, ein Baum vom alten Hof, die nun im Garten steht, kann immer wieder Familienstolz oder sentimentale Heimaterinnerungen initiieren oder wenigstens das Gespräch zur Geschichte des aufregenden Transports in den Westen hinleiten. Familiengrabsteine im Garten, eine in die neuen bürgerlichen Lebensverhältnisse eingepaßte Guts-Toreinfahrt sind von Gästen kaum zu ignorieren. Die Wirkung respektabler Erinnerungsstücke ist durchaus zwiespältig. Eine Inszenierung von Tradition kann die Familie stabilisieren und ihr Prestige nach außen fördern. Wer ein Objekt aus langer Familientradition in kultivierter Weise präsentiert, kann stets mit Interesse rechnen und wenn alles nach Wunsch gelingt, den Respekt der anderen erwarten. Andererseits wird ungeschicktes Renommieren mit der Bedeutung der eigenen Familie kritisch beargwöhnt oder auf Bekannte und die eigenen Kinder lächerlich wirken.

Die mitgeführten Gegenstände des Jahres 1945 mögen im Milieu der Vertriebenen für Jahre die Funktion gehabt haben, Anlaß zum Gespräch über eine ersehnte Rückkehr in die Heimat zu sein. Als sich nach und nach abzeichnete, daß es zu dieser Heimkehr nicht kommen wird, mutierten die Dinge zu Objekten, die an den Verlust gemahnen und mithelfen sollten, ihn zu mildern. Das zweite ist eindeutig die vorherrschende Funktion der heutigen Reiseandenken. Die Objekte haben deutlich den Charakter eines äußeren Zeichens für die endgültige Lösung von der alten Heimat. Wer einen symbolisch aufgeladenen Teil der Familientradition, den Grabstein eines Ahnen, über den „Eisernen Vorhang" transportiert, der hat im Westen inzwischen seine „erste Heimat" gefunden. – Deshalb importiert er die alte Heimat in die neue.

Die Reiseandenken der Leute aus der zweiten und dritten Generation haben im Vergleich zu diesem existentiellen Wert nur noch die Funktion eines Souvenirs, eines Andenkens an eine Rückkehr in die Geschichte der eigenen Familie. Souvenir sollte freilich nicht leichthin als bedeutungsloses Mitbringsel verstanden werden. Auch hier gibt es Wertunterschiede. Schließlich dienen überall in den Häusern die Erinnerungsstücke an wichtige Reisen, an Reisen der Vorfahren oder an eigene, als privilegierte Teile der Wohnungseinrichtung. Aus Reisen ergeben sich vielfach wichtige Fixpunkte des Lebens. Sie bilden Leitlinien des lebensgeschichtlichen Erinnerns und Erzählens.[159]

g) Die Wiederbegegnungsliteratur

Seit es wieder Reisen der Westdeutschen in die Ostgebiete gibt, finden diese ihren Widerhall auf dem Buchmarkt. Im Laufe der Jahrzehnte ist eine „Wiederbegegnungsliteratur" entstanden, zu der neben Reiseschilderungen und Romanen Bildbände mit Landschafts- und Stadtansichten zählen. In letzteren dominiert die Gegenüberstellung des Früher mit dem Heute. Diese Pracht- und Geschenkbände erhalten Erinnerungen über die Generationen hinweg aufrecht. Ihre Funktion in der Familie liegt klar zutage, deshalb können sie im folgenden unberücksichtigt bleiben. Die Darstellung der Wiederbegegnung mit den „Vertreibungslandschaften"[160] in der Reiseliteratur und im Roman hat, wie die gesamte Literatur über Flucht, Heimatverlust und Flüchtlingsintegration, bis in die Gegenwart nachhaltige Wirkung auf die öffentliche Meinung, besonders auf die Selbstsicht der Vertriebenen und ihrer Nachkommen. Bei einer großen Zahl westdeutscher Erinnerungstouristen dürfte die Schilderung von Reisen in den ehemals deutschen Osten der Anstoß für eigene Pläne gewesen sein. So saßen uns während der Erhebungen wiederholt junge Leute gegenüber, und zwar Nachkommen von Flüchtlingen wie von Einheimischen, die recht ausführlich über die Schönheiten der Landschaft Pommerns oder Ostpreußens und über die Absicht einer Reise dorthin redeten. Sie hatten den Grafen von Krockow oder Arno Surminski gelesen und wollten sich nun diese romantisch-verschlafene Welt des Ostens selbst einmal ansehen. Viele der Reisenden, insbesondere der jüngeren, bekamen durch diesen Typ der Reiseliteratur Anleitungen für das „richtige Sehen" von Landschaften, Bauwerken und Menschen. Vor allem aber lieferte ihnen die Literatur einen Fundus von Angeboten zur Beurteilung der politischen und sozialen Verhältnisse, der Bedürfnisse, Erfahrungen und Rechte der heutigen Bewohner. Sie reisten, weil sie über diese Gegenden gelesen hatten und nahmen danach die Welt durch die Augen ihrer Autoren wahr. Für Leute, die heute um die 40 Jahre alt oder jünger sind, hat diese Literatur einen wichtigen didaktischen Wert, denn die Siedlungsverhältnisse der deutschen Ostprovinzen des Jahres 1920 oder 1930 werden als „heiße Eisen" seit Jahrzehnten im Schulunterricht nur selten berücksichtigt, nicht anders als die Geschichte der Vertreibung und Flucht. Schon aus diesem Grunde rechtfertigen sich einige Anmerkungen über die Sicht der historischen Ereignisse und der heutigen Verhältnisse in den ehemals deutschen Ostgebieten aus dem Blickwinkel der Wiederbegegnungsliteratur.

Die ersten Erinnerungsreisen in den Osten führten zu ausführlichen Schilderungen in den Tageszeitungen und in der Vertriebenenpresse. Diese Tagebuchaufzeichungen und Reiseeindrücke der späten 1950er und frühen 1960er Jahren waren noch überwiegend für die Erlebnisgeneration bestimmt und standen eindeutig unter Aspekten der bundesdeutschen Nachkriegs-Polen-Politik. Infolge der persönlichen Betroffenheit der Leser konnte eine Diskussion darüber, ob die Vertreibung einseitig ein Unrecht von polnischer Seite war oder ein neues Unrecht in Reaktion auf vorausgegangene Missetaten von seiten der Deutschen, nicht emotionslos geführt werden. Tendenzen, wie sie in der Stuttgarter Erklärung der EKD vom Oktober 1945 zum Ausdruck kommen, konnten damals keine Chance haben, in der Vertriebenenpresse in sachlich-distanzierter Weise – auf das eigene Schicksal bezogen – diskutiert zu werden. „Durch uns ist unendliches Leid über viele Völker und Länder gebracht worden."[161] Diesem Satz aus dem Stuttgarter Bekenntnis mochten in den 1950er Jahren gewiß auch viele Flüchtlinge zustimmen. Aber ihn konkret auf das eigene Vertreibungsschicksal zu beziehen, also den persönlichen Verlust der Heimat als Folge dieser kollektiven Schuld zu akzeptieren, das war zuviel verlangt. Statt dessen handelten die Reiseberichte immer wieder ausführlich von den zerstörten und verfallenden Ortschaften, vom allgegenwärtigen Schmutz, der „Ausplünderung" des Landes und von den heutigen Bewohnern. Diese ostpolnischen Siedler, im neuen polnischen Westen selbst Vertriebene, könnten – logischerweise – keinerlei Interesse daran haben, das neue Land als Heimat für sich selbst und die eigenen Kinder einzurichten. Daß zur gleichen Zeit in Westdeutschland genau das von Leuten unternommen wurde, die ebenfalls Vertriebene waren, blieb dieser Logik verschlossen. Wenn viele der Erlebnisflüchtlinge es ablehnten, 10 oder 15 Jahre später auf eine Ostreise zu gehen, dann dürfte sich dieser Entschluß nicht selten auf Lektüre mit dieser Tendenz zurückführen lassen.

In den meistens recht unprätentiös geschriebenen Reiseberichten der „ersten Stunde" war von Versöhnung keine Rede. Unverbrämt gaben die Chronisten den einzigen Aspekt wieder, der eine Chance hatte, unter den Flüchtlingen Gehör zu finden. Die Gebiete seien deutsches Land „unter polnischer Verwaltung". Diese Heimat war für sie nicht endgültig verloren. Der Reisebericht eines Journalistenpaars hat den Geist der Nachkriegszeit der 1950er Jahre bis in die 1980er Jahre konserviert. Er ist in der gegenwärtigen seriös gemeinten Wiederbegegnungsliteratur ein rares Dokument.[162] Auf ihrer Autofahrt durch Schlesien halten die Autoren an:

„Der alte deutsche Gutshof muß einst prächtig gewesen sein, doch welcher Anblick: Ein wüstes Durcheinander, am Herrenhaus weht Wäsche, verdeckt die schlimmen Spuren von Verfall und mutwilliger Zerstörung. Nur die Nebengebäude scheinen intakt zu sein; sie wirken relativ in Ordnung. Ist es die Angst der Polen, die sie befürchten läßt, die ehemaligen Herrschaften könnten eines Tages zurückkommen, weswegen niemand einen Zloty in diese deutsche Erbschaft stecken will?"

Der altvertraute „deutsche Standpunkt“: Ein deutscher Gutshof in „polnischem Zustand“. Aus Anlaß der Schilderung des Besuchs der Stadt Stettin wird dem Leser von den Autoren auch der polnische Standpunkt mitgeteilt. Die Reisenden sehen sich als Zeuge der Indoktrination einer Gruppe junger deutscher Touristen durch eine polnische Reiseleiterin.[163] Dieser in kommunistischer Propaganda geschulten Frau gelingt es dabei offenbar fast mühelos, den ohnehin schon vorhandenen „Schuldkomplex“ der Deutschen gegenüber den Polen noch zu verstärken. Sie erzählt ihnen von der jahrhundertelangen widerrechtlichen Besetzung des alten polnischen Landes Pommern durch die Deutschen und von dem erbärmlichen Zustand, in dem die Polen ihr altes urpolnisches Land nach dem Kriege zurückbekommen hatten.

Das Buch der Ruges nimmt eine Reise durch „Polens deutsche Ostgebiete“ zum Anlaß, die „nachgiebige Politik“ der Deutschen, insbesondere zur Zeit der sozial-liberalen Bundesregierung, anzuklagen. Es ist ein politisches Buch mit einem eindeutig antikommunistischen Standpunkt, wie er vor den Ereignissen des Jahres 1989 in der Bundesrepublik nur noch selten zu hören war. Die Gebietsfrage zwischen Deutschland und Polen ist für die Autoren bis zu einem Friedensvertrag offen. An keiner Stelle kommt Larmoyanz oder das Gefühl der Wehmut über den Verlust der Gebiete des Ostens auf. Tatsächlich ein unromantisches Buch. Deutsche Schuldgefühle gegenüber Polen werden als Ergebnis der erfolgreichen kommunistischen Propaganda „entlarvt“:

„In polnischen Köpfen hat sich die Vorstellung festgesetzt, man brauche die Deutschen nur an ihre historische Schuld zu erinnern, um jedes Ziel zu erreichen. Danach funktionierte bisher das Melksystem, das bei deutschen Bundesregierungen meistens gewirkt hat – ohne daß die Kuh immer merkte, wenn ihr das Fell über die Ohren gezogen werden sollte.“[164]

Wer dieses Buches als Reiseanleitung benutzt, der besucht heruntergekommene deutsche Gebiete, verborgen unter polnischen Ortsnamen. Überall sehen sie Geschichte zugunsten der polnischen Sichtweise „verbogen“.

Das vielgekaufte Buch will über derartige „Tabu-Themen“ und ihre politische Funktion aufklären. Der einseitige und unversöhnliche Tenor muß auf Leser, denen an einer Aussöhnung mit Polen gelegen ist, provozierend wirken. Die erfolgreiche Geschichtsklitterung von polnischer Seite, gerade auch mit Hilfe kirchlich-katholischer Stellen[165], ist allerdings eine unbestreitbare Tatsache. Aber die Reihenfolge der Aggressionen bleibt bei den Journalisten unerwähnt. Wiederholt kritisieren die Autoren in historischen Exkursen die Umbenennung der Ortschaften ins Polnische. Die Tatsache, daß es schließlich die Deutschen waren, die mit dem Umbenennen von Ortschaften begonnen, aus Lodz Litzmannstadt gemacht hatten, bleibt unerwähnt. Das gleiche gilt für die Tatsache, daß sie es waren, die mit den Vertreibungen angefangen haben. Deutsche verjagten die polnische Bevölkerung aus dem „Warthegau", um Platz für sogenannte Volksdeutsche aus den baltischen Ländern, aus Wolhynien und Bessarabien zu schaffen. Dem Unrecht war Unrecht vorausgegangen.

Das im Jahre 1985 erschienene Buch „Die Reise nach Pommern" von Christian Graf von Krockow[166] führt den Leser zunächst auf eine Erinnerungsreise in die Jugend des Autors. Ganz im Stile der Grafenerzählungen schildert er liebevoll das Festtags- und Alltagsleben der unterschiedlichen sozialen Klassen und Gruppierungen, die im Herrenhaus harmonisch zusammenlebten, er nennt die Stellung der Kirche im Dorf, die spröde Religiosität der Pommern, den pommerschen Gänsebraten und andere Köstlichkeiten. Noch im letzten Friedenssommer 1938 wurden dort tatsächlich immer noch die alten Erntebräuche praktiziert. Der Graf weiß es genau: „Diese gute alte Ordnung forderte von Mensch und Tier harte Knochenarbeit und Ströme von Schweiß."[167] Wer die Bücher der Gattung „Grafenerzählung" liest, etwa auch die der Gräfin Dönhoff, kann nicht übersehen, daß die Heimat, die hier im Osten verloren ist, – die „alte Ordnung" – auch den Westdeutschen und ihren Kindern im Industrialisierungsprozeß abhanden gekommen ist. Die gewaltsame Veränderung der Landschaft und der Verlust der alten sozialen Ordnung haben uns alle ein Stück weit zu „Heimatvertriebenen" werden lassen.

In einem späteren Buch dieses Autors[168] werden die Leser ausdrücklich zur Reise in die Gebiete jenseits der Oder aufgefordert, in die ländlichen Regionen Pommerns und Ostpreußens: „Denn dort gibt es das noch, einen Rhythmus des Lebens, über den das Hasten nach vorwärts wenig Gewalt hat, die Weite der Wälder und die Stille der Seen, Chausseen der alten Art, von Jahrhundertbäumen wie zu Torbogen überwölbt, im nie ermüdenden Widerspiel von Schatten und Licht, mit nur geringem Verkehr. Und dort sind sogar die Störche noch immer zu Hause."

Krockow hatte seine Reise nach Pommern zunächst in der Erinnerung unternommen. Nachdem er sich auf diese Weise der eigenen Geschichte seiner Kindheit und der seiner Vorfahren versichert hatte, ging er zusammen mit seiner Schwester auf eine reale Fahrt nach Pomorze (Pommern). In der Schilderung dieser Wiederbegegnung der eigenen Kindheit mit der gegenwärtigen Realität benutzt er vornehmlich die neuen, die polnischen Ortsnamen. Das ist keine leichthin getroffene Entscheidung, sondern das Resultat klärender Überlegungen. Krockow leistet persönlich „Verzicht" auf die Wälder und den Adelssitz seiner Familie, und er fordert, endgültig die „unwiderrufliche Entscheidung des Jahres 1945" anzuerkennen, „daß aus Pommern Pomorze wurde", ein Landstrich, der inzwischen zur Heimat für drei Generationen von Polen geworden ist. Der Verlust dieser

„Heimat" sei für die Deutschen nicht Schicksal, sondern das folgerichtige Ergebnis des deutschen Eroberungskrieges.

Anders als die beiden Journalisten interessiert dieser Reisende sich wenig für die offiziellen Erklärungen und Rechtfertigungen deutscher und polnischer Stellen und für die halboffiziellen aus Zeitungen und von Leuten mit öffentlichen Ämtern. Statt dessen sucht er die Menschen auf, die dort heute leben. Er begegnet Frauen, die als Deutsche in Pommern blieben, weil sie einen Polen geheiratet haben, und Polen, die nach 1945 dazugezogen sind. Sein Fazit, das zugleich als eine Anleitung zum „richtigen" Reisen gemeint ist: Nicht „die" Deutschen sollen „den" Polen begegnen, sondern Menschen sollen Menschen aufsuchen.[169] Mit dieser aufgeklärten Sicht auf die Verhältnisse muß der Soziologe Krockow tatsächlich ein anderes Land bereisen als die beiden politischen Journalisten. Nach der Rückkehr erhebt er nicht Anklage, sondern kann ohne vergleichendes Auf- und Gegenrechnen und ohne Aggression über das Vorgefundene nachdenken und schreiben.

Aus dieser Perspektive sind auch Reiseschilderungen erfolgreicher Schriftsteller in den 1980er Jahren geschrieben worden,[170] etwa Horst Bieneks „Wiedersehen mit Schlesien" oder Arno Surminskis „Polninken"[171], das ich jetzt näher betrachten will.

In diesem in großen Auflagen erschienenen Roman läßt Surminski seinen Helden Ingo Majewski, einen von ostpreußischen Gutsarbeitern abstammenden, nach dem Kriege in Lübeck geborenen und dort lebenden mittleren Beamten, in die alte Heimat der Eltern, nach Masuren, reisen. Dort trifft er auf die Tochter aus der adligen Gutsbesitzerfamilie. Herrschaft und Knecht, eine vertraute Konstellation der Grafenerinnerungen. Nur diesmal werden die Reflexionen über die Lebensverhältnisse der alten Art aus der Perspektive des Ingo Majewski gesehen, d.h. von unten her und auch ein wenig mit umgekehrten Vorzeichen. Die adlige Frau lebt nämlich in der DDR, ist dort Lehrerin. Die jungen Leute verlieben sich in die Natur Masurens und in die Menschen, die dort heute leben. Schließlich werden sie selbst ein Liebespaar. Es ist ein Roman ohne Happy-End, denn diese „deutsche Liebe" endet mit dem Tode der jungen Frau, die inzwischen schwanger geworden ist und in den Westen will. Eine Übersiedlung wird ihr von DDR-Stellen verweigert. Sie stirbt an den Verletzungen, die ihr zugefügt werden, als sie die deutsch-deutsche Grenzbefestigung überwinden will.

Surminskis Roman nimmt oft Bezug auf politische Tagesthemen der frühen 1980er Jahre. Zur Illustration werden Zeitungsnotizen und Rundfunkmeldungen zitiert. Der Autor hat dazu gründlich recherchiert. So gelingt es ihm über weite Strecken überzeugend, die populären Muster des Denkens in der Bundesrepublik, der alten DDR und des Polens der frühen 1980er Jahre, durch Einzelaussagen seiner Personen belegt, auf unverkrampfte Weise einander gegenüberzustellen. Die politischen Differenzen werden schließlich nach der Überwindung einiger wirtschaftlicher Hindernisse und kultureller Barrieren in der Begegnung der Menschen zweitrangig. Surminskis zeitgeschichtlicher Unterhaltungsroman verfolgt ein humanes Ziel. Er ist stets um Ausgleich und Versöhnung zwischen den polnischen Bewohnern und den deutschen Besuchern bemüht. In diesem Punkt ist er exemplarisch für die Einstellung und das Verhalten eines großen Teils heutiger Ost-Touristen, die nach 1945 geboren sind. Surminskis Reisender kommt nicht als verspäteter Sieger, wie es noch oft in der Erlebnisgeneration der Flüchtlinge üblich ist, sondern als Mensch, der dort auf andere Menschen trifft. Die einander Begegnenden aus den verschiedenen Ländern wollen sich helfen und gemeinsam über Probleme ihres Alltags, auch über die Vergangenheit ihrer Völker reden. Daß keinerlei deutsch-polnische Sprachprobleme erwähnt werden, läßt die Schilderungen ein wenig neben der Realität der tatsächlichen Begegnungen liegen.

„Polninken" ist zugleich ein aktueller Heimatroman. Wie es dem Autor gelungen ist, ein politisches Bild zu zeichnen, gegen das der aufgeklärte Leser der 1980er Jahre kaum in Opposition gehen kann, so hat er den „Zeitgeist" auch getroffen, wenn er die Polenreise seiner Helden als eine Zeitreise in die romantisch verschlafene Welt einer vorindustriellen Gesellschaft erzählt. Auch das hat sein Roman mit den Reise- und Erinnerungsbüchern des Grafen Krockow gemeinsam.

An einigen Stellen gelingen dem Autor Romantisierungen des alten Landlebens des Ostens, die unverkennbar an populäre Ergebnisse einer wissenschaftlichen Volkskunde aus dem ersten Drittel dieses Jahrhunderts erinnern. Auf der Polenfahrt läßt er seinen Protagonisten ein Schnitterpaar in der glücklichen Unschuld eines urwüchsigen Landlebens beobachten. Das Aussehen der Bauersfrau beschreibt er mit den Worten: „Hinter ihm eine Frau in langem schwarzen Rock, grauer Schürze darüber und einem weißen Tuch um den Kopf, eine Frau ohne Alter."[172] In Anwesenheit des Mannes aus dem Westen wird „zufällig" ein Sarg vorbeigetragen. Die Arbeitenden halten ein: „Der Schnitter richtete sich auf, wischte das Sensenblatt ab, zog die Mütze. Die Binderin ließ die Garbe fallen, wandte sich dem singenden Zug zu, neigte den Kopf, schlug das Kreuz, schlug immer wieder das Kreuz."

Das ist die überlieferte Ordnung des bäuerlichen Lebens, über deren Verlust das Jammern bereits am Anfang unseres Jahrhunderts nicht enden wollte. Aber im Osten schien sie noch überall am Leben zu sein. Die berühmt-berüchtigte Stelle aus Hans Naumanns bedeutendem Werk „Grundzüge der deutschen Volkskunde" von 1922 sei zitiert:

„Fahren die Bauern eines litauischen Dorfes nach dem nächsten Flekken zum Markt, so ziehen sie wie die Ameisen ihre Straße, einer hinter dem andern her. Und wie diese sind auch jene äußerlich für den Fremden nicht zu unterscheiden. Zu gleicher Bartform, gleicher Haartracht, gleicher Kleidung gesellt sich auch ein gleicher Gesichtstyp und eine ähnliche Gestalt wie eine gleiche Körperhaltung. Die kleinen Schlitten im Winter, die kleinen Wagen im Sommer, auf denen die litauischen Bauern sitzen, sind gleich. Vor sich haben sie alle die gleichen Pferdchen unter dem gleichen Geschirr, und hinter sich haben sie alle scheinbar die gleiche Frau, sitzend auf einem Bund Heu, den Kopf verhüllt, den Oberkörper in kurzem Schafspelz, den Unterkörper im leuchtend bunten Rock aus selbstgewebter Leinwand.“[173]

Es sind keine Individuen, sondern wiederum Menschentypen, die uns von Naumann und auch in der Textstelle Surminskis geschildert werden; Leute, die in der Gemeinschaft des Dorfes ihr Leben führen, uniform und „ohne Alter“.

Einen Schritt weiter zurück in die Vorzeit der gelebten Bräuche des Ostens ist Eva Maria Sirowatka in ihren „Geschichten von einst und jetzt“ gegangen. „Masuren lächelte mir zu“, so der Titel, ist ein Buch, in dem allerdings keine tatsächliche Reise in den Osten geschildert wird, sondern nur an einzelnen kleinen Episoden eine Zeitreise in der Erinnerung. Da erinnert sich die 1917 in Ostpreußen geborene Autorin, wie in ihrer Jugend der „schöne Brauch“[174] des Osterwasserholens, streng nach Vorschrift aus fließendem Gewässer und unter Einhaltung absoluten Schweigens geschöpft und als Mittel zur Steigerung der weiblichen Schönheit benutzt wurde. Tatsächlich ist dieser Brauch für Masuren im „Handwörterbuch des deutschen Aberglaubens“[175] genau in der hier dargestellten Weise beschrieben worden. Daß die Schriftstellerin ihr Osterwasser aus der Realität dieser nicht sehr zuverlässigen Quelle der Wissenschaft „geschöpft“ hat, ist wahrscheinlich.

„Masuren lächelte mir zu“ trifft den Ton der Erinnerungsreisen-Literatur sehr sicher, ohne daß sich die Autorin dazu selbst der Fahrt zu unterziehen brauchte. Dieses Erinnerungsbuch, aber ebenso die Romane von Surminski und die Reflexionen und Reiseeindrücke des Grafen Krockow malen, wie ich erwähnte, ein Bild von der verlorenen Heimat des Ostens, das daran erinnert, wie weit uns *diese* Form des Daseins in einer unzerstörten Natur und in einer harmonischen „alten Ordnung“ abhanden gekommen ist. Das geschieht nicht ohne Wehmut. Der Verlust – wenn es denn einer ist – kann nicht durch Reisen in die ehemals deutschen Ostgebiete kompensiert werden. Der angemessenere Umgang mit dem Vergangenen ist es, das Gewesene durch kulturelle Formen zu tradieren und im Zustand eines „zweiten Lebens“ zu erhalten: durch die Nachschöpfung in der Literatur und durch das Erzählen zwischen den Generationen. In einem Punkte seien alle gewarnt, die das Land der Kindheitssehnsucht ihrer Eltern in der Wirklichkeit aufsuchen wollen: Erzählungen schaffen ihre eigene Realität. – Die Diskrepanzen zwischen den Vorstellungsbildern von Harmonie und urwüchsiger Natur auf der einen und der aus dem Westen vertrauten, aber im Osten noch weitaus schrecklicheren Umweltzerstörung, die unsere jungen Erzähler immer wieder aufs neue erschüttert haben, ergeben sich aus einer Konfrontation von Großelternerzählung und neuer Heimatliteratur mit der Realität der 1980er und 1990er Jahre. In ihrer politischen Aussage erfüllt der größere Teil dieser Wiederbegegnungsliteratur eine wichtige Aufgabe. Sie will das Verständnis zwischen den Menschen fördern und zur Versöhnung beitragen. Sie vermittelt eine Reiseanleitung, die die Frage nach einem „Heimatrecht“ in diesen Gebieten unmißverständlich zugunsten der heutigen Bewohner beantwortet.

4. Frauenschicksale im Erzählen zwischen den Generationen

a) Der Nachkriegsblick

Wer als Erzählforscher oder Historiker Geschichten über die Flucht und Vertreibung sammelt, findet unter den Informanten nur ausnahmsweise Männer, die damals als Erwachsene mit ihrer Familie von Osten nach Westen gezogen sind. Flüchtlingsgeschichten sind vor allem Frauengeschichten und Kindheitserinnerungen. Das ergibt sich aus den Verhältnissen des Kriegsendes. Damals waren die wehrfähigen Männer an der „Front“ überwiegend in Rückzugsgefechte verwickelt oder in Kriegsgefangenschaft. Deshalb mußten die Flucht und Vertreibung und die erste Nachkriegszeit im Westen weitgehend allein von den Frauen bewältigt werden. Auf den Trecks hatten viele von ihnen ihre Kinder, die Eltern oder andere Verwandte verloren. Weil sie zu spät auf die Flucht vor der Roten Armee gingen, wurden Frauen in großer Zahl während der ersten Wochen der Besatzungszeit das Opfer von Vergewaltigungen durch sowjetische Soldaten. „Es kann auch bei kritischster Prüfung dieser Berichte kein Zweifel sein, daß es sich bei den Vergewaltigungen deutscher Frauen und Mädchen durch sowjetische Soldaten und Offiziere um ein Massenvergehen im wahren Sinne des Wortes handelt, keineswegs um bloße Einzelfälle,“ heißt es in der Dokumentation der Vertreibung.[176]

Durch ein Schicksal als Kriegswaise, durch die schrecklichen Erlebnisse während des Einmarsches der Roten Armee, vor allem auch durch das Unverständnis für das erfahrene Leid in der bundesdeutschen Gesellschaft, sind viele dieser Frauen sozial für immer aus der Bahn geworfen worden oder ihr Leben lang seelisch gestört geblieben. Schon in der

Aufbauzeit der 1950er Jahre ist dieses Leid weithin in Vergessenheit geraten. Wer 1955 nicht „integriert“ war, trug daran selbst die Schuld. Dabei gehörten gerade die Vergewaltigungen seit der Kriegszeit zu den Themen, über die privat und öffentlich voller Abscheu geredet und geschrieben wurde, allerdings abstrakt. Ging es um konkrete Einzelfälle, waren diese Schreckenserfahrungen ein empfindliches Thema. Da blieb es bei Andeutungen und verschlüsselten Klagen. Wer das Leid erfahren hatte, tat gut daran, zu schweigen.[177] Hilfreich war das Thema freilich für die Nachkriegspropaganda während des Kalten Krieges. Die Vergewaltigungen deutscher Frauen waren der „Beweis“ für die entmenschlichende Wirkung des Kommunismus. Auch das alte Bild vom russisch-mongolischen Untermenschen war für die Propaganda sehr nützlich.

In der Nachkriegszeit wurde nach einer kurzen Konjunktur des Themas schon recht bald nicht mehr über „das Fräuleinwunder“, über jene „diffamierenswerten Frauen“ geredet, die sich in den westdeutschen Besatzungsgebieten „für eine Camel den Amis an den Hals“[178] geworfen hatten. Die östliche Version des „Fräuleinwunders“, die Tatsache, daß junge Frauen freiwillig oder um Schlimmeres zu vermeiden, ein Verhältnis mit einem sowjetischen Besatzungssoldaten eingegangen waren, war überall bekannt. Aber das war ein viel heikleres Thema als das „Amiliebchen“. Immerhin gaben zwei unserer Informantinnen beinahe übereinstimmend an, daß sich andere Frauen während der sowjetischen Besatzungszeit an „einen“ bestimmten „Russen“ hielten, um vor der Masse der Soldaten geschützt zu sein.

„Und da waren ja auch viele Frauen auf'm Dorf, die haben dann mitgekriegt: 'Wenn wir uns an einen Russen halten, dann haben wir von den anderen Ruhe.' Das hat man dann auch oft gehört.“ (Erna Scholten, Kreis Görlitz)

„Ja, die einzige Möglichkeit war, sich dann an einen Russen zu halten und dem eben, sagen wir mal, sich gefällig zu zeigen, um die Eltern und Kinder zu retten und Ruhe einkehren zu lassen in dem Bereich.“ (Hildegard Blau, Landsberg an der Warthe).

Frauen, die Opfer einer Vergewaltigung geworden waren, mußten später befürchten, für ihr Leid ein gewisses Maß an Mitschuld aufgebürdet zu bekommen. In Einzelfällen sollen Ehemänner, nachdem sie von der Vergewaltigung ihrer Frau erfahren hatten, die Scheidung veranlaßt haben.[179] Eine Frau, die den Weg einer „sanfteren Vergewaltigung“ zum Schutz des eigenen Lebens und der Existenz ihrer Kinder oder Eltern gewählt hat, tut gut daran, bis heute darüber zu schweigen.

Die späten 1940er und die 1950er Jahre waren eine Zeit, in der die traditionelle Sexualmoral äußerlich noch voll in Geltung war. Weil nun aber überall Männer und Frauen in den Kriegs- und Nachkriegsjahren gegen das idealisierte Bild von vorehelicher Unschuld und ehelicher

Treue verstoßen hatten, konnten Schuldgefühle quasi-kollektiven Ausmaßes nicht ausbleiben.

Vor diesem historischen Hintergrund ist auch über die Liebesbeziehungen in den ersten Nachkriegsjahren zwischen verheirateten Frauen, Kriegerwitwen oder jungen Mädchen und „deutschen Männern" wenig aus Erzählungen zu erfahren. Junge Frauen bis hin zum Alter von etwa zwanzig Jahren konnten, wenn ihnen sexuelle Kontakte – „Ausschweifungen" – nachgewiesen wurden, nach der damals geltenden Form des Jugendrechts unverzüglich als „verwahrlost" klassifiziert werden. Das konnte ihre Einweisung in ein „Bewahrheim der Gefährdetenfürsorge" nach sich ziehen – Heime „gefallener Mädchen" nannte sie der Volksmund. Was das bedeuten konnte, illustriert eine Kieler Dissertation, in der es ausschließlich um das Schicksal lebensgeschichtlich geschädigter junger Frauen aus Flüchtlingsfamilien geht.[180] In allen Fällen wird ausdrücklich das Flüchtlingsschicksal als wichtigste Ursache der „Fehlentwicklung" genannt. Was später aus den Frauen geworden ist, ist nicht bekannt. Die Berichte enden stets mit einer Prognose, die den Zustand kurz vor oder nach der Heimentlassung zur Grundlage hat.

„Verwahrlosung" wird bei den jungen Frauen – anders als bei gleichaltrigen Männern, denen ein differenzierteres Angebot herkömmlicher Delikte zu Gebote stand – ausschließlich als „verfrühte sexuelle Betätigung", „Herumtreiben" oder als „Herrenbekanntschaft" definiert. Dabei werden die Grenzen zwischen einer Liebesbeziehung und der Prostitution, etwa für Nahrungsmittel und Textilien, grundsätzlich als fließend angesehen. Zwar verwahrlose das Mädchen weniger leicht als der männliche Jugendliche, dafür aber tiefer und meist für immer.[181] Das Unsoziale dieses Verhaltens[182] wird darin gesehen, daß eine „seelische Höherentwicklung" und die „Voraussetzung für ein Erleben echter Liebe"[183] durch verfrühte sexuelle Betätigung „erstickt" werde. Für dieses Verhalten und aufgrund dieser wissenschaftlich sanktionierten Meinung wurden bis weit in die 1950er Jahre hinein junge Frauen in Bewahrungs- und Besserungsanstalten des Staates und der Kirchen eingewiesen. Es waren Anstalten der Fürsorge und der Hilfe, keine Gefängnisse. Das muß betont werden. Aber der Grad der sozialen Ächtung in den Milieus der 1950er Jahre dürfte für ein Mädchen aus einem Verwahrlostenheim nicht geringer gewesen sein als ein Gefängnisaufenthalt.

Die Autorin der Dissertation hatte mehrere Jahre in einem Bewahrheim der Gefährdetenfürsorge praktisch gearbeitet. Dabei hatte sie für ihre Doktorarbeit zehn Fälle als exemplarisch für „verwahrloste" junge Flüchtlingsfrauen des Alters von 15 bis 19 Jahren ausgewählt. In der Tradition der psychologischen Kasuistik schildert sie zunächst jeweils die Lebensgeschichte und geht danach auf die Ursachen des Scheiterns und die Chancen zur Besserung des Verhaltens und des Charakters ein. Am

Beginn der Anstaltskarriere aller zehn jungen Flüchtlingsfrauen steht der Verlust eines oder beider Elternteile. – „Der Vater, ostpreußischer Bauer, fiel in Rußland. Die Mutter floh im Winter 1945 mit den drei Kindern im Treck in den Westen. Bei einem MG-Beschuß des Trecks durch russische Flieger wurde sie getroffen und starb nach einigen Tagen in einem ostpommerschen Dorf,"[184] heißt es lapidar von einer 16jährigen, die nach der Ankunft im Westen mit ihren jüngeren Geschwistern zunächst bei Verwandten in einer engen Flüchtlingsbehausung untergekommen war. Nach ihrer Entlassung aus der Volksschule hatte das Mädchen die Abende mit „zweifelhaften Freundinnen und Freunden" verbracht. Das reichte aus, um sie in ein Heim einzuweisen.

Zwei Fälle sollen im folgenden ausführlicher dargestellt werden. Diese wissenschaftliche Kasuistik ist damals in der Absicht entwickelt worden, dem Pflege- und Erziehungspersonal der „Gefährdetenfürsorge" Anleitungen zur sozialpädagogischen Hilfe für milieugeschädigte Flüchtlingsmädchen zu geben. Die junge Wissenschaftlerin betrachtet „ihre" Fälle, besonders wenn sie Gutwilligkeit oder gar Zeichen der Besserung erkennen lassen, nicht ohne Mitgefühl. Ihre Perspektive einer Persönlichkeitspsychologie ist, wie nicht anders zu erwarten, ein Blick „von oben". Wer diese Schilderungen heute liest, dem fällt es freilich schwer, sich nicht die Perspektive der lebensgeschichtlich geschädigten Flüchtlingsmädchen zu eigen zu machen.

Die „verwahrloste" Else[185] wurde als 17jährige ins Heim eingewiesen, weil sie die Abende und Nächte mit männlichen „Bekannten", meist mit ausländischen Soldaten, zugebracht hatte. Als sie begann, ihre 15jährige Schwester in „ihren Bann" zu ziehen und sie in diese Gesellschaft mitzunehmen, wurden beide in ein Landesjugendheim eingewiesen. Von Else heißt es, sie habe zu den „schwersterziehbaren unter den Fürsorgezöglingen" gehört. Nach zwei Jahren wird sie in die Obhut ihrer älteren Schwester entlassen. Ihre Heimerziehung gilt als endgültig gescheitert, weil sie inzwischen 19jährig wieder „rückfällig" geworden sei.

Aber was hatte Else erlebt, bevor sie ins Heim kam. Der Vater wurde von Russen verschleppt, die Mutter kam auf der Flucht über das Haff um, vor den Augen ihrer Kinder. Die Überlebenden flüchteten zunächst nach Dänemark, wo sie für zwei Jahre in einem Internierungslager Station machten. Der älteste Bruder übernahm danach in Schleswig-Holstein die Vormundschaft für seine drei Schwestern. Else vermittelte er eine Stellung als Haushaltshilfe. Nachdem sie diese Familie aus nicht näher erläutertem Grunde verlassen hatte, begann sie eine Karriere als „Abbrecherin". In zwei Jahren wechselte sie achtmal die Arbeitsstelle, teils auf Eigeninitiative, teils infolge Entlassung wegen „Unzuverlässigkeit und unzureichender Arbeitsleistung". Nach einem „Diebstahl von Lebensmitteln (!)" auf ihrer letzten Stelle geriet sie endgültig auf die schiefe Bahn der Verwahrlosung und schließlich in die Besserungsanstalt. Die Schilderung der Verhaltensweisen und charakterlichen Mängel und der angewandten Erziehungsmaßnahmen an dieser inzwischen 18jährigen jungen Frau lesen sich wie ein zweites Martyrium nach Flucht und Lagerleben. Ihr Charakter sei durch eine „tief wurzelnde Gefühlskälte" gekennzeichnet und durch einen Dualismus von „Verschlossenheit" auf der einen Seite und „Albernheit" auf der anderen, durch „zügellos albernen Übermut". Die Autorin dieser wissenschaftlichen Arbeit versucht erst gar nicht, den Tatbestand ohne drastische Wertungen – „neutral" – zu schildern.

In der Gruppe ihrer Schicksalsgenossinnen zeige sich Else „unkameradschaftlich". Als ihre „Leistungen" im Anstaltsleben immer mehr nachlassen, erinnert eine der Erzieherinnen sie an das Schicksal ihrer Mutter. Die junge Frau aber will über deren schreckliches Ende in diesem „Erziehungsgespräch" nicht reden. – „Was geht Sie meine Mutter an?" Diese Reaktion auf eine Taktlosigkeit der Pädagogin wird von der wissenschaftlichen Autorin als „auffahrend und aggressiv" bezeichnet. Immerhin scheint Elses Widerstand nach diesem Abwehrversuch gebrochen zu sein, denn nun beginnt sie ein „hemmungsloses Weinen". Als Folge dieses „Gesprächs" scheint für kurze Zeit Besserung einzutreten. Bisweilen bemüht sich der Zögling um „tadellose Einordnung". Dieses Bemühen wird freilich immer wieder getreu dem in Dualismen argumentierenden wissenschaftlichen Verhaltensmodell von Phasen „gemeinschaftszersetzender Aufsässigkeit" unterbrochen. Die Ursachen dieses unsteten, aggressiven und unkontrollierten Wesens – selbst noch ihr Weinen wird in der Fallschilderung als „hemmungslos" bezeichnet – werden in der plötzlichen „Milieuschädigung" auf der Flucht gesehen, im „Erlebnis des Grauens" und in der „Konfrontierung mit dem Tode". Wer möchte dem widersprechen? Um so unverständlicher berührt da die Mitleidlosigkeit des Urteils.

Der nächste „Fall": Christa ist 1946 15jährig mit ihren beiden jüngeren Brüdern ins Heim eingewiesen worden.[186] Die drei Kinder stammen aus Ostpreußen. Ihre Mutter war 1945 auf der Flucht an Typhus gestorben. Ob der Vater tot oder in Gefangenschaft war, war bei der ersten Heimeinweisung noch unklar. Bis 1950 lebt sie in verschiedenen Anstalten. Von dort „entweicht" sie mehrfach, um „Tanzvergnügungen" zu besuchen. Den Freizeitanregungen des Anstaltslebens bringt sie wenig Interesse entgegen. Sie nimmt vom Heim aus eine nicht näher gekennzeichnete Arbeitsstelle an. Von dort „läuft sie davon". Danach wird sie in einem Lager für heimatlose Ausländer[187] aufgegriffen. In der Zeit ihres vierjährigen Heimaufenthaltes hatte sie eine Fehlgeburt. 19jährig ist sie schließlich zu ihrem inzwischen aus der Gefangenschaft heimgekehrten Vater entlassen worden. Die psychologischen Prognosen fallen „ungünstig" aus.

Wie im Fall von Else ist von seiten der Psychologin nicht mitgeteilt worden, mit wem sie ihre Freizeit außerhalb der Anstaltsordnung des Heims verbracht hat oder immer wieder verbringen wollte. Die Möglichkeit, daß zu einem bestimmten Mann aus der anonym als „Displaced Persons" (Heimatlose Ausländer) bezeichneten Personengruppe eine Liebesbeziehung bestanden haben könnte, wird überhaupt nicht in Erwägung gezogen. Der Gedanke, es könne während des Heimaufenthalts von seiten einer Insassin zu einem „echten" Liebesverhältnis oder zu einer freundschaftlichen Beziehung zu einem Mann kommen, übersteigt die Phantasie dieser Pädagogik.

Im Zusammenhang mit unserer Frage nach dem zeitgenössischen sozialen Bild der Frau in der Nachkriegszeit und dessen Nachwirken in die Gegenwart ist vor allem die unversöhnliche und selbstgerechte Sprache der wissenschaftlichen Schilderung erschreckend. Über dieses Flüchtlingsschicksal wird endgültig der Stab gebrochen. Christa wird im Text als „egoistisch", „oberflächlich", „mürrisch", „patzig", „asozial", „geltungssüchtig", „zügellos", „triebhaft", „nicht liebenswert", „voll primitiver Eitelkeit" bezeichnet. Sie zeige sich als „der Mensch, der in erster Linie ‚auf seine Kosten kommen' will". Egoismus wird als Leitmotiv ihres mangelhaften Charakters auf vielfältige Weise „nachgewiesen". Dazu dient etwa die Erwähnung ihrer Aussage in einem Aufsatz zum Thema: „Wie wünsche ich mir mein späteres Leben?" – Voll von „tiefem, feindseligen Mißtrauen gegenüber den Erwachsenen" gibt Christa auf diese in vigilatorischer Absicht gestellte Frage ihre Antwort: Sie wolle später „nicht immer auf fremde Menschen angewiesen sein". Jetzt ist es der Psychologin klar: Christas Triebfeder ist der Egoismus. Die „Ichsucht" ihrer Lebensziele wird von der Autorin durch die Aussage gekennzeichnet: „... damit ich immer sagen kann, ich habe es im Leben zu etwas gebracht."

Die Gesellschaft der deutschen Nachkriegszeit ist eine „vaterlose Gesellschaft" genannt worden, und diese Zeit war nach einer neueren populären Sichtweise eine „Stunde der Frauen".[188] Es entspricht diesen Vorstellungsbildern, wenn die Prognose für das Scheitern dieser jungen Flüchtlingsfrau mit großer Überzeugung auf das Fehlen der Mutter zurückgeführt wird. Hinzu komme allerdings eine „ererbte Veranlagung zu asozialem Verhalten". Das Fazit liest sich heute wie ein soziales Todesurteil: „Für einen Menschen mit so wenig sozialen und damit liebenswerten Eigenschaften ist der liebegewährende Mensch die Mutter oder niemand." Der Tod der Mutter führt zum sozialen Untergang der Tochter. Kein Mitgefühl, kein „Verständnis" für die Folgen!

Der jungen Psychologin erscheint der Gedanke nicht zulässig, daß sich ein junges Mädchen nach katastrophalen Erlebnissen auf der Flucht, nach jahrelangem Leben unter einer Anstaltsordnung des Lagers, nach einer Jugend in demütigender Abhängigkeit von anderen Menschen als Lebensziel die Unabhängigkeit wünscht. „Unnormal" wäre es wohl, wenn sie ohne diesen Wunsch lebte. Und daß sich in diesen Lebenszielen, so egoistisch sie sein mögen, dieselbe Einstellung ausdrückt, die den Wiederaufbau der bundesdeutschen Gesellschaft und den späteren Wohlstand ihrer Bürger initiiert hat, war der jungen Wissenschaftlerin im Jahre 1951 noch nicht aufgefallen. Statt dessen beharrt sie hier wie in den anderen Fällen auf dem bürgerlichen Idealbild des „Backfisches". Dieses Erziehungsziel hält sie trotz der lebensgeschichtlichen Katastrophe ihrer Klientinnen und entgegen der Herkunft dieser Flüchtlingsmädchen aus dem Arbeiter- und Kleinbürgermilieu prinzipiell für erreichbar.

Es kann hier nicht darum gehen, mit der gleichen Selbstgerechtigkeit, wie sie dieser jungen Psychologin eigen ist, vom Kenntnisstand und von den Denkgewohnheiten der Gegenwart aus diese zweifellos nicht böse gemeinte Arbeit abzukanzeln. Sozialwissenschaftler sind stets Teil der Gesellschaft, die sie erforschen. Diese Tatsache ist ein zureichender Grund für die ausführliche Schilderung der beiden Flüchtlingsschicksale in diesem Buch. Der sezierende Blick dieser Kasuistik offenbart in seltener Anschaulichkeit die Denkgewohnheiten und Weltbilder, die in den ersten Nachkriegsjahren verbreitet waren – in den Wissenschaften und der Kirche, in Zeitungen und Rundfunk, in den Maßnahmen der Sozialpolitik und vermutlich mit besonderer Selbstgewißheit in den Nachbarschaften, Freundeskreisen und Familien der Nachkriegszeit.

Wenn bis in die Gegenwart hinein Hemmungen und Abneigungen unter Frauen bestehen, zu ihren eigenen Kindern oder zu anderen Leuten über Beziehungen zu Männern in den Nachkriegsjahren zu reden und wenn das Tabu fast unüberschreitbar wird hinsichtlich der schrecklichen Erfahrungen in der sowjetischen Besatzungszeit, dann ist dieser Geist der Nachkriegsjahre in Betracht zu ziehen. Kulturelle Bilder – ein „Zeitgeist" – wirken noch nach, wenn sie schon längst durch andere Vorstellungen abgelöst worden sind. Die „verwahrlosten" Mädchen, die hier so selbstgerecht abgeurteilt werden, zeigen uns die Maßstäbe, die auch außerhalb der Heime bei unauffälligen Lebenswegen galten.

Es war beinahe unmöglich, eine sexuelle Betätigung außerhalb der Ehe als ein „Verhalten" wertfrei zu beschreiben. Unverheiratete junge Frauen, übrigens auch Kriegerwitwen, die sich mit Männern, vor allem mit Besatzungssoldaten „einließen", gerieten als „Flittchen" oder „Amiliebchen" bei dieser Sichtweise unversehens in den Verdacht der Prostitution. Außerdem dokumentieren diese Fallberichte aufs anschaulichste die damals beinahe ins Mystische gesteigerte Bedeutung der Sexualität. Wer nach Ursachen dafür sucht, daß von den Nachkriegsjahren her bis hinein in unsere Tage in den Erzählungen über die Vergewaltigung von Frauen immer wieder deren „Mitschuld" ausdrücklich erwähnt wird, gerade auch von anderen Frauen, der sollte diese unduldsamen Ansichten aus der Nachkriegsepoche berücksichtigen. Diese Zeit war tatsächlich eine Stunde der Frauen. Sie leisteten viel; wenn sie aber den hohen Ansprüchen nicht genügten, wurde schnell der Stab über sie gebrochen. Von einem 15jährigen Flüchtlingsmädchen wurde wie selbstverständlich erwartet, daß sie ihr Leben für Jahre in den Dienst ihrer jüngeren Geschwister stellte, wenn die Eltern umgekommen waren.

b) Erzählen und Schweigen

Ende 1987 sprach eine Interviewerin mit der damals 27jährigen Studentin Birgit Stahl über das Erzählen aus der Nachkriegszeit in ihrer Familie. Ihre Mutter hatte bis zur Vertreibung in einem Dorf im Kreis Grünberg in Schlesien gelebt. Ihr Vater stammte aus Hannover. Zwei Tage darauf besuchte dann dieselbe Interviewerin die Mutter, um deren Version der Flucht- und Integrationsgeschichte zu hören. Ein Thema in beiden Gesprächen war die Vergewaltigung der Mutter im Alter von 16 Jahren durch einen Soldaten der Roten Armee.

Birgit:
„Also meine Mutter ist damals vergewaltigt worden. Das ist also diese eine Situation gewesen, aber sie hat mir das erst sehr spät erzählt. Da war ich schon 16 oder so. Und das war dann wohl in dem Zusammenhang, daß sie meinte, daß ich sexuell viel freier sei und lockerer als sie. Und ich glaube, das ging davon aus, daß ich mich darüber gewundert hab', warum sie anders ist als ich. Ich hab' das damals einfach auf ihr Alter zurückgeführt, auf die Erziehung der älteren Generation. Und da ist es bei ihr zum ersten Mal herausgekommen. Da hat sie mir davon erzählt. Jedenfalls sprach sie plötzlich darüber, daß sie sich selber sexuell so um ihre Jugend betrogen gefühlt hat durch die Vergewaltigung. Aber sie erzählte auch, daß sie irgendwie meinte, noch Glück gehabt zu haben, weil sie den irgendwie wohl ganz hübsch fand, den Soldaten, der sie vergewaltigt hat. Also, daß der nett war und jedenfalls nicht so brutal. Aber vom Alter her war es wahrscheinlich einfach noch nicht der Zeitpunkt für sie. Und daß sie danach lange keine sexuellen Kontakte zu Männern gehabt hat. Erst wieder, als sie meinen Vater kennengelernt hat. Da war sie dann, glaube ich, zwanzig Jahre alt."

Interviewerin:
„Du glaubst, daß das ein entscheidender Eingriff in ihr Leben war?"

Birgit:
„Ja, das glaube ich. Ich glaube, das ist unabhängig davon, in welchem Zusammenhang das stattfindet. Aber jede Vergewaltigung ist einfach

sehr schrecklich. Sie hat nur einmal davon gesprochen; jedenfalls waren wir da allein. Da war mein Vater auch nicht dabei. Ob der das überhaupt weiß, weiß ich nicht. – Ne, da fällt mir ein, daß sie doch noch einmal darüber geredet hat, als meine Großmutter aus der DDR da war. Da haben sie beide nochmal über die Vergewaltigung erzählt. Auch die Großmutter ist damals vergewaltigt worden."

Nun die Mutter, Frau *Thea Stahl* (kaufmännische Angestellte), zum selben Thema:

„Da haben die Russen dann die Häuser untersucht, und da haben sie Frauen gefunden und vergewaltigt, haben sich ihre Frauen genommen für die Nacht. Ich hatte damals mit Jungs noch nichts zu tun gehabt, war noch Jungfrau."

Interviewerin:
„Sie sind auch vergewaltigt worden?"

Frau Stahl:
„Ja, aber vorher ist noch meine Mutter und meine Cousine dran gewesen. Meine Mutter war damals 36. Die sind dann freiwillig mitgegangen. Die haben uns junge Mädchen schützen wollen. Die Cousine war schon verlobt, da haben die gesagt ‚das sind doch alles noch Kinder hier'. Die haben gesagt ‚bei uns ist das nicht so schlimm, wo wir das doch schon einmal gemacht haben'. Dadurch haben sie uns erstmal eine Zeitlang geschützt. Da kamen immer andere Russen."

Interviewerin:
„Ans Fliehen nach Westen haben Sie damals nicht gedacht?"

Frau Stahl:
„Ja, wir haben gedacht, einmal muß ja der Krieg zu Ende sein. Und dann hieß es, die Deutschen kommen wieder. Wir sind also zu Hause gewesen, und eines Tages kommt mein Bruder rein und sagt: ‚Die Russen sind wieder da.' Wir waren mehrere Mädchen im Zimmer. Wir sind aus dem Fenster gesprungen. Da haben die Russen ‚Stoi!' [Halt] gerufen. Aber wir sind weitergelaufen, und dann haben sie hinter uns hergeschossen, und da sind wir stehengeblieben. Und da haben sie uns mitgenommen ins Nachbardorf in eine Gastwirtschaft, und da haben sie mich da, haben sie uns alle die Nacht da vergewaltigt. Das war fürchterlich, es war fürchterlich. Ich sehe mich noch in der Ecke sitzen, in dem Zimmer, splitternackt. Da habe ich da gesessen in der Ecke und habe fürchterlich geweint und habe immer gesagt, ‚bitte, bitte, bitte'. Und der hat keine Rücksicht auf Verluste genommen. Der war so wütend, der hat mich wie ein Karnickel hochgenommen und auf's Bett geschmissen. Für mich war es wie tot sein."

Interviewerin:
„Waren viele in dem Raum?"

Frau Stahl:
„Nein, allein. Ich war mit dem allein, das war der Offizier. Der hatte mich ausgesucht."

Interviewerin:
„Wie alt war der etwa?"

Frau Stahl:
„22. Er hieß Jorga. Also, ich kann mich nur noch an Schmerzen erinnern. Wir waren vielleicht fünf oder sechs Mädchen, wir haben alle fürchterlich geschrien. Es war ein Gasthaus mit Fremdenzimmern und durch die Wände konnte man das Schreien hören. Tagsüber haben sie uns eingeschlossen. Da haben wir dann unten in der Gaststube gesessen, und die mußten uns was zu essen geben. Da haben wir gut zu essen gekriegt. Und abends kamen sie wieder und jede Nacht das gleiche Theater. Aber es war bei mir immer derselbe. Als ein anderer es bei mir versuchen wollte, der konnte gebrochen Deutsch, da habe ich dann gesagt, ich wäre eben für Jorga da, für *den* Offizier. Da hat er es bald nicht mehr versucht. Hinterher haben wir erfahren, wer uns Mädchen verraten hat. Das war der neue Bürgermeister. Das war so eine Art Kommandantur. Er war nun der Bürgermeister, und er ist sozusagen der einzige Kommunist gewesen. Zu ihm sagten sie Karl Liebknecht und zu seiner Frau Rosa Luxemburg. Der ist zu den Russen gegangen und hat gesagt: ‚Ich bin Kommunist!' – Und dann hat er erstmal unheimlich die Hucke vollgekriegt von den Russen, aber zum Schluß haben sie ihm wohl doch geglaubt. Der hat uns alle verraten, weil er sich bei den Russen lieb Kind machen wollte. Der hat verraten, wo junge Mädchen und Frauen waren und sie alle namentlich aufgeführt. Mich, meine Tante, meine Cousine, meine Mutter. Da sind wir alle dran gekommen."

Interviewerin:
„Denken Sie heute immer wieder daran? Träumen Sie davon oder wollen Sie das alles vergessen?"

Frau Stahl:
„Ich habe es sehr verdrängt. Ich habe immer Angst vor Männern gehabt. Als ich dann später junge Männer im Westen kennenlernte, habe ich immer so ein bißchen Angst davor gehabt. Ich hab' immer an den großen Schmerz gedacht. Vielleicht habe ich darum auch meinen Mann genommen, weil der bald zehn Jahre älter ist als ich. Und dem habe ich das dann wahrscheinlich erzählt. Ich kann es nicht mehr genau sagen, ob ich es ihm erzählt habe. Und der ist dann jedenfalls sehr einfühlsam gewesen. Aber meine Jugend ist durch die Vergewaltigung weg gewesen. Das Unbeschwerte war weg, die Jugend."

Der weiteren Erzählung der Frau Stahl entnehmen wir: Den jungen Frauen gelang nach einer Woche die Flucht aus diesem Gefängnis. Bis die sowjetischen Truppen weiterzogen, hielten sie sich in einer Scheune verborgen.

Obwohl diese beiden Erzählungen von Tochter und Mutter einige Ereignisse unterschiedlich gewichten, stimmen sie in wesentlichen Teilen überein. Die Ereignisse nach dem Einmarsch der Roten Armee sind nur zweimal gegenüber der Tochter zur Sprache gekommen, zuerst als sie gerade 16 Jahre alt geworden war und dann noch einmal bei einem Besuch der Großmutter. Für die Tochter zählt diese Erlebniserzählung der Mutter zu den prägenden Erinnerungen ihres eigenen Lebens.

Als die Mutter zum ersten Mal über ihre traumatischen Erlebnisse zur Tochter redet, ist das Mädchen genau so alt, wie die Mutter bei Kriegsende. Deren Jugend ging mit 16 Jahren zu Ende; die Tochter erlebt gerade ihre erste Liebe. Die historischen Verhältnisse prägen zwei Leben. Gewiß wollte Frau Stahl ihrer Tochter keine beängstigende, Mitleid erregende Geschichte erzählen, sondern ihr verdeutlichen, weshalb ihre Einstellung zur Sexualität nicht so „offen" sein konnte, wie die der Tochter im Jahre 1976. Die Mutter wählte in ihrer Erzählung den Schicksalsvergleich.[189] Schicksalsvergleiche sind ein wichtiges Mittel zur Veranschaulichung unterschiedlicher historischer Voraussetzungen im Leben der Generationen. Sie können Verständnis und Mitgefühl wecken. Dieses Ziel ist hier erreicht worden. Das Urteil fällt in den Erzählungen beider Frauen gleichlautend aus: Die Vergewaltigung bedeutete den schrecklichen Verlust der Jugend und den Verlust der Fähigkeit zur Sexualität ohne Angst für ein ganzes Leben. Nur in einem Aspekt differieren die Geschichten von Mutter und Tochter. Das Geschehen zeigt sich in der Erzählung der Jüngeren in einem milderen Lichte. Vor allem die Figur des Täters wird freundlicher gezeichnet als in der Geschichte der Mutter.

Die Tochter erzählt, der Vergewaltiger sei „ganz hübsch", nicht „brutal", „nett" gewesen. Sie habe „irgendwie noch Glück" gehabt. Was die Mutter gegenüber der familienfremden Interviewerin äußerte, klingt deutlich anders. Obwohl ihre Erzählung emotionslos, fast lakonisch ist, gibt das Opfer die Vergewaltigung noch über vierzig Jahren danach in ihrem ganzen Schrecken wieder. Sie wird wie „ein Karnickel hochgenommen". „Für mich war es wie tot sein." Nur in zwei Punkten klingt in der Erzählung der Mutter ein milderer Ton an. Die sowjetischen Soldaten „sorgen" für die fünf oder sechs Mädchen, die sie im Gasthaus gefangen halten. Sie sorgen außer für Unterkunft auch für „ein gutes Essen" während des Tages. In dieser Situation ist sie zum „Besitz" eines bestimmten jungen Offiziers geworden, dessen Vornamen sie im Gedächtnis behalten hat. Diese Tatsache ermöglicht ihr in der durch Willenlosigkeit und Abhängigkeit bestimmten Situation einer „Kriegsbeute" einen Rest von

Selbstwertgefühl. Trotz des körperlichen Schmerzes, trotz der Brutalität des Vorgangs und der nachwirkenden seelischen Folgen will sie für sich selbst in der Erinnerung an diese erste sexuelle Erfahrung ihres Lebens noch in Spuren die Illusion einer menschenwürdigen Beziehung zu dem Mann aufrecht erhalten, der sie mißbraucht hat. Offensichtlich hatten die anderen Mädchen es noch schlimmer getroffen als sie mit dem jungen, äußerlich ansehnlichen Offizier. Das Opfer der beiden erwachsenen Frauen, der Mutter und der Cousine, bleibt in der Schilderung völlig im Anonymen, bar jeglicher menschlicher Zuwendung von seiten der Täter. Daß Frau Stahl diesen Aspekt der Vergewaltigung – mildernde Umstände für den Täter – in der Erzählung gegenüber ihrer damals 16jährigen Tochter in den Vordergrund gestellt hat, dürfte sich aus dem Wunsch der Mutter erklären lassen, die Tochter vor deren Erwachsenwerden nicht mit der ganzen Grausamkeit ihrer eigenen schrecklichen Erinnerung zu belasten. Daß sie gut daran getan hat, über ihr Schicksal später in Westdeutschland zu schweigen, ist bei den verkrampften Moralvorstellungen der Nachkriegszeit einleuchtend.

Und noch etwas: Diese Erzählung zwischen Mutter und Tochter Stahl erinnert an die merkwürdig neutralisierte Vergewaltigungsgeschichte, die von der Unterhaltungsschriftstellerin Christine Brückner stammt.[190] Diese Autorin, deren Bücher Millionenauflagen erreichen, hat die Themen des Zeitgeistes über Flucht, Vertreibung und Flüchtlingsleben im Westen in ihren Romanen über die hinterpommersche Adelsfamilie von Quindt in unerreicht vollständiger Weise getroffen. Wenn sie die Begegnung ihrer Heldin Maximiliane mit einem Angehörigen der Roten Armee beschreibt, wird erkennbar, wie in den 1970er und 1980er Jahren in der Unterhaltungsliteratur und anderen Massenmedien über die Vergewaltigung von Frauen durch sowjetische Soldaten geurteilt wurde: Keine nationalen und ethnischen Begründungen, keine Anklage, keine Rache; statt dessen eine Befangenheit des Urteils, eine allgemeine Verdrängung einer wie auch immer zu beantwortenden Schuldfrage, Verständnis für die Tat und ein relativierender vulgär-ethnologischer Standpunkt. Ein weiter Weg des kollektiven Bewußtseins – der „Aufklärung" – ist seit dem Kriegsende zurückgelegt worden: Aus dem häßlichen brutalen Mongolen, wie er in den 1950er Jahren das Bestiarium des Trivialromans bevölkerte, ist nun ein freundlicher, fast hilfloser Mensch geworden, ein „russischer Soldat", der kleine Geschenke an die Kinder verteilt. Ein paar deutsche Vokabeln hat der Junge aus der Steppe inzwischen auch gelernt. Einen Unterschied zu den Umarmungen Viktors, ihres Mannes, kann diese adlige Gutsbesitzersfrau kaum feststellen. Viktor steht dem Nationalsozialismus nahe und praktiziert schon deshalb die körperliche Liebe in mechanisch-liebloser Weise. Die Schilderung der Autorin ist vom Geist der Versöhnung getragen; ein gut gemeintes päd-

agogisches Denken breitet sich aus. Dabei beschönigt und banalisiert sie aufs peinlichste. Da Maximiliane sofort (zutreffend!) ihre neue Schwangerschaft ahnt, informiert sie sich beflissen über die Völker Kirgisiens – aus einem alten Lexikon einer Pfarrbibliothek. Jetzt weiß sie, daß sie auch ihr nächstes Kind von einem Angehörigen eines alten Kulturvolkes bekommen wird, das eine „reiche lyrische und epische Volksdichtung" besitzt[191], wo Leute zwischen Seen und Bergen Viehzucht betreiben. Wie soll eine Frau, die wie Frau Stahl Opfer einer Vergewaltigung geworden ist, mit ihrer Tochter darüber reden, wenn diese die Quindt-Romane gelesen hat?
Die Vergewaltigungsszene:

„Als es dann doch dazu kommt, macht Maximiliane nicht viel Aufhebens davon. Sie fügt den Kindern keinen dauernden seelischen Schaden zu. ‚Geht solange raus, paßt auf den Karren auf!', befiehlt sie. Mit dem Rücken zur Kellerwand, sieht sie dem russischen Soldaten entgegen, einem Asiaten mit Schlitzaugen und vorstehenden Backenknochen. Er schiebt mit der Hand ihr Kopftuch zurück und sagt: ‚Komm, kleine Frau!' Ein zusätzliches Eigenschaftswort nur, aber es macht die Sache ein wenig besser. Als Maximiliane keinen Ausweg mehr sieht, wird sie ruhig. Ein großes Erbarmen kommt über sie, mit dem fremden Soldaten, mit sich selbst und den Kindern, ein Erbarmen, das sich ausweitet zu Erbarmen mit der ganzen trostlosen Welt. Ihre Augen füllen sich mit Tränen, und der Soldat sagt: ‚Nicht weinen, kleine Frau!', halb auf russisch, halb auf deutsch. Eine Vergewaltigung war es nicht, was da stattfand. Maximiliane fühlte sich, wie sie es später einmal ausdrückte, seit Tagen schon ‚so allgemein'. Sie umarmte ja auch Bäume. Der Unterschied zu Viktors Umarmungen war so groß nicht.

Der russische Soldat kommt noch dreimal in den Luftschutzkeller, bringt ihr und den Kindern jedesmal Brot mit, schenkt ihr Wodka und Zigaretten, sogar eine Filzdecke. Beim letzten Mal sitzt er neben Maximiliane auf dem Rand des eisernen Luftschutzbettes, raucht und redet; sie hört zu und prägt sich einige Worte ein. ‚Kirgise', ‚Alatau' und ‚Balchasch-See'. Während er spricht, betrachtet sie ihn, sein flaches Gesicht mit der erdgrauen Haut, den kahlgeschorenen Kopf. Als er mit Reden und Rauchen fertig ist, sagt sie: ‚Njet plakatje!'."

Stellt man die Viktimologie des Alltags in Rechnung, die triviale Auffassung von einer Täter-Opfer-Beziehung, die dem Opfer einer Vergewaltigung nach sorgfältiger sprachlicher Relativierung einen Rest von Mitschuld läßt, dann wird erklärlich, warum Frauen recht taten, über ihre Vergewaltigung zu schweigen. Frau Scholten und Frau Blau hatten auf den Schritt, sich an einen einzelnen Russen zu halten, hingewiesen. Sie konnten für diese Entscheidung Verständnis aufbringen. Der Weg, den die Interpretationen solcher Geschichten nehmen konnten, ist vorgezeichnet. Frau Stahl, die sogar noch den Namen ihres Vergewaltigers in Erinnerung hatte, hätte leicht als ein Fall von sexueller Kollaboration in den Klatsch und die Erzähltradition ihrer Umgebung eingehen können.

Sich an einen Russen zu „halten", dürfte tatsächlich zu den Formen des praktizierten Selbstschutzes von Frauen in der ersten Zeit der Besatzung gehört haben. Eine Geschichte, die im Klima der 1940er und 1950er Jahre mit dieser stehenden Wendung erzählt wurde, konnte beim Zuhörer leicht zu dem Eindruck führen, hier sei es zur Not-Prostitution gekommen. Selten war dabei klar herauszuhören, ob der Akzent mehr auf „Not" oder auf „Prostitution" lag.

Erzählgeschichten dieses Inhalts gehören über das Beispiel des sowjetischen Einmarsches hinaus wohl allgemein zum Themenkanon des Redens von Nachkriegs- und Besatzungszeiten. Sie bezogen sich in Frankreich und Norwegen auf die Kollaboration von Frauen mit deutschen Besatzern. Und fast als ein Stereotyp kennzeichnen sie „das" Verhältnis der deutschen „Fräuleins" zu Amerikanern und englischen Besatzungssoldaten. Erzählungen dieses Typs stellen die gegenteilige Version zur Darstellung der Frau als einer Kriegsbeute dar. Zeitgeschichtler bekamen bei ihren Erhebungen zur Oral History über den Einmarsch amerikanischer Truppen ins Ruhrgebiet von Frauen und Männern wiederholt empört vorgetragene Geschichten über die Fraternisierung der Frauen mit den Besatzern zu hören. So klingt es aus dem Munde eines Metallarbeiters: „Ein Neger sagte: ‚Die deutschen Soldaten haben sechs Jahre gekämpft, die deutschen Frauen nur fünf Minuten!' Das stimmte von A bis Z. Ich hab mich geschämt."[192]

Hedwig Gansel[193] erlebte mit ihren fünf Kindern den Einmarsch der Roten Armee im niederschlesischen Bad Kudowa. Ihr fünftes Kind wurde ein paar Tage nach der Ankunft der sowjetischen Soldaten geboren. Es starb einige Monate nach der Geburt. Frau Gansel ist von Vergewaltigungen verschont geblieben. Ihre folgenden zwei Besatzungszeit-Geschichten handeln vom erfolgreichen eigenen Schutz und vom leichtfertigen Verhalten anderer Frauen.

„Es heißt ja immer, die Mütter schützen die Kinder und bewahren sie. Aber es ist auch umgekehrt richtig. Die Kinder sind auch der beste Schutz für die Mutter. Also ich hab' das damals kennengelernt. Wenn ich rausging, da hatte ich draußen keine Angst vor Russen. Im Gegenteil, wir hatten immer einen ganzen Schwanz Russen hinter uns, die mochten die Kinder. Und der Jürgen, der war damals dreieinhalb Jahre alt, der hatte blonde Locken, er war ein süßer Kerl, den hatten die Russen immer im Arm. Das war allgemein bekannt in Kudowa, wenn eine Frau mit Kindern, mit Kinderwagen und kleinen Kindern danebenherlaufend durch die Straßen ging, da hat kein Russe ihr etwas getan. Also ich war immer unbehelligt."

Dieser Sequenz läßt sie eine Geschichte folgen, die in ihrer Deutlichkeit an Erzählungen erinnert, wie sie sonst nur über das Entgegenkommen deutscher Frauen bei amerikanischen oder britischen Besatzungssoldaten verbreitet sind:

„Es sind nicht so viele Vergewaltigungen vorgekommen. Es waren die Frauen auch selbst sehr viel Schuld. Also, ich hatte ja einen ziemlichen Bekanntenkreis. Der war aus allen Schichten. Da kannte ich schon eine ganze Reihe Frauen, mit denen man Erlebnisse austauschte. Die meisten hatten die Männer an der Front. Und als ich dann wieder nach dem Einmarsch der Russen auf die Straße kam, da hab' ich gedacht: ‚Was hat sich hier verändert? Irgendwie ist das ganze Leben anders geworden!' – Also die Frauen waren plötzlich gut angezogen. – Nicht alle, das muß ich natürlich voraussetzen. Aber es gab eine ganze Reihe von Frauen, die sich anders als vorher verhielten. Da war zum Beispiel eine Rechtsanwaltsfrau, mit der ich mich sehr gut verstanden habe. Die hatte wohl ihre letzten guten Sachen angezogen. So lief die rum, kam mit 'ner großen Haarschleife, rotem Gürtel, rote Schuhe. Ich weiß nicht, wo die Leute das alles herhatten. Zu mir sagte sie: ‚Also, Frau Gansel, Sie müssen sich jetzt ein bißchen anders anziehen.' – Also, da waren welche, die gingen Weinflaschen schwenkend den Russen entgegen. Und da war es natürlich dann kein Wunder, daß es dann zu Vergewaltigungen kam. Und in der Nacht zogen deutsche Soldaten durchs Dorf, kamen von der Front, denen hätte niemand einen Tropfen Wasser gegeben."

Besonders der letzte Satz dieser Geschichte zeigt, wie damals im Bewußtsein der Öffentlichkeit die Enttäuschung über das „Entgegenkommen" mancher Frau und die Bestürzung über den verlorenen Krieg zu einem Bilde zusammengeblendet wurden. – Heimlich – „in der Nacht" – ziehen „unsere" geschlagenen Soldaten durchs Dorf – „unsere Frauen" gehen ein paar Stunden später am hellichten Tag aufgeputzt und „Weinflaschen schwenkend" den Siegern entgegen. Und vor allem: Welchen Siegern! Wer das Ergebnis des Krieges gegen die verachteten Völker des Ostens zur Kenntnis nehmen mußte, der mußte zwangsläufig über jeden Verdacht und erst recht über eine tatsächlich praktizierte „Fraternisierung" erschüttert sein.

Wiederum wird augenfällig, in welch hohem Maße im Erzählen aus der Erinnerung einzelne subjektiv ausgewählte Ereignisse verallgemeinert werden. In der Situation werden sie als Geschichten in bestimmter Absicht erzählt, sollen unterhalten, überzeugen oder als Argument dienen. Im Erzählvorgang kommt es zur Übersteigerung und Dramatisierung einzelner Aspekte. Wird die Generalisierung nicht vom Erzähler vollzogen, generalisiert der Zuhörer. Frau Gansel ist sich dieser Gefahr bewußt gewesen. Deshalb hat sie Wert auf die Einschränkung gelegt, nicht *alle* Frauen hätten sich damals so „entgegenkommend" gegenüber den Siegern verhalten. – „Nicht *alle*, das muß ich natürlich voraussetzen." – Das

Beispiel zeigt trotzdem, wie beim lebensgeschichtlichen Erinnern und Erzählen die eigenen Gefühle, bewußt oder unbewußt den Vorrang vor einer an der puren „Wahrheit" ausgerichteten Darstellung bekommen können. Was für eine Geschichte hätte Frau Gansel wohl erzählt, wenn sie trotz ihrer wohlüberlegten Vorkehrungen schließlich doch das Opfer einer Vergewaltigung geworden wäre?

Erinnerungserzählungen sind wegen dieser Qualität des Gedächtnisses und durch den Einfluß der Erzählsituation eine nicht gerade zuverlässige Quelle für die Beurteilung zurückliegender Ereignisse. Ihr Wert zeigt sich darin, daß sie uns einen Einblick in die Auswirkungen des historischen Geschehens auf das Bewußtsein einzelner Menschen und einen Eindruck von kollektiven Bewußtseinsprozessen geben können. Kollektives Erinnern äußert sich in festen Mustern, in kulturellen Bildern. Diese können uns als verfestigtes Stereotyp oder als Topos begegnen, manchmal nur noch als Redewendung. Die Erinnerungen an die Nachkriegsjahre haben sich mit der Zeit sozial verselbständigt und in den Köpfen fixiert. Sogar für Leute, die diese Jahre als Erwachsene erlebt haben, dürfte es bisweilen schwer sein, genau zu trennen, ob sie sich gerade auf eigene Erlebnisse, auf Gehörtes, Gelesenes oder vielleicht überhaupt nur noch auf Fernsehbilder bei ihren Erinnerungen stützen. Einige fixe Vorstellungen, die bis heute in der Tradition des Erzählens lebendig geblieben sind, sind auch in den Medien präsent: „Frauen als Kriegsbeute", „Kinder schützen Mütter", „Frauen als leichte Beute", „geschlagene Männer – willige Frauen", „brutale sowjetische Soldaten", „kinderliebe Russen", „kindliche (schwarze) Amis". Solche Standardvorstellungen transportieren stets Halbwahrheiten, das heißt, keinem dieser Erinnerungsmuster ist ein gewisser Gehalt an Wahrheit abzusprechen. Das fast unentwirrbare Mischungsverhältnis aus kollektivem Schema, persönlicher Erfahrung und Information aus zweiter Hand kann die Topoi des Erzählens nach dem jeweiligen Bedarf zu Angeboten der Versöhnung aber auch zu Mustern der Agitation und Aggression werden lassen.

Die kulturelle Überformung und Standardisierung von Erlebnissen in der Erinnerung und im Selbstbericht kann außerdem eine Hilfe bei der subjektiven und kollektiven „Verarbeitung" bedrückender lebensgeschichtlicher Erfahrungen sein. Wenn sich etwas standardisieren läßt, dann muß es schon ein Stück weit Bestandteil der Kultur geworden sein, gemeinsames Schicksal. „Geteiltes Leid ist halbes Leid!" Subjektives geht verloren, eigenes und fremdes Leid werden gemildert. Auf diese Weise glätten sich auch persönliche und kollektive Schuldgefühle.

Diese hilfreiche Funktion einer Standardisierung des Erinnerns ist der Geschichte von Frau Erna Liebelt zu entnehmen. Auch sie erzählt von ihrer eigenen Vergewaltigung. Das geschieht mit äußerster Distanz zum Geschehen, ohne Moralisierung, ohne Schuldzuweisung, ohne Klage und natürlich ohne jenen verheuchelten Unterton des Romans von Christine Brückner. Zur Darstellungsweise der Informantin ist allerdings anzumerken, daß die 60jährige ihre Geschichte im Jahre 1989 einem 40jährigen männlichen Gesprächspartner erzählt hat. Das gleiche Geschehen einer jungen Frau mitgeteilt, hätte sicherlich eine andere Geschichte ergeben.

Frau Liebelt hat bis 1988 in Hamburg als kaufmännische Angestellte gearbeitet. Sie stammt aus Allenstein. Von da ist sie vor der Roten Armee im Januar 1945 mit ihrer Mutter und zwei jüngeren Geschwistern nach Mecklenburg geflohen. Dort machte die Familie auf einem Bauernhof Station. Die Erzählerin erinnert sich, daß es der 1. Mai 1945 war, als die Rote Armee den mecklenburgischen Ort erreichte. Aus Angst vor den Soldaten floh die damals 16½jährige in eine eigens für die Flüchtlinge angelegte Barackensiedlung. Die Bedeutung der Geschehnisse für das Leben dieser Frau zeigt sich in der Bildhaftigkeit ihrer Erinnerungen. Dazu gehört, daß selbst – „objektiv" – völlig unbedeutende Ereignisse vor der Vergewaltigung bis ins Detail haften geblieben sind.

„Ja, und dann sind wir in diese Baracke da rein, und da gab es Puddingsuppe, weiß ich noch. Die hatten Milch und Puddingpulver – und damit alle was abkriegten, gab's keinen Pudding, sondern Puddingsuppe. Und da schliefen wir dann alle zum Teil zu zweit oder zu dritt in einem Bett. Und wie es dann dunkel wurde, kamen die betrunkenen Russen. Und das war dann auch meine erste Begegnung da. Trotz Weinen und Händeringen und so, gab's kein Pardon. Da wurde man dann in das Zimmer geschleppt und einer hat seinen Spaß gehabt und der andere guckte zu. Und als der fertig war, hatte der zweite zwar das Bedürfnis, aber der Suff hat ihn dann tot gemacht. Da war dann also nix mehr. Und dann sind sie also besoffen von dannen. Und am nächsten Tag hatte ich dann nochmal diese Begegnung. Aber die waren dann zumindest nicht so besoffen und so. Das war schon etwas menschlicher, das Ganze will ich mal sagen. Es war auch ein jüngerer Mann, ein Soldat. Und da hab' ich das schon etwas anders gesehen." Das unwesentliche Detail „Puddingsuppe" kündigt den Zusammenbruch des alltäglichen Lebens an, es signalisiert die „Ruhe vor dem Sturm". Die letzte Speise vor der Vergewaltigung wird beschrieben. Die Ereignisse werden indes trotz der ungeheuren Brutalität deutlich typisiert geschildert; sie haben mit der Zeit viel von ihrem individuellen Charakter verloren. Einzig im Spott über die sexuelle Impotenz des Betrunkenen artikuliert sich als Schadenfreude ein persönliches Gefühl. Ansonsten hebt die Informantin ihr eigenes Schicksal, das Los des Opfers, ins allgemeine, spricht davon, daß „man" in das andere Zimmer geschleppt wurde und es „kein Pardon" trotz ihres Weinens und Händeringens gegeben habe. Die Vergewaltigungen werden zur „Begegnung" abstrahiert, die Täter bleiben anonym. Nur mit Hilfe dieser stilistischen Mittel können die Geschehnisse überhaupt von ihr erzählt werden. Wie Frau Stahl, die sich wie ein „Karnickel" vorkam, resigniert auch Frau Liebelt vor dem Unabwendbaren. „Alle Antworten auf Fragen nach Zweck, Sinn und Recht des Leidens werden als unmöglich, das Handeln zur Befreiung vom Leiden als hoffnungslos erkannt.", heißt es bei Jaspers über Situationen des unabwendbaren Leids.[194]

Die Erinnerung an den Schrecken hat sich im Laufe der Zeit vom Wesentlichen auf Nebensächliches verlagert. In der Erzählung von Frau Liebelt werden wir Zeuge einer Kollektivierung und Standardisierung eigener Erinnerungen als einem Mittel des Selbstschutzes. Dabei macht sie nicht bei einem populären kulturellen Muster halt, etwa beim Stereotyp des „besoffenen Russen". Statt dessen findet sie, wie ich im weiteren zeigen will, eine individuelle Lösung für das Nachdenken und Reden über ein erschreckendes und bedrückendes Geschehen.

Zusammen mit mehreren Frauen und Mädchen flieht die 16jährige nach den beiden „Begegnungen" aus dem Lager. Sie hält sich in der winzigen Bodenluke eines Einfamilien-Hauses im Dorf verborgen. Die sowjetischen Soldaten ahnen nicht, daß sich noch in diesem engen Versteck Menschen aufhalten. Jedenfalls bleiben die Frauen dort vor weiteren Greueltaten verschont. Um zu essen, verläßt Erna tagsüber zusammen mit den anderen immer wieder für kurze Zeit ihr Fluchtquartier.

„Und da weiß ich noch: Ich kannte gar keinen Spargel, und das war nun Spargelzeit, und die hatten im Garten Spargel und noch Kartoffeln im Keller. Da gab es ja wohl jeden Tag Kartoffeln und Spargel. Also, das war meine erste Bekanntschaft mit Spargel, und später wollte ich gar nichts mehr davon wissen, nachher, wenn ich das schon roch."

Die entsetzliche Grausamkeit der Vergewaltigungssituation wird durch eine kulinarische Vor- und Nachgeschichte in das normale Leben eingepaßt. Das Leben geht weiter.[195] Der Mensch schafft sich auch im unmenschlichsten Milieu seinen Alltag. Die täglichen Gewohnheiten des Essens überspielen hier den Schrecken und vermitteln einen Halt, jedenfalls in der Erinnerung. „Vergessen" wird hier nichts, nur verlagert. Sie braucht nur Spargel zu riechen und der Schrecken und die Angst sind wieder präsent. Es zeigt sich wiederum die eminente Bedeutung des Geruchssinns für das Erinnern. An mehreren Stellen des dreieinhalbstündigen Gesprächs ist Frau Liebelt auf die Ereignisse zurückgekommen. Von der historischen Abfolge aus betrachtet, hat sie zwei Typen der Vergewaltigung durch Soldaten der Roten Armee unterschieden:

„Die ersten sind am brutalsten gewesen. Sie haben nicht nach alt oder jung geguckt. Und die späteren, die haben sich eben nachher was Passables ausgesucht, will ich mal sagen. Aber immer nur in ihrem Sinn. Ganz gleich, was die Frau empfindet, während das in der ersten Zeit mehr eine Bestrafung sein sollte. Zuerst war es für die Soldaten so etwas, wie eine Belohnung. – ‚Jetzt hab' ich gesiegt, jetzt kann ich leben.'"

In diesem Urteil einer Frau, die selbst Opfer wurde, ist kein Platz für eine Kritik an anderen Frauen, die sich angeblich den Siegern an den Hals geworfen haben sollen. Auch ihre Einschätzung monopolisierter deutsch-russischer Sexual-Verhältnisse fällt durch einen Wechsel der Perspektive milder aus. Nicht die Frauen „halten" sich hier an „den einen Russen", sondern dieser sucht sich „etwas Passables" aus.

Die Frauen bleiben die Opfer. Die Opfer der ersten und die Opfer der zweiten Stunde werden nicht gegeneinander ausgespielt.

Doch wie brüchig der Weg der Standardisierung des Erinnerns und Erzählens ist, zeigen die Äußerungen von Frau Liebelt, wenn sie auf die Folgen dieses Leidens zu sprechen kommt. Lange Zeit hat sie immer wieder von ihrer Vergewaltigung geträumt. Das hat sich in den letzten Jahren geändert. Mittlerweile kann sie auch Spargel riechen. Frau Liebelt hat mehrfach erwähnt, sie sei „ein sehr positiv eingestellter Mensch". In ihrem Lebensbericht hat sie sich um eine nüchtern-distanzierte Betrachtungsweise bemüht. Sie geht sprachlich in Distanz zu dem schrecklichen Erlebnis des Jahres 1945. Aber die Kriegs- und Nachkriegsjahre wirken immer wieder in das heutige Leben hinein:

„Ich kann bis heute keinen Krimi oder andere beängstigende Sachen sehen. Da schlägt mein Herz bis da oben. Obwohl ich sonst gar nicht so ängstlich bin. Das führe ich auf diese Erlebnisse da in der Jugend zurück. Ich ziehe immer Parallelen. Irgendwo gibt es immer ein Erlebnis, was so ähnlich war; von vielem habe ich ja gar nicht gesprochen. Aber das Übelste war ja, der zerrt einen da aus dem Bett und schmeißt einen da auf die Couch und legt sich drauf, da weiß man gar nicht, wie einem geschieht. Ich will jetzt gar nicht groß reden von Ehrverlust oder sowas. Das find' ich alles viel zu hochtrabend. Das kann man auch anders sehen. Heutzutage schlafen die Mädchen auch mit dem einen Jungen und übermorgen mit 'nem andern. Das ist etwas, was man keiner ansieht. Aber die Art, das war es eben. Dieser Hintergrund da an der ganzen Geschichte. Und wie gesagt, da hilft kein Weinen und kein Jammern. Also es ist eine eigene Erfahrung geblieben. So stelle ich mir die Gewaltverbrechen vor. Also, wenn ich von so etwas höre, sehe ich dieses Bild wieder so vor mir."

Das Gerede vom „Ehrverlust" durch eine Vergewaltigung hat sie längst durchschaut. Jahrelang waren die Opfer in doppelter Weise bestraft worden, wenn die Vergewaltigung als Klatsch oder nur als Gerücht zum Thema wurde. Angst der Opfer war die Folge der Lüge und Heuchelei. All das gehörte zum Alltag der Familien, deren Töchter eine Vergewaltigung erleiden mußten. Aus heutiger Sicht kann Frau Liebelt dieses Gerede vom Verlust der Jungfernschaft als Verlust der Ehre „hochtrabend" nennen. Die Sexualität ist – zumindest unter der deutschen Bevölkerung unseres Landes – in den letzten zwanzig Jahren weithin ihres mystischen Charakters entkleidet worden. Ob eine junge Frau mit einem

Mann geschlafen hat oder nicht, ist etwas Privates, „was man keiner ansieht", jedenfalls nichts Öffentliches wie die „Ehre". Heute kann Frau Liebelt in Distanz zu den Vorurteilen gehen, die in ihrer Jugend galten. Über ihren persönlichen Weg zu diesem sicheren Urteil über den „Zeitgeist" der 1950er Jahre hinweg läßt sich nur mutmaßen.

Wir wissen nicht, ob sich Frau Stahl oder Frau Liebelt in den 1950er Jahren dem Verdacht der „Verwahrlosung" ausgesetzt gesehen haben, wie die jungen Frauen, die uns in der psychologischen Dissertation vorgestellt worden sind. Vor allem wissen wir nicht, ob sie sich selbst in diesen Jahren ihrer Jugendzeit manchmal als „Schuldige" oder „Verwahrloste" gefühlt haben. Else und Christa, die psychologisch beobachteten Heim„kinder", waren Kriegswaisen. Frau Liebelt und Frau Stahl hatten es glücklicher getroffen. Aber die Tatsache, daß Frau Liebelt noch heute von sich aus auf das Thema „Ehrverlust" kommt, läßt uns ihren Leidensweg durch die Geschichte der bundesdeutschen Gesellschaft erahnen.

5. Flüchtlinge und Aussiedler

a) Der Flüchtling als „Pole" – eine Reminiszenz

Die Begegnung zwischen Flüchtlingen und Einheimischen führte am Arbeitsplatz, in der Nachbarschaft und der Schulklasse in der ersten Nachkriegszeit häufig zu Diskussionen über Nationalitätenfragen. „Ist so einer wie Du, ist ein Oberschlesier überhaupt ein ‚richtiger' Deutscher?" – „Was ist denn, bitte schön, ein ‚Volksdeutscher'?" Für Zweifelsfälle gab es, besonders im Arbeitermilieu die Etiketten „Beutedeutscher" – „Volksdeutscher". „Auch-Deutscher" und „Beutedeutscher" waren geläufige Abstufungen des Alltags. Sie erinnern an die Klassifikationen der jüdischen Bevölkerung durch die Nürnberger Rassengesetze. Die Frage nach der Besonderheit der verschiedenen „Rassen", die damals in Westdeutschland aufeinander trafen, wurde ganz öffentlich diskutiert. Begriffe wie „Volk", „Heimatrecht" und „Rasse" waren noch nicht so diskreditiert wie 25 Jahre später. In agitatorischer und aggressiver Weise konnten ganze Bevölkerungsgruppen unter den Deutschen der Jahre 1945 ff. ausgegrenzt werden, obwohl die verheerenden Folgen dieses vergleichenden und klassifizierenden Denkens und seiner „Anwendung" in der Praxis wohlbekannt waren. Bei nüchterner Betrachtung der historischen Entstehungsbedingungen dieses Denkens kann das nicht verwunderlich sein. Erörterungen über Fragen der nationalen Zugehörigkeit und der psychosozialen Eigenschaften von Volksgruppen und Rassen standen überall in Europa seit mehr als hundert Jahren im Mittelpunkt nicht enden wollender geschichtlicher, volkskundlicher, psychologischer und politischer Debatten, auf jedem nur denkbaren intellektuellen Niveau; natürlich auch im Unterricht der Schulen. Kollektive Einstellungen, Überzeugungen und Denkmuster ändern sich stets langsamer als politische Verhältnisse. Es ist ein mühsamer, in Generationenfolgen und Erziehung eingebundener Prozeß, wenn eingelebte Auffassungen verschwinden. Die Dynamik und Überlebenskraft nationalistischer und ethnischer Denkmuster braucht angesichts der vielfältigen nationalen und religiösen Konflikte und Abgrenzungsbemühungen in der heutigen Welt nicht umständlich erläutert zu werden. Was „überholt“, „von gestern“ ist, läßt sich nicht mit Mitteln der Tabuierung, der Dekretierung und des Appells endgültig „beweisen“. Zum Glück haben sich inzwischen „Theorien“, die der Rassenzugehörigkeit einer Ethnie oder eines Individuums Erklärungskraft zusprechen, zumindest in Europa verflüchtigt. Es ist eine Tatsache, daß ethnische und gelegentlich rassistische Klischees mit Blick auf die Neubürger überall in Westdeutschland benutzt wurden. Flüchtlinge aus ethnischen Mischzonen Ostdeutschlands, Oberschlesier und Ostpreußen, hatten es im Alltagsstreit besonders schwer, „nachzuweisen“, keine „Polen“ zu sein. Die Ungarndeutschen beklagten sich darüber, daß ausgerechnet sie, die in der alten Heimat manchmal von ihren ungarischen Nachbarn als „stinkende Schwaben“ beschimpft worden waren, nun für die Schwaben in Baden-Württemberg „Zigeuner“ waren.[196]

Die Schüler einer Gymnasialklasse, die einen oberschlesisch sprechenden Deutschlehrer zugeteilt bekamen, beschwerten sich, daß sie nun einen „Pollacken“ zum Lehrer hätten.[197] Das Delikate dieses Falles, den ein Historiker aus seiner eigenen Schulzeit berichtet hat, liegt darin, daß es sich bei diesem das „R“ in der unverwechselbaren weichen oberschlesischen Weise rollenden Germanisten und Gymnasiallehrer um den späteren Vertriebenenpolitiker Herbert Czaja gehandelt haben soll.

Auch unser Informant Hermann Johns war einer der problematischen „Ostlehrer“. Aus Wolhynien stammend, war er zunächst von den Nationalsozialisten in die Gegend von Lodz umgesiedelt worden. Von da wurde er nach Niedersachsen ausgewiesen, wo er bereits im Oktober 1945, drei Monate nach seiner Ankunft, eine Anstellung als Lehrer fand. Heute kann er darüber lachen, daß er 1945 ein „Pollack“ für die Schüler des kleinen Dorfes bei Goslar war. Den Namen des Lehrers, der ihn bei den Schülern mit einer „Gegenpropaganda“ eingeführt hat, mag er immer noch nicht erwähnen. Auch den Namen des anderen boshaften Kollegen nicht, der seine Frau und ihn auf einem Tanzvergnügen beleidigte. Offenbar fürchtet er noch heute einen Streit. Daß es etwas anderes ist, für das Auslandsdeutschtum zu werben und Spenden zu sammeln oder die Objekte dieser Fürsorge nun leibhaftig neben sich im Lehrerzimmer sitzen zu haben, kann er zur Not nachempfinden. Aber die Form, in der das geschah, steht ihm noch im 75. Lebensjahr als unvergeßliche Erfahrung der Fremdheit im eigenen Lande vor Augen.

„Ich komme da in Harlingerode in die Klasse rein. Es waren nicht viele Schüler da, nur 68. Andere Lehrer hatten da an die hundert Kinder sitzen. Und ich stell mich hin vor die Klasse und erzähle. Und die Schüler immer: ‚Ach, erzählen Sie mehr!' Da denk ich heute noch dran. Das sind ja heute alles Omis schon, die damals in der Klasse waren. Da sagt die eine, die kam aus dem Sägewerk, die Edith: ‚Herr Johns, nun sagen Sie mal, wir sind ja ganz erstaunt, Sie können ja Deutsch. Herr (äh, äh – Name tut nichts zur Sache) hat gesagt, wir kriegen jetzt einen Pollack zum Lehrer. Der kann kein Deutsch. Wir sollten aber nett zu ihm sein, ihn nicht auslachen!' Das erzählen wir immer noch bei unseren Lehrer-Schüler-Treffen. Erst vor ein paar Wochen wieder. Dieser Lehrer hat auch sonst überall Gegenpropaganda gemacht – gegen mich. Ich sollte auf keinen Fall Schulleiter an der kleinen Zwei-Lehrer-Schule eines Kollegen werden. Das Dickste ist allerdings bei unserem ersten Lehrer-Vergnügen passiert. Da trafen sich noch vor der Währungsreform die Lehrer aus der Umgebung in so 'ner Kneipe; mit unseren Frauen waren wir da. Und da hatten wir auch irgendwelche Musikanten gefunden zum Tanz. Und der eine von den Kollegen aus dem Nachbardorf, das war sonst ein ganz vernünftiger Mensch, der kommt und fragt so ganz freundlich: ‚Herr Kollege, darf ich Ihre Frau zum Tanze bitten? Aber ich hätt noch 'ne Frage: Versteht die denn Deutsch?' – Primitiv, diese Menschen haben früher zur Nazizeit für den VdA, den Verein der Auslandsdeutschen, in der Schule gesammelt. – Herrgott, was für eine Primitivität."

Dieses „primitive" Verhalten eines Kollegen kann Herrn Johns noch heute empören. Für die Bedenken der Eltern und Schüler hat er im weiteren Verlauf des Gesprächs sein „Verständnis" geäußert. Wenn er seine Nachsichtigkeit heute erörtert, verfällt er wieder in die Spitzfindigkeiten des dörflichen „Kulturkampfes" der ausgehenden 1940er Jahre: Es sei damals ein mühevolles pädagogisches Unterfangen gewesen, die niedersächsische Dorfjugend in der Schule vom Plattdeutsch zur Hochsprache zu führen. Daß nun ausgerechnet Lehrer kamen, die einen etwas anderen Zungenschlag hatten als die in ihrem Hochdeutsch über den „*s*p*itzen* *S*tein" stolpernden norddeutschen Lehrer, hätte die Niedersachsen ja verständlicherweise irritieren müssen.

Offenbar war auch Otto Newrzella ein Philologe und ein „Ostlehrer". 1954 richtete er in einem der verbreiteten „Heimatbriefe" ein besonders kurios anmutendes Gedicht „Mein Name"[198] an die Adresse seiner Landsleute aus dem böhmisch-schlesischen Leobschütz. Es sollte seinen slawisch klingenden Namen für die deutsche Seite retten, zur persönlichen „Rechtfertigung" und zur allgemeinen schlesisch-böhmisch-deutschen Identitätserhellung beitragen. Vermutlich ist es eine Darstellung aus der Studienratsperspektive; vielleicht ein Reflex auf Anfeindungen, wie sie der Deutschlehrer Czaja erfahren hatte. Jedenfalls ist dieses Werk, aus dem ich nun einzelne Passagen zitieren werde, trotz seines extremen Charakters ein aussagekräftiges Dokument für einen kulturellen Aspekt der Nachkriegsjahre.

„Neulich kam – Potz, Blitz und Wetter! –
mein sonst netter Namensvetter
und verkündete mir keck:
‚Meinen Namen werf ich weg!'

Staunend stand mein Mund mir offen,
allzusehr war ich getroffen;
denn er sagte schließlich auch:
‚Name ist nur Schall und Rauch!'

Jeder glaubt, ich sei ein Slawe
von der Weichsel oder Save!
Dieses, Freund, ertrag ich nicht,
hab' ein nordisches Gesicht!'

Ich erwiderte bedächtig:
‚Handelt denn nicht niederträchtig,
wer ein Testament verbrennt,
dessen Inhalt er nicht kennt?'

[...]

Für die Polen, die wir kennen,
die gern Deutsches polnisch nennen,
war mein Name kein Problem:
‚Vom Wort ‚Sonntag' er wohl käm.'

Als der Tscheche bald erkannte,
daß der polnische Verwandte
Polenpolitik betrieb,
zeigte er den gleichen Trieb:

Er begann zu slawisieren,
meinen Nam' zu tschechisieren,
und der Sinn, auf den er pocht,
lautet: ‚Sie hat nicht gekocht!' "

Schließlich, nach endlosen Reimereien, kehrt der Dichter wieder auf den Boden der „etymologischen Tatsachen" zurück:

Weit zurück auf Slawenlaute?
Wer *den* Widerspruch hier schaute,
denkt, verdeckt nicht slaw'scher Schein
angewandtes *Mönchslatein?*

[...]

Die Beweise, daß noch heute
Worte jener Klosterleute
äußerst weit verbreitet sind,
aus der *,cella'* man gewinnt.

Solche ferngelegne Güter
forderten besondre Hüter,
die ein *Nebenklösterlein,*
manchmal durft's nur ein Vorwerk sein,

[...]

Und so scheint es voll erwiesen.
daß Besitz mit ,Nebel'-Wiesen
,Newr-Zella' wurd genannt;
– doch ihr Ort ist unbekannt.

Diese „etymologischen Gedanken" führen mit Schwung zurück in die Volkstumskämpfe am Anfang dieses Jahrhunderts. Der „Namenskampf", zu dem auch der Streit über die Herkunft berühmter Persönlichkeiten gehörte,[199] betraf ein besonders hart umkämpftes Areal. „War Kopernikus ein Deutscher oder ein Pole?" Wenn die Vertriebenen später über die polnischen Ortsbezeichnungen besonders empört waren, sollte man als Erklärung auch diesen deutsch-polnischen Dauerkonflikt in Betracht ziehen. Unser Namensforscher konnte sich mit seinem wissenschaftlichen Gedicht gewiß auf Erfahrungen vieler Landsleute im Westen berufen. Der Vorwurf, ein „Slawe" zu sein, traf Flüchtlinge aus dem Osten an einer empfindlichen Stelle. Ihre Kinder sind heute im Zeichen einer multikulturellen Gesellschaft vielleicht auf ihren polnischen oder tschechischen Namen besonders stolz. Unser Philologe aber benötigte 1954 genau 93 Vierzeiler, bis er in einer Auseinandersetzung mit polnischen, tschechischen und russischen „Schein-Versionen" nachgewiesen hatte, daß der Name Newrzella keineswegs slawischen, sondern mönchslateinischen Ursprungs sei.

Auch rassische und völkische Reinheitsgebote konnten noch eingefordert werden, und zwar nicht nur von den Altansässigen zum Schutz vor „Vermischung" und „Überfremdung" durch Flüchtlinge, sondern manchmal auch von seiten der Flüchtlinge gegen „Mischehen" mit Einheimischen. Ein bayerischer Kreisdirektor[200] hat einen unrühmlichen Namen erworben, als ihm der Tatbestand der „Blutschande“ wieder einfiel. Er wetterte mit diesem Argument gegen Heiraten bayerischer Bauernburschen mit Flüchtlingsmädchen. Von der Gegenseite aus warnte ein Arzt „fürsorglich“ seine vertriebenen Landsleute vor derartigen „Rassen“mischungen.[201]

Die Auffassungen über Volkscharakter und Rasse dürften oft in die Familien hineingewirkt haben. So konnte das Konnubium zwischen Einheimischen und Flüchtlingen, das von der späteren Flüchtlingsforschung ausschließlich als ein wichtiger Indikator für die Integration der Neubürger gesehen worden ist, im Ehealltag durchaus voller Ost-West-Tücken stekken, etwa wenn ein „sturer Niedersachse“ eine „ewig schimpfende Schlesierin“ zur Frau hatte. Mehrere heute erwachsene Söhne und Töchter aus „Ost-West-Ehen“ haben uns von solchen Streitereien berichtet, die immer noch lebendig waren, als „der“ Flüchtling als Sozialtyp längst aus dem Bewußtsein der Öffentlichkeit verschwunden war. In der Großstadt waren solche Ressentiments gegen die Neubürger kaum zu erwarten. Doch in deutschen Dörfern und Kleinstädten waren sie an der Tagesordnung.

Franz Neumann, der seit 1946 in einem niedersächsischen Dorf lebt[202] und dort eine Einheimische geheiratet hat, erinnert sich, daß erst nach dem Zuzug der Ausländer ins Dorf, also seit den 1960er Jahren, den völkisch-rassistischen Vorurteilen gegen die Flüchtlinge der Boden entzogen war. Aber im Streit unter Angehörigen der ersten Generation können sie, wie er meint, selbst heutzutage immer noch hervorbrechen.

Franz Neumann:
„Wenn es Streit gab, dann hieß es Pollacke. Das ist grad, als wenn einer einen Schlag in die Schnauze kriegt. Dann schlägt er wieder zurück. Ich meine, ich hab mich noch so ein bißchen zurückgezogen. Aber mein Bruder, der hörte das auch einmal, wie einer zu mir Pollacke sagte. Der sprang auf und gleich ihm an den Kragen. Ich sage: ‚Laß mal, das ist ein alter Mann.‘ Und dann habe ich dem Neffen von dem Alten da gesagt: ‚Wenn er das nochmal sagt, da kommt er als Krüppel zurück.‘ “

Interviewer:
„Ist so ein Streit heute immer noch möglich?“

Franz Neumann:
„Möglich, ja schon, aber vielleicht nur ganz selten, ganz selten. Das ist hier für die Flüchtlinge besser geworden, seit die Ausländer da sind. – Geht es besser, da haben sie von den Ostpreußen oder Schlesiern oder so ein bißchen abgelassen.“

Nicht ganz so beleidigend – doch verletzend genug – dürften sich für die neuen Westdeutschen manche der neutral und „sachlich“ argumentierenden vergleichenden Erörterungen über ein kulturelles West-Ost-Gefälle angehört haben. Bis in die Wissenschaften hinein war die Auffassung von der kulturellen Rückständigkeit der östlichen Gebiete[203] des deutschen Reiches gegenüber dessen mittleren und westlichen Regionen verbreitet. Es ist eine Tatsache, daß die Neigung eines Rheinländers oder Westfalen, in die Ostgebiete zu reisen, vor dem Kriege im allgemeinen weitaus geringer war als die eines Schlesiers zu einer Reise in den Westen. Der Westfale Brüning zeigte sich angenehm überrascht über das kulturelle Niveau der Bevölkerung, als er 1932 zum ersten Male in die deutschen Ostprovinzen kam. Von Adenauer ist nicht bekannt, ob er jemals Gebiete östlich von Berlin besucht hat.[204] Vermutlich hatte eine Mehrheit der Bevölkerung Schwabens, des Rheinlands oder Westfalens nur sehr vage Vorstellungen über die Regionen, aus denen die Flüchtlinge und Vertriebenen zu ihnen kamen.

b) Die heutigen Flüchtlinge

Die gemeinsame deutsch-polnische Geschichte bis zum Jahre 1945 kann für die Einstellung der deutschen Bevölkerung zu Leuten, die heute aus Polen in die Bundesrepublik kommen, nicht folgenlos bleiben. Den Flüchtlingen und Vertriebenen müssen hier unbestreitbare soziale und historische Ähnlichkeiten ins Auge fallen. Vor vierzig Jahren waren sie als „Fremde" im Lande durchaus in einer den Bedingungen der heutigen Ankömmlinge vergleichbaren Situation. Auch sie mußten vielfach in Lagern oder anderen Notunterkünften leben und wurden als Konkurrenten auf dem Wohnungs- und Arbeitsmarkt wahrgenommen. Die Flüchtlinge des Jahres 1945 trafen auf Einheimische und gelegentlich auf die sogenannten heimatlosen Ausländer der Nachkriegszeit. Die heutigen Flüchtlinge haben es mit Bundesbürgern, Übersiedlern aus der ehemaligen DDR und hier lebenden Ausländern zu tun.

Wie beurteilen nun die Altflüchtlinge und ihre Kinder die Anwesenheit der heutigen Aussiedler? Die Frage der Einwanderung aus Polen hatte in den Jahren 1988 bis 1990 zunehmend an öffentlichem Interesse gewonnen. Schon deshalb kamen fast alle Informanten von sich aus auf die Aussiedler zu sprechen. Bis ins Jahr 1990 überschnitt sich in der Öffentlichkeit das Thema „Aussiedler aus Polen und der Sowjetunion" mit dem Thema „DDR-Übersiedler". Die Medien und die politischen Parteien hatten es meistens vermieden, zwischen diesen beiden Gruppen einen Unterschied zu machen und dadurch die ohnehin zwischen ihnen vorhandenen Konkurrenzgefühle zu fördern. Die beiden Kategorien wurden deshalb sprachlich nivelliert, so daß im allgemeinen von den „Aus- und Übersiedlern" gemeinsam die Rede war. Nur wenn es um bestimmte

Probleme ging, etwa um Deutschkurse für Polenaussiedler oder um spezielle schulische Schwierigkeiten ihrer Kinder, wurde in den Medien sprachlich differenziert.

Die Flüchtlingserzählungen blieben von diesen öffentlichen Nivellierungen unberührt; vor allem, wenn Angehörige der Erlebnisgeneration zu Wort kamen. Da standen meistens die Gruppen der Übersiedler aus der DDR und der „Polenaussiedler" unversöhnlich in zwei getrennten Lagern: Deutsche und Nichtdeutsche. Im Zusammenhang mit unserer Erhebung ist zweierlei wichtig: Zunächst, daß diese Differenzierung die Folge lebensgeschichtlicher Erfahrungen ist. Zweitens, daß die Kinder der Flüchtlinge die Akzente meistens deutlich anders setzen als ihre Eltern. Ich will nun einige typische Stellungnahmen zu Spätaussiedlern aus Polen vorstellen. Zunächst sollen Gewährsleute aus der ersten Generation zu Wort kommen. Unter den Informanten hat sich niemand in einem Vertriebenenverband engagiert.

Frau Carla Manthey:
„Die Flüchtlinge haben viel beigetragen zum Wirtschaftswunder, denn die waren ja bestrebt, nun wieder ein Eigentum zu haben, wie sie's zu Hause gehabt haben, 'nen Garten zu haben und etwas zu leisten. Da hat sich jeder sehr bemüht. Und dadurch ist dann ja auch die ganze Wirtschaft mit in Gang gekommen. Die haben viel Entbehrungen über sich ergehen lassen. Und mit den jetzigen Flüchtlingen, die von Polen kommen? Also, wenn das deutsche Abstammung ist? Die brauchen ja nur nachzuweisen, daß 'ne Großmutter deutsch war, dann dürfen sie von dort weg. Ich find' das eigentlich nicht richtig. Die Kinder, die da groß geworden sind und die Sprache beherrschen und Land und Leute kennen. Warum wollen die dann weg? Es erwartet sie doch hier auch kein Paradies. Und die haben ja auch ihr Leben dort. Die wirtschaftliche Misere dort, das ist 'ne politische Sache. Warum müssen wir überhaupt hier so viele aufnehmen? – Denn das sind ja gar nicht direkt Deutsche. Es gibt welche, die einfach zurückgeblieben sind. Die haben den Strom damals bei der Ausweisung nicht erreicht oder wollten es nicht oder hatten sich mit einem Polen verheiratet und dachten: ‚Ach, wollen wir doch lieber hier bleiben!' Und mittlerweile haben sie es sich nun anders überlegt. Nun sagen sie: ‚Wären wir mal damals mit in den Westen gegangen. Alle anderen sind nun ja schon im Westen.' Ich hab' da eigentlich keine Sympathie für die Leute; überhaupt nicht, wenn sie schon richtige Polen sind. Man soll nicht von Vergeltung reden, aber die haben uns ja damals auch nicht gut behandelt. Und so mit Kleider rüberschicken, als das damals die große Sache hier war, Polenpakete von der Kirche. Nun gebt die Pakete mal bei der Kirchenverwaltung ab. Ich sage: ‚Warum denn eigentlich das? Wir haben denen doch schon unser ganzes Hab und Gut

da gelassen.' Und wenn sie es nicht geschafft haben in den Jahren, das Land in den Griff zu kriegen, es ist ja dort fruchtbares Land. Jeder Deutsche hatte etwas. Es gab keine Bettler bei uns. Aber die Polen haben es ja nicht in Stand gehalten, oder sie konnten es nicht, weil ihnen die Mittel fehlten. Da greift immer eins ins andere. Die lassen das schöne Gebiet da vergammeln und nun soll man sie auch noch unterstützen, oder sie kommen gleich hierher. Das sind für mich keine Flüchtlinge."

Frau Manthey, die heute im ländlichen Umland von Hannover wohnt, ist 1927 in einem Dorf in Niederschlesien geboren. Sie hat nach einer Zeit als Haushaltshilfe in der alten Heimat im Westen geheiratet und ist nach der Geburt von drei Kindern im eigenen Haushalt geblieben. Ich habe diese Einschätzung der Aussiedler-Problematik aus dem Jahre 1989 an den Anfang gestellt, weil sie die Argumente der befragten Heimatvertriebenen zu den heute aus Polen nach Westdeutschland zuziehenden Familien und Einzelpersonen fast vollständig enthält. Was Frau Manthey an Vorbehalten und Erinnerungen vorgetragen hat, ist manchmal verblümt, manchmal sogar bis hin zur Wortwahl identisch vorgebracht worden.

Diese Schlesierin erweist sich als ein wohlintegriertes Mitglied der Gesellschaft der Bundesrepublik. Ihre Solidarität gilt nicht den neuen Flüchtlingen, sondern den hier als Deutsche lebenden, gleichgültig, ob sie erst 1945 zugezogen oder mit ihrer Familie schon seit Generationen im Westen ansässig sind. Wenn sie am Anfang des Gesprächsausschnitts in distanzierter Weise „die Flüchtlinge" sagt und nicht „wir", deutet diese Formulierung unüberhörbar auf eine Distanzierung von der eigenen Lebenserfahrung und von der allgemeinen Geschichte der Vertriebenen des Jahres 1945 hin. Sie spricht über ein Kapitel ihres Lebens, das für sie längst abgeschlossen ist. Gegenüber den heutigen Aussiedlern nimmt sie die überall in der gegenwärtigen deutsch-polnischen Begegnung verbreitete deutsche Siegerpose ein. Davon war bereits bei den Erinnerungsreisen der Vertriebenen in den Osten die Rede. Diese Leute, die ja eigentlich „gar nicht direkt Deutsche" sind, dürfen „von dort weg", d.h. sie dürfen aus der Hölle und dem Chaos ins „Licht". Darüber hinaus wird der Verdacht der „nachträglichen Option" für Deutschland geäußert. Er gehört zu den gebräuchlichen Verdächtigungen von seiten der Altflüchtlinge gegen die Aussiedler. Nachdem das Glück des Sieges inzwischen unbestreitbar die Front gewechselt hat, endgültig auf seiten des Westens, mithin auf seiten Deutschlands liegt, haben diese Leute eingesehen, daß es damals ein Fehler war, freiwillig in Polen zu bleiben. Jetzt möchten sie wieder Deutsche sein. Die alte Volksterminologie „Volksdeutscher" – „Auch-Deutscher" – „Beutedeutscher" kommt wieder in Gebrauch. Durch die Einwanderungspraxis der offiziellen Stellen erhält sie neue

Geltung, denn die deutschen Behörden akzeptieren ja die national-kulturellen Klassifikationen der Nazis, die „Volkslisten“, bei der Anerkennung von Übersiedlern als „Vertriebene“. Zur weiteren Illustration des verbreiteten Vorwurfs einer nachträglichen Option für Deutschland eine Stellungnahme der heute in Hannover lebenden Frau Martha Heiler (Jg. 1935) aus Masuren:

„Ich kenne wirklich Familien, die waren stolz, die waren stolz, daß sie kein Wort Deutsch mehr konnten, als die Polen kamen. Und es sind die gleichen Leute, die heute kommen. Die tun so, als hätten sie vierzig Jahre lang dort zugebracht und jeden Tag an ihre deutsche Heimat gedacht. Als diese deutsche Heimat in Schutt und Asche lag und gehungert hatte und man dort auf den Feldern noch Essen und Trinken erwirtschaftet hat, haben sie keinen Tag an ihr Deutschtum gedacht. Die, die damals erkannt haben: ‚Hier mußt du unter Polen wie ein Pole leben‘, die sind schon damals gegangen.“

Die Erfahrungen der polnischen Besatzung des Jahres 1945 haben nicht allein das Polenbild vieler Deutscher aus den Ostgebieten bestimmt, sondern auch das Urteil über die Deutschen gesprochen, die in Polen geblieben sind. Frau Heiler hat keinerlei Sympathie für diese „Polen-Deutschen“.

Doch in den Flüchtlingserzählungen richten sich die Vorbehalte meistens nicht gegen diese „Polen-Deutschen“ oder „Auch-Deutschen“, deren Schicksal immer wieder in Zeitungsartikeln und Fernsehsendungen und inzwischen auch wieder in Politiker-Reden erörtert wird.[205] Im allgemeinen gilt die Ablehnung „den Polen“ in ihrer Gesamtheit. Da kommen bei vielen die Erinnerungen an die Besatzungszeit und alte Aggressionen wieder ans Licht. Frau Manthey begründet in typischer Weise die Abneigung gegen die polnische Bevölkerung. Wenn es um das Leiden und die Demütigungen während der Besatzungszeit, der „Polenzeit“, geht, erinnern sich auch die, die ihr Vertriebenenschicksal schon fast vergessen hatten, wieder ihres Nachkriegselends. Eine vergleichbare Intensität der Ressentiments löst sonst nur noch die Erinnerung an die Aufnahme der Flüchtlinge durch die einheimische Bevölkerung aus. Obwohl in der Öffentlichkeit längst nicht mehr polemisch über diese Monate zwischen Kriegsende und Ankunft der Flüchtlinge gesprochen wird, bleiben beide Eindrücke für viele voller traumatischer Erinnerungen. Mit ihrer Bemerkung, man solle „nicht von Vergeltung reden“, formuliert Frau Manthey eine subjektive Version der „Charta der deutschen Heimatvertriebenen“ aus dem Jahre 1950. Ihre Redewendung, so stereotyp und „aufgesetzt“ sie erscheinen mag, bringt dennoch zum Ausdruck, daß hier ein Kapitel aus der Nachkriegsgeschichte und aus der eigenen Lebensgeschichte abgeschlossen ist. Es ist eine exemplarische Aussage, auch in der Einseitigkeit der Sichtweise! Die Frage nach einer deutschen

Schuld gegenüber der Bevölkerung Polens ist uns in den Gesprächen mit Flüchtlingen, denen die eigenen Erfahrungen mit „den“ Polen während der Besatzungszeit im Wege standen, kaum begegnet. Das ganze Kapitel soll abgeschlossen sein. Endlich soll der „Schlußstrich“ gezogen werden. Frau Manthey will keine Vergeltung, doch wirtschaftliche Hilfeleistungen für Polen lehnt sie ab. Schließlich habe man „denen“ damals bereits sein „Hab und Gut“ überlassen. Die Formulierung, es habe im Osten damals „keine Bettler“ gegeben, richtet sich gegen die heute dort lebenden Menschen. Sie erwarten „von uns“ eine „milde Gabe“ oder kommen als Hilfsbedürftige hierher, nachdem sie dort das fruchtbare Land haben „vergammeln“ lassen.

„Das sind für mich keine Flüchtlinge“. Dieser Satz läßt sich folgerichtig fortsetzen: „sondern Bettler“. Mit dem Standpunkt, man habe sein Hab und Gut den Polen als Geschenk überlassen, äußert sich deutlich und unversöhnlich eine Parteilichkeit, die bis in die 1950er Jahre überall in der Bundesrepublik in der Tagespolitik, im schulischen Unterricht und in den Erzählanlässen des Alltags monopolisiert war. Der Schweizer Schriftsteller Max Frisch hatte anläßlich einer Schlesienreise im Jahre 1948 den richtigen Ton für deutsche Ohren getroffen, als er von einem „ungeheuren Geschenk“ sprach, das er in der Hand der Polen vorgefunden habe.[206] Vom Verlust der Ostgebiete als einem berechtigten Ausgleich für das durch den deutschen Angriffskrieg erlittene ungeheure Leid des polnischen Volkes war jedenfalls – sieht man von einigen Andeutungen und Schutzfloskeln ab – in den uns vorliegenden Erzählungen ernsthaft nie die Rede. Bei *einem* Geschenk soll es bleiben. Weitere deutsche Gaben werden abgelehnt. Ein Stückweit auf dieser Argumentationslinie liegt auch eine Äußerung des Lehrers Ekkehard Mehl[207] vom August 1989:

„Da habe ich vor ein paar Tagen in der Zeitung gelesen, die Polen sollen riesige Mengen Weizen aus Deutschland bekommen, unentgeltlich bekommen. Das muß man sich nur mal vorstellen. Die jagen die Deutschen aus ihren Kornkammern raus und dann lassen sie das Land verkommen. Anstatt, daß sie Getreide exportieren, lassen sie es sich von Deutschland schenken. Das ist doch typisch. Da kann einem schon der Kaffee hochkommen. Sicher, das hat etwas mit dem politischen System zu tun, aber ein bißchen fleißiger könnten sie schon sein und nicht immer nur die Hand aufhalten. Und wer nicht genügend Hilfe aus Deutschland bekommt, kommt gleich selber hierher und holt sie sich hier als neuer Deutscher ab. Na ja, die Deutschstämmigen, die heute noch drangsaliert werden, die sollte man ja immer noch aufnehmen, aber die reinen Polen, die sollen mal schön in ihrem Land bleiben und ranklotzen, die haben vierzig Jahre Zeit gehabt. Da ist viel Geld reingeflossen von uns nach Polen. Und die haben nichts daraus gemacht.“

Diese Aussage, die im ersten Teil Bezug auf eine Zeitungsmeldung nimmt,[208] zeigt wiederum die Präsenz und den fortwährenden Einfluß der Medien auf das Erinnern und Erzählen. So werden Gedanken und Urteile am Leben erhalten. Mit jedem neuen Erinnern verändern sie sich ein wenig in die eine oder andere Richtung.

Wie die „Geschenk"passage von Frau Manthey, reflektiert dieser Ausschnitt eine Auffassung von der Folge des Verlustes landwirtschaftlicher Flächen im Osten, die in den ersten Nachkriegsjahren überall in Westdeutschland zu hören war. Damals begab sich selbst eine so nüchterne Flüchtlings- und Großstadtforscherin wie Elisabeth Pfeil[209] unter die Prophetinnen. Die Bevölkerung Westdeutschlands habe sich auf die Katastrophe einzustellen, daß nun zwangsläufig „in jedem Frühjahr der Hunger kommen müsse", weil die Provinzen des Ostens weggefallen seien, in denen vor dem Kriege ein Viertel, wenn nicht ein Drittel des Brotgetreides, der Kartoffeln und des Fettes erzeugt worden waren. Überdies müßten nun sogar noch die von dort Vertriebenen aus den Erzeugnissen des reduzierten deutschen Bodens ernährt werden. Es entbehrt nicht der Logik, wenn ein Flüchtlingsjunge des Jahres 1945, mit Schreckensprognosen dieses Inhalts und Ausmaßes im Schulunterricht gefüttert, angesichts der heutigen westdeutschen Agrarüberschüsse ein Gefühl der Genugtuung empfindet und für die Mangelsituation im heutigen Polen wenig Verständnis aufbringen kann. Der berechtigte Hinweis auf die Schäden in der Natur, die hierzulande durch die intensive Bodennutzung der Landwirtschaft entstanden sind, verfängt nicht angesichts der Umweltschäden in den Ländern des ehemaligen Ostblocks. Die abschließende Unterscheidung dieses Lehrers zwischen „reinen Polen" und „richtigen Deutschen" und das Erwähnen der in den Schornstein geschriebenen Polenhilfe liegen im Trend des Argumentierens.

Auch Leopold Streblow[210] kann einen stolzen nationalen Unterton nicht unterdrücken. Erinnern wir uns: Seit Jahren fährt dieser Informant immer wieder zu einer bestimmten polnischen Familie, zu der – noch aus der Besatzungszeit – ein Gefühl der Dankbarkeit und inzwischen längst ein freundschaftliches Verhältnis besteht.

„Also, wenn es wirklich Deutsche wären, die nun mit guter Absicht rüberkommen, dann hätte ich nichts dagegen. Aber wenn sie nur aus materiellen Gründen kommen, dann nicht. Ich kenne die Verhältnisse ja genau. Und ich weiß, daß es denen dort schlecht geht. Verstehen kann ich es schon. Aber viele von den Deutschen machen den Fehler, daß sie drüben zu sehr angeben. Also, die kommen mit dem dicken Wagen an. Und dann bringen sie gleich Fotos mit und die zeigen sie dann auch noch den Polen. – ‚Guck mal, das ist mein Haus!' – Und die Polen sind dann ganz klein und bescheiden daneben und sagen: ‚Um Gottes willen!' – Und dann überlegen sie auch: ‚Menschenskind, das sind die gleichen

Leute gewesen, die haben wir damals mit dem Rucksack und noch nicht mal das hier rausgejagt, und jetzt kommen die alle als Millionäre hier an.‘ Und dann gibt es aber auch noch die, die keine Deutschen werden wollen, auch wenn sie dann wirklich hier sind. Da gibt es eine Familie aus Polen, die heißen Schmidt. Die kenne ich ganz gut. Ein deutscher Name also, hört sich schon ganz gut an, deutsch nicht. Die haben jetzt schon das zweite Kind hier. Aber ich sag' zu ihnen: ‚Mensch, nun können Sie inzwischen gut Deutsch, haben die Lehrgänge besucht. Aber warum müßt Ihr mit dem Kind nur immer Polnisch sprechen? Ihr seid doch Deutsche ...‘. Aber zu Hause wird immer nur Polnisch gesprochen. Ich meine, die brauchen die Muttersprache nicht zu verleugnen. Es ist ja nicht so, wie nach dem Krieg mit den Deutschen. Da war es verboten, Deutsch zu sprechen. Was sollten die Deutschen machen? Die konnten ja gar kein Polnisch. Lehrgänge gab's ja auch nicht. Na ja, aber darüber soll man heute nicht mehr reden. Irgendwann muß ja Schluß sein."

In seinem Erzählen von den „Erinnerungsreisen", über die Geschenke an seine Freunde in Polen etc. war nichts von einer plumpen Siegerpose zu spüren, die sonst als festes Motiv zu den Reiseerzählungen gehört. Auch im vorliegenden Ausschnitt klingt diese Genugtuung nur indirekt an. Er kritisiert den Stolz und die Häme anderer Westreisender, die den Besitzern ihres aus heutiger Sicht unscheinbaren, inzwischen heruntergekommenen ehemaligen Eigentums ihr neuestes Auto präsentieren und ihnen ein Foto des schönen, neuen Hauses im Westen unter die Nase halten. Auf diese Weise werben sie „Polen" an, die nun voller Hoffnung hierherkommen. Sogar Herr Streblow ist nicht ganz frei von Triumphgefühlen. Das heikle deutsch-polnische Verhältnis gestattet es ihm jedoch nicht, ganz offen zu sagen, was er denkt. Aber soviel ist sicher, ein Beharren auf ihrer eigenen Kultur möchte er Leuten aus Polen hier im Westen keineswegs zugestehen. Auch er kann nicht vergessen, was seiner Familie und anderen Deutschen nach 1945 in der Besatzungszeit zugemutet worden ist, obgleich er und seine Angehörigen, wie viele andere damals, die Hilfe einer polnischen Familie erfahren hat.

Wenn er äußert, der deutsche Name der polnischen Schmidts höre sich „schon ganz gut" an, kommt ihm offenbar der eigene Ärger eines Deutschen, der in der Nachkriegszeit mit einem slawischen Namen lebte, wieder ins Gedächtnis.[211] Daß jemand mit deutschem Namen ein bleibendes Interesse an seiner Herkunft aus Polen haben kann, kann er nicht akzeptieren. Daß aber ungezählte „gute Deutsche", wie er selbst, trotz ihres slawischen Namens, „deutsch" denkend und sprechend durch die Welt der Deutschen gehen, ist angesichts des kulturellen West-Ost-Gefälles für ihn eine Selbstverständlichkeit. Alle, die hier leben, sollen sich der „überlegenen" Kultur und Gesellschaft unseres Landes anpassen. Selbst dieser aufgeklärte Mann, der, wie kein anderer unter unseren Informanten, Kontakte zu Polen in beiden Ländern pflegt, bewegt sich immer noch auf der altbewährten Argumentationslinie der Vertriebenen der ersten Generation.

In der Abneigung gegen polnische Namen wird eine allgemeine Abneigung gegen alles Polnische erkennbar, auch gegen den Klang der polnischen Sprache. Die Deutschen hatten in der Besatzungszeit Angst, in der Öffentlichkeit Deutsch zu sprechen. Später war denen, die in Polen geblieben waren, für lange Zeit der öffentliche Gebrauch der deutschen Muttersprache untersagt. Und nun sprechen die Polen hier „ungeniert" ihr Polnisch, die „Sprache der Vertreiber". Die türkische Familie, die seit Jahrzehnten in Deutschland lebt und sich weiterhin ihrer Muttersprache bedient, stört weitaus weniger. In Politikerreden wird auf beiden Seiten oft nebulös davon geredet, daß Deutsche und Polen durch ihre jeweilige Intoleranz sich Leid und Unrecht wechselseitig zugefügt haben. Hier zeigt es sich!

Eindringliche lebensgeschichtliche Erfahrungen werden vom einzelnen Menschen niemals völlig vergessen.[212] Auch deshalb gelingt das Erinnern und das Erzählen aus dem eigenen Leben niemals in distanzierter Weise. Jeder geht von der eigenen Erfahrung aus, sieht sich „im Mittelpunkt des Weltgeschehens" stehend,[213] sagt Norbert Elias. Das ist eine Sichtweise der Welt, die er nie verlassen kann; nicht bei der Wahrnehmung seiner räumlichen und sozialen Umgebung und auch nicht beim Erinnern. Zum Glück für die Gesellschaftsentwicklung und für das Schicksal der Nachkommen werden subjektive Enttäuschungen, Ressentiments, Ängste und Aggressionen meistens nicht vollauf durch Erzählung und Lektüre auf die nächsten Generationen vererbt. Im Aufarbeiten dieser Erfahrungen bleibt viel zu tun, von beiden Seiten. Beide Seiten haben Schuld auf sich geladen, Unrecht getan; beide müssen zum Vergeben bereit sein. Tabus sind hier fehl am Platze: Nur was wir kennen, können wir verändern.

In stereotyper Wiederkehr der Worte äußerten unsere Informanten den Verdacht, die Ankömmlinge aus Polen seien nichts anderes als „reine" Wirtschaftsflüchtlinge. Daß überhaupt Leute aus anderen Ländern hierherkommen, um am Reichtum und an den sozialpolitischen Leistungen unserer Gesellschaft zu partizipieren, kann viele empören, gleichgültig, ob sie „Einheimische" oder Flüchtlinge des Jahres 1945 sind. Kaum eine Gruppe aber erfährt die Ablehnung in so aggressiver Weise wie die Polen; vor allem von seiten der ehemaligen Flüchtlinge. In ihrer Abneigung gegen diese Einwanderer aus dem Osten stimmt die Erlebnisgeneration häufig mit den im Westen geborenen Töchtern, Söhnen und Enkeln überein. Aber die Argumente unterscheiden sich deutlich. Die zentrale Frage in der Erlebnisgeneration, die Frage, ob die heutigen Aussiedler tatsächlich „Deutsche", also keine „Polen" sind, ist für die Jüngeren meistens belanglos. Für sie sind die heutigen Aussiedler Leute, die wie viele andere aus wirtschaftlichen Gründen zu uns kommen, um hier zu leben, nicht anders als Türken, Griechen und Afghanen. Daß Westeuropäer und Skandinavier besser in unsere gegenwärtige Kultur und Gesellschaft „passen" als Leute aus Ländern des ehemaligen Ostblocks und der „Dritten Welt", halten sie für selbstverständlich. Trotz dieser klar zutage tretenden Vorurteile wird zunächst ein erfreulicher Aspekt unserer Nachkriegsgeschichte erkennbar. Es ist nicht zu einer Tradition der Aggression gegen alles „Polnische" gekommen. In keinem Falle ist es in der zweiten Generation, wie in der ersten Usus, zu einem Argumentieren mit traditionellen Stereotypen und zu einem Aufrechnen von historischen Leidenserfahrungen gekommen. Der Bruch in der Erzähltradition, der seit den 1970er Jahren ein unverkrampftes geschichtliches Erzählen in vielen Familien verhindert und zu einer allgemeinen politischen Befangenheit zwischen Eltern und Kindern geführt hat, zeigt hier seine Wirkung. Ich will die Unterschiede im Erzählen zwischen den Generationen zunächst am Beispiel von Frau Lisa Heinrich, geboren 1932, und ihrer dreißig Jahre jüngeren Tochter Birgit aufzeigen. Die Mutter, aus Ostpreußen, arbeitet in Hamburg als kaufmännische Angestellte. Ihre Tochter ist zur Zeit in der Ausbildung zur Krankenschwester.

Mutter:
„Wer kommt, muß nachweisen, daß er deutscher Abstammung ist und damit ist schon ganz schön Unfug getrieben worden. Ich kann es ja mal mit meinen Worten ganz offen sagen. Ich würde damit auch nicht nur die aus Polen, sondern auch die Russen meinen, die heute kommen und oftmals deutschen Ursprungs sind. Aber sind das überhaupt Deutsche? Manche leben jetzt seit ein paar Generationen da und nun wollen sie zu den Deutschen. Aber ist das richtig? Ich weiß nicht, ob das richtig ist. Diese Menschen kommen sicherlich nicht hierher, weil sie eine große Sehnsucht haben nach Familienangehörigen. Das bestreite ich ganz entschieden. Sie kommen rüber wegen der wirtschaftlichen Möglichkeiten hier, insbesondere wegen des vorzüglichen Rentensystems. Unsere Wirtschaft kann aber nicht unbegrenzt alles verkraften."

Ein paar Tage später äußerte sich die *Tochter* zum selben Thema gegenüber der Interviewerin:

„Die Frage ist, warum sie kommen. Kommen sie nur wegen dem Konsum oder auch aus anderen Gründen? Eine Freundin von mir, die ist Sozialarbeiterin bei einem Frauenhaus in Hamburg und die hat jeden Tag mit vergewaltigten Frauen zu tun. Und das sind Frauen aus Afghanistan oder Türkinnen, die wirklich echt geflohen sind. Die wirklich politisch verfolgt worden sind. Und wenn ich mir die ansehe, dann würde ich sagen, das ist okay, daß solche Leute aufgenommen werden hier, anstatt jetzt irgendwelche deutschstämmigen Polen, die sich hier nur ein dickes

Schlafzimmer besorgen wollen und dann vielleicht wieder rübergehen. Also, ich hab' schon ein bißchen was gegen diesen Konsumtourismus, daß sie hierherkommen, weil es ihnen hier gut geht. Also, es sollen die kommen, die wirklich verfolgt werden, egal welcher Abstammung sie sind. Ob sie nun Inder sind oder Afghanen oder einen Opa oder ein Elternteil haben, der deutsch war."

Ähnlich wie Mutter und Tochter Heinrich argumentierten Frau Ida Mohlke, eine Lehrerin aus Danzig (Jg. 1912) und ihre ebenfalls als Lehrerin berufstätige Tochter Ilona (Jg. 1955).

Mutter:
„Wenn beide Eltern Deutsche waren, dann sollen die Kinder nach Deutschland kommen. Auch wenn sie kein Deutsch können. Es war ja bald verboten, deutsch zu sprechen. Es war zuerst mit uns so, daß die 20jährigen Polen dann zu den Deutschen sagten: ‚Die Deutschen-Schweine müssen auf der Straße gehen.' – Wir sollten also nicht auf dem Bürgersteig gehen. Na, die sind jetzt 60, wenn sie hierherkommen. ... Die wirklichen Polen, die sollen in Polen bleiben, da ist Arbeit genug."

Tochter:
„Wenn das schon die Kinder und Kindeskinder sind und sie kein Wort Deutsch können, sind sie für mich keine Deutschen mehr, aber wenn das noch die Generation meiner Mutter ist, gut, das ist etwas anderes. Aber ganz allgemein finde ich es nicht richtig, daß die heute aus dem Osten zum Teil bessere Bedingungen haben als Asylanten. Zumal die Bedrohung von Leuten, die jetzt aus Iran kommen oder aus Afghanistan oder aus der Türkei, die ist ja viel handfester und konkreter. Und die Polen sind zum großen Teil wirkliche Wirtschaftsflüchtlinge. Also ich finde, die Bedingungen sollten auf jeden Fall für alle gleich sein, es sollte damit Schluß sein, daß die Verhältnisse hier denen noch in irgendeiner Form schmackhaft gemacht werden."

Was wir gesammelt haben, sind Erzählungen, keine Verhaltensbeobachtungen bei deutsch-polnischen Begegnungen. Das muß noch einmal betont werden. Das Verhalten gegenüber den Aussiedlern des Jahres 1990 dürfte diese Einstellung auch im täglichen Leben verdeckt oder offen zum Ausdruck bringen, gleichgültig, ob es ich bei den Einwanderern um Deutsche im Sinne irgendeiner von den Nationalsozialisten angelegten Volkstums-Liste handelt oder um überzeugte polnische Nationalisten.

Es hat sich nicht eine Person unter unseren Informanten gefunden, die einer eigenständigen polnischen Teilkultur auf westdeutschem Boden das Wort geredet hat. Selbst eine Moschee scheint im Jahre 1990 in der Nachbarschaft leichter zu ertragen gewesen zu sein als ein katholischer Gottesdienst in polnischer Sprache.

Dazu Frau Thea Hahn (Jg. 1922). Sie stammt aus Glogau. Vor ihrem Ruhestand hat sie in Hamburg als Verkäuferin gearbeitet. Sie spricht u. a. über die Verhältnisse in der ausgesiedelten Familie ihres Vetters. Daß diese jungen Leute zu einer entfernten Verwandten keine persönliche Beziehung entwickeln wollen, deutet sie als kulturell bedingtes „Fehl"verhalten.

„Die Aussiedler haben immer nur ihren polnischen Umgang, immer weiter. Ich möchte nur wissen, wofür die für die Seminare das viele Geld ausgeben. Da in der Bergedorfer Kirche, da treffen sie sich dann immer zum polnischen Gottesdienst. Wenn ich vorbeigehe, dann höre ich nur Polnisch. Da mache ich gleich einen Bogen. Die stellen sich nicht um. Jetzt, wo ich in Köln war, bei meinem Cousin genauso. Von meinem Cousin die Tochter, die lebt mit einem aus Polen zusammen. Die ist selbst erst in den 1970er Jahren rausgekommen, kann noch Polnisch. Ich mußte mich fast entschuldigen, daß ich nichts verstanden habe. Die hatten keine Hemmungen, guckten mich an, so ungefähr: ‚Was will die Alte hier überhaupt bei uns?' Und dabei war das die Tochter von meinem verstorbenen Cousin."

Daß in der verbreiteten Ablehnung der polnischen Kultur, der polnischen Sprache und Religiosität auf deutschem Boden häufig Rechnungen und Gegenrechnungen aus der Zeit des deutsch-polnischen Zusammenlebens während der Besatzungszeit präsentiert werden, ist unverkennbar. So zeigen sich Nachwirkungen auf das Verbot der deutschen Sprache und deutscher Gottesdienste in den heutigen polnischen Gebieten.

Die verschütteten Reste einer Widerstandskultur während der Zeit des Nationalsozialismus zu suchen, wie es in der sogenannten Oral History und überall in regionalen „Geschichtswerkstätten" geschieht, ist wichtig, besonders aus didaktischen Gründen. Schwierig ist das allemal; denn in der Realität der Nazizeit waren ja tatsächlich nur Spuren alltäglichen Widerstands vorhanden. Man sollte aber die Augen nicht vor kulturellen Restphänomenen verschließen, die bis heute in unserer Gesellschaft die politischen Auffassungen und das Verhalten in hohem Maße beeinflussen. Noch einmal: Erst wenn die lebendigen Ressentiments und Vorurteile beider Seiten genau erkannt sind, können wir sie gemeinsam überwinden.

IV. „Fernes Erinnern“: Flucht und Vertreibung als kulturelle Themen

Bis jetzt war vor allem vom Leben im Westen die Rede; von der Ankunft hier, dem Entstehen eines Heimatgefühls, von den Erinnerungs- und Abschiedsreisen in die alte Heimat und immer wieder vom historischen Prozeß des Erzählens und Verschweigens zwischen den Generationen. Diesem Kapitel der Nachkriegsgeschichte waren die Ereignisse bei der Besetzung der ostdeutschen Länder durch die Rote Armee, die Wochen der Flucht oder der Zug in den Westen nach der Ausweisung vorausgegangen. Das waren Geschehnisse, die für alle, die sie erlebt haben, zu den unvergeßlichen und prägenden Eindrücken ihres Lebens zählen. Nachwirkungen dieses Geschehens über die Generationen hin sind an verschiedenen Stellen dieses Buches bereits zur Sprache gekommen, etwa wenn es um Fragen des deutsch-polnischen Verhältnisses oder das Erlebnis der Vergewaltigung von Frauen und die Frage des Redens und Schweigens über diese schrecklichen Geschehnisse ging.

Nun sollen einzelne Muster des Erinnerns und Deutens der Ereignisse bei Ende des Zweiten Weltkriegs – auch religiöse Vorstellungen – in ihrem historischen Umfeld erörtert werden; subjektive Bilder, aber vor allem kollektive Bilder, Wünsche, Hoffnungen, Ängste, mit denen die Menschen auf den Zusammenbruch eines Wertsystems und auf den Verlust von Besitz und Geborgenheit – auf ihr „Schicksal“ – reagiert haben. Es geht um kulturelle Formen, die Menschen sich geschaffen oder aus verborgenen Wissensbeständen wieder ans Licht gezogen haben, um sich das Grauen und die Bestürzung ihrer damaligen Gegenwart erklärbar zu machen. Für die meisten, die uns heute davon erzählen, ist es, trotz der Unvergeßlichkeit des Leidens, trotz seelischer Nachwirkungen, eine mühevolle Gedankenarbeit, ein fernes Erinnern aus der gesicherten Alltäglichkeit an ein Geschehen am Rande der Existenz. Unter den Bedingungen der Nachkriegszeit mußte sich dieses Gefühl sicherer Distanz zu eigenen Erlebnissen freilich erst herausbilden. Dieser Prozeß soll nun mit Hilfe von zeitgenössischen Dokumenten der 1950er Jahre und heutigen Erzählungen nachgezeichnet und erörtert werden. Die einzelnen Erzählerinnen und Erzähler kommen dabei ausführlich zu Wort. Zunächst einige Überlegungen zur „Bewältigung“ des materiellen und ideellen Chaos bei Ende des Krieges.

1. Dämonen – Kollektive
Zum Erzählen in der Nachkriegszeit

Die Ereignisse waren für alle, gleichgültig, ob sie als Soldaten in Europa gekämpft oder als Ehefrauen, Arbeiter oder Beamte im Lande geblieben waren, bestürzend. Dieses Ende erschien allen unvergleichlich schrecklich und unfaßbar. Städte lagen in Schutt, Millionen Familien hatten Angehörige und ihre Heimat verloren. Neue Gefahren deuteten sich in der Atombombe an, vor der die Länder Europas Gott sei Dank verschont geblieben waren. Über allem lag das bedrückende Gefühl, einem Staat angehört und widerstandslos oder überzeugt gedient zu haben, der die Konzentrationslager und die Vernichtung der Juden „organisiert" hatte. Nach und nach wurde öffentlich, daß andere Völker, vor allem die Völker der Sowjetunion und das polnische Volk, „in deutschem Namen" ein ähnliches, ja sogar ein noch schlimmeres Geschick als die Deutschen getroffen hatte. Das Leid, die Verbrechen und die Schuld schienen sich einer rationalen Erklärung zu entziehen. Diese hätte ihren Ausgangspunkt unbestreitbar bei der Tatsache nehmen müssen, daß Geschichte von Menschen bewirkt wird. Das heißt auch, daß der eigene Anteil nicht nur am Leid, sondern auch an der Schuld vom einzelnen zu reflektieren gewesen wäre. Schließlich wäre in vielen Fällen ein persönliches Schuldbekenntnis des einzelnen unausweichlich geworden, wie es der Bevölkerung Deutschlands als Kollektiv in der Stuttgarter Erklärung des Rates der Evangelischen Kirche in Deutschland vom 19. Oktober 1945 empfohlen wurde.[214]

Vielen der Erklärungsversuche der ersten Nachkriegszeit war gemeinsam, daß das Geschehene gerade nicht als Folge menschlichen Versagens, sondern als „Schicksal" gedeutet wurde. Von höheren Mächten bewirkt. Von dieser rechtfertigenden und vereinfachenden Sicht waren in den ersten Nachkriegsjahren auch die historischen Wissenschaften[215] und die Kirchen nicht frei. Der Schweizer reformiert-protestantische Theologe Karl Barth sah viele der deutschen Theologen in merkwürdig eifriger Weise mit der „Realität des Satansreiches" beschäftigt: „Ist Christus auferstanden oder ist er es nicht? Ist er es, was soll dann die dunkle, die dämonische Kulisse?"[216]

Die Gestalt Hitler, die in den ersten Jahren ihres Regimes von der Mehrheit der Deutschen als Identifikationsfigur ins Mystische überhöht worden war, vielen als „Inbild der unzerstörbaren Lebenskraft der deutschen Nation"[217] vor Augen stand, wurde nun folgerichtig zur Inkarnation des Satans. Die dunklen Bilder einer Herrschaft dämonischer Kräfte bezogen sich nicht nur auf einzelne Personen, nicht allein auf Hitler oder

Stalin, sondern allgemein auf die totalitären Regime der Zeit. „Der Satan hat geherrscht in Deutschland. Er herrscht weiter in Rußland, und nun auch in Polen, herrscht überall da, wo man das Recht und die Gerechtigkeit verbiegt und verdreht. Macht kann lange darüber hinwegtäuschen, aber das Ende wird es offenbaren", notiert ein katholischer Pfarrer am 20.11.1945 in Schlesien in sein Tagebuch.[218] Deutungsmuster dieses Inhalts waren in Deutschland, wo sie im Dienste einer persönlichen Rechtfertigung standen, besonders populär. Aber sie waren auch außerhalb Deutschlands gebräuchlich.

Die Dämonologie des Bösen, „die Realität des Satansreiches" hatte ein lichtes religiös fundiertes Gegenbild im Marienkult gefunden, vor allem unter katholischen Heimatvertriebenen. Viele suchten im Westen Zuflucht bei der Gottesmutter. Sie hatten die Katastrophe mit deren Hilfe überstanden. Göttliche Kräfte, ein Schutzengel, Maria hatten sie auf den Fluchtstraßen beschirmt und geschützt. Maria würde ihnen nun auch im Westen weiterhelfen. Hunderttausende der katholischen Flüchtlinge beteiligten sich an Heimatvertriebenen-Wallfahrten zu alten und neuen Gnadenstätten.[219] Die weltweite Marienverehrung dieser Zeit hatte ihre politische Dimension. Vor den Kräften des Bösen sollten die Gläubigen bei einer Muttergestalt – unter dem Mantel Mariens – Zuflucht finden. Für die Vertriebenen konnte die Marienverehrung indes nicht ohne Tükke sein, denn die katholischen Polen in Schlesien und die katholischen Schlesier in Niedersachsen glaubten jeweils, die Gottesmutter auf ihrer Seite zu haben; jedenfalls konnten sich beide mit ihren gegensätzlichen Wünschen an „ihre" Gottesmutter wenden.[220]

Neben der kirchlich sanktionierten volksfrommen Glaubenspraxis breiteten sich andererseits rüde Formen des Volksglaubens und der Volkserzählung aus, auf die ich später zurückkommen will. Es liefen teilweise Gerüchte und Prophezeiungen um, die uns heute grotesk erscheinen. Sie verhießen die baldige Rückkehr in die von Fremden bewohnte Heimat, handelten vom Unglück der neuen Bewohner der Ostgebiete und schwelgten in der Vorstellung von Rache. So verbanden und mischten sich vielfach die eigenen schlimmen Erfahrungen der Besatzungszeit mit den alten Bildern vom „Polen" und „Tschechen" und mit den neuen, nicht weniger aggressiven Klischees vom „Kommunisten" und „Partisanen". Diese Erzählkultur und Bilderwelt der Nachkriegszeit schuf in den Familien und Gruppen vieler Flüchtlinge eine eigene Realität. Das mußten auch die Historiker berücksichtigen, die, im Auftrag der Bundesregierung, die Arbeiten an der „Dokumentation der Vertreibung der Deutschen aus Ost-Mitteleuropa" leisteten.[221] Sie verwendeten dafür vor allem schriftliche Zeugenberichte und die Ergebnisse von Interviewbefragungen, Materialien, die sie in den 1950er Jahren, also erst Jahre nach der Vertreibung, erhoben hatten. Offenbar hatten sich bereits damals die Realitäts- und Deutungsebenen – Erlebtes, Gehörtes, Gewünschtes, Ängste, Aggressionen und Ideologien – in schier unentwirrbarer Weise durchmischt. Das hatte gelegentlich zu Ergebnissen geführt, wie sie im 19. Jahrhundert den Sammlern traditioneller Volkserzählungen, der Sagen, Mythen, Prophezeiungen begegnet waren. So verwies der Leiter dieser Forschergruppe, der Historiker Theodor Schieder, auf ein Problem, mit dem jeder konfrontiert wird, der sich mit Erzählungen über Erfahrungen des Leids, des Unrechts und des Grauens befaßt: „Nirgends schießt die Legende so ins Kraut wie gerade hier und das Entsetzliche wird immer noch entsetzlicher, wenn es von einem zum andern weitergetragen wird."[222]

Es war eine Welt voller Kollektive: Ein kollektiv schuldiges deutsches Volk, ein satanischer Faschismus und ein kaum weniger verteufelter Kommunismus.[223] Daß sich auch die Vertriebenen als ein Kollektiv empfanden, als eine Gemeinschaft von Opfern, wurde durch die Tatsache gefördert, daß Arme und Reiche, Nazis und Antifaschisten, ohne Ansehen der Person ihre Heimat verlassen mußten und nun im Westen wiederum kollektiv einer reserviert oder ablehnend eingestellten altansässigen Bevölkerung begegneten.

Hermann Bausinger untersuchte am Anfang der 1950er Jahre in schwäbischen Dörfern die Themen und Gattungen des Erzählens. Damals gehörten Flüchtlingserinnerungen zu den verbreiteten Stoffen. Die „Neubürgererzählungen"[224] drehten sich vor allem um die Vorgänge des Kriegsendes, die Geschehnisse bei der Ausweisung und während der Fluchtereignisse. Es waren vielfach Geschichten, in denen sich Haß und Rachegefühle gegen die neuen Bewohner der verlassenen Heimat unverhohlen äußerten. Nur selten bekam er – anders als heutige Feldforscher – Erinnerungen an die alte Heimat zu hören. Bausinger beobachtete eine „eigentümliche Scheu" unter den Vertriebenen, über die verlorene Heimat zu reden. Dahinter vermutete er „eine Verklärung" der verlassenen Gebiete. Der Prozeß der Romantisierung hatte offenbar bereits in einer Zeit begonnen, als die Flüchtlinge in ihrer Mehrheit immer noch auf ihre Rückkehr hofften.

Verklärung der Heimat – Rache für die, die jetzt dort lebten. Eine große Zahl der Flüchtlingserzählungen der 1940er und 50er Jahre lebte vom „Grauen der Erinnerung",[225] schilderte minutiös die Brutalität der eindringenden Soldaten der Roten Armee und Übergriffe der polnischen und tschechischen Soldaten, Milizionäre und Zivilisten. Diese Geschichten handelten vom eigenen Leid und dem offenen oder versteckten Wunsch nach Vergeltung. Bausinger befürchtete, daß diese aggressiven Erinnerungserzählungen wegen ihrer Häufigkeit und emotionalen Dichte den „Verschmelzungsprozeß" zwischen den Bevölkerungsteilen der Einheimischen und der Flüchtlinge überstehen und unter späteren Generationen den Haß und die Vergeltungsträume als „sagenähnliche Gebilde" am Leben erhalten könnten.

Glücklicherweise irrte er hier, denn heute läßt sich feststellen, daß diese Schreckensgeschichten unter den Nachkommen der Flüchtlinge schon lange nicht mehr verbreitet sind. Von den Ereignissen während der Besatzungszeit und von den Vorgängen bei der Vertreibung oder Flucht wissen die im Westen geborenen Kinder und Enkel der Flüchtlinge nicht viel zu berichten. Und wenn sie überhaupt einmal auf dieses Thema zu sprechen kommen, können sie meistens nicht sagen, ob sie gerade Erinnerungen der Großeltern wiedergeben oder Bilder von Flüchtlingstrecks, die sie aus einer Fernsehsendung haben. Einzelne Ereignisse werden in diesem Erzählen fast nie zum Thema, statt dessen herrschen abstrakt gehaltene Berichte vor, die mit politischen, geographischen und ethnologischen Informationen durchsetzt sind. Wo eine Gemeinsamkeit der Bilderwelt des Fernsehens unterstellt werden kann – und wo ist das nicht der Fall? – da ist die Erinnerungserzählung fast irrelevant geworden. Hingegen sind konservierte und tradierte Bilder von der verlorenen Heimat der Eltern und Großeltern im Osten, wie ich bereits gezeigt habe, als romantische Sehnsuchtsträume immer noch am Leben. Wie läßt sich das Verschwinden der Schreckensgeschichten erklären? Zunächst dürfte wiederum das historisch gewachsene Tabu im Reden zwischen den Generationen wirken, das ebenso für die Kriegserzählung gilt. Über alles, was mit dem Leiden von Deutschen im Zweiten Weltkrieg zusammenhängt, ist Schweigen angeraten.

Die Fluchtberichte sind auch in einem anderen Punkt den Weg der Kriegserzählungen gegangen. Die typische Kriegserzählung als Soldatengeschichte und Fronterinnerung ist eine Geschichte von Männern für Männer; gleichgültig, ob sie als Leidensgeschichte, als Erfolgsstory von persönlichen Heldentaten oder als eine 08/15-Tausendsassa-Erzählung dargeboten wird, Elemente der Übertreibung gehören zum Stil. Sogar berichtartig-distanzierte Erzählungen vermitteln einem Zuhörer aus den „jüngeren Generationen" allein wegen seines völlig anderen Erfahrungshintergrundes den Eindruck des Unwirklichen. Aus diesen Gründen mußte das Interesse für diese Geschichten in den Nachkriegsjahren bald nachlassen. Was für die Soldatengeschichte gilt, trifft auch für die Fluchtgeschichte zu. Oft begegnet sie als weibliches Pendant zur Kriegserzählung der Männer. Das ergibt sich aus den Verhältnissen des Jahres 1945. Das Eindringen der Roten Armee, die sowjetische und polnische Besatzungszeit in der alten Heimat, der Abschied von dort und die Wochen der Flucht oder Vertreibung mußten die meisten der Frauen ohne ihre Männer erleben. Die Fluchtgeschichten der Mütter waren dem gleichen Prozeß ausgesetzt, wie die Kriegserzählungen der Väter. Das Zuhörbedürfnis war durch die beständige Repetition in Familie, Büro und Fabrikhalle und wegen des andersartigen Lebenshintergrundes der jüngeren Zuhörerinnen und Zuhörer bald erschöpft.

Die folgende Tagebucheintragung ist ein Beispiel für das Erzählen und Schreiben in der ersten Zeit nach dem Kriege. Die Welt der Schreckensbilder ist hier fast vollständig präsent. Es ist keine Erlebnisschilderung, sondern bereits eine Erzählung aus zweiter Hand, wo „das Entsetzliche noch entsetzlicher" geworden ist. Aber wie sollte eine Geschichte dieses Inhalts unter jungen Leuten des Jahrgangs 1960 tradierbar sein?[226]

„Blaß und erstarrt steht sie [die Ehefrau] vor mir, und die Tränen rollen. Sie erzählt mir Dinge, die ich nie für möglich gehalten hätte. Sie berichtet zunächst von den Tagen des Russeneinmarsches: ‚Tag und Nacht kamen wir nicht zur Ruhe, immer wieder neue Russengesichter, die uns gierig musterten. Die Nächte waren furchtbar, keine Minute waren wir unseres Lebens sicher. Die Frauen wurden vergewaltigt, nicht einmal, zweimal, nein, zehn-, zwanzig-, dreißig-, hundertmal, ob es ein Kind war oder eine Greisin, das spielte keine Rolle. In unserem Häuserblock war das jüngste Opfer 10, das älteste über 70 Jahre alt.... Alte Frauen borgten uns lange Kleider, damit wir alt wirkten; die Gesichter wurden mit Asche verunstaltet, aber bald kamen die Russen auch dahinter. Ich habe immer das Gefühl gehabt, die Russen seien keine Menschen, denn wilde, hungrige Tiere hätten sich nicht anders benehmen können."

Was für die erlebende Frau für lange Zeit ein unaussprechbares Leid gewesen sein dürfte, wird vom Ehemann an die Öffentlichkeit weitergegeben und dabei in der üblichen Weise auf „rollende Tränen", „Russengesichter", auf eine Magie der großen Zahl reduziert. Selbst das Alter der Opfer habe angeblich „keine Rolle" gespielt. Schließlich werden *„die* Russen" – ganz im Geiste der Zeit – als wilde Tiere in die Bilderwelt der Nachkriegsdämonologie eingereiht. Wie anders als durch einen Satz vom Typ „Damals ist Schreckliches passiert!" läßt sich eine solche „Erlebnisschilderung" zweiter Hand von jemanden wiedergeben, der einer späteren Generation angehört?

Bei unseren Erhebungen haben wir immer wieder beobachtet, wie die bereits holzschnittartig dargebotenen persönlichen Erinnerungen der Eltern von den ebenfalls dazu befragten Kindern zu einer trocknen Feststellung reduziert wiedergegeben wurden. Dazu ein Beispiel: In dem von uns 1989 erhobenen Erlebnisbericht des 1932 geborenen Helmut Greschat heißt es:

„Mein Vater und alle Männer, die sie für arbeitsfähig hielten, die wurden eingesammelt. Es waren wirklich nur alte Männer. Und da haben die Russen gesagt: ‚Die machen hier Partisanenarbeit.' Und dann haben sie da elf Männer erschossen, gleich vor der Kirche. Und zwei Männer mußten den Wagen mit den Toten schieben. Der war aber zu schwer für die. Da haben wir mitgeschoben, bis in den Garten. Und dann standen die Russen da wieder: ‚Dawej, dawej!' – Die wurden dann nicht auf dem Friedhof eingegraben, sondern im Garten."

Die 22jährige Tochter Ilona erinnert sich ein paar Tage später auf unsere Frage nach dem Tode ihres Großvaters noch vage: „Den habe ich nicht mehr kennengelernt. Der ist überhaupt nicht mit nach Bremen gezogen. Irgendwo ist der, glaube ich, im Krieg umgekommen."

Diese Verdichtung und Reduktion eines recht detailreichen Erinnerungsberichts aus der ersten Vertriebenengeneration auf den Satz „Irgendwo ist der, glaube ich, im Krieg umgekommen" in der zweiten Generation veranschaulicht exemplarisch die Art des Fortlebens von Schrekkenserfahrungen der Nachkriegszeit. Aus einer Erzählung ist ein kleiner Satz im Stile einer Chroniknotiz geworden. Dieser Zug zur Verallgemeinerung und Entpersönlichung kennzeichnet oft bereits die heutigen Erinnerungen der Erlebnisgeneration. Auch hier: Typisierung, Standardisierung, Glättung der Erinnerung.

Frau Ingrid Fels, Sekretärin, 1928 in Niederschlesien geboren, spricht über die Besatzungszeit:

„Und die Deutschen waren alle verpflichtet, weiße Armbinden zu tragen, um als Deutsche kenntlich zu sein. Die mußte man sich nähen aus Laken oder Taschentüchern. Jedenfalls, wenn man auf die Straße ging, mußte man Armbinden haben. Und die Deutschen mit den weißen Armbinden mußten immer stehen bleiben. Dann wurde man eingesetzt zum Schrubben und zum Saubermachen und zum Kochen. Und die Frauen eben leider auch für andere Zwecke, so daß man sich sehr, sehr ungern auf die Straße wagte. Schnell, schnell ging das, so wie eine Maus wieder ins Mauseloch zurück."

Sicherlich hat Frau Fels damals als 17jährige ebenfalls unter der demütigenden Kennzeichnung gelitten und Ängste durchlebt, möglicherweise „zu anderen Zwecken eingesetzt" zu werden. Davon ist sie verschont geblieben. Von der Angst und den Demütigungen ist nur noch zwischen den Zeilen etwas aufzuspüren. Heute spricht sie ohne ein persönliches Engagement. In der Erinnerungserzählung ist sie die unpersönliche Trägerin durchschnittlicher Erfahrungen. Das kommt, wie ich schon an anderer Stelle gezeigt habe,[227] anschaulich durch die Rede vom „man" zum Ausdruck: „man wurde eingesetzt", „man mußte nähen" etc. Auf dem Wege zu diesem Bewußtseinszustand hat die Zeit mildernd und glättend gewirkt. Erinnern und Erzählen stehen unter dem Einfluß politischer Entwicklungen; sie sind Teil der öffentlichen Meinung. Welcher Art die Bilderwelt und der „Geist", welcher Art aber auch die tatsächlichen Erinnerungen in der ersten Nachkriegszeit waren, will ich an einigen Ausschnitten aus einer zeitgenössischen Veröffentlichung autobiographischer Dokumente zeigen. Sie sind einer Sammlung entnommen, die 1950 vom „Göttinger Arbeitskreis", einem Gremium ostdeutscher Wissenschaftler, unter dem Titel „Dokumente der Menschlichkeit" herausgegeben worden sind.[228]

2. Exkurs: „Dokumente der Menschlichkeit" – die 1950er Jahre

Zum 5. Jahrestag des Potsdamer Abkommens, eines „Dokuments der Unmenschlichkeit"[229] veröffentlichte der „Arbeitskreis" in der Tages- und Flüchtlingspresse einen Aufruf an Vertriebene. Darin wurde um die Einsendung persönlicher Erfahrungsberichte gebeten, in denen von seiten der östlichen und westlichen Sieger „Taten der Hilfsbereitschaft, des Mitleids und der Menschlichkeit" gegenüber den Deutschen geschildert werden sollten. Ausdrückliches Ziel des Aufrufes war es, jeder Version einer Kollektivschuldthese eine Absage zu erteilen. Dieser Schuldspruch war damals in zwei Versionen in Gebrauch. Neben der im westlichen und östlichen Ausland und auch in Deutschland, etwa in Kreisen des deutschen Protestantismus, vertretenen Auffassung einer deutschen Kollektivschuld, wurde unter Vertriebenenfunktionären und im Alltag der Flüchtlinge nicht weniger hartnäckig die These von einer kollektiven Schuld der „Vertreiberstaaten" vertreten. Diese Auffassung, insbesondere dem polnischen und dem tschechischen Volk gegenüber, sollte nun mit konträren eigenen Erfahrungen, mit dem persönlichen Erlebnis von Menschlichkeit widerlegt werden. Die Resonanz auf das Aufforderungsschreiben des „Arbeitskreises" war beträchtlich.[230] Freilich, was die Betroffenen fünf Jahre nach den Erlebnissen niederschrieben, ist aus heutiger Sicht dazu angetan, die verhängnisvolle Behauptung von einer kollektiven Schuld der „barbarischen, entmenschten Ostvölker", der Russen, Polen, Tschechen, zu verstärken und am Leben zu erhalten. So erscheinen diese „Dokumente der Menschlichkeit" aus heutiger Sicht weithin als die Bestätigung ungebrochener Vorurteile, der Heuchelei und Propaganda. Dieser Eindruck wird dadurch gefördert, daß die Herausgeber unkommentiert Bezeichnungen, wie „Polenhorde"[231], „Russen- und Polenwirtschaft" veröffentlichten.

Stets wird in dieser Dokumentation der Ausnahmecharakter einer einzelnen Person aus der Masse dieser Völker hervorgehoben, eines „Menschen" innerhalb der „Horde" seines Volkes. Für gewöhnlich sind es Dienstmädchen und Landarbeiter, Diener ihrer deutschen Herren oder Kriegsgefangene, allemal Leute, die erst durch den Kontakt zu deutschen Menschen und zur deutschen Kultur zivilisiert worden seien. Nun erfüllen sie über den Tag des „Zusammenbruchs" hinaus weiterhin in Treue ihre „Pflicht". So heißt es etwa als Fazit eines Berichts über „Meine polnischen Gutsleute":[232]

„Ich gebe dieses als Beitrag und Beweis dafür, daß der Pole aus den alten preußischen Provinzen bei Gerechtigkeit und Fürsorge seines Brotherrn diesem echte Anhänglichkeit und Treue bewahrt. Die Eltern meiner mitgeführten Polen haben bereits auf dem vor 1918 stets in deutscher Hand befindlichen Gut A. gesessen und gearbeitet und waren hervorragend qualifizierte Landarbeiter. Dem Chauvinismus und der Barbarei allerdings verfällt der Pole leicht, wenn ihn eine verbrecherisch abgefeimte Propaganda aufhetzt. Ich bewahre meinen polnischen Gutsleuten das beste Andenken."

Es ist für die „Dokumente" charakteristisch, daß die französischen und englischen Kriegsgefangenen, die auf den Bauernhöfen Dienst taten, in reinstem Licht erscheinen. Da gibt es keinen einzigen, der moralisch versagt hat. Das gleiche gilt für die Soldaten der US-Armee. In diese Richtung hatte bereits das Aufforderungsschreiben des Arbeitskreises den Weg gewiesen: „Als das furchtbare Unglück über Ostdeutschland hereinbrach",[233] seien es vielfach Angehörige dieser Nationen gewesen, die immer wieder edles Menschentum an den Tag gelegt hatten. Das war eine eindeutige Stellungnahme. Hinsichtlich der Völker des Ostens blieb es bei einer Vermutung: „Sogar [!] unter den Angehörigen jener Völker, die die Massenaustreibungen durchführten oder ihre Mitbürger deutscher Herkunft aufs grausamste behandelten, werden sich Menschen gefunden haben, die Mißhandelten und Beraubten, Vergewaltigten und Verhungernden, Flüchtlingen und Vertriebenen in ihrer schwersten Not zur Seite standen."

Der „Arbeitskreis" setzte in seinem Aufforderungsschreiben bereits eine sagenhafte, mythisierende Geschichtsdeutung voraus. Der Krieg wurde als Katastrophe, sein Ende als „furchtbares Unglück" bezeichnet. Nun bekam er „Sagen" mit umgekehrtem Vorzeichen geliefert. Ausnahmen von der Regel, glückliche Wendungen im allgemeinen Unglück.

Dazu ein Dokument, in dem der Hilfe von vier französischen Kriegsgefangenen gegenüber einer Frau und ihren Kindern in Ostpreußen gedacht wird. – Darin erstrahlen die Retter wie Boten Gottes inmitten des höllischen Chaos, des Feuers und der Plünderungen.[234]

„So war dann das feindliche Feuer unmittelbar in der Nähe. Ich hatte meine Kind [sic!] eben fertig angezogen, falls wir wegen Beschuß das Haus verlassen mußten, da gab es auf einmal einen furchtbaren Knall. Die Fensterscheiben fielen in die Stuben, das Licht ging aus. Es war, als wenn das ganze Haus von Feuer umgeben war. Eine furchtbare Panik entstand in dem von Flüchtlingen überfüllten Hause. Jeder dachte: Rette sich, wer kann! Ich überlegte: Wie komme ich mit den verängstigten Kindern aus dem Tumult heraus? Da ruft jemand, als habe mir Gott einen Retter geschickt: ‚Frau, wo sind Sie?' Es war Karl. [Charles] Er nahm die Kinder und brachte uns durch Eis und Schnee im Dunkeln zum

Nachbar, 1 km ungefähr von uns ab. Vom Schreck noch ganz verstört, habe ich an das Weitere noch gar nicht gedacht, da bringt Emil [Emile] schon Betten und Essen von Hause [sic!] und sagt: ‚Wenn wir hier unter Beschuß kommen, gehen wir in den Keller.' Doch es kam nicht dazu. Ein paar Stunden danach kamen Leute und sagten, wenn ich noch was retten wollte, sollte ich sofort ins Haus zurückkehren. Es würde geplündert. Sofort gingen die Franzosen hin. Am nächsten Tag holten sie uns mit dem Schlitten zurück; Emil hatte die Fenster, so gut es ging, repariert. Da sagte mir ein Flüchtling, als ich wiederkam: ‚Danken Sie Gott, daß Sie die Franzosen haben, die gehen für Sie durchs Feuer. Was haben die für ein gutes Herz!' "

Die Dokumente beschreiben immer wieder, wie im Handeln der Gefangenen aus Frankreich oder Belgien eine Option für die Gemeinsamkeit der Kultur des Westens zum Ausdruck kommt. Franzosen und Belgier geben dieser Quelle zufolge unmißverständlich zu erkennen, daß sie keineswegs mit Russen, Polen und Tschechen im Lager der Sieger stehen möchten, sondern bereits vor dem Ende des Krieges und dem Auseinanderbrechen des Bündnisses der Alliierten die Front gewechselt, das neue Bündnis des Westens gegen den Osten geschlossen haben. Deutsche Soldaten werden dabei zu „Kameraden" französischer und belgischer Kriegsgefangener:

„Durch jahrelangen Aufenthalt in Deutschland beherrschten die ausländischen Treckführer und Treckbegleiter die deutsche Sprache meist gut und konnten durch kameradschaftliches Verhandeln mit deutschen Soldaten oft mehr erreichen als die zum Teil seelisch und körperlich zusammengebrochenen und der Verzweiflung nahen Frauen und Kinder. Und viel mehr noch deutscher Frauen und Kinder wären den unerhörten Widerwärtigkeiten und Strapazen erlegen oder den Russen in die Hände gefallen, wenn sie nicht als Helfer die ausländischen Treckführer und Begleiter gehabt hätten."[235]

Das schreibt ein Angehöriger der Deutschen Wehrmacht, der den Befehl zum Geleitschutz für die Fahrt der Flüchtlinge über das vereiste Frische Haff im Januar und Februar 1945 erhalten hatte.

Den Berichten zufolge mußte sich eine Freundschaft zwischen Franzosen und Deutschen fast zwangsläufig entwickeln, als natürliche Folge des „menschlichen" Verhaltens, das die deutsche Bevölkerung in den letzten Kriegsjahren gegenüber diesen Ausländern bewiesen hatte. In völligem Gegensatz dazu standen die Erwartungen an sowjetische Soldaten jüdischer Herkunft. Von ihrer Seite konnte niemand Hilfe erhoffen. Sie gehörten in doppelter Hinsicht zu den Opfern der Nazis; durch ihre Zugehörigkeit zum Judentum und weil die meisten von ihnen als Polit-Offiziere, als Kommissare in der Roten Armee dienten. Auf den sogenannten „Kommissarbefehl" Hitlers hin sollten sie, wo man ihrer habhaft werden konnte, unverzüglich liquidiert werden. Der jüdische Kommissar und die jüdische Ärztin hatten etwa zur gleichen Zeit auch in den sowjetischen Kriegsgefangenenlagern[236] immer wieder die deutschen Soldaten wegen ihrer Bereitschaft zu verzeihen und zu helfen, in Erstaunen versetzt. Aus der „Horde" der dunklen entmenschten sowjetischen Soldaten, aus der „Russen- und Polenwirtschaft", ragen sie als Lichtgestalten hervor. Weil sie Juden sind, denen gegenüber ein Schuldgefühl angebracht ist, verzeiht man ihnen sogar ihren Kommunismus. Ein Pfarrer berichtet voller Erstaunen:

„Das Gut Bandekow wurde zuerst von Russen verwaltet. Es wurden russische Kommissare jüdischer Herkunft eingesetzt. Das erschien mir zuerst bedenklich. Doch bald stellte sich heraus, daß ich gerade an diesen Kommissaren den wirksamsten Schutz hatte, den ich überhaupt während des ganzen Jahres unter der Russen- und Polenwirtschaft gehabt habe. Der Kommissar machte mir einen ganz offiziellen und achtungsvollen Besuch und erteilte mir die Erlaubnis, von nun an wieder regelmäßig in der Kirche Gottesdienste zu halten."[237]

„Menschliche Züge im höllischen Bild" ist das Dokument eines anderen Seelsorgers überschrieben. Der jüdische Kommissar verkörpert hier die westliche Zivilisation innerhalb einer „Horde" von Sowjets:

„Am vierten Tage der russischen Besetzung kam ein jüdischer Kommissar ins Haus und befreite uns von einer Horde. Er versicherte uns, daß nun die Straffreiheit für die russischen Soldaten zu Ende sei und wieder Disziplin eintrete. Er stellte uns seine Posten vors Haus, die uns diese Nacht schützten. Leider wurden diese Truppen den nächsten Tag weiter versetzt...

Menschliche Züge im höllischen Bild. Es gab auch erfreuliche Züge im Gesamtbild, wenn man es mit den Menschen als solchen zu tun hatte. Russische Posten, die rücksichtslos auf alles schossen, was ihnen sich näherte, haben Müttern mit Kindern Brot, Butter und Milch organisiert. Männer, die eben erst unter furchtbarem Gegröhl ein Haus terrorisiert haben, benahmen sich rücksichtsvoll im nächsten Haus, wenn sie kleine Kinder auf dem Arm der Mutter sahen. Im Gemeindehaus war bei der Austreibung durch die Kosaken ein altes gelähmtes Mütterchen zurückgeblieben. Eine Woche später fand ich sie vor, und sie berichtete, daß russische Soldaten ihr täglich zu essen und zu trinken brächten, sie gestreichelt, ihr das Fieber gemessen und lieb zu ihr gewesen wären."[238]

Das Bestiarium, „die Horde der sowjetischen Untermenschen", das die Kriegs- und Vorkriegspropaganda der Nazis auf der Basis älterer Stereotype in unserer Kultur etabliert hatte, hatte als kulturelles Bild noch lange Bestand. In den 1950er Jahren, da das Erzählen über die Flucht und Vertreibung in Blüte stand, waren dann im Alltag der Familien Korrekturen an diesem kulturellen Schema fast unmöglich. Ein guter Russe, wie er von unserem Pfarrer beschrieben wird, ist kinderlieb und hilft alten Leuten, wenn er nicht gerade den Berserker spielt. Man stellt sich darunter einen einfachen, schlichten Menschen vor: Ein richtiger Kommunist durfte er nicht sein, sondern nach Möglichkeit ein naiver großer Junge, pausbäckig, von ländlichem Typ.

Eine Frau aus Ostpreußen[239] berichtet über den Einmarsch der Roten Armee. Dabei begegnet sie einem „Menschen", der Frauen und Kinder vor der wilden Horde seiner Landsleute in Sicherheit bringt. Als er sein Werk vollbracht hat, schaut sie ihn genauer an. – Gewiß ist er ein „Russe", aber eigentlich nicht so ganz: „Er war mittelgroß, stämmig gebaut, etwa 30 Jahre, hatte dunkles Haar, angenehme Gesichtszüge, keine Schlitzaugen wie so viele Russen."

Der Bericht eines Lehrers wird zu einem Dokument der Borniertheit und eines Herrenstandpunktes, der noch gelten sollte, als schon alles verloren war, was seine soziale Stellung früher einmal ausgemacht hatte. Fünf Jahre nach den Ereignissen schildert er, wie er zusammen mit einer Anzahl deutscher Frauen ungewohnt niedrige Arbeiten verrichten mußte. Ein Pole nimmt ihm die „schwere Last" ab:

„Eines andern Polen muß ich hier gedenken, der uns Deutschen schweigend half. Im Frühjahr 1946 mußten die Deutschen sich mal wieder von den Polen registrieren lassen. Gefahrvoller Weg zur Registrierstelle, polnische Miliz brutal auf Deutschenjagd! Diese Grausamkeiten will ich an dieser Stelle nicht schildern. Auch wir wurden nach der Elisabethschule gebracht, wo die polnische Miliz untergebracht war und auch Instruktionsstunden erhielt. Vom Hof der Schule mußten wir Kartoffeln – sie lagen bergehoch da! – ins Haus schleppen und in einem kleinen Raum des Schulhauses aufschichten. Es waren etwa fünfzehn deutsche Frauen, die wie Sklaven arbeiten mußten und immerfort von dem polnischen Koch drangsaliert wurden; er verlangte nachher, daß wir den Drang aus großen Tonnen mit den Händen fortschaffen sollten, eine unbeschreiblich eklige Arbeit. Wenn wir mit unseren Kartoffeln erschöpft ins Haus kamen und nicht mehr imstande waren, sie auf den Berg zu schütten, der immer höher wurde, griff der Pole, der im Kartoffelraum war, stillschweigend zu und nahm uns die schwere Last ab. Wenn wir etwas zu ihm sagten, gab er keine Antwort, obwohl er uns gut verstand, wie wir bald merkten. Er durfte es aber nicht wagen, mit uns zu sprechen. Nur einmal sagte er leise etwas, woraus wir erfuhren, daß ihm diese Tyrannei schrecklich war."[240]

Bei dieser „Sklavenarbeit", die „der Pole" offenbar gewöhnt war, handelt es sich um alltäglich notwendige Tätigkeiten. Niemand hätte sich ein Jahr früher empört, wenn sie einem Zwangsarbeiter zugemutet worden wären. Es sind Arbeiten, die überall für einige Zeit von Leuten erledigt werden müssen, die zu den Verlierern eines Krieges gehören. Den Schritt zu einer Reflexion über die Reihenfolge will dieser Schulmann nicht gehen, ein typisches Mitglied der Nachkriegsgesellschaft der Bundesrepublik Deutschland.

3. Der Abschied von der Heimat

In vielen Erzählungen war vom Abschied von der Heimat im Jahre 1945 die Rede. Oft war vom letzten Blick auf Haus und Hof ein deutliches Erinnerungsbild haften geblieben. Abschiednehmen zählt zu den existentiellen Erfahrungen im Leben des einzelnen und der Gruppe. Überall wird deshalb die Situation der Trennung kulturell geregelt, besonders, wenn sie als dauerhaft oder endgültig aufgefaßt wird.[241] Die Kulturwissenschaften haben eine Fülle typischer Trennungssituationen beschrieben, etwa ritualisierte Handlungen vor einer Reise, den Abschied der Braut, des Soldaten, vom Toten.[242] Das Fortgehen von zu Hause war für die Mehrheit der Flüchtlinge und Heimatvertriebenen im Gegensatz dazu eine Situation, für die es kein Verhaltensmuster gab. Die Flüchtlinge verließen schließlich nicht wie normale Reisende oder Soldaten ihre Angehörigen und Bekannten. Sie verabschiedeten sich nicht als einzelne von ihrer Familie und ihrer sozialen Umwelt, sondern meistens zusammen mit ihrer Familie von einem vertrauten Territorium. Dabei sahen viele von ihnen, besonders die, die Ende 1944 oder in den ersten Wochen des Jahres 1945 vor der eindringenden Roten Armee auswichen, ihr Weggehen als eine Art „kurzfristiger Evakuierung" an. Viele kehrten danach tatsächlich noch einmal für eine Zeit unter sowjetischer oder polnischer Besatzung nach Hause zurück, ehe sie schließlich endgültig in den Westen ausgewiesen wurden. Die Abreise nach Westen erwies sich indes auch für die Vertriebenen des Jahres 1945 erst allmählich als eine endgültige Trennung von der Heimat. Fast alle reisten ohne die Vorstellung eines Zieles ab. Vor allem: niemand wußte, ob es jemals wieder ein Gefühl der Geborgenheit für ihn geben würde. Unter diesen Voraussetzungen mußte die Abreise von der Heimat als ein Wendepunkt des Lebens erfahren werden.

Zum Erlebnis der Trennungssituation von der Heimat sind von volkskundlichen Sammlern schon früh Dokumente, vor allem Gedichte und Lieder archiviert worden.[243] Die existentielle Bedeutung des Geschehens zeigt sich bis in die Gegenwart in der Erinnerung. Dazu will ich einige Beispiele anführen, die den Erzählungen von Informanten aus unterschiedlichen sozialen Schichten entnommen sind. Zunächst ein Dokument, das Alfred Cammann bereits im März 1957 in Bremen auf Tonband aufgezeichnet hat. Es stammt von Selma Schuster. Sie ist 1900 in einem niederschlesischen Dorf geboren, wo sie bis 1945 als Bäuerin gelebt hat. Frau Schuster war bei Kriegsende bereits seit sechs Jahren Witwe. Für ihr Leben erwartete sie damals, nach diesem persönlichen Schicksal und diesem Ende des Krieges, nicht mehr viel. Sie wollte sich „zurückziehen", beabsichtigte, in ihrem Heimatort zu bleiben, dort dem neuen Besitzer ihres Hofes, einem polnischen Bauern also, als Landarbeiterin zu dienen. – Sie mag dabei an ein vorgezogenes „Altenteil" gedacht haben, wie es alleinstehende Frauen aus Bauernfamilien sonst bei ihren Erben finden.

„Da haben wir noch einmal alle eine Abschiedsfeier auf dem Friedhof gemacht, und ich war mit dabei und stand an den Gräbern bei meinem Mann, bei meinen Eltern und bei meinen zwei Mädeln. Aber ich wollte ja nicht weg, ich wollte dableiben, und auf einmal: was da vor sich ging, das verstehe ich auch heute noch nicht. Ich mache mir noch heute Kopfzerbrechen, was das war. Da habe ich halt auf einmal was gehört. Jemand hat mir immer gesagt: ‚Bleibe nicht hier. Hier hast Du bloß Tote. Geh weg, Du hast ja noch Deinen Jungen, Deinen Sohn.' Da habe ich mich umgedreht und wollte sehen, wer zu mir spricht. Aber ich habe niemanden gesehen. Es war niemand da. Nur hinten, weit weg unterm Kreuz hat die ganze Gemeinde versammelt gestanden, und der Pastor hat gesprochen. Aber ich stand mutterseelenallein vor meinen Gräbern. Und da bin ich zurückgegangen. Da habe ich den polnischen Sekretär getroffen. Das war ein besserer Mann. ‚Na, Frau Schuster, Sie bleiben ja hier', hat er zu mir gesagt. – ‚Ne, Herr Sekretär', habe ich gesagt, ‚ich bleibe nicht hier.' Da war er ganz platt, und da habe ich ihm erzählt, was ich auf dem Kirchhof gehört habe. – ‚Mich halten keine zehn Pferde mehr hier.' Und da hat er gesagt: ‚Es ist auch besser, Sie gehen weg.' "

Frau Schuster verläßt nach diesem Zeichen am gleichen Tag ihren Geburtsort, zusammen mit dem evangelischen Pfarrer und dem Rest der deutschen Bevölkerung. Es ist bereits der zweite Transport nach Westen, der hier das Dorf verläßt. Der erste sah anders aus, war tatsächlich eine Vertreibung. Ihre Abreise geschieht nach einer freiwilligen Entscheidung. Die Erzählung der Frau Schuster ist kein „repräsentatives" Dokument zum Thema „Aussiedlung", aber ein echtes „Dokument der Menschlichkeit". Deshalb vermittelt es einen anderen Eindruck von „polnischen Menschen" als die Textsammlung des Göttinger Arbeitskreises.

Den polnischen Siedlern, die ihr und den anderen in feierlich-religiöser Form den Abschied bereiten, dürfte die Erfahrung der eigenen Vertreibung aus den Gebieten Ostpolens den Blick für die Ähnlichkeit der Schicksale geschärft haben. – Frau Schuster schildert die Abreise aus der Heimat:

„Die ersten Deutschen, die weggegangen waren, die haben nicht geradeaus geguckt. Die sind gegangen, und wir sind geblieben. Die sind mit dem Handwagen gefahren und haben geheult und die Köpfe haben runtergehangen. Und wir sind schon mit dem Pferdewagen gefahren. Das durften wir. Wir haben das ganz anders angefaßt. Vielleicht, weil auch der Pastor dabei war. Der hat das alles so ein bißchen auf die christliche Art gemacht. Wir sind erst zum Pastorenhaus, da haben wir uns versammelt und erst einmal gesungen. Und wie wir da mit dem Singen angefangen haben – ‚Ein feste Burg ist unser Gott' –, da haben alle polnischen Männer die Hüte abgenommen, und die Frauen haben sich hingekniet und alle haben geweint. Beim ersten Transport da haben die Deutschen geweint und die Polen gelacht. Aber wir haben gestanden, schweren Herzens, wie es war, und die Polen haben geweint."

Diese Geschichte dürfte im Klima des Kalten Krieges, der großen Zeit der Vertriebenenverbände, nicht ohne weiteres erzählbar gewesen sein; einmal, weil sie die polnischen Siedler als verständnisvolle Leute zeigt. Vor allem aber, weil sie das Verlassen der Heimat als eine endgültige Entscheidung schildert.[244]

Folgt man der Logik dieser Erzählung, hätte der Frau Schuster eigentlich keine Zeit für Vorbereitungen zu ihrer Abreise ins Ungewisse bleiben können. Die Stimme soll tatsächlich wie aus heiterem Himmel gekommen sein. Der Pfarrer und die anderen „Reisenden" hatten bereits den Abschieds-Choral angestimmt, als sie sich als letzte zum Weggehen entschloß. Eine Erzählung vom plötzlichen Einwirken höherer Mächte. Sie beweist die Bedeutung dieses Abschieds für das Leben der Frau Schuster. Doch ganz so unverhofft, wie diese Geschichte es zeigen soll, hatten die Worte auf dem Friedhof unsere Erzählerin aber vielleicht doch nicht erreicht. Schließlich hatte sie bereits Reisevorbereitungen – Überlegungen und Vorkehrungen – getroffen, als sie zum Abschiednehmen auf den Friedhof ging. Das läßt sich der weiteren Schilderung dieser Informantin entnehmen. Frau Schuster erzählt vom Übergang über die polnische Grenze:

„Na und da sind wir dann an die Grenze gekommen. Da wurden wir noch einmal kontrolliert, und da haben sie alles weggenommen, was sie gefunden haben. Die haben alles total ausgeplündert. Aber ich habe meine Sachen gerettet. Meine Sparkassenbücher haben sie nicht gefunden. Da habe ich einen Sportwagen, einen Kinderwagen von den Rädern abmontiert, der auf dem Hof bei meiner Schwester gestanden hatte. Und da habe ich mir einen großen Reisekorb draufgebunden. Und unten auf dem Boden vom Reisekorb habe ich mit Draht die Sparkassenbücher angemacht. Da haben sie den ganzen Reisekorb durchsucht und nichts gefunden. Unterm Deckel da hatte ich meine Sparkassenbücher. So habe ich sie rübergerettet. Dadurch habe ich noch ein paar Pfennige gerettet."

Ein plötzlicher Wechsel der Perspektive und der Erlebnistönung gehört zu diesem Erzählen aus den Fluchtwochen; eben waren noch göttliche Mächte am Wirken, im nächsten Moment hilft das eigene Geschick weiter: Schlauheit und eine gehörige Portion Rücksichtslosigkeit, wenn es erforderlich ist. Zwölf Jahre nach ihrer Ankunft in Bremen genießt Frau Schuster es noch immer, damals den polnischen Grenzbeamten ein Schnippchen geschlagen zu haben. Was einmal eine beängstigende Situation war, wird jetzt als Schwank erzählt, eine Geschichte, wie viele Urlaubsreisende sie heute zum besten geben, wenn ihnen ein kleiner Schmuggel gelungen ist.

Die einzigartige lebensgeschichtliche Bedeutung des Abschieds vom Elternhaus soll an zwei Beispielen konkretisiert werden: den Erzählungen von Christa Ellermann und Beate Vorler. Als uns Frau Ellermann (Jg. 1920) Ende 1988 die Geschichte ihrer Flucht aus Ostpreußen mitteilte, stand ihr das Ereignis des Abschiednehmens wieder im Detail vor Augen. Sie hatte bei Kriegsende – damals noch unverheiratet – auf dem elterlichen Bauernhof gearbeitet. Von deutscher Seite erging damals der Befehl zur Flucht vor der Roten Armee. Obwohl die Familie bereits darauf vorbereitet war, mußte schließlich doch alles überstürzt vonstatten gehen:

„Wir hörten ja schon wochenlang die Front, das Poltern. Da zitterten die Fensterscheiben. Wir ahnten schon, daß wir bald wegmußten. Es war schon sehr bedrückend. Man dachte nach, man hatte Hoffnung, daß die Russen wieder zurückgehen würden. Und ich war an dem Tag in der Stadt gewesen und kam nach Hause. Da ist mein Vater dabei, den großen Leiterwagen mit solchen Rundbögen zu bespannen. – Ich sag: ‚Was machst Du denn, Vater?' – Und er sagt ganz ernst: ‚Wir müssen weg! Befehl gekommen! Morgen, müssen wir weg, 40 Kilometer.' – Das betraf den ganzen Kreis. – Na ja nun, meine Mutter war auch schon am Packen. Alles aufgeregt! Es wurden dann Kisten und Koffer und alles aufgeladen. Ja, was nimmt man mit? Man war völlig durcheinander, alles praktisch wahllos hineingepackt. Vor allem Papiere und Sparkassenbücher und Ausweise. Und dann fiel uns noch ein, daß wir ja Betten haben müßten. Und die wurden dann auch noch in die Säcke hineingepackt. Und dann fuhren wir am nächsten Tag los. Dann gab es noch den Befehl, das ganze Vieh in den Weidegärten lose zu belassen. Was wir dann auch gemacht haben. Die Schweine wurden rausgelassen. Das kleine Fohlen blieb dann auch im Weidegarten, die Mutterstute mußte ja nun mit. Wir hatte dann zum Glück noch'n Teich, wo Wasser drin war und 'ne grüne Wicke dicht am Haus. Und der Hund ging mit. Und die Hühner, die fanden ja leicht ihr Futter draußen."

Es sind fotografisch genaue Erinnerungen. Sie sieht ihren Vater wieder den großen Leiterwagen zur Flucht herrichten, sieht das Vieh am Teich und die grüne Wicke am Haus. Der letzte Blick zurück auf die ländliche Welt, dieses Bild einer Idylle hatte sie später immer wieder vor Augen, wenn sie in Hamburg an ihre Jugend dachte. In ihrer Detailgenauigkeit zeigt diese Erinnerungserzählung, daß sich Frau Ellermann damals durchaus der Bedeutung der Ereignisse für ihr weiteres Leben bewußt war. Sogar Teile des amtlichen Schreibens aus der Gemeindeverwaltung sind ihr im Gedächtnis geblieben. Darin war die Rede von dem Befehl, „das ganze Vieh in den Weidegärten lose zu belassen".

Frau Vorler[245], auf einem Gut in Schlesien aufgewachsen, war 18 Jahre alt, als sie im Februar 1945 von deutscher Seite „auf den Treck geschickt" wurde. Dieser Frau, die in Hamburg Journalistin geworden ist, gelingt in der mündlichen Erzählung eine Darstellung von literarischer Kraft.[246]

„Morgens um acht Uhr lautete der Treckbefehl für das Dorf, um acht Uhr sammeln und dann Abmarsch. Und meine Mutter hatte gesagt an dem Abend vorher: ‚Um sieben Uhr wird gefrühstückt!' Und das hat sie ganz fabelhaft gemacht, muß ich rückblickend sagen. Wir saßen alle am Frühstückstisch, gedeckt wie immer, mit Silber, schönem Porzellan. So wurde das Frühstück serviert, wie das bei uns üblich war. Tee, Kaffee wurde gebracht. Sicherlich der letzte schwarze Kaffee, den man im Kriege organisiert hatte. Und nach dem Frühstück standen wir auf und ließen alles so stehen. Es wurde nichts weggeräumt, so als ob man auf einen Spaziergang geht. Das Haus wurde nicht abgeschlossen. Das war unser letzter Eindruck von zu Hause. Die Betten waren noch gemacht worden. Meine Mutter sagte: ‚Ganz gleich, wer nach uns hier reinkommt, der soll das wenigstens hier ordentlich vorfinden!' – Das war, muß ich sagen, das ist mir doch sehr nahegegangen. Das Verlassen des Hauses vom Frühstückstisch weg, und man wußte nicht, ob man's jemals wiedersieht. Man ging weg, ohne zu wissen, was das Schicksal für einen bereithält. Es war ja Winter, wie gesagt, es lag alles voll Schnee, es sah zauberhaft aus. Und ich saß auf dem Treckwagen, meine Mutter auch, und wir guckten dann zurück auf den Park und den Hof. Das war ein herzzerreißender Abschied, ein wehmütiger Abschied. Man sagte sich: ‚Was wird die Zukunft uns bringen? Kommen wir jemals zurück?' Da muß ich auch heute noch sehr oft dran denken, dieses letzte Bild noch aus der heilen Welt."

Ein Blick zurück, ein letztes Bild. In ihm blieb diesen beiden Frauen die alte Heimat später in der Großstadt Hamburg vor Augen. Ein ganzer Lebensabschnitt in einem Bilde. Die Geschichte der Frau Vorler beschreibt zugleich die Absicht eines besonderen Kulturkontakts, denn was sich dem Abschiedsblick der Scheidenden darbot, sollte für die nach ihnen Kommenden einen „ersten Eindruck" vom Lebensstil der vorherigen Besitzer des Hauses vermitteln. – Es ist hier, wie bei anderen Erinnerungsbildern, eine Frage, inwieweit vorliegende Bedeutungsmuster, etwa literarische Schilderungen, vielleicht auch Darstellungen aus der bildenden Kunst, das Erleben und das spätere Erinnern geprägt haben. Abschiedsszenen zählen schließlich zu den bevorzugten Themen der Literatur. – „Die Männer wandten sich um zur Heimat, über der noch die Nacht zu liegen schien, und kehrten sich wieder dem Tag und der Fremde zu.“ – So beschreibt Joseph Roth einen Grenzübergang, das endgültige Verlassen der Heimat bei einer Gruppe von Auswanderern.[247]

Die Beispiele für ein bewußtes Abschiednehmen von der Heimat sollen durch eine im Jahre 1988 aufgezeichnete Erzählung von Frau Herta Geldner (Jg. 1925) abgeschlossen werden. Sie führt die in der westdeutschen Nachkriegsgeschichte verbreiteten Wünsche und Auffassungen anschaulich vor Augen.

„Und dann hieß es eines Morgens, innerhalb von zehn Minuten hätten wir die Häuser zu verlassen. Aber ich meine, man wußte das schon vorher, daß das so kommen würde. Durch all die Gerüchte, die im Umlauf waren. Auch durch die Polen, die wir in unserer Wohnung hatten. Da konnte man sich doch ein bißchen vorbereiten.... Also in die Wohnung haben sie dann Polen reingesetzt. Und ich seh' das und hör' das noch heute. Als wir rausgingen, da stand unser Pole an der Korridortür und sagte: ‚Also, was da gemacht worden ist, das bringt kein Glück! Uns nicht und keinem und Ihr kommt wieder zurück!‘ – Also, das sagte der so! Ich weiß nicht, was man damals wirklich gedacht hat. Irgendwie hat man nicht viel gedacht, man war beschäftigt damit zu überleben, wie eigentlich die ganze Zeit.“

Auch hier ist keine Aggression gegen die heutigen Bewohner ihres Geburtsorts spürbar. An eine Rückkehr hat Frau Geldner ohnehin schon kurze Zeit nach ihrer Abreise nicht mehr geglaubt. „Im Grunde genommen, als es damals polnisch wurde, da war man ja ziemlich chancenlos“, äußert sie später. Von Geschichten dieses Inhalts läßt sich indes leicht der Bogen zu den Sühnewünschen der „Flüchtlingssagen“ schlagen, die noch unser Thema sein werden. In diesen Geschichten können die „Vertreiber“ in der neuen Umgebung nicht zur Ruhe kommen; in Angst und Unsicherheit vor der „verdienten Strafe“ müssen sie mit ihrer Schuld existieren. Der Bogen spannt sich freilich auch zum „Erzählen“ und zur Propaganda restaurativer Politiker. Der Europapolitiker Otto von Habsburg „weiß“, „daß die Vertreibungsaktionen bei denen, die für diese Vorgänge direkt oder indirekt verantwortlich sind, im Gegensatz zu den davon Betroffenen hochgradig traumatische Reaktionen hervorgerufen haben“.[248] Da ist sie wieder, nun als Wunschbild, die unglückselige „Kollektivschuldthese“. Auch die, die „indirekt“ verantwortlich sind, sollen angeblich traumatisch reagieren. Wie in den „Dokumenten der Menschlichkeit“ aus dem Jahre 1950, wird diese Behauptung noch 1979 als Argument gegen die neuen Bewohner der Ostgebiete benutzt. Inzwischen sind das längst die Kinder und Enkel jener Generation, zu der die Polen gehörten, die Frau Schuster und Frau Geldner 1945 den Abschied gaben.

4. Fluchtstraßen – Führung und Organisieren

„Ich glaube, man kann an vielen Flüchtlingsschicksalen ablesen, wie die Führung im Leben gewirkt hat. Es fing schon an, als dieser Gutsbesitzer das Pferd von meinem Mann kaufen wollte. Der Gutsbesitzer war ja der Vorgesetzte meines Mannes beim Militär. Wenn der das Pferd nicht gekauft hätte, dann hätte mein Mann gar keinen Urlaub gehabt. Nun war er zu Hause, als es auf die Flucht ging. Er war gerade dabei, das Pferd für seinen Vorgesetzten einzufahren. So mußte er zu Hause bleiben. Und als wir dann über das Frische Haff gefahren sind. – Da sahen wir: Dort bricht einer ein, die nebenan brechen ein. Es hätte ja auch sein können ... wir waren doch so dicht dabei. Nichts dergleichen, wir sind kreidebleich geworden und so gezittert am ganzen Leibe haben wir. Aber wir kamen rüber! – Was nicht sein soll, soll eben nicht sein! Und als wir dann über den Viadukt fuhren im Militärbus bei Glatteis, da fing der Bus an zu schleudern. Also, um Haaresbreite wären wir da alle runter. Wieder waren die Soldaten alle bleich! – Wären wir diesen Viadukt runtergefahren, kein Mensch hätte gewußt, wo wir geblieben sind. Das sind Sachen im Leben, die sehr zum Nachdenken anregen. Manch einer lief direkt ins Unglück hinein, andere wurden durch die Zeit geführt."

Frau Else Schlüter (Jg. 1915), die im November 1989 diese Beurteilung ihres Weges aus dem Osten in den Westen gab, hatte bis zur Flucht vor der Roten Armee im Februar 1945 zusammen mit ihrem Mann in einem Dorf im Kreis Angerburg in Ostpreußen eine kleine Landwirtschaft betrieben.[249] Was sie in vergleichsweise distanzierter Form „Führung" nennt, gehört bis in unsere Zeit zu den resümierenden Urteilen über das Fluchtgeschehen. Unter religiösen Leuten, insbesondere unter Katholiken, war von Anfang an für diese Führung den höheren Mächten gedankt worden – dem Kreuz, dem Schutzengel, der Gottesmutter. Weltlichere Deutungen konnten das Überleben allein als Glück, Zufall, günstiges Geschick begreifen. – „Was nicht sein soll, soll eben nicht sein!" sagt Frau Schlüter. – Die Rettung – eine Kette glücklicher Umstände. Zufällig war ihr Mann für ein paar Tage zu Hause, als es Ende Januar an die eilige Abreise ging. Als der Treck dann über das Frische Haff zog, brachen die Flüchtlingswagen überall im Eis ein. Wer das überstanden hat, dem kann nicht mehr viel im Leben passieren. Unter diesem glücklichen Stern stand ihr Leben während all der weiteren Gefahren der Fluchtstraßen. Als Else Schlüter ihre Geschichte erzählte, stand sie wieder ganz im Banne dieser Erlebnisse. Sie schilderte aus dem Abstand von 45 Jahren, wie sie den Schrecken am ganzen Leibe zitternd erlebte, wie sie erbleichte und beim Überqueren des Viadukts fast ins Vergessen gestürzt wäre. Eine Zeit wie aus einem Sagenbuch: Dort gehören Men-

Straßenszene 1945

schen, die im Gebirge oder auf See für immer „verschwinden" zur Motivausstattung. In den 1950er Jahren waren die Verschollenen der Flucht, verschleppte Frauen, Verschüttete, Vermißte ein Bestandteil der sozialen Bilderwelt. – Freilich, so schicksalsträchtig stellen sich die Verhältnisse selten dem Menschen im Erleben dar. Dazu ist in Angst und Panik – in Situationen äußerster Konzentration – kein Platz. Das „Schicksal" kommt erst nachträglich wieder ins Spiel, wenn alles glücklich überstanden ist.

Neben dem Deutungsmuster „Schicksal" gibt es hier ein anderes Schema für das Erinnern. Da kommt jeder zu seinem persönlichen Vorteil. Es ist durch Begriffe wie „Organisieren", „Besorgen", „Durchlavieren" gekennzeichnet. Das Überleben verdankt sich also gerade nicht dem Zufall oder höheren Mächten, sondern allein der eigenen Initiative. Es ist ein Erinnerungs- und Deutungsmuster, in dem persönliche Leistungen, die eigene Verschlagenheit, Kraft und Geschicklichkeit die Stimmung prä-

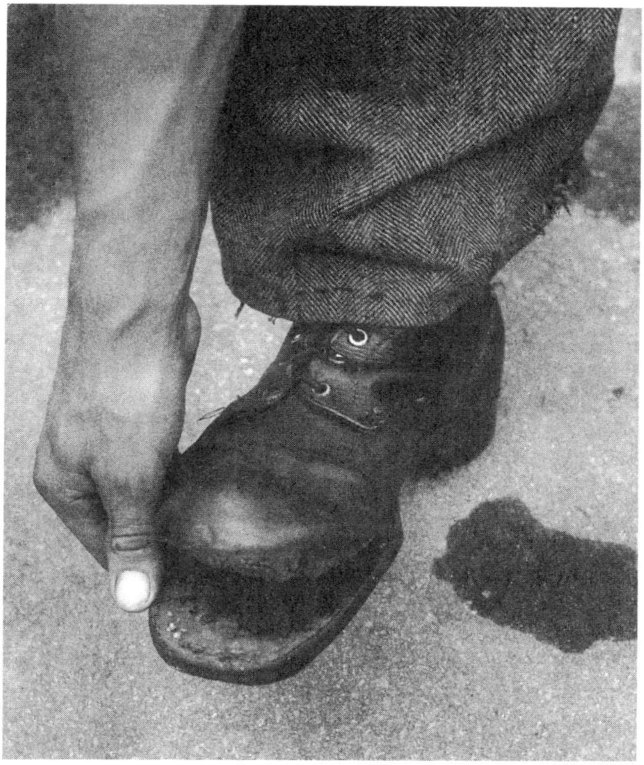

Straßenszene 1945

gen. Die Geschichte von Frau Schuster, die dem polnischen Zollbeamten ein Schnippchen schlug, verweist bereits darauf. Ins Bild dieser Erinnerungen gehört eine reichliche Portion Rücksichtslosigkeit. Diese Form der Selbstdarstellung führt geradewegs in die Aufbruchsstimmung der 1950er Jahre, in die Kultur der westdeutschen Aufbauära.

In den Geschichten äußern sich die gegenteiligen Muster „Schicksal" und „persönliche Geschicklichkeit" meistens nicht separiert: Es findet sich kaum eine längere Fluchterzählung, in der sich nicht beide Schemata nacheinander und nebeneinander entfalten. Das Erinnerungsbild vom eigenen glücklichen Schicksal, von der Führung durch höhere Mächte, war eine subjektive Version der kollektiv verbreiteten dämonologischen Schicksals- und Katastrophendeutung jener Jahre. Ganz auf die Zukunft gerichtet waren die Geschichten vom listigen Durchlavieren, von den Tricks, vom Organisieren, von Schlauheit und Unterschleif. Der Flüchtling war tatsächlich die „Gestalt einer Zeitenwende". Er trug besonders hart an der Vergangenheit. Aber sein Verhalten deutete schon unverkennbar die Mentalität der Nachkriegsdeutschen und die Zukunft der Bundesrepublik an. Ein Gedicht von Marie Luise Kaschnitz, 1947 in der Sammlung „Totentanz und Gedichte zur Zeit" erschienen,[250] bringt die geistige Situation jener Wochen des „Zusammenbruchs" zum Ausdruck. Fast jeder – ob Flüchtling oder Einheimischer – mußte damals durch eigenes Erleben oder durch seine Anteilnahme am Schicksal anderer, an den Bombennächten, der Flucht, der Angst des Bunkerlebens leiden.

„Ich lag im Bunker mit vielen,
Keiner kam zur Ruh,
Und eine Hand bestahl mich,
Und die andere deckte mich zu.
Und ich ging auf der Straße mit vielen,
Weil es wieder zu wandern hieß,
Und eine Hand schob mir den Karren,
während die andre mich stieß.
Und ich wußte nicht zu sagen,
wes Art mein Nächster war,
Es war nach den alten Begriffen
Nichts mehr berechenbar.
Und es war auch nicht mehr die Rede
Vom Wohlgefallen,
Nur das elende herrliche Leben
War in uns allen."

Die von uns gesammelten mündlichen Erzählungen zeigen, daß diese Bilderwelt als Erinnerung noch in die Gegenwart hineinwirkt. Dazu sollen nun ausführlicher zwei Befragte aus unserer Erhebung zu Wort kommen. Frau Lina Herfort und Frau Hedwig Gansel. In beiden Fällen steht es für die Informantinnen außer Frage, daß es damals höhere Mächte waren, die sie und ihre Angehörigen durch das Chaos geführt haben. Zunächst Lina Herfort: 1989 hat sie ihre Geschichte erzählt. Sie ist 1933 in einem Dorf in der Nähe von Danzig geboren. Frau Herfort hat später in Hamburg unverheiratet gelebt und als Verkäuferin gearbeitet. Als 12jährige ging sie auf die Flucht. Sie glaubt, sich noch genau erinnern zu können: „Weiß ich noch ganz genau. Es war am 24. Januar [1945], als wir von Tannensee weggingen. Das Ganze hat gedauert... bis Ende April waren wir unterwegs. Der Schrecken hat gedauert, bis wir alle in Flensburg waren."

„Wir alle", damit meint sie zunächst die damals 31 Jahre alte Mutter, seit einem Jahr Kriegerwitwe, einen 9jährigen Bruder, die 4jährige Schwester, außerdem die ältere Schwester der Mutter und deren zwei

Söhne. Für Frau Herfort standen die drei Monate der Flucht und die spätere Notzeit im Westen eindeutig im Mittelpunkt ihres Erinnerns, vielleicht sogar im Mittelpunkt ihres Lebens. Immer wieder kam sie auf das Geschehen zurück, als sie über ihre Zeit im Westen, über das erste Einleben, die Schulzeit, die Lehrzeit redete. Die Flucht endete für ihre Schwester in Flensburg im Krankenhaus: Typhus. Bis 1947 lebte die Familie dann im Flüchtlingslager. Diese zwei Jahre hat sie wegen der „guten Hausgemeinschaft" angenehm in Erinnerung behalten. Noch in den 1980er Jahren hat Frau Herfort immer wieder von den Fluchtereignissen geträumt.

„Das konnte man nicht verarbeiten, dieses Schreckliche, Grausame, was wir gesehen haben. Menschen starben, Tiere starben, am Wegrand werden Pferde erschossen, fielen dann in den Graben. Das hatte ich immer vor Augen."

Unsere Informantin ist klein von Gestalt. Das führt sie auf die Ernährung während der Fluchtmonate und später im Westen zurück. „Das kann man nicht mehr aufholen diese Mangelernährung. Da ist der ganze Knochenbau zurückgeblieben: Kalkmangel."

Frau Herfort:
„Als wir weggingen, hat man uns einen Mann zugeteilt, weil meine Mutter Kriegerwitwe mit drei Kindern war. Und da sind wir raus, und da waren wir schon ein ganzes Stück weg. Die Straßen waren ja total vereist und alles glatt. Da sind die Pferde hingefallen und haben sich die Beine gebrochen. Da mußten sie erschossen werden. Da kamen ein paar ältere Männer, die haben geschimpft. – ‚Diese verdammten Kriegerwitwen, die ham hier unsere Wagen.' "

Interviewerin:
„Waren das ältere Männer aus Ihrem Dorf?"

Frau Herfort:
„Ja, zum Teil. Und da haben sie uns den Wagen weggenommen. Und da hatten wir für unsere paar Habseligkeiten nur noch einen kleinen Handschlitten. Da saß meine kleine Schwester drauf. Und nachts haben wir da irgendwo im Stall geschlafen oder was. Ich kann mich jetzt an die ganzen Orte auch nicht mehr erinnern."

Interviewerin:
„Ist vielleicht auch nicht so wichtig."

Frau Herfort:
„Jedenfalls sind wir dann in Richtung Halbinsel Hela. Von da aus sollten wir dann verschifft werden."

Interviewerin:
„Sind Sie lange mit dem kleinen Schlitten unterwegs gewesen?"

Frau Herfort:
„Nein, da hatten sie uns inzwischen auf einen Viehwagen verladen in der Eisenbahn. Vor der Halbinsel Hela haben wir erst einmal einen fürchterlichen Bombenangriff erlebt. Da kamen die Russen im Tiefflug. Die haben da einen Bombenangriff gemacht. Die wußten, daß da Militär ist, wollten die ganze Insel kurz und klein schlagen."

Interviewerin:
„Gab es da etwas zu essen?"

Frau Herfort:
„Trockenes Brot oder irgendwie sowas. – Es war ja nichts mehr da. Und dann kamen die im Tiefflug. Pferde totgeschossen. Da lag alles am Wegrand. Menschen, tote Menschen, tote Pferde. Wir gingen daneben. Und dann fiel da schon wieder einer um. Haben wir alles erlebt, hautnah."

Interviewerin:
„Wie hat das denn auf Sie gewirkt? Haben Sie sich an Ihre Mutter geklammert oder wie?"

Frau Herfort:
„Also, man hat praktisch gar nicht so drüber nachgedacht, was passierte. Wissen Sie, man ist in einem Zustand, da ist man wie betäubt. – Apathisch! Man kann gar nichts mehr denken. Aber hinterher kann es keiner nachempfinden. Wenn man das mal erzählt, was wir alles erlebt haben, das glaubt einem keiner."

Interviewerin:
„Also, glauben muß man das doch?"

Frau Herfort:
„Mit den Juden, das haben wir ja auch so erlebt. Diese Standgerichte mit den Juden. Das war nachher, als wir immer näher kamen nach Danzig. Da ham sie die standrechtlich erschossen, die Juden. Die mußten sich da ihr eigenes Grab graben. Mußten sich da hinstellen. – Zack, rein! – Das haben wir selbst gesehen, mit eigenen Augen, wie sie die erschossen haben, da. – Auch deutsche Soldaten wurden erschossen, wenn sie ihre Befehle nicht ausgeführt haben."

Interviewerin:
„Also, Sie sind eigentlich die erste, die mir von sowas erzählt."

Frau Herfort:
„Ham wir direkt gesehen, ja... Und das Schlimmste war mit meiner Schwester. Die hat die Ruhr gehabt am Anfang. Gleich mit dem Cousin und der Cousine. Die haben später in Flensburg in einem Krankenhaus gelegen, die drei Kinder. Und die beiden anderen sind gestorben. Nur

meine Schwester ist durchgekommen. Die waren alle zum Skelett abgemagert. Die wurden nur so in Bettlaken getragen. Und das Grausamste war dann für mich eigentlich, daß meine Schwester meine Mutter nicht wiedererkannt hat."

Interviewerin:
„Bevor Sie nach Schleswig-Holstein kamen?"

Frau Herfort:
„Nein, das war schon in Flensburg. Aber das war noch schlimmer als die ganze Flucht. Sie lag mit Ruhr zwei Monate in so'nem Dämmerzustand im Krankenhaus. Und als meine Mutter zu Besuch kam, hat sie gesagt: ‚Du bist nicht meine Mutter. Meine Mutter ist tot.' Meine Mutter hat was erlebt mit dem Kind. Sie war ganz deprimiert."

Interviewerin:
„Noch einmal zurück zur Flucht. Sind Sie dann auf der Halbinsel Hela von einem Schiff aufgenommen worden?"

Frau Herfort:
„Wir sollten eigentlich auf die Gustloff. Aber die war schon überfüllt. Da sind dann fast alle ertrunken. Wir hatten Glück. Wir waren schon auf dem kleinen Verladeboot. Das wurde da rangefahren. Und dann haben die gesagt: ‚Nein, das Schiff ist vollkommen überfüllt, da können Sie nicht mitfahren.' Wenn wir drauf gekommen wären, wären wir alle untergegangen. Da würde ich heute morgen hier nicht sitzen."

Interviewerin:
„Da hatten Sie Glück im Unglück."

Frau Herfort:
„Genau, da sind wir nachher mit der Neidenfels gefahren. Der ist dann nichts passiert, Gott sei Dank. Aber davor hatten wir immer Angst, daß wir so verrecken. Da sind ja überall Leute verreckt vor Hunger. Die wurden dann einfach beerdigt. Am Straßenrand, wurde ein Loch gebuddelt, im Feld. Sehr viele alte Leute sind gestorben... Für alte Leute war es besonders schwierig. Wir waren ja noch Kinder. Wir hatten ja noch die Zukunft. Aber ohne Glück ging es nicht. Wenn wir Platz gekriegt hätten auf der Gustloff, wären wir alle tot gewesen. Ja, und dieser Bombenangriff auf der Hela, da wäre ich also auch bald gestorben. Die Flüchtlinge rannten alle in so'ne Baracke rein. Und meine Mutter sagte immer: ‚Wir setzen uns da hinter den Ofen, da ist es schön warm.' Das ist auch so ein Eindruck gewesen für mich. Ein großer schwarzer Ofen und daß da für uns extra gefeuert wurde. Und unsere Mutter hat uns drei Kinder dann festgehalten, wenn irgendwas war. Eine Bombe oder so. Daß wir dann auch alle vier zusammen gleich tot wären. Das hat sie uns immer gesagt.

Sie hat uns immer alle umarmt. Und dann sagt meine Mutter oder meine Tante: ‚An den Ofen setzen wir uns doch nicht. Laßt uns aufstehen. Wir gehen woanders hin.' ... Und dann sind wir alle ans andere Ende der Baracke gegangen. Und da kam dann dieser wahnsinnige Fliegerangriff, dieser Bombenangriff. Und da schlägt dann eine Bombe genau da einen Trichter rein, wo der Ofen steht, genau dahin. Haut voll da rein, wo wir eben noch gelegen hatten. Die waren alle tot, die andern, die da am Ofen lagen. Aber die ganze Baracke ist zusammengefallen. Da waren wir auch etliche Stunden verschüttet, alle, die in der Baracke waren... Die war aus Holz, Gott sei Dank! Wir hatten unheimliches Glück, daß wir noch lebten. Wir hatten das Glück. Die am Ofen saßen, waren alle tot. Naja, als ich ausgegraben war... Da bin ich zum zweiten Mal auf die Welt gekommen."

Interviewerin:
„Ihre Mutter hatte wirklich einen guten Instinkt, nicht?"

Frau Herfort:
„Ja, komisch. Wir hatten immer wieder irgendwie einen Schutzengel. Da war ein Schutzengel. Meine Mutter hat immer gesagt: ‚Da oben ist doch jemand, der immer so'n bißchen dran dreht, und es immer so hinkriegt, daß wir doch noch am Leben bleiben.' "

Bei dieser Erzählung eines vom Schutzengel geleiteten Weges ist wiederum zu bedenken, daß sich die Geschichte inzwischen mit Informationen unterschiedlicher Herkunft durchsetzt und angereichert haben dürfte. Die Flüchtenden erreichen die Halbinsel Hela und wollen sich zunächst auf die „Wilhelm Gustloff" zum Übersetzen begeben; zwei Orte, die später zu Symbolen für die Schrecken des Fluchtgeschehens – selbst „Ort der Sage" – geworden sind. Sie erlebt hautnah, wie tote Menschen und verendete Pferde am Wegrand liegen, sieht, wie einzelne Menschen tödlich getroffen zu Boden stürzen. All das sind Geschehnisse, die Zuhörern schwer zu vermitteln sind, die nur das sichere Leben in der westdeutschen Nachkriegszeit erfahren haben. Auch die entsetzlichen Ereignisse um den Ruhrtod der beiden Familienangehörigen und das Nichtwiedererkennen der Mutter durch ihre 4jährige Tochter gehören in das Reich der Sage,[251] obgleich sie eigenes Erleben wiedergeben. All das klingt wie eine „sagenhafte Geschichte von heute", nicht anders als die Erzählung vom Volltreffer in den Ofen und die Geschichte von der zweiten Geburt nach dem Verschüttetsein unter den Balken der zerstörten Baracke. Vielleicht gehört die Geschichte von der Tötung jüdischer Menschen und der Erschießung deutscher Soldaten wegen ihrer Befehlsverweigerung zu den später aus anderen Quellen, etwa aus Film und Fernsehen entnommenen „Anreicherungen" ihrer eigenen Erfahrung. Daß derartige Mordtaten vor den Augen von Kindern geschehen sein sollen, mutet fast unwahrscheinlich an. Derartige Anreicherungen lebensgeschichtlicher Erzählungen zeigen, wie die Geschehnisse selbst für die, die das Schreckliche erlebt haben, nach und nach ihre reale Basis verlieren. – „Was wir da alles erlebt haben, das glaubt einem keiner", sagt Frau Herfort, bevor sie die Erinnerung an den Juden- und Kameradenmord mitteilt. „Das glaubt einem keiner" könnte man auch so verstehen, daß sie selbst inzwischen ihre Zweifel daran hat, ob alles das, was sie uns da gerade erzählt, überhaupt möglich und zu überleben war.

Unsere Informantin ist kein religiöser Mensch, wenn darunter eine Frau zu verstehen ist, bei der Gebet und Kirchgang zur Alltagspraxis gehören. Gleichwohl war ihr stets auf den Fluchtstraßen gewiß, daß sie und die Überlebenden aus ihrer Familie unter dem besonderen Schutz Gottes und seines Engels standen. Sie sollten nicht sterben, Gott hatte anderes mit ihnen vor. Dahinter wird eine ökonomische Auffassung von den himmlischen Mächten erkennbar; sie handeln vernünftig, investieren ihre Fürsorge nicht in Leute, die sie bald darauf „fallen lassen" wollen. Die Gewißheit einer Prädestination war in vielen Familien der bundesdeutschen Nachkriegsgesellschaft verbreitet, nicht nur unter Flüchtlingen, sondern ebenso bei Ausgebombten, unter ehemaligen Soldaten und Kriegsgefangenen. In dieser Auffassung kam nicht allein eine volkstümlich-religiöse Weltsicht zum Ausdruck, sondern ebenso sozialdarwinistische Vorstellungen, wie sie in den Jahren des „Dritten Reiches" populär waren. – „Glück" in diesem Maße kann nur der Tüchtige haben. „Ich habe auch im dicksten Granatfeuer gewußt, daß ich durch den Krieg komme", ist immer wieder zu hören, wenn ehemalige Soldaten über ihre Erfahrungen an der Front erzählen. Imaginationen dieses Inhalts bargen Hoffnungen an die Zukunft in sich. In der westdeutschen Nachkriegsgeschichte dürften diese Vorstellungen von einer persönlichen Auserwähltheit später vielen als Leitmotiv und Motor ihres Handelns, auch des wirtschaftlichen Handelns gedient haben.

Die Deutung des Fluchtgeschehens als eine Chance zur Bewährung will ich nun im Zusammenhang mit der Fluchtgeschichte von Frau Hedwig Gansel ausführlicher erörtern.[252] Die Lebensgeschichte dieser Informantin und die Geschichte ihrer Familie stehen bis in die Gegenwart immer noch unter dem Eindruck der Fluchtzeit; einer Periode, die in verschiedenen Etappen bis in das Jahr 1948 hineinreicht. Es war eine „Flucht unter dem Kreuze": (Vgl. S. 106) Martyrium, Wallfahrt und Bewährungsprobe zugleich. Diese Familie hat auf der abenteuerlichen Flucht[253] eines ihrer Kinder verloren, ein weiteres neugeborenes Kind starb 1949 in Westdeutschland, weil sich Frau Gansel damals noch nicht von den Strapazen der Fluchtmonate erholt hatte.

Familie Gansel hat später im Westen, in Niedersachsen, in sozialer und materieller Hinsicht ein erfolgreiches und harmonisches Familienleben geführt; das Leben einer wohletablierten Beamtenfamilie. Es wäre wahrscheinlich im Osten äußerlich betrachtet nicht wesentlich anders verlaufen. Die ersten drei Jahre mußte Frau Gansel allerdings in der sowjetischen Besatzungszone mit ihrer Mutter und ihren vier Kindern teils im Flüchtlingslager, teils bei einem Bauern in der Scheune zubringen. Für sechs Personen ließ sich keine angemessene Bleibe finden. Doch als ihr Mann 1948 aus sowjetischer Kriegsgefangenschaft kam, fand er in Niedersachsen in seinem Beruf als Volksschullehrer schnell Anstellung. Nach der Währungsreform ging es rasch bergauf. 1980 ist Herr Julius Gansel in einer niedersächsischen Mittelstadt als Realschuldirektor pensioniert worden. Dort hatte er über mehrere Wahlperioden für die CDU im Stadtparlament gesessen. Alle vier überlebenden Kinder haben akademische Studien abgeschlossen. Die Fotos der zehn Enkelkinder schmükken die Wohnung der Großeltern.

Die Fluchtgeschichte der Familie Gansel beschreibt vor allem den Weg der Mutter. Diese Monate waren *ihre* Zeit. Deshalb hat sie meistens auch dann von „ich“ gesprochen, wenn sie „wir“ meinte.[254] Die 79jährige Informantin zeigte während unseres Gesprächs Anzeichen großer Gemütsbewegung, von Stolz, Genugtuung, vor allem aber von Trauer. Immer wieder versagte ihre Stimme, oft wurden ihre Schilderungen durch Weinen, dann wieder durch Lachen unterbrochen. Eine seelische Ausnahmesituation.

Hedwig Gansel, die 1909 in Niederschlesien geboren ist, hatte bis zu ihrer Hochzeit im Jahre 1936 als Krankenschwester gearbeitet. Danach lebte die Familie bis zur Flucht im März 1945 im niederschlesischen Sagan.

„Also, ich ging weg von zu Hause mit vier Kindern. Die Jüngste war knapp eineinhalb Jahre alt, der Älteste war sieben Jahre und das Fünfte, noch nicht auf der Welt, im achten Monat. So ging ich weg.“

Der Fluchtgemeinschaft schloß sich die 70jährige Mutter und das 15jährige Hausmädchen der Familie an. Alle waren erschöpft, als sie auf dem Bahnhof in Glatz zu einer Ruhepause ausgeladen wurden. Dabei stürzte ihre Mutter, verletzte sich am Kopf. Frau Gansel hat das Bild der „blutüberströmt“ neben den Kindern stehenden alten Frau noch vor Augen. Der Bahnhofsvorsteher kommt dazu, rasch überblickt er die Situation:

„‚Ja‘, sagt er dann, ‚ich weiß einen Ausweg. Ich werde jetzt ein Dienstvergehen ... ich werde Sie jetzt irgendwohin bringen, wo Sie sicher sind.‘ Diese Worte habe ich noch in Erinnerung: ‚Ich werde ein Dienstvergehen mir zuschulden kommen lassen, aber ich übernehme das.‘“

Das Dienstvergehen des Bahnbeamten besteht darin, daß er die sieben Personen mit ihrem Handgepäck persönlich in einer Draisine ins benachbarte Bad Kudowa fährt. Ereignisse dieser Art sind in vielen Fluchtgeschichten bereits der Stoff, der im späteren Erzählen die „Wunder“ der

Fluchtwochen ergibt. Das „Wunder“ der Frau Gansel ereignet sich allerdings erst ein paar Stunden später in Kudowa.

„Ich muß wohl auf dieser Reise nicht mehr ganz dagewesen sein, vielleicht irgendwie aus Schwäche oder dergleichen. Auf einmal weiß ich bloß, daß wir in einem hellen Raum standen. Ich sah, daß da ein elegantes Hotel war. ‚Mein Gott‘, hab ich gedacht. Ich guck da an uns so runter und dachte: ‚Dieses Lumpengesindel und diese blutende Frau.‘ Und da kommt eine Dame auf mich zu. Also, es ist mir heute noch wie im Traum. Ich kann mir diese ganze Situation nicht erklären. Wie wir dahin gekommen sind. Und da sagte sie bloß: ‚Seien Sie mir herzlich willkommen. Sie sollen meine lieben Gäste sein.‘ “

Aus einer Situation, in der ein Mensch, von jeder Hoffnung verlassen, plötzlich von einer hilfsbereiten selbstlosen Dame gerettet wird, mag in mancher Erzählung eine Marienerscheinung geworden sein, zumal, wenn die Lichtgestalt, wie in diesem Falle, anonym geblieben und nach ihrem segensreichen Wirken verschwunden ist. Für Hedwig Gansel erschien alles „wie im Traum“. – Bis heute ist diese Rettung eines der Wunder in ihrem Leben geblieben:

„Ich wurde neulich mal gefragt, ob ich ein gläubiger Mensch bin. Da sag ich: ‚Ich möchte das nicht von mir behaupten, denn wir haben alle einmal Zweifel und sind nicht immer so sicher. Manchmal können wir sogar am Herrgott verzweifeln und denken: ‚Wie kannst Du das zulassen?‘ – Aber ich glaub’ doch, daß ich einer bin, denn ich glaube an Wunder. An mir sind welche geschehen. Was mir diese Dame gesagt hat und uns zwei wunderbare Hotelzimmer gegeben hat. Ich hab ihr dann sofort gesagt: ‚Ich bin wahrscheinlich hier ein Irrläufer. Ich kann das alles nicht bezahlen.‘ Sagt sie: ‚Machen Sie sich keine Sorge. Zunächst machen Sie sich nur mal Sorgen, daß Sie noch dazu fähig sind, erstmal Ihr fünftes Kind zur Welt zu bringen.‘ – Und da haben wir da gewohnt. Also wir wurden verpflegt.... Ich hab’ mich manchmal in die Situation versetzt: ‚Was hättest du gemacht? Hättest du wirklich so christlich gehandelt wie sie?‘ Ich weiß ja auch gar nicht, ob sie katholisch war.“

Nach dieser glücklichen Wendung bekommt die Reisegruppe die Aufenthaltsgenehmigung für den kleinen Badeort.

„Ich bekam dann Erlaubnis, dort zu bleiben von der Gemeinde. Weil ich das Kind erwartete. Die Schwangerschaft war zunächst ein wenig beängstigend, aber ich habe mich über jedes Kind gefreut, das ich erwartet habe. Ich habe mir letzten Endes gedacht: ‚Das ist doch der Sinn der Ehe. Und die Welt muß ja weitergehen. Wenn wir keine Mütter haben, die Kinder zur Welt bringen, dann wird ja alles dahingehen.‘ “

Frau Gansel begibt sich in Behandlung zu einer Ärztin. Bis zu ihrer Niederkunft kann sich die gelernte Krankenschwester in deren medizinischem Labor nützlich machen. Die Kinder bleiben tagsüber in der Obhut der Großmutter und des Kindermädchens. Ein paar Tage nach ihrer Ankunft erreicht die Rote Armee den kleinen schlesischen Badeort. Frau Gansel[255] hat den Einmarsch der sowjetischen Soldaten keineswegs wie eine Katastrophe in Erinnerung. Ihr Russenbild ist bis in die Gegenwart von dieser Begegnung bestimmt; es ist das Bild vom „kinderlieben Russen".

Am 29. April kommt ihr fünftes Kind zur Welt, Ulrike, ein Mädchen. „Es war die leichteste und schnellste Entbindung, die ich überhaupt hatte." Frau Gansel zählt Ulrike bis zum heutigen Tage zur Familie, obwohl sie dieses Kind bereits im Alter von drei Monaten verloren hat.

Das Sterben dieser Tochter nimmt bis heute einen wesentlichen Platz in ihrem Denken ein. Das Unheil ist unabwendbar, „Schicksal". Doch der Rest eines persönlichen Schuldgefühls und Vorwürfe an andere sind geblieben. Der Schrecken beginnt damit, daß die junge Mutter wegen ihres körperlichen Zustandes nicht in der Lage ist, das Neugeborene zu stillen. Für ein paar Wochen gibt es Hilfe:

„Ja, nun war es so, daß die erste Zeit meine Ärztin noch Frauen hatte, die stillen konnten. Von denen hat sie mir Muttermilch geschickt, damit ich das Kind durchbringen konnte."

Diese jungen Mütter verlassen bald den Ort. Frau Gansel fühlt sich zur Abreise zu schwach. Ohne den Beistand der anderen ist sie gezwungen, das Neugeborene mit Kuhmilch zu nähren. Wie sich bald herausstellt, Milch von einem kranken Tier: „Ja, und da fing das mit der Krankheit an. Keine Nahrung, Durchfall. Dieses Vierteljahr war ein Martyrium."

Das Dienstmädchen versucht zu helfen, bietet sich bei den polnischen Bauern, die gerade die Höfe der Deutschen übernommen haben, als Arbeitskraft an. – Dazu Frau Gansel:

„‚Ich will ja von dem Bauern kein Geld haben', sagte sie, ‚sondern nur einen halben Liter Milch verdienen am Tag, um für die Ulrike etwas zu haben.' – Aber sie hat keinen Tropfen Milch bekommen. Sie hat den ganzen Tag schwere Arbeit für den Polen getan. Abends kam sie nach Hause. Da hatte sie nichts als ein Butterbrot bekommen. Und das brachte sie mir mit, weil ich so am Ende war."

Es entsteht der Eindruck, daß Frau Gansel sich bis heute vorwirft, nach ihrer Niederkunft nicht wie die anderen kurzentschlossen den Ort verlassen zu haben. Vielleicht grämt es sie, die Fürsorge für ihr Neugeborenes der Verantwortung eines 15jährigen Kindes überlassen zu haben. „Objektiv" unbegründete Selbstvorwürfe, aber eine zwiespältige Situation. – Die Tragik liegt in der Frage: „Wäre ich tatsächlich mit meiner Tochter lebend im Westen angekommen, wenn ich damals gefahren wäre?" Im Gegensatz zu ihrem inneren Zwiespalt fällt ihr Urteil über das Verhalten der polnischen Bauern eindeutig aus. Ein negatives Polenbild auf der einen Seite und eine positive Sichtweise „des Russen" auf der anderen sind bis in ihre Gegenwart hinein nicht zuletzt das Resultat ihrer Erfahrungen des Jahres 1945, ihrer Erfahrungen mit einzelnen Angehörigen dieser Völker in Bad Kudowa.

„Ich hatte allerdings schon aus meiner Zeit vor dem Krieg, als ich noch im Sanatorium gearbeitet habe, meine Erfahrungen mit Polinnen, Privatpatientinnen. Sie wollten zeigen, daß sie vornehmer sind als wir Deutschen. Sie verlangten, daß wir uns französisch mit ihnen unterhielten, obwohl sie Deutsch konnten. Also, mit den Polen bin ich noch immer nicht ganz fertig. Ob das in Kudowa ein Racheakt war, weiß ich nicht. Heute verstehe ich manches, was sie damals getan haben. Ich würde jedem Polen, der in Not ist und zu mir käme, auch heute noch helfen. Das weiß ich ganz genau. Während des Krieges hatten wir polnische Gefangene um uns herum. Denen habe ich immer Brot gegeben, wenn die bei uns an die Türe kamen. Deshalb habe ich mich damals mit dem Ortsgruppenleiter verfeindet. Also, was da in Kudowa geschah, das kann ich nicht vergessen. Wenn ich da die Polen in der Kapelle sah, so betend, händeringend, weinend, und die kamen aus der Kirche und das nächste: Fußtritt und dann holten sie uns armen Menschen, die eigentlich schon nichts mehr hatten, das wenige weg. Und heute: Ich sehe ein, daß denen wirtschaftlich geholfen werden muß, und wir nicht immer weiter Böses mit Bösem vergelten dürfen."

Es ist fraglich, ob ein Neugeborenes ohne die Nahrung der Muttermilch überhaupt unter Bedingungen einer solchen Besatzungszeit hätte überleben können. Frau Gansel ahnte schon bald, daß die kleine Tochter die Grenze zwischen Leben und Tod bereits überschritten hatte:

„Ich kann Ihnen das gar nicht erzählen, das war ein Martyrium. Das Kind hatte Hungerödeme, richtige Beulen, das ganze Körperchen bedeckt. Wenn ich es auf den Arm genommen habe, dann konnte die Ärztin mit dem Kinde alles machen. Sie konnte die Geschwüre aufschneiden und ihm etwas Erleichterung verschaffen. Das war das einzige, was ich dem Kind geben konnte. Das ganze Vierteljahr, Tag und Nacht hab' ich das Kind im Arm gehalten, weil ich es nur so gegen Hunger und alles beruhigen konnte."

Der schrecklichste Moment ihres Lebens, der Tod ihrer Tochter, wird ihr nun zur Gewißheit. Es ist der Abend des 3. August 1945. Das Mädchen wird ruhig und schläft im Arm der Mutter ein. „Ach", dachte ich, „Gott sei Dank, dann verschläft's den Hunger wieder." Erschöpft legt sich die junge Frau für ein paar Stunden nieder. Den toten Säugling überläßt sie der Großmutter, die ihn kurz darauf in den Kinderwagen bettet. Frau Gansel wacht auf. Sie geht zur Messe.

„Komm' aus der Kirche zurück und sag' zu meiner Mutter: ‚Das Kind schläft immer noch?' – ‚Ja', sagt sie, ‚sie schläft, sie schläft wirklich gut.' – Ich nehm' sie hoch, und da hat sie schon lauter Totenflecke. Ich hab'

1945: Flucht mit der Eisenbahn

das nicht gemerkt. Sie ist eben richtig in meinem Arm eingeschlafen. Meine Mutter hat das beobachtet, die wußte das schon."

Sie läßt ihre kleine Tochter feierlich beerdigen:

„Dann hab' ich mir gedacht: ‚Dem Kinde möchtest du noch etwas bieten, ein Engelamt.' Kein Traueramt, sondern ein Engelamt, wie es bei uns zu Hause beim Tode von Kindern eben war. – Es hat doch nichts vom Leben gehabt."

Frau Gansel besteht darauf, ihre Tochter in Bad Kudowa auf dem neuen Friedhof unter einem bestimmten, von ihr zu diesem Zwecke ausgewählten Baum begraben zu lassen. Vielleicht ahnte sie bereits, daß es ihr nur unter dieser Voraussetzung Jahre später gelingen könnte, die Grabstätte wiederzufinden.

„Da habe ich einen Baum gesehen, der mir gut gefiel, und zu dem Friedhofswärter gesagt: ‚Können Sie nicht das Kind unter diesem Baum begraben?' Er hielt mich für nicht mehr ganz normal. Damals habe ich selbst nicht gewußt, was ich da gemacht habe. Aber vor drei Jahren, als wir zurückgefahren sind nach Schlesien, da haben wir das Grab vierzig Jahre später unter dem Baum wiedergefunden. Es war damals in Kudowa nur ein Gedanke. Ich wollte mit dem Kinde Verbindung behalten, mir immer vorstellen können, wo es liegt."

Die Familie wird schließlich (das Dienstmädchen war inzwischen zu seinen Eltern zurückgekehrt) im November von polnischer Seite aus Kudowa ausgewiesen. Ihre 14tägige Reise beenden sie – zusammengepfercht im Viehwagen – in Mecklenburg.

1945: Bahnhofsszene

„Und in jedem Morgengrauen hielt der Zug. Und dann wurden die Leichen über die Schienen geworfen, Erwachsene und Kinder. ... Damals habe ich gedacht: ‚Herrgott, was bin ich dankbar, daß ich die Ulrike in die Erde legen konnte.‘ “

In Mecklenburg leben die „Umsiedler“ zunächst für ein paar Wochen im Lager. Danach kommen sie bei einem Bauern unter. Frau Gansel hilft dort gegen Naturalien auf dem Hof aus, gelegentlich tut sie Dienst als Krankenschwester.

„Da hat mich dann eine Bauernfamilie aufgenommen. Also, drei Jahre auf Stroh. Und dieses Leben mit dem Bauern, das ließ sich gut an. Das war schon menschenwürdiger. Ich hatte gute Beziehungen. Die andern haben viel geschimpft, aber ich fand das alles nicht so schlimm. Da kam 'ne Torte, da 'ne Wurst. Dabei hatten die Leute selber nichts.“

Sie erfährt in dieser Zeit, daß ihr Mann in sowjetischer Kriegsgefangenschaft überlebt hat. 1948 wird er entlassen, nicht in die sowjetische Besatzungszone, sondern in die niedersächsische Kreisstadt Lingen. Mit einem Interzonenpaß besucht er seine Familie. Kurz nach seiner Entlassung aus der Sowjetunion gelingt es ihm, eine Anstellung als Lehrer zu finden.

Julius Gansel:
„Ich bin dann bald zum Schulrat gegangen, mich vorgestellt, hab' um Einstellung gebeten. Da sagt er: ‚Wenn Sie die Entnazifizierung kriegen, kann ich Sie sofort einstellen.' – Das war kein Problem, denn ich war nur beim Arbeitsdienst gewesen. Das war als Kategorie 5 eingestuft worden. So konnte ich am 1. August, ein paar Tage nach der Währungsreform, sofort nach den Ferien anfangen."

Jetzt ist die Übersiedlung der Mutter mit ihren Kindern aus der Ostzone nach Niedersachsen beschlossene Sache. „Übersiedlung" bedeutete freilich aufs neue eine aufregende Flucht. Diesmal war „Flucht" allerdings kein tragisches, auswegloses Geschehen, sondern ein listenreicher Gang über die Zonengrenze. Wenn von „Fluchtstraßen" die Rede ist, sollten nicht allein die Bewegungen der Trecks des Jahres 1945 gesehen werden, sondern auch diese Ost-West-Wanderungen. Wie abenteuerlich der Weg von der Ostzone in die Trizone[256] sein konnte, beweist die Erzählung von Frau Gansel.

Für den ersten Teil ihres Weges, die Reise von Schlesien nach Mecklenburg, hat sie das Resümee gezogen: „Ich habe in der Zeit gelernt, wie wichtig es ist, daß man im Glauben erzogen worden ist und später die Beziehungen nach oben erhält." Der zweite Teil ihrer Flucht ist wiederum ein Weg mit Gottes Hilfe. Aber der Aspekt „eigenes Handeln" ist in der Erzählung wesentlich bestimmender.

Im ersten Teil der folgenden Geschichte erzählt Frau Gansel, wie sie mit dem kommunistischen Bürgermeister des mecklenburgischen Dorfes umgesprungen ist, als es darum ging, Reisepapiere für eine Fahrt an die Zonengrenze zu bekommen. Sie erklärte dem Bürgermeister, zu einem kleinen Ort – noch auf der Ostseite – zu wollen. Insgeheim beabsichtigte sie, von da aus mit ihren vier Kindern „schwarz" über die Grenze ins Braunschweigische, nach Helmstedt, zu wechseln. Alles war sorgfältig geplant. In Helmstedt sollte ihr Mann die Familie an einem bestimmten Tag in Empfang nehmen. Wenn Frau Gansel von diesen Reisevorbereitungen erzählt, ist nichts mehr vom Bedrohlichen und Schicksalhaften zu spüren, das ihre Geschichten aus der Besatzungszeit in Schlesien kennzeichnete. Es ist lebendiges Erzählen im Genre des Schwankes. Wir bekommen eine derbe Übertrumpfungsgeschichte zu hören. Diese Erzählweise ist die charakteristische Form der deutschen Nachkriegserzählung.

Zur Typik des Erzählens aus diesen in vielen Bereichen anarchischen Zeiten gehört es, daß die Menschen sich als Individuen mit ausgeprägten Charaktereigenschaften begegnen. Sie handeln „als Menschen", selbst wenn sie Träger von Funktionen in staatlichen oder politischen Organisationen sind. Noch im heutigen Erzählen wird eine Welt mit eigenen kulturellen Formen erkennbar. Dazu zählen etwa die festliegenden Persönlichkeitsstereotype. Es gibt da den „Russen", „Ami", „Tommy", den „Schieber", den „Normalkommunisten" und als Ausnahme den „Edelkommunisten", den „Schwarzhändler", die „Kriegerwitwe", das „Amiliebchen" und dergleichen, wie es im alten Schwank des 17. und 18. Jahrhunderts[257] den „Bauern" und den „Pfaffen", die Unehrlichen, Scharlatane und Zechpreller gegeben hatte. Da wird organisiert, geschwindelt und getrickst, da werden Identitäten getauscht, und jeder hofft, daß der andere ein Auge zudrückt. Wenn das alles auch noch für den höchsten der denkbaren Zwecke, das edelste Motiv geschieht, nämlich aus Sorge für die eigene Familie, ist jeder mit seinem Ränkespiel vorab exkulpiert. Hören wir die Erzählung der Frau Gansel über ihren „Kuhhandel" mit einem Edelkommunisten:

„Also, ich bin zum Bürgermeister gegangen. Einem Berliner, ganz schlimmer Kommunist, aber ein Mann, mit dem ich sehr gut reden konnte. Ich komme rein, da sagt der gleich: ‚Ach, heute kommt die Frau Gansel, da kriegen wir hier im Büro wieder Religionsunterricht.' – In diesem Ton haben wir miteinander verkehrt, auch sonst. – Nicht böse gemeint! – Er wollte mich gern in der Gemeinde behalten, als Krankenschwester dort anstellen. – Da hab' ich geantwortet: ‚Wissen Sie, Herr Krögerchen, heute will ich keinen Religionsunterricht geben, heute will ich mal Ihre Gutmütigkeit, Ihre Hilfsbereitschaft kennenlernen.' – ‚Huch', sagt der, ‚was soll denn das nun wieder sein?' ‚Ja', sag' ich, ‚ich will nach Harbke [Ort an der ehemaligen DDR-Grenze, auf der Ostseite gegenüber von Helmstedt]. Ich hab' einfach mal ein bißchen Erholung nötig. Wir haben ja keine schönen Tapeten in unserer Scheune, in unserem Zimmer dort.' – ‚Aha, ich weiß schon, wohin Sie wollen!', sagt er. ‚Aber, na ja, was soll ich dafür tun?' – Und ich: ‚Ich möchte von Ihnen gerne ein Dokument haben, daß ich mit meiner Familie bei Verwandten in Harbke einen sehr wichtigen Erholungsurlaub antreten möchte. Ich bin am Zusammenbrechen.' – ‚Ja', sagt er, ‚gut, schreiben wir. Und was weiter?' – ‚Jetzt holen wir sämtliche Stempelkissen, die Sie haben und dann machen Sie einen Stempel hinter den anderen, daß man überhaupt nichts mehr lesen kann. Das imponiert jedem Russen!' – Der hat sich kaputtgelacht und gesagt: ‚Frau Gansel, ich weiß, was Sie vorhaben. Hier haben Sie ein wunderbares Dokument mit Dienststempel. Aber wenn Sie wieder zurückkommen, wir werden für Sie sorgen."

Mit diesem Zertifikat in der Tasche löst sie eine Karte nach Marienborn, zur Kontrollstelle des Interzonenverkehrs. Mit ihren vier Kindern (ihre Mutter ist inzwischen in Mecklenburg gestorben) und reichlich Handgepäck steht sie wieder einmal auf einem Bahnhof, dem Ort, auf dem viele der „Wunder" der Fluchtstraßen und der Kuriosa der späteren Nachkriegszeit ihren Anfang genommen haben. Sie will nach Helmstedt zu ihrem Mann, mit 37 Pfennigen „und einer Schachtel Zigaretten in der Tasche".

„Und dann sah ich einen Mann mit einem Pferdefuhrwerk vor dem Bahnhof stehen. Der sagte gleich: ‚Nun sagen Sie doch nicht sowas, was wollen Sie denn in Harbke? Schwindeln Sie mich doch nicht an, Sie wollen über die Grenze. Meinen Sie denn, daß ich meinen Wagen und mein Pferd opfern will? Die nehmen mir doch alles ab.' Und nachmittags um drei ging ich nochmal zu ihm hin. Und da sagt er: ‚Wissen Sie, entweder sind Sie vom Teufel besessen oder ich weiß nicht von wem, Sie sind ja eine entsetzliche Frau.' – ‚Das können Sie laut sagen', hab' ich geantwortet, ‚nehme ich Ihnen nicht übel, wenn Sie uns bloß da rüberbringen.' – ‚Ich werd's wagen, aber wenn das schiefgeht, verfluche ich Sie vor allen Menschen, die da stehen!' – Sag ich: ‚Das können Sie dann auch machen.' "

Diese Geschichte von der Miete eines Wagens, in der sich neben der Bereitschaft zum Risiko auch Vertrauen in den Fremden und ins eigene Schicksal äußert, enthält durchaus Elemente des Schwankhaft-Komischen: Seht mal, was ich alles geschafft habe![258] Dabei dürfte das Ereignis in der Realität jeglicher Komik entbehrt haben. Daß Frau Gansel ihre Erzählgeschichte mit wörtlicher Rede ausgestaltet, ist ein Stilmittel des Schwankes. Also vermutlich keine wörtliche Wiedergabe des damaligen Geschehens.

Die nun folgende Geschichte der Fahrt über die Demarkationslinie liest sich wie eine Passage durch die Unterwelt. Für Frau Gansel und ihre Kinder ist dieser Weg über eine politisch definierte Grenze zugleich der Schritt über die Schwelle zwischen zwei Epochen der Geschichte ihres Lebens und der Geschichte ihrer Familie. Die Zonengrenze, die spätere „Staatsgrenze" der DDR, eine Linie entlang dem Eisernen Vorhang, mit Todesstreifen, Selbstschußanlagen, Schießbefehl, Stacheldraht war schon bald nach Kriegsende zu einem mythischen Ort der europäischen Nachkriegsgeschichte geworden. Über die Ereignisse des Jahres 1989 hinaus, ist sie es geblieben. Als Frau Gansel im Jahre 1988 ihre Geschichte erzählte, konnte sie sich noch der Magie dieses Ortes sicher sein.

„Also gut, der hat uns in seinen Wagen geladen, ist rübergefahren. Ich habe vordem nie gewußt, wie tot ein Wald sein kann, ich habe nie gewußt, wie weit ein Weg sein kann. Und wie wir in den Wald reinkamen, da saßen da überall an der Straße Leute, Haufen von Leuten. Die wollten über die Grenze. Da sagte der Fahrer: ‚Sehen Sie, Sie werden

Helmstedt-Marienborn 1948:
Ein deutscher Grenzbeamter verhandelt mit einer Frau. Hinter der Bretterwand steht ein sowjetischer Wachtposten. – Der Fotograf Erich Andres: „Soviel Angst wie bei diesem Foto habe ich im Leben wohl selten gehabt!"

auch bald dort sitzen. Die hier wollten auch alle bei Harbke über die Grenze. Und dann bin ich mein Pferd und den Wagen los. Das sind alles welche, die auch schwarz über die Grenze wollten. Die werden festgenommen und marschieren in die Gefängnisse.' – Ich sagte: ‚Fahren Sie doch weiter, fahren Sie weiter!' – Er fährt weiter. – Mitten in der Fahrt springt ein Mann auf unseren Wagen.... Da sag' ich: ‚Was wollen Sie denn hier?' – ‚Die Russen sind hinter mir her! Sagen Sie doch, ich wär' Ihr Mann. Sie sitzen ja hier im Wagen, Ihnen kann doch nichts passieren. – Sagen Sie, ich wär' Ihr Mann.' – Da sag ich: ‚Kommt nicht in Frage. Ich werd' nicht lügen. Ich kenne Sie nicht. Sie sind für mich völlig fremd, und ich möchte Sie bitten, von meinem Wagen runterzugehen.' – Unterdes kamen zwei gewehrgeschulterte Russen auf uns zu. Und da sagte der Fahrer: ‚Na, sehen Sie, jetzt heißt es aussteigen! Dort ist noch viel Platz im Walde.' – Die Russen sprachen zuerst den Mann an. ‚Wer ist der Mann?' Sag' ich: ‚Ich kenn' ihn nicht. Ich hab' mit dem Mann nichts zu tun!' ‚Also runter!' Da holten sie den Mann runter. – ‚Und wo wollen Sie hin?' Ich sag' ganz ruhig: ‚Nach Harbke, da sehen Sie mein Dokument.' – ‚Dokument, oh, Dokument!', sagten die und guckten das Papier an. Und dann meinte der eine nur noch: ‚Dawaj, dawaj!' Dem Kutscher ist bloß der Mund offen geblieben. Der sagte: ‚Das geht nicht mit rechten Dingen zu, glaub' ich. Wenn Sie im Mittelalter gelebt hätten, müßte man Sie jetzt als Hexe verbrennen.' Da sag' ich: ‚Auch das wär' mir egal.' "

Von Harbke – also von der Seite der Ostzone – gelingt ihr am nächsten Tag endgültig der Weg über die Grenze, um drei Uhr in der Nacht. Beim Grenzgang bemerkt sie, daß sie von sowjetischen Wachtposten wahrgenommen wird, wie sie mit ihren vier kleinen Kindern über ein Stück freien Feldes robbt. In ihrem freundlichen Bild vom kinderlieben Russen wird sie wiederum bestärkt. „Gesehen haben sie uns. Die standen nur fünfzig Meter von uns entfernt, guckten weg. Die haben vielleicht gedacht: ‚Gott, was haben wir davon, wenn wir die Frau mit den Kindern da erschießen?' " Auf der Westseite findet sie wiederum einen Mann mit Pferdewagen. Er nimmt die fünf Leute – zehn Kilometer – nach Helmstedt mit, wo sie sich mit ihrem Mann am Bahnhof verabredet hat.

„Wer nicht da war, war mein Mann. Ich hatte noch 37 Pfennige, die Kinder hatten Durst, und ich hab' ihnen so 'ne grüne Limonade gekauft, Waldmeistergeschmack. An die denken sie heute noch. – Läuft ein Zug ein und mein Mann steigt aus."

Ein Lebensabschnitt von über drei Jahren endet nach dieser Höllenfahrt. Es war ein Lebensabschnitt, der den Tod eines Kindes, den Verlust der Mutter, Besatzungszeit, Lagerleben, Fluchtstraßen bedeutet hat. Die Gemütsbewegung der Erzählerin hielt bis zur Schilderung dieses harmonischen Endes eines Lebensabschnitts an. Was darauf folgte, war ein gelassenes Erzählen alltäglicher Ereignisse. In der Detailgenauigkeit der Erinnerung und in der Anschaulichkeit der Darstellung wird die eminente Bedeutung des Geschehens für ihr Leben erkennbar.

Frau Gansel erzählte zuletzt eine „Grenzgängersage". Es ist wahrscheinlich, daß sie bereits während des Erlebens das Geschehen als existentielles, sagenhaftes Ereignis verstanden hat. Grenzen, Trennungslinien zwischen Machtbezirken und Eigentumsbereichen werden in der Volkserzählung überwiegend durch Sagen thematisiert.[259] Da findet der Grenzfrevler, einer, der die Marksteine heimlich versetzt oder untergepflügt hat, keine Ruhe, wird zum lebendigen Toten, zum Wiedergänger. In feuriger Gestalt oder als Mann ohne Kopf zeigt er sich am Ort seiner Missetat, zur eigenen Strafe und zur Abschreckung für die anderen. Diesen traditionellen Erzählstoffen lagen Auffassungen zugrunde, nach denen Grenzen unverletzbar, eben heilig sind und deshalb unter göttlichem Schutz stehen. Das gilt für Feld- und Hausgrenzen und grundsätzlich auch für Landesgrenzen; allerdings nur, solange die Grenzziehung als „natürlich", d.h. als gerecht empfunden wird. Die Grenze, die Frau Gansel im Jahre 1948 überschritt, war nach landläufiger Meinung im Gegensatz zu diesen „gottgewollten" Grenzen ein Werk des Teufels. Deshalb will Frau Gansel durch die Wahl ihrer Motive in der Erzählung augenzwinkernd und im Konsens mit ihren Zuhörern den Eindruck erwecken, sie, die gläubige Katholikin, habe in diesem Falle zum Schutze ihrer Familie mit dem Teufel paktiert. Bereits in Mecklenburg hatte es angefangen. Da war es ein Bündnis mit einem gutmütig-sympathischen „Teufel“ in Gestalt eines kommunistischen Bürgermeisters. Als sie in Marienborn den Kutscher nötigt, erklärt dieser sie kurzerhand für „vom Teufel besessen“. Und nachdem die beiden „gewehrgeschulterten Russen“ ihr Reisepapier akzeptiert haben, fühlt sich der brave Mann endgültig bestätigt. Das kann nicht „mit rechten Dingen“ zugehen. Er hat es mit einer „Hexe“ zu tun.

Auch andere Geschehnissen ihres „schwarzen“ Grenzgangs fügen sich in die Welt der Sage. „Ich habe nie gewußt, wie tot ein Wald sein kann... .“ – Da liegen dunkle „Haufen“ von Leuten am Waldweg, „Grenzfrevler“ wie sie, aber ohne einen Vertrag mit dem Bösen. Ein Mann springt auf den Wagen, von den Russen – den Dämonen – gehetzt. Kalt weist sie ihn ab. Im Interesse der Familie zu lügen, ist ihr eine Selbstverständlichkeit, ist Pflicht. In Mecklenburg hatte sie es mit Erfolg und reinem Gewissen praktiziert, als sie dort mit dem Bürgermeister verhandelte. Aus humanen Gründen, zum Schutze eines Verfolgten, doch gegen die offenkundigen Interessen der Familie zu lügen, das geht zu weit: „Ich werd' nicht lügen... Ich hab' mit dem Mann nichts zu tun.“ Der Verfolgte verschwindet in der Nacht und in der Anonymität, aus der er gekommen war.

Diese Geschichte eines gefahrvollen, von sagenhaften Gestalten belebten Weges sollte nicht allein mit Mitteln der Literaturwissenschaft klassifiziert, der Gattung „Sage“ oder „Sagenmemorat“ zugeordnet werden. Unsere Informantin schildert ein Geschehen, mit dem sie sich in hohem Maße identifiziert, einen prägenden Teil ihrer Lebensgeschichte. Diese Reiseerzählung läßt sich auch als Prozeß ihrer persönlichen Emanzipation lesen. Alle, die der alleinstehenden Frau auf ihrem Weg über die Grenze begegnen, sind Männer. An deren Mitleid appelliert sie. Mit ihnen paktiert sie, wenn es nötig ist. Sie zwingt ihnen ihren Willen auf und setzt sie zum eigenen und der Familie Vorteil ohne viel Mitgefühl einer Gefahr aus, wo es sein muß. Und wenn Männer ihr gefährlich oder nur hinderlich werden, haben sie kein Mitleid zu erwarten. Frau Gansel hat hier in exemplarischer Weise die Geschichte einer alleinstehenden Frau in der deutschen Nachkriegszeit erzählt. Als Resümee für die Jahre ohne ihren Ehemann hat sie in unserer Unterhaltung den Satz formuliert: „Wenn ich zurückdenke, hat mir die Zeit nicht nur genommen, sie hat mir auch gegeben. Sie hat mir Selbstvertrauen gegeben. Ich merkte, du kannst allerlei mehr schaffen, als du überhaupt gedacht hast.“ – Die Nachkriegsjahre ohne den Mann an der Seite bedeuteten für ungezählte Frauen einen großen Schritt zur Selbständigkeit und Individualität. Das hat Auswirkungen bis in die Gegenwart; bei denen, die diese Zeit erlebt haben, und – über die Erziehung vermittelt – auch bei ihren Töchtern und Söhnen. Es ist ein Selbstbewußtsein, das sich in festen Bildern und

Formen tradiert – in persönlichen Ansichten und Geschichten. Dabei muß es keineswegs immer so „sagenhaft" zugehen, wie in den zuletzt wiedergegebenen Schicksalserzählungen der Frau Gansel. Dafür ist der folgende Bericht ein Beispiel:

Frau Else Schnabel (Jg. 1900) hatte in einem Dorf im Kreis Ohlau in Niederschlesien als Bäuerin gelebt. 1945 floh sie mit ihrer Tochter vor der Roten Armee in die Tschechoslowakei. Von dort kehrte sie noch einmal für vier Monate in das inzwischen von Polen besiedelte Heimatdorf zurück. Auf dem eigenen Hof arbeitete sie zusammen mit ihrer 18jährigen Tochter für ein paar Monate als Landarbeiterin, ehe sie endgültig nach Westen ging. Bereits 1958 erzählte sie in Bremen ihre Geschichte.[260] Der Teil, der die Flucht mit Pferd und Wagen in die Tschechoslowakei beschreibt, liest sich wie eine Komödie. An keiner Stelle ist von Angst oder offener Gewalt die Rede.

„Da standen überall deutsche Soldaten und Flüchtlingswagen auf der Straße. Da konnten wir nicht mit unseren Flüchtlingswagen vorbei. Ich sage zu meiner Tochter: ‚Bleib Du mal hier auf dem Gespann sitzen. Ich gehe mal voraus.' – Und da habe ich mich an einen Soldaten gewendet und sage: ‚Hören Sie mal, wie kommen wir denn hier durch? Hier ist ja alles voll Leute und Wagen? Können Sie mir einen Umweg sagen, wir wollen zur Elbe?' – Und wie ich das gesagt habe, sehe ich, das ist ja überhaupt kein deutscher Soldat. Das ist ein Tscheche. Da hat er mir die Pistole an die Brust gehalten. Ich war so verdattert, ich wußte nicht, was ich sagen sollte. Da drehe ich mich um. – Da stehen überall deutsche Soldaten, und alle haben die Hände hoch. Ich habe ja als Frau nicht gleich verstanden, was das heißen sollte. Aber dann habe ich gemerkt, die deutschen Soldaten, die hatten sich gerade alle ergeben, deshalb hatten sie die Hände gehoben. Und da habe ich es genauso gemacht, wie die andern, wie die Männer alle. Hände hoch und immer rückwärts, immer rückwärts gegangen. Bis ich bei den deutschen Soldaten stand. Die standen da, und ich bin weiter rückwärts, immer weiter rückwärts gegangen. Da war nämlich ein Straßengraben. – Und die großen Männer standen Hände hoch an der Straße, und ich bin hinter ihnen in den Graben gesprungen, im Graben lang gegangen und dann, was haste, was kannste schnell zu meiner Tochter. Denn ich hatte bloß meine Tochter in Gedanken. Wenn die mich da erschossen hätten, das Mädel hätte nicht gewußt, wo ich hin bin."

Warum sind die Erinnerungen der Frau Schnabel an diese Ereignisse so siegesgewiß? In der Realität des Jahres 1945 waren sie doch zweifellos von Unsicherheit und Angst beherrscht. Warum wird eine Verwechslungskomödie daraus, wenn sie schildert, wie ihr, vermutlich das einzige Mal im Leben, leibhaftig eine Pistole auf die Brust gesetzt wird, von einem tschechischen „Feind", den sie gerade arglos als „deutschen Soldaten" nach dem Weg gefragt hatte? Vermutlich erklärt sich diese Qualität der Erinnerung, wie bei Hedwig Gansel, zunächst aus dem Stolz, den Weg über die Fluchtstraßen nicht nur durchlitten, sondern durch eigenes Handeln gemeistert zu haben. Dieses Gefühl hat sie die damalige Angst vergessen lassen. Die „großen Männer" ergeben sich ohne Hoffnung und Widerstand, die Hände erhoben, in ihr Schicksal. Die kleine Frau weiß, wohin sie will, und entwischt mit List.

Die Erzählgeschichte der Frau Schnabel kreist, wie die der Frau Gansel, um die Fürsorge für die Familie. Vor dem eigenen Tode hat sie weniger Furcht als davor, ihre Tochter könne im Ungewissen über das Schicksal der Mutter zurückbleiben. – „Das Mädel hätte nicht gewußt, wo ich hin bin." – Zur Gruppe der „verschwindenden Menschen" will sie nicht gehören. Wenn Frau Schnabel über den Schutz ihres Eigentums auf der Flucht spricht, fühlt man sich in die Welt der Mutter Courage versetzt. Bei ihrem Abstecher in die Tschechoslowakei glaubte sie, wie die anderen Reisenden, es ginge bald wieder zurück nach Schlesien. Da werde alles wieder wie früher seinen alltäglichen Gang gehen. Diese Ansicht ist die Voraussetzung der nun folgenden Erzählung.

Frau Schnabel ist nach der Flucht vor den tschechischen Soldaten gerade zur Tochter zurückgekehrt. Da setzt ein fürchterliches Schneetreiben ein. Zusammen mit ein paar anderen suchen sie Zuflucht in einer Scheune eines Rittergutes:

„Und da sind wir ganz schnell mit Pferd und Wagen in die Scheune. Und abends war schon unser Wagen total ausgeplündert. Da war nichts mehr von unseren Sachen da, alles weggenommen. Da habe ich natürlich fürchterlich geweint. Und der Inspektor, das war ein echter Tscheche, der war aber mit einer Sudetendeutschen verheiratet. Die hat mir gesagt, daß die Hofleute die Sachen haben. Natürlich sind wir, unüberlegt wie zwei Frauen sind, gleich zu den Hofleuten ins Haus und haben gesagt: ‚Ihr habt unseren Wagen geplündert. Wir wollen unsere Sachen wieder raushaben.' Das haben die natürlich abgestritten und haben uns angeschrien, was uns einfällt. Und ich habe mich einfach umgeguckt. Da sah ich durch die Tür unsere Sachen schon auf dem Bett liegen. Meine Gardinen von den Fenstern. Wir hatten ganz neuen Stoff, den wollte ich den Russen nicht da lassen. Und dann lag die Aussteuerwäsche unserer Tochter auf dem Bett. Da habe ich gesagt: ‚Das ist meins, das ist meins und das auch.' Habe alles über den Arm getan und meinen Wecker habe ich dort auch gefunden. Die Frau hat gesagt: ‚Nebenan, die haben auch noch was. Da bin ich da auch noch reingegangen und habe mein ganzes Zeug zusammengeholt. So habe ich meine Sachen wieder zusammengekriegt. Nicht alles, ein bißchen hat schon noch gefehlt."

Als die Rote Armee den Zug der Flüchtenden einholt, kommt es zwischen ihr und einem sowjetischen Soldaten zu einem Pferdehandel:

„Dann haben mir in der Tschechei die Russen noch das Pferd weggenommen, meinen alten Blücher. Zu Hause hatte ich Angst, ihn einzuspannen. Er war halt doch schon sehr alt. Da kommt ein Russe also und wollte ihn mir wegnehmen. Habe ich gesagt: ‚Russki, das Pferd kostet soviel tausend Mark, mein bestes Pferd, das willst Du mir nehmen. Ne, das geht nicht.‘ – Aber der Russe hat es genommen und hat gesagt: ‚Kriegst dafür zwei andere Pferde oder ein Pferd dafür.‘- Habe ich gesagt: ‚Ja, einen alten Schinder willst Du mir geben, gelt.‘ Und da hat der Russe gesagt: ‚Ne, Du kriegst zwei Pferde!‘ – Und da habe ich zwei junge Pferde gekriegt und meinen alten Gaul hatte der Russe. Habe ich gedacht: ‚Siehste, der dumme Russ‘ hat meinen alten Blücher.‘ – Der war wirklich sehr alt. Aber stolz war er und hat den Kopf hochgetragen. Der ging rum wie Blücher. Und ich habe nun zwei Pferde gehabt. Da habe ich mich gefreut und hab' gedacht: ‚Wenn wir mal heimkommen, kann ich mit zwei Pferden einfahren.‘ – Aber da ist dann doch nichts draus geworden. Denn als wir wieder zurückgingen, da waren sie und der Wagen dann doch weg. Da hat uns der Inspektor auf einen Wagen geladen, der fuhr uns zum Bahnhof. Da war es uns nicht möglich, das Gespann mitzunehmen. Das haben wir dem Inspektor lassen müssen. Dabei habe ich doch so an meinen zwei Pferden gehangen, konnte sie leider nicht mitnehmen. Das war nicht möglich. Da mußten wir zwei Frauen nun mit Handgepäck zurück. Aber der Inspektor hat dort, der tschechische, der hat uns eingepackt Wurst, Brot, und die Frau hat extra noch Kuchen gebacken. Die haben uns soviel mitgegeben. Und wie wir zum Zug kamen, da wollten uns die Leute nicht in den Zug lassen. Die haben gesagt: ‚Was seid Ihr für Leute, Ihr werdet hier mit dem Wagen zum Zug gebracht, wie die Herren. Ihr seid keine richtigen Flüchtlinge.‘ – Aber wir sind doch reingekommen.“

Dieses Geschäft erinnert im ersten Teil an traditionelle Schwankerzählungen des bäuerlichen Volkshumors. Zwölf Jahre nach den Ereignissen wird sie in ihrer Bremer Mietwohnung wieder zur Bäuerin. Mit einem Zossen fährt sie zum Markt, legt einen dummen Russen herein und kommt mit zwei prächtigen jungen Pferden wieder auf den Hof. Es ist außerdem eine lustige Übertrumpfungsgeschichte, die Geschichte eines kleinen Kriegsgewinns, eine Geschichte im Gestus des Soldatenschwanks. So hören sich Kommißgeschichten von den persönlichen Siegen in der Kriegswirtschaft an. Interessant ist, daß Frau Schnabel dabei ein Russenbild entwirft, das in der Erzählkultur der Nachkriegszeit recht isoliert gewesen sein dürfte. Wo haben sowjetische Soldaten in der Erinnerung der Flüchtlinge beim ersten Kontakt mit einer deutschen Frau mit sich handeln lassen? Ihre Erzählung erinnert im zweiten Teil an das Märchen vom „Hans im Glück“. Nach all seinen Tauschgeschäften kehrt der Held mit leeren Händen nach Hause zurück. Diese Figur des

Märchens nimmt den Verlust von Besitz leicht. Das ist das Ergebnis ihrer Wanderschaft. „Hans im Glück" ist eine Entwicklungsgeschichte. An dieser Stelle verweist die Flüchtlingserinnerung der Frau Schnabel auf ein kollektiv verbreitetes Lebensgefühl unter den Flüchtlingen des Zweiten Weltkriegs. Einmal im Leben hatten die Leute aus dem Osten all ihren Besitz aufgegeben. Alles, was sie später neu erworben haben, mußten sie im Lichte dieses Verlustes sehen. Auf diesem Wege ist eine Einstellung zum Besitz entstanden, die bis heute in vielen Familien zur Lebenseinstellung und zu den Erziehungsmaximen gehört. Inzwischen wirkt sie unter den Nachkommen weiter. Es ist das Bewußtsein einer mobilen Welt gegenüber Besitzgütern, das Bewußtsein der Moderne.

Dazu sei an die Informantin Berta von G.[261] erinnert, die der zweiten Generation angehört. Sie hat das Erziehungsziel ihrer Eltern verinnerlicht: „Hängt Euch nicht an irdische Dinge! – Lernt was. Das ist heute die Hauptsache. Was Ihr im Kopf habt, das kann Euch keiner nehmen!"

5. Weissagungen und Flüchtlingssagen – „unfromme Volksfrömmigkeit"

a) Prophezeiungen und Volksstimmung

Jede historische Zeit hat ihre Erzählkultur. Sie zu kennen und zu verstehen, verschafft uns einen Einblick in das kollektive Bewußtsein einer Epoche. In der westdeutschen Nachkriegszeit herrschte in den Milieus der Flüchtlinge und Heimatvertriebenen eine Stimmung, die eine Erzählwelt begünstigte, zu der neben Gerüchten, Parolen und Schreckensmeldungen auch Prophezeiungen, Zukunftsvisionen, Legenden und sagenhafte Erzählungen gehörten. Davon ist in diesem Buch immer wieder die Rede gewesen. Diese traditionellen Erzählstoffe und Erzählformen gehören zum Leben in Europa, auch noch in der Gegenwart.[262] Die historischen Verhältnisse der Nachkriegszeit bewirkten allerdings für mehr als fünf Jahre, daß die Wünsche und Ängste in großen Teilen der Bevölkerung in existentieller Weise von solchen Volkserzählungen beeinflußt waren. Sie konnten auch die Maßnahmen der Daseinsvorsorge in den Familien beeinflussen. So ist etwa die Auswanderungsbewegung dieser Zeit[263] nicht ohne die verbreitete Kriegsangst, nicht ohne die Angst vor der Atombombe, zu erklären, die ein fester Bestandteil der „Volksstimmung" in Westdeutschland war.

Zu den Erfahrungen und Wünschen, die auf das Bewußtsein der Flüchtlinge einwirkten, gehörte, daß sie aus einem Gebiet kamen, vor dem bald nach Kriegsende der „Eiserne Vorhang" niedergegangen war.

„Eiserner Vorhang" war für sich genommen ein Wort, das Bereiche des Unbewußten berührte. Winston Churchill hatte der westlichen Welt diese Metapher angeboten. Die Zonengrenze, eine Markierungslinie zwischen Schatten- und Lichtreich. An der Grenzlinie stießen Christentum und Atheismus durch ein schmales Niemandsland getrennt aufeinander.[264] Die verlassene Heimat der Flüchtlinge lag in der manichäischen Weltsicht der 1950er Jahre allemal in der feindlichen und unwirtlichen Region des Kommunismus, in der Kälte des Ostens. Noch heute ist es den Kindern und Enkeln der Heimatvertriebenen nur mit Mühe zu vermitteln, daß in Niederschlesien, einem Teil des Ostens, „bis heute" ein milderes Klima vorherrscht als in Schleswig-Holstein. Selbst die Vorstellungen vom Wetter können einen politisch-ideologischen Aspekt haben. Zum vorherrschenden Bild gehörte es, daß die „Heimat" widerrechtlich in den Ostblock gekommen, diesem „einverleibt" worden war. Nur eine Minderheit unter den Vertriebenen mochte bis zum Beginn der 1950er Jahre an die Endgültigkeit des Verlustes glauben. Die politischen Parteien unterstützten die Mehrheit: „Dreigeteilt, niemals!" lautete eine gängige politische Formel in Wahlkampfzeiten. Dabei hatte der Wunsch nach der Rückkehr in die Heimat immer noch den Charakter „einer Verheißung fast religiösen Inhalts"[265], obgleich sich nach der Währungsreform die Verhältnisse im Westen Deutschlands bereits unverkennbar zu festigen begonnen hatten.

Es mag sein, daß die quasi-religiöse Überhöhung eines Wunschbildes bereits ein Anzeichen für das Bewußtsein eines Verlustes und eines im stillen vollzogenen Verzichts war. Zu den Voraussetzungen einer Rückkehr hätte bei dieser Stimmungslage der Vertriebenen als erstes die endgültige Beseitigung des Kommunismus und die Räumung des besetzten Landes durch die polnischen und tschechischen Neusiedler gehört. Daß aus Kommunisten einmal Leute werden könnten, mit denen ein „vernünftiger Mensch" freiwillig zusammenleben möchte, erschien fast undenkbar. Ob der erhoffte „Zusammenbruch" eines politischen Regimes diesmal von innen heraus, infolge der Unzulänglichkeit und Boshaftigkeit der Machthaber zustande kommen würde, gewissermaßen als ausgleichende Gerechtigkeit für das Unrecht der Vertreibung oder – wie beim letzten Male – wiederum durch einen Krieg, war eine offene Frage. Dabei flossen die Informationen über die tatsächlichen Verhältnisse in der alten Heimat spärlich. Im Widerstreit der eigenen Wünsche und der doppeldeutigen politischen Programmatik vollzog sich der erste Abschnitt der Integration der Flüchtlinge: Sie betrieben ihre soziale Etablierung und saßen dabei rückreisefertig „auf ihren Koffern". Zur Stimmungslage unter den Vertriebenen gehörte neben der Rückkehrneigung der Wunsch nach ausgleichender Gerechtigkeit für erlittenes Leid. Überall, wo Wünsche mit diesem Drang geäußert werden, stellt sich das Bedürfnis nach Sühne und Rache fast unvermeidlich ein. Diese Wunschbilder hatten ihre Ursache zum einen im Leid und Unrecht, welches die Flüchtlinge bei der Vertreibung ertragen mußten. Aber sie waren auch eine Folge der Zurückweisung, auf die sie allenthalben bei ihrem neuen Leben im Westen stießen. Der Mangel an Informationen über die Zustände in den verlassenen Gebieten und das Erlebnis der Abweisung durch die Einheimischen wurden in der Öffentlichkeit von seiten der Vertriebenenpolitiker durch eine haßerfüllte und polemische Stimmung gegen die neuen Besiedler des Ostens kompensiert. Man wird den Zustand der westdeutschen öffentlichen Meinung in dieser Zeit der Konfrontation der Blöcke, der Zeit des Kalten Krieges in manchen Aspekten mit der gerüchtegesättigten Volksstimmung in der Zeit des Nationalsozialismus oder während des Ersten Weltkriegs vergleichen können.[266] Es herrschte eine aggressive Stimmung gegen einen bedrohlichen Feind. Er lebte jenseits des Eisernen Vorhangs. Aber er war auch im eigenen Lande am Werk. Abweichende Ansichten gegen dieses Leitmotiv der öffentlichen Meinung waren riskant.

Ein Sozialwissenschaftler untersuchte kurz nach der Währungsreform die Stimmung unter den Vertriebenen in einer hessischen ländlichen Region. Die Neubürger kamen dort überwiegend aus dem Sudetenland.[267] Der Soziologe zeigte sich bestürzt über die „Selbstverständlichkeit", mit der sich die Leute über die Notwendigkeit eines baldigen Krieges zwischen Ost und West unterhielten, eines Krieges, welcher „die Rückeroberung ihrer alten Heimat" bewirken sollte. Es ist nicht unwahrscheinlich, daß dieser unmißverständlich geäußerte Wunsch der sudetendeutschen Flüchtlinge durch eine damals populäre Volkserzählung, durch die „Voraussagen des blinden Jünglings von Prag" genährt worden war. Diese „Weissagungen" sind es wert, näher erörtert zu werden. Sie sind ein Indikator für den „Geist der Zeit", vor allem für die Atmosphäre, in der in traditionell katholischen Milieus, etwa unter Deutschböhmen oder Schlesiern bis weit in die 1950er Jahre hinein in Wunsch- und Rachegerüchten geschwelgt werden konnte. Für diese Prophezeiung, wie für andere, gilt, was Peter Dinzelbacher über die mittelalterliche Visionsliteratur sagt: Die „Inhalte ihrer Schauungen" korrespondieren mit den für ihre Epoche zentralen Vorstellungskomplexen.[268]

„Der blinde Jüngling" des Jahres 1950 – vorgeblich eine Prophezeiung des Mittelalters – hat die Vertreibung der Deutschen aus Böhmen, die nicht lange darauf erfolgende völlige Zerstörung Prags und die Rückkehr der Deutschen zum Thema.[269] Das bezieht sich alles auf die Nachkriegszeit des Zweiten Weltkriegs. Über die weite Verbreitung dieser Vision besteht kein Zweifel. Der Volkskundler Alfred Karasek stieß zwischen 1946 und der Mitte der 1950er Jahre[270] bei seinen Forschungen in Barackenlagern, Notunterkünften und Flüchtlingswohnungen immer wieder auf diesen Erzählstoff. Die Geschichte kursierte dort in Abschriften, Briefen und als Kettenpost, vor allem aber als mündliche Erzählung. Zur Typik solcher Erzählungen gehört das Paradoxon, daß sie, obgleich eine verbreitete Geschichte, zugleich von Geheimnissen umwittert bleiben sollen. Eine Sudetendeutsche gab an, die erste Fassung, die sie in ihrem Lager zirkulieren ließ, im Wald auf einem unscheinbaren Stück Papier „gefunden" zu haben, auf einem „Himmelsbrief". Was hier „vom Himmel gefallen" war, war also eine „echte" Volkserzählung. Allein dieser Tatbestand macht die Frage nach dem tatsächlichen Ursprung so gut wie unbeantwortbar. Vermutlich war die Weissagung eine Wiederbelebung und Neugestaltung aus unterschiedlichen Vorhersagen sogenannter „Volkspropheten" verschiedener Epochen.[271] Ursprungsfragen sind ohnehin in unserem Zusammenhang zweitrangig gegenüber der Frage, weshalb eine Erzählung unter bestimmten historischen Voraussetzungen das Interesse von Erzählern und einem Publikum findet und deshalb in bestimmten Milieus schließlich heimisch wird. Mündliches Erzählen geschieht stets von der Gegenwart der Erzähler und ihres Publikums aus,[272] d.h. es werden im Erzählen Eindrücke der Vergangenheit und Wünsche, Erwartungen und Ängste an die Zukunft zusammengeblendet, reflektiert, referiert und „verarbeitet". Kurz: die Erzählerinnen und Erzähler versuchen die Erfahrungen ihrer eigenen Person und ihres Milieus mit den verbreiteten Hoffnungen und Erwartungen zu einem in sich geschlossenen Bild zu vereinen.

„Die Voraussagen des blinden Jünglings" sind im Jahre 1950 in einer kommentierten Version auch im Buchhandel erschienen.[273] Der Herausgeber sagt dazu, es seien in dieser Ausgabe eine Fülle der überall unter den Deutschen aus Böhmen verbreiteten Versionen dergestalt zusammengefaßt, daß sie dem „Original" „am nächsten" komme. Wie nicht anders zu erwarten, ließ er unerwähnt, daß dieses „Original" nur fiktionalen Charakter haben konnte. Diese Ausgabe dürfte in großen Zügen die Weissagungen enthalten, die ausgangs der 1950er Jahre in den Flüchtlingsmilieus erzählt wurden.[274]

Das schmale Heft enthält 28 jeweils aus einem Satz bestehende Prophezeiungen. 16 betreffen die Verhältnisse vor der Vertreibung, also die Vergangenheit des Jahres 1950. Die restlichen 12 schildern genüßlich ein Szenario der Rache, der Zerstörung und des Grauens; die Zukunft Böhmens. In ihrer Drastik dürfte diese Schrift sogar in den finstersten Zeiten des Kalten Krieges in allgemein zugänglichen Publikationen ungewöhnlich gewesen sein.

1356 ist das Jahr, in dem der gedruckten Version zufolge[275] ein blinder, prophetischer Gaben mächtiger Hirte – im Jünglingsalter – zu Kaiser Karl IV. in Prag geführt wurde, vor dem Herrscher in den von den Anwesenden bereits erwarteten Trancezustand fiel und nun aussprach, was über 500 Jahre danach Realität zu werden begann. Zunächst beschrieb er die Geschichte Böhmens bis zum Ende des Zweiten Weltkriegs, sprach von einem Herrscher, der einmal länger als sechzig Jahre das Land Böhmen regieren werde, von einem Fürstenmord, der zum Krieg führe, von einem Krieg, einem zweiten Weltkrieg, der durch einen „mächtigen" Mann[276] ausgelöst werde und in der Jahreszeit zu Ende gehe, in der die Kirschen reifen. – „Solange die Kirschen reifen, möchte ich kein Deutscher sein." Die Beschreibung des Gewesenen reicht bis in die Gegenwart des Jahres 1950. Die Deutschen sind aus Böhmen vertrieben. Die Tschechen sind geblieben: „In Böhmen wird nur noch ein Volk leben."

Die Vorhersagen der Zukunft werden in einer knappen Einleitung des Herausgebers kommentiert. Dabei spricht er ausdrücklich den „Sudetendeutschen Landsmann" an, wenn er die Schrecken eines unausweichlich heraufziehenden dritten Weltkrieges und dessen katastrophalen, aber letztlich günstigen Ausgang in den Rahmen seiner Apokalyptik von Rache und ausgleichender Gerechtigkeit stellt. Die entsprechende Passage des Pamphlets lautet:

„Trotzdem aber können die Vorhersagen auch in ihrem so furchtbaren Ausgang uns noch Trost und Hoffnung sein: *Gott läßt kein Unrecht ungesühnt verüben,* und diese Erkenntnis der ausgleichenden Gerechtigkeit läßt uns weiterhin die Bürde der Heimatlosigkeit tragen, im Bewußtsein, Objekt der Worte des Heilands geworden zu sein, als er sprach: Selig sind, die Verfolgung leiden um der Gerechtigkeit willen, denn ihrer ist das Himmelreich.

Aber auch der tragische Ausgang unseres Leidensweges bringt für uns eine Verpflichtung: *die Heimat wartet auf uns* – – mißhandelt, geschändet, vergewaltigt, verschüttet und zerstört werden einige von uns sie wieder betreten und es wird ihrer größten Liebe, ihrer ganzen Liebe bedürfen, aus dem verwüsteten Lande wieder jenes Bild zu formen, das wir heute in brennender Sehnsucht als Heimat unverrückbar im Herzen tragen."[277]

Der dritte Weltkrieg, der sodann aus den „Vorhersagen" abgeleitet wird, soll der kürzeste aller bisherigen Kriege sein. Bis auf eine Handvoll Überlebender wird das „Volk in Böhmen" vernichtet, das Land verschüttet werden. Der Kommentator merkt hier voller Genugtuung an, daß von den Tschechen „keine" mehr übrigbleiben werden. Das alles soll mit Hilfe einer „Sonne" geschehen, die auf die Erde stürzen wird. Die „Rache" wird über das große Wasser kommen. Der Herausgeber gerät in seinen Kommentaren ins Schwärmen über die Präzision der Vorherschau eines „frappante(n) Bild(es)" vom Abwurf einer Atombombe. Insbesondere bewundert er die militärtechnische und politische Zuverlässigkeit dieser Prophezeiung: „Die politischen und militärischen Bindungen Europas an Amerika lassen jeden Einsichtigen klar erkennen, daß in einem künftigen Ost-West-Konflikt die Entscheidung nur durch die Schlagkraft der amerikanischen Luftwaffe fallen wird."[278] – Eine andere Macht, die „mit Aussicht auf Erfolg die Vernichtung der abendländischen Kultur durch den asiatischen Bolschewismus aufhalten" könne, gebe es in Europa „nicht mehr" (!). Wenn der Krieg beendet ist, werden der „Prophezeiung" des Jahres 1356 zufolge, „die Vertriebenen traurig wieder zu ihren Herren, ihren Webstühlen und Feldern zurückkehren". Sie werden aber nicht über das Ende der „brutalen und feigen Tschechen" trauern, sondern, wie der Kommentator beflissen betont, über den Verlust der vielen Deutschböhmen während der Vertreibung und über die Verwüstung des Landes. Doch der Aufbau der Heimat kann beginnen. Ihm folgt ein „goldenes Zeitalter" ohne Tschechen in Böhmen. Der deutsche Bauer wird wieder „Peitsche knallend" hinter dem Pflug durchs Böhmerland gehen und lapidar feststellen: „Hier hat Prag gestanden."

Alfred Karasek[279] betont, daß ihm der „Zusammenhang von Sage und Zeitgeschehen" nie in so großer Eindringlichkeit vor Augen geführt worden sei, wie bei seinen Beobachtungen in einem hessischen Flüchtlingslager des Jahres 1946, wo eine Gruppe von Böhmerwäldlern in „nächtelangen Diskussionen" die eigene Zukunft aus den Weissagungen eines anderen dem „Jüngling" vergleichbaren populären Waldpropheten zu erkennen versuchte. Der Volkskundler konnte in seiner jahrelangen Beobachtungs- und Sammeltätigkeit feststellen, wie sich die aufeinander folgenden Perioden des Flüchtlingsdaseins an den „Flutmarken der Sagenbildung" ablesen ließen. Es wäre leichtfertig, Erzählstoffe dieses Typs als Kuriosität zu belächeln. Eine Quelle für die Mentalitätsgeschichte der bundesdeutschen Nachkriegszeit sind sie allemal, denn sie zeigen uns den weiten Weg des Bewußtseins, den viele der Vertriebenen und ihre Kinder in vierzig Jahren gegangen sind. Am Anfang standen vielfach hemmungslose Wünsche und Rachegelüste. Daran können uns diese Dokumente einer „unchristlichen Volksfrömmigkeit" erinnern. Heute haben Einsichten wie die von Hedwig Gansel, man dürfe nicht „immer weiter Böses mit Bösem vergelten",[280] exemplarischen Charakter.

b) Katholisch – evangelisch

Wer in der westdeutschen Nachkriegszeit nach den sozialen Wirkungen und Nebenwirkungen von „volksfrommen" Äußerungen wie den Weissagungen des „blinden Jünglings" fragt, sollte sich deutlich machen, daß der Zuzug der Heimatvertriebenen und Flüchtlinge nach Westdeutschland in vielen Regionen eine erste Begegnung unterschiedlicher religiöser Formen und Religionsbekenntnisse war. Dabei wurde in der Nachkriegszeit dem religiösen Bekenntnis gemeinhin ein wesentlich höherer Wert beigemessen als heute. Überall war der Unterschied katholisch-evangelisch präsent, als Merkmal von politischen und geselligen Gruppen, von Familien und Einzelpersonen. – Auch in Norddeutschland, auch in städtischen Milieus!

Die religiösen Veränderungen erreichten das Bewußtsein der Menschen in den ländlichen Gebieten natürlich eindrücklicher als in den ohnehin verweltlichten Großstädten. In Bayern gab es 1950 keine konfessionell homogene Gemeinde mehr. 1939 waren es noch 1424 gewesen.[281] Der Zuzug der Vertriebenen hat nicht nur zu katholisch-evangelischen Begegnungen geführt, sondern auch manchen kirchlichen Gemeinden frische Impulse gegeben, etwa in traditionsbewußten Regionen Bayerns.[282] Das ging nicht ohne Konflikte ab. An vielen Stellen kam es zwischen katholischen Einheimischen und katholischen Flüchtlingen zu Hänseleien und Streitigkeiten wegen unterschiedlicher religiöser Gebräuche. Eine Zeitlang gab es auf beiderseitigen Wunsch für Flüchtlinge und Einheimische getrennte Gottesdienste und eigene Wallfahrten. Aber als sich der Prozeß des Einlebens fortsetzte, mieden gerade die Vitalen und Anpassungsbereiten unter den Neubürgern, vor allem die Jüngeren diese Anlässe.[283] Überall in Deutschland versuchten die Flüchtlinge, ihre Kirchenlieder aus der alten Heimat im Gottesdienst einzuführen und im Gesangbuch zu etablieren, besonders die Katholiken. Wer heute in säkularisierten städtischen Verhältnissen in einer religiös gemischten Region lebt und die integrierende Kraft und die Vielfalt religiöser Ausdrucksformen nur aus der Distanz kennengelernt hat, etwa auf Urlaubsreisen, mag über die Widerstände gegen neue Bräuche und Auffassungen innerhalb derselben Bekenntnisgemeinschaft lächeln. In einer traditionalistischen Welt aber können bereits geringfügige religiöse Neuerungen als Einbruch des Fremden aufgefaßt werden. Daß die protestantischen Flüchtlinge nebenan in ihrer Kirche andere Kultformen pflegten, mochte noch angehen, sie taten es ja hinter verschlossenen Türen. Aber die neuen Katholiken aus dem Osten brachen in die vertraute religiöse Lebenswelt mit ihren fremden Sitten ein. – „Frömmigkeit war nicht Inbrunst, sondern Brauch."[284]

Darüber hinaus hatten die Widerstände gegen religiöse Formen durchaus auch ihre weltlichen Ursachen. Durch eine abwehrende Haltung wollten manche der Einheimischen ihren „Glaubensbrüdern und -schwestern" aus dem Osten zu verstehen geben, daß sie nur für eine absehbare Zeit Gäste – „auf Besuch" – waren und Fremde bleiben sollten. Das Wort „Flüchtlingsbrauch" hatte in den ersten Jahren überall in Westdeutschland einen „bitteren Beigeschmack".[285] – Zu den Flüchtlingsbräuchen wird man auch die „abergläubischen" Erzählungen rechnen können, die Prophezeiungen und Sagen.

Die religiöse Durchmischung, insbesondere in den vormals religiös homogenen Gebieten, brachte die Wahrnehmung unvertrauter religiöser

Formen im täglichen Leben mit sich. Wenn ein lutherischer Pastor die Kirche für Gottesdienste der Katholiken zur Verfügung stellte, erfüllte es ihn und die Aufgeklärten unter seinen Gemeindemitgliedern mit Stolz auf die eigene Toleranz. Zugleich irritierte es viele aus seiner Gemeinde; zumal dann, wenn die Kirche bei diesen Anlässen, anders als sonst, bis zum letzten Platz gefüllt war. Protestanten in Niedersachsen und Schleswig-Holstein zeigten sich bei den ersten öffentlichen Auftritten der Katholiken an Fronleichnam vom „Pomp" der Prozessionen befremdet. Eine Provokation: Die katholischen Gruppen der Schlesier und Sudetendeutschen machten es ihren Mitgliedern gerade in der Diaspora zur Pflicht, ihren Glauben an diesem Tage „offen" vor den altansässigen Protestanten zu demonstrieren. Als Teilnehmer an diesen Anlässen weiß ich aus eigener Erfahrung, daß der Charakter dieser öffentlichen Auftritte für die Beteiligten – auch die Reaktionen der Zuschauer – Ähnlichkeit hatte mit den Voraussetzungen und Abläufen bei politischen Demonstrationen späterer Jahre. Die Wirkung des öffentlichen Bekenntnisses zeigte sich versteckt oder offen in den Reaktionen der Nachbarschaft, der Schulklasse und am Arbeitsplatz. Die katholischen Schüler und viele katholische Arbeiter hatten zu allem Überfluß dafür einen freien Tag genommen; in einer Zeit, in der einem Arbeiter nicht mehr als vierzehn Tage Urlaub jährlich zugestanden wurden. Im Zusammenleben am Arbeitsplatz und in der Nachbarschaft gewöhnten sich jedoch die Angehörigen der beiden Bekenntnisse nach ein paar Jahren aneinander. Persönliches Kennenlernen im Alltag kann religiöse und ideologische Differenzen am wirkungsvollsten relativieren. Ein besonderes Kapitel sind freilich die katholisch-evangelischen Mischehen geblieben, die bis in die Gegenwart die Beziehungen in vielen Familien vergiften.

Aus der Rückschau betrachtet hat die Begegnung unterschiedlicher religiöser Formen und Bekenntnisse die religiöse Toleranz der Bevölkerung und die Verweltlichung und Modernisierung der westdeutschen Gesellschaft gefördert. Vom einzelnen her gesehen, war das vielfach ein schmerzvoller Weg. Davon gibt Ekkehard Mehl ein Zeugnis. Er arbeitet heute als Lehrer in Hildesheim.[286] Vermutlich stehen deshalb Erinnerungen an die Schulzeit im Mittelpunkt seiner Erzählungen.

Ekkehard Mehl:
„In B. kam ich 1946 in die Schule. Wir waren nur ein paar Katholiken in der Klasse, ich glaube vier oder fünf, unter vielleicht 35 Kindern. Bis auf einen einheimischen Jungen kamen wohl alle aus dem Osten."

Interviewer:
„Gab es deshalb Spannungen zwischen den Flüchtlingskindern und den Niedersachsen, Ärger mit den Einheimischen?"

Mehl:
„Richtigen Streit hat es wegen der Religion eigentlich weniger gegeben, aber Unverständnis gab es in der Schule und außerhalb der Schule schon. Wir hatten unsere eigenen Feiertage, unseren eigenen Religionsunterricht. Da wurden die Katholiken aus verschiedenen Schuljahren zusammengefaßt. Und dann gab es oft Hänseleien gegen uns: ‚Ihr Katholiken betet die Heiligen an!' – Ich glaube, das hatten die im Religions- oder Konfirmationsunterricht gehört. Und dann ging das mit Maria los: ‚Ihr betet zu Maria.' Da konnte ich hundertmal sagen ‚das stimmt nicht', die lachten oder hörten einfach nicht hin. Als ich einmal einen Jungen mit nach Hause brachte, sah der, wie meine Mutter drei Kreuze auf der Unterseite des Brotes machte, bevor sie ans Abschneiden ging. Das hat sie übrigens bis zu ihrem Tode so gehalten. Am nächsten Tag wurde das irgendwie erwähnt. Da haben mich dann die anderen auf den Arm genommen, na ja. Die dachten wohl, das ist eine katholische Beschwörungsformel oder irgendwie so ein anderer Aberglaube, wie die Heiligen und Maria. Mit 14 oder 15 war mir das schon egal. Da ging ich schon zur Mittelschule. Aber in den ersten Jahren habe ich mich manchmal richtig unwohl gefühlt, weil ich katholisch war."

Interviewer:
„Geschämt?"

Mehl:
„Ich glaube schon."

Hier wird deutlich, daß traditionell-religiös erzogene und eingestellte Zuzügler aus dem Osten eine Zeitlang gut daran taten, mit ihren Gewohnheiten unter sich zu bleiben. Auf diese Weise konnten sie am besten der Ablehnung wegen ihres „Aberglaubens" entgehen. Ein volkskundlicher Feldforscher stellte in den 1950er Jahren fest, daß es für ihn als einen „Altbürger" schwierig war, typische Flüchtlingserzählungen, etwa Geschichten wie die Prophezeiungen des „blinden Jünglings" oder Erzählungen über neue Marienerscheinungen in der verlassenen Heimat im Osten oder über ähnliche „wunderbare" Ereignisse überhaupt zu hören zu bekommen. Diese Geschichten sollten nach Möglichkeit exklusiv im Flüchtlingsmilieu bleiben.[287]

c) Flüchtlingssagen

Die geschlossenen Lager der Flüchtlinge waren es, in denen Alfred Karasek außer den Geschichten von der böhmischen Prophezeiung auch Erzählungen über Muttergottes-Erscheinungen, von verfluchten Häusern und von der „Partisanenkrankheit“ gesammelt hat. Von diesem Stück „lebendiges Mittelalter“ soll jetzt die Rede sein.

Flüchtlinge aus Südosteuropa erzählten sich die wundersamen Geschichten, etwa die von einem Muttergottes-Bild, das an einer Wand erschienen war, nachdem die Donauschwaben ihre Gemeinde verlassen hatten. Die makedonischen Neusiedler waren bestürzt, versuchten die zweidimensionale Erscheinung abzuwischen. – Ohne Erfolg! – In einem anderen Falle schoß ein Partisan auf ein Muttergottes-Bild an der Wand, ein Frevel, der sich bitterlich rächte. Er kann bis ans Ende seiner Tage seine rechte Hand nicht mehr bewegen.[288] An vielen Stellen zeigt sich in den von den Deutschen verlassenen Dörfern die Muttergottes an Gebäuden. Manchmal können fast alle sie dort sehen; alle: außer den Kommunisten. In anderen Fällen zeigt sie sich ausgerechnet im Fenster eines Kommunisten. – Eine Erzählkultur voller Widersprüche spiegelt das Chaos der Ereignisse und das Chaos der Gedanken wider.

Außer den Marienerscheinungen führen auch andere Ereignisse dazu, daß die neuen Bewohner in den Flüchtlingshäusern des Lebens nicht froh werden können. Da haben die Deutschen etwa vor ihrer Flucht Erde von den Gräbern ihrer Toten[289] im Hause ausgestreut, um die Räume zu verfluchen. Karasek vermutet, daß Erzählungen dieses Inhalts in Zusammenhang mit dem Heimaterde-Kult der Vertriebenen stehen, d.h. auf die Beobachtung des Erde-Holens vor der Abreise zurückgehen. An alte Wiedergängervorstellungen, an Sagen vom ungesühnten Frevel knüpfen die Erzählungen an, in denen Leute, die von Tschechen erschlagen worden sind, immer wieder zum Schrecken der neuen Bewohner in ihren alten Häusern erscheinen. Die neuen Wohnungsinhaber halten es deshalb nicht mehr dort aus, eine Familie nach der anderen verläßt das Haus. All diese Volkserzählungen drücken den Wunsch nach Sühne aus. Das geschieht in überlieferter Weise. Seit jeher mußten die Erben damit rechnen, daß sich die toten Vorbesitzer weiterhin in den Häusern „aufhalten“, sich dann und wann bemerkbar machen, vor allem wenn nicht alles rechtlich zugegangen war bei der Übergabe des Besitzes. Bei Gewalt und Mord war ohnehin stets mit dem gelegentlichen Wiedererscheinen der Getöteten zu „rechnen“. Die Harmonie zwischen Himmel und Erde war in unerträglichem Maße verletzt. Das schreit nach Sühne.

Das merkwürdigste Phänomen unter all den Rache- und Sühnewünschen ist das Erzählen von der „Partisanenkrankheit“ oder dem „Partisanenwahn“. Bei diesen Geschichten, die im Westen ausschließlich unter Donauschwaben, aber offenbar in Jugoslawien für ein paar Jahre auch unter Serben erzählt worden sind,[290] handelt es sich tatsächlich vom Inhalt – nicht von der Form – her um etwas kulturell Neuartiges. Das trifft für die Prophezeiungen des „blinden Jünglings“ oder die Erzählungen von Marienerscheinungen, verfluchten Orten, wiederkehrenden Toten, wie ich bereits sagte, keinesfalls zu. Die Erzählungen, die in beträchtlicher Zahl von Varianten wiederum von Alfred Karasek gesammelt worden sind,[291] beschreiben einen plötzlichen Wahnausbruch. Dieser vollzieht sich in Formen geistiger Umnachtung, aber vor allem im Erscheinungsbild des „großen epileptischen Anfalls."[292] Es sind vom „Partisanenwahn" häufiger Frauen als Männer betroffen. Immer sind es Leute, die auf seiten der Partisanen gegen die Deutschen gekämpft haben. Sie wälzen sich am Boden, atmen keuchend, lechzend, fast „wollüstig", weisen Schaum vor dem Mund auf, raufen sich die Haare. Während des Anfalls stoßen die Betroffenen unentwegt Flüche, Verwünschungen, Morddrohungen aus, oder sie bekunden Genugtuung über ihr eigenes erfolgreiches Morden. Immer wieder verlangen sie weitere Opfer. All diese Verwünschungen beziehen sich auf die Deutschen, auf die „Schwaben". – „Hurra, vorwärts gegen die Schwabas – bum, bum! Einen hab ich weniger und noch einen!" – „Brüder, bringt's mir Deutsche, ich will Blut trinken, Schwabenblut!" – „Wir wollen faschistisches Blut trinken!" – „O wie süß ist dieses Schwabenblut!"[293] Gelegentlich äußern die Wahnkranken Schuldgefühle, wollen beichten oder erbitten unverzüglich den „Gnadenschuß".

Den Erzählungen zufolge waren tausende von Serben auf diese Weise „besessen". Für die Heimatvertriebenen, unter denen diese Geschichten in den 1940er und 1950er Jahren zirkulierten, bestand kein Zweifel, die „Partisanenkrankheit" war die gerechte Strafe für die Morde dieser Kämpfer an den Deutschen. Man kann Erzählungen dieses Inhalts ein Stück weit, wie die anderen erwähnten Volkserzählungen, mit Interpretationsangeboten der traditionellen Folkloreforschung als Sühnesagen deuten. Beim Erzähler und seinem Publikum artikulieren sie den Wunsch nach der Wiederherstellung einer gestörten Harmonie zwischen Himmel und Erde. – Ein Verbrechen findet seine gerechte Strafe. Wahnsinn, Geisteskrankheiten zählen zu den verbreiteten Motiven in der Sage.[294] Das Erstaunliche des Phänomens liegt darin, daß hier in archaischer Weise Erfahrungen verarbeitet werden, denen kein nebulöses Geschehnis zugrunde liegt, sondern historische Begebenheiten aus der Mitte des 20. Jahrhunderts.

Eine historische Erklärung muß sowohl die Verhältnisse bei der Vertreibung der Jugoslawiendeutschen und deren Vorgeschichte berücksichtigen als auch die soziale und politische Situation, in der hier im Westen davon erzählt wurde. Der Partisanenkrieg ist von beiden Seiten mit unbeschreiblicher Brutalität ausgetragen worden.[295] Geschichten, die davon heute erzählt werden, klingen allemal so schrecklich, daß man sie leicht für Hirngespinste hält.[296] Auf seiten der Deutschen waren es neben Wehrmachtsformationen zu großen Teilen aus Jugoslawiendeutschen rekrutierte Verbände der Waffen-SS und Selbstschutzverbände der Jugoslawiendeutschen. Geiselerschießungen waren an der Tagesordnung. Für einen von Partisanen getöteten Deutschen sollten 100 Geiseln umgebracht werden.[297] Die Partisanen kannten in ihrer kollektiven Rache an den „Schwaben" kein Pardon. Ein Erlebnisbericht, 1958 bei den Herausgebern der „Dokumentation der Vertreibung"[298] eingegangen, unterscheidet sich in der Schilderung des Hasses kaum von den Erzählungen über den Partisanenwahn. Im „historischen Bericht" der Dokumentation brüllt der Partisan, während er mit der Maschinenpistole eine Gruppe deutscher Männer erschießt: „Wenn einer von euch deutsche Schweine (sic!) noch lebt, so soll er aufstehn!"

Beiden Erzähltypen, den Geschichten vom „Partisanenwahn" und dem Kommissionsbericht, lagen Erinnerungen an damals schon längere Zeit zurückliegende Ereignisse zugrunde. Der Dokumentationsbericht ist erst im Jahre 1958 aufgezeichnet worden. Die Frage, inwieweit sich Motive und Details solcher historischer Erinnerungserzählungen – der Flüchtlingssage und des Erinnerungsberichts – wechselseitig beeinflußten, muß offen bleiben. So oder so, die historische Tatsache dieser Schreckenstaten bleibt unbestreitbar. Bei einer Erklärung der Partisanenkrankheit muß ein Tatbestand aus dem Alltag der medizinischen Praxis in Betracht gezogen werden. Die Symptome des Partisanenwahns stimmen, ich sagte es bereits, weithin mit den Merkmalen des großen epileptischen Anfalls überein. Epilepsie ist eine überall verbreitete Krankheit, deren Behandlung erst neuerdings zu überzeugenden Ergebnissen geführt hat. Unter den extremen Bedingungen eines auf dem Balkan geführten Guerillakrieges des Jahres 1944 war eine erfolgversprechende Behandlung unmöglich. Die Erzählungen von diesen Anfällen lassen sich vielleicht tatsächlich auf beobachtbare Phänomene zurückführen. Dramatisierungen, wie das „wollüstige" Atmen, sowie das Sprechen und Schreien zusammenhängender Worte während des Anfalls, bewegen sich im üblichen Rahmen des Erzählens von erschreckenden Erlebnissen. Bei Erzählungen aus zweiter oder dritter Hand gehören Ausschmückungen und Steigerungen ohnehin zu den Selbstverständlichkeiten. Ein epileptischer Anfall ist stets ein Ereignis, welches Bestürzung und Panik bei einem unvorbereiteten Beobachter auslöst.

Aber interessanter als die Ursprungsfrage sind wiederum der historische Rahmen und die Situationen, in denen die Geschichten in den 1950er Jahren erzählt worden sind. Utz Jeggle[299] hat vor kurzem in einer einfühlsamen, psychoanalytisch fundierten Interpretation die Sagen vom Partisanenwahn gedeutet und darauf hingewiesen, daß durch das Erzählen dieser Geschichten nicht allein erlittenes Unrecht für die Flüchtlinge erlebbar gemacht, „verarbeitet" worden sei, sondern zugleich die Angst vor der eigenen Schuld. Diese Sagen wären so betrachtet als „Ausdruck der eigenen Geschichte" zu verstehen, „die in der Anklage der fremden Schuld den Schock über die eigene verbirgt".

Hier klingt die Frage nach eigener persönlicher, vor allem aber nach kollektiver Schuld an. In Anbetracht der Tatsache, daß die 50er Jahre von einer Diskussion über die Kollektivschuld der Deutschen überzogen waren, gewinnen Angaben wie die, daß Tausende von Fällen dieser Partisanenkrankheit unter den Serben bekannt geworden seien, an Gewicht. Die Geschichten zeigen es: Nicht allein die Deutschen, von denen das überall in der Welt gesagt wird, auch andere sind im Kollektiv schuldig geworden. Walter Dirks und Eugen Kogon hatten bereits 1947 auf die „heikle Sache"[300] des Ertragens persönlichen Leids angesichts der unbestreitbaren Tatsache des Unheils hingewiesen, das von deutscher Seite seinen Ausgang genommen hatte. Sie hatten sich nicht gescheut, die Greueltaten, die von Polen an Deutschen verübt worden waren, mit den KZ-Methoden der Nazis gleichzusetzen. Außerdem hatten sie an die in der deutschen Bevölkerung weit verbreiteten Befürchtungen erinnert, das Leid, welches Juden, Polen und den ausländischen „Arbeitssklaven" zugefügt worden sei, könne auf die Verursacher zurückschlagen.

Dieses vorsichtige Abtasten des heiklen Themas aus der Feder von Autoren, deren einer selbst die Zeit von 1939 bis 1945 im Konzentrationslager zugebracht hatte,[301] läßt ahnen, wie schwierig in den 1950er Jahren die Diskussion über Schuld und Sühne im Milieu der Flüchtlinge, in den Familien und Bekanntenkreisen war. Offen geäußerte Schuldbekenntnisse von deutscher Seite stießen überall auf Empörung und Ablehnung. Die persönliche Katastrophe und das kollektive Elend werden bis heute von den Erlebnisflüchtlingen nur selten ehrlichen Herzens mit den Greueltaten von deutscher Seite in Zusammenhang gebracht. Will man der Deutung Jeggles folgen, muß sich das Schuldgefühl tief im Unbewußten verbergen.

Über die tatsächliche Verbreitung der erwähnten volksgläubigen Erzählstoffe, über die Bereitschaft an diese Wundergeschichten, Prophezeiungen und Sühnesagen zu glauben, wissen wir nicht gründlich Bescheid. Die Tatsache, daß in den 1950er Jahren Hunderttausende gläubiger Pilger, darunter viele aus dem Osten, jährlich zu den „Marienerscheinungen" ins fränkische Heroldsbach[302] fuhren, spricht für eine große Bereitschaft, an Wunder, Erscheinungen, Vorzeichen und dergleichen zu glauben. Jedenfalls tat ein Flüchtling gut daran, mit „abergläubischen" Geschichten, etwa den Prophezeiungen des „blinden Jünglings", den Erzählungen von Marienerscheinungen an Häuserwänden, vom Spuk in verlassenen Gebäuden und von besessenen Partisanen, unter seinen Schicksalsgenossen zu bleiben. Dem Klatsch der Nachbarn setzte sich jeder aus, der sie erzählte. Insbesondere unter Protestanten dürften sie zu Spott und Überlegenheitsgefühlen und zur Ablehnung der rückständigen „Neubürger“ geführt haben. Auf seiten der Vertriebenen trugen diese „Geheimnisse“, Geschichten über das erlittene Unrecht und über die gerechte Sühne zur Festigung der Gruppen bei. In einer Zeit, in der die Menschen aus Schlesien, den Karpaten oder dem Sudetenland noch unter sich blieben und gemeinsam auf eine Rückkehr in die Heimat hofften, konnten exklusive Erzählstoffe ihre stabilisierende Funktion für den einzelnen und die Gruppe haben. Als zunehmend deutlich wurde, daß es an der Zeit war, eine Heimat in der „Fremde“ zu finden, waren sie überflüssig geworden.

V. Nachwort

Das 20. Jahrhundert trägt verschiedene Beinamen. Es sollte ein „Jahrhundert des Kindes“ und ein „Jahrhundert der Frau“ werden. Im Laufe der Zeit stellte sich heraus, daß es wenigstens ein „Jahrhundert der Technik“ und „des Autos“ geworden ist. Es ist auch als ein „Jahrhundert der Flüchtlinge“ bezeichnet worden. Diesen kläglichen Beinamen trägt es zu Recht und zu Unrecht, denn er konnte sich vornehmlich aus dem Umstand ergeben, daß es erst neuerdings so etwas wie eine „Weltöffentlichkeit“ gibt, in der Flüchtlingsprobleme „global“ zur Kenntnis genommen werden können. Dazu gehört auch, daß über Flüchtlingsfragen – wie lückenhaft auch immer – nationale und internationale Statistiken geführt werden und daß es beim Stand der modernen Nachrichtenmittel eigentlich keine „entlegenen Gebiete der Erde“ mehr geben dürfte. Zweifellos aber sind Flucht und Vertreibung etwas „Normales“, seit Kriege um Territorien geführt werden, seit es Machtkämpfe und religiöse Auseinandersetzungen in der Geschichte gibt. Gleichwohl trifft zu: Im 20. Jahrhundert ist die Zahl der vom Flüchtlingsschicksal betroffenen Menschen tatsächlich wesentlich größer als in den vorausgegangenen Jahrhunderten. In einem Zeitalter der Massen ist bei jedem demographischen Vorgang mit hohen Zahlen zu rechnen. Am Ende unseres Jahrhunderts wird nun ersichtlich, daß die Migrationsvorgänge in Zukunft keineswegs geringer als in unserer Gegenwart sein werden. Auch der Beginn des 21. Jahrhunderts wird durch Bevölkerungsbewegungen, Integrationsvorgänge und Prozesse der kulturellen Mischung und des kulturellen Austauschs geprägt sein, überall in der Welt und in Europa ganz besonders. Die Flüchtlingsmassen, die hier zu erwarten sind, dürften aufs neue alles übertreffen, was sich davor ereignet hat.

Wie im Jahre 1945 werden es Flüchtlinge sein, die zu uns kommen, weil ethnische und nationale Konflikte ein Leben in der alten Heimat erschweren oder unmöglich machen. Eine wirtschaftliche Notlage und die Hoffnung auf ein menschenwürdiges Leben in der Fremde kommen meistens hinzu. Die Motive für das Verlassen der Heimat beschäftigen die Politiker, die Ausländerbehörden, die Sozialämter und die regionalen Planungsbürokratien des Wohnungs- und Arbeitswesens. In unserem Zusammenhang können sie zweitrangig sein. Ohnehin verlieren für die einzelnen Einwanderer die Motive für das Verlassen der alten Heimat angesichts der Probleme in der neuen Umgebung und angesichts der vielfältigen Übereinstimmungen der Gruppen- und Einzelschicksale als

„Fremde" im Lande rasch an Bedeutung. Das Thema dieses Buches bleibt aktuell: Die Frage, wie Einzelpersonen und Familien mit ihren Kindern und Enkeln in unserem Lande eine neue Heimat finden, in welchen Erinnerungsbildern sie die alte Heimat und die Kultur der Herkunftsregion bei sich tragen und tradieren, auf welche Weise sie den Kontakt zur ersten Heimat pflegen.

Seit Jahrzehnten überlappen sich in unserem Lande die Probleme der einzelnen aufeinander folgenden, ethnisch unterschiedlichen Einwanderungsgruppen. Die erste Gruppe, die Flüchtlinge des Jahres 1945, verloren ihren ungeliebten Fremdenstatus schließlich auch in den Dörfern, als mit den „Gastarbeitern" neue Zuwanderer aus Südeuropa ins Land kamen; ein Prozeß, der sich inzwischen bei anderen Einwanderer„schüben" fortgesetzt hat. Die italienischen „Gastarbeiter" der 1960er Jahre, die mit ihren Kindern bei uns geblieben sind, können heute von ähnlichen Erfahrungen berichten, wie die Flüchtlinge des Jahres 1945. Die Menschen aus beiden Einwandererkategorien teilen viele Erfahrungen des Einlebens trotz der erheblichen Unterschiede bei ihrer Ankunft. Die Flüchtlinge entsprachen beruflich und sozial recht genau der Zusammensetzung der altangesessenen Bevölkerung. Die „Gastarbeiter" waren tatsächlich fast ausschließlich Arbeiter und zunächst kamen überwiegend Männer. Die Flüchtlinge sprachen in ihrer Mehrheit dieselbe Sprache wie die Einheimischen. Doch bereits bei Zuwanderern aus Oberschlesien konnten die sprachlichen Auffälligkeiten im Alltag durchaus zu ähnlichen Ergebnissen führen, wie bei den Zuwanderern aus Italien. Die Geschichte des Einlebens dieser beiden Einwanderungsgruppen – der Heimatvertriebenen und der „Gastarbeiter" – kann trotz aller bestehenden Differenzen zum Modell für die Prozesse werden, die sich nun mit anderen Zuzüglern in unserem Lande anbahnen, bzw. fortsetzen. Davon war in diesem Buch verschiedentlich die Rede. Jedenfalls sollten sozialpolitische Maßnahmen aus humanitären Gründen die Übereinstimmungen beim Zusammentreffen der Mehrheit mit den Minderheiten deutlicher betonen als die Unterschiede. Das Einleben von Menschen in eine für sie neue Gesellschaft ereignet sich allemal in den Sozialbeziehungen des Alltags, in der Nachbarschaft, im Betrieb, in der Schule.

Unsere Gesellschaft sollte multikulturelle Verhältnisse großzügig tolerieren. Sie entstehen geplant oder spontan überall, wo Einzelpersonen und Familien aus einer Herkunftskultur in zureichend großer Zahl in der Fremde zusammenleben. Auch das Vereins- und Gruppenwesen der Landsmannschaften förderte für einige Zeit Elemente einer kulturellen Eigenständigkeit und Beharrung, und die Flüchtlinge aus Schlesien oder dem Sudetenland wollten zunächst auch in ihren privaten Sozialbeziehungen unter sich bleiben. Als sie sich wirklich einzuleben begannen, öffneten sich die sozialen Kreise. – Multikulturelle Verhältnisse von Dauer sollten freilich nicht das Ziel staatlicher Einwanderungspolitik sein. Hier müssen die unversöhnlichen nationalen und religiösen Konflikte, die gegenwärtig an vielen Plätzen der Erde in gemischt-ethnischen Gesellschaften wieder aufbrechen, zur Warnung dienen. Auch die konfliktgeladenen Verhältnisse in „klassischen" Einwanderungsländern, etwa in den USA! – Gettobildung, wie sie in Großstädten Westdeutschlands bereits zu beobachten ist, kann nicht beabsichtigt sein; wie es nicht das Ziel sein konnte, die Flüchtlinge des Jahres 1945 in Lagern, Notquartieren und in sich geschlossenen Ortsteilen als „fünften Stand" zu etablieren. Worum es im Zusammenleben mit unseren dauerhaft hier lebenden Ausländern gehen sollte, das läßt sich wiederum durch Begriffe wie „Akkulturation" und „Einleben" kennzeichnen. Und es wird wiederum ein Prozeß sein, der sich über mehrere Generationen, ganz sicher über mehr als zwei, erstrecken wird. Ähnlich wie in der Nachkriegszeit die Millionen Flüchtlinge die Milieus, in die sie kamen, beeinflußten und veränderten, so daß in wenigen Jahrzehnten aus Binnendeutschen und Ostvertriebenen eine neue Gesellschaft geworden ist, so werden die neuen Einwanderungsprozesse soziale und kulturelle Veränderungen bewirken, die das äußere Bild und die inneren Verhältnisse unserer Städte und Regionen in unverkennbarer Weise prägen werden.

Über die deutsch-polnischen Grenzverhältnisse ist nun durch die politischen Veränderungen in Osteuropa, nach den deutschen Ereignissen der Jahre 1989/90 und nach dem deutsch-polnischen Vertrag vom 14. November 1990 Klarheit entstanden. Die „Heimat im Osten", das muß jetzt und in Zukunft für Deutsche aus Pommern und Schlesien endgültig eine „Heimat im Kopf" bedeuten, eine „Erinnerungsheimat". Die Mehrheit der Vertriebenen des Jahres 1945 hatte diesen Weg des Bewußtseins vom politisch geforderten „Recht" auf diese Regionen zu einer Verlagerung der Sentiments in die Erinnerung ja längst schrittweise aber konsequent seit über dreißig Jahren vollzogen.

Doch, ob wir diesen Vertrag mit Freuden begrüßen oder als einen schmerzlichen historischen Einschnitt empfinden, die Oder-Neiße-Grenze ist eine heikle Zone in Europa geblieben. Solange der Wohlstand auf dieser Seite der Linie mit Armut auf der anderen Seite konfrontiert ist, werden dauerhafte Einwanderung neben Arbeitsmigration in die westlich der Grenze liegenden Gebiete und Geschäftemacherei auf beiden Seiten diese Flußlinie als ein deutsch-polnisches Problem bestehen lassen. Zu allem Überfluß gibt es hierzulande vereinzelt Stimmen, die für eine friedliche Wiederbesiedlung der polnischen Westgebiete mit deutschen Menschen und deutschen Firmen oder wenigstens doch für deren wirtschaftliche Erschließung mit deutschem Geld eintreten. Sie dringen gegenwärtig meistens zurückhaltend an die Öffentlichkeit, etwa in Leserbriefen. Das muß nicht so bleiben. Die Äußerungen stammen überwiegend aus Kreisen des alten ostdeutschen Grundbesitzes. In diesem Buche war vom aktuellen Stand solcher Rückkehrwünsche und -überlegungen wiederholt die Rede. Die deutsch-polnische Grenze soll durchlässig sein. Die wirtschaftliche und kulturelle Zukunft Polens soll in Westeuropa liegen. – Wer will das nicht? – Wenn überdies unser Europa postnational sein soll, wie das von vielen Seiten gefordert wird, dann wird man Wünschen nach einem gemeinsamen Siedeln von Deutschen und Polen diesseits und jenseits der Markierungslinie tatsächlich dauerhaft kaum eine Berechtigung absprechen können. Polen werden ohnehin weiter in großer Zahl in Deutschland wohnen und vermutlich werden dann auch Deutsche friedlich in Polen leben und Eigentum erwerben wollen, nicht anders als es zwischen Franzosen und Deutschen längst üblich ist. Wenn es dazu kommen soll, muß zuvor gute Nachbarschaft zwischen den Menschen aus Deutschland und Polen wachsen. Das deutsch-polnische Verhältnis hätte dann seine große Bewährungsprobe zu bestehen. Der Gedanke an „wiedergewonnene Gebiete", der von polnischer Seite propagandistisch ausgeschlachtet, schon einmal über Jahrzehnte hin die politischen und zwischenmenschlichen Verhältnisse nach 1945 vergiftet hat, darf niemals wieder die Begegnungen zwischen den Menschen stören.

Von beiden Seiten führt der Weg zu einem gutnachbarschaftlichen Verhältnis nicht allein über zwischenstaatliche Verträge, wirtschaftliche Interessen und Reisefreiheit, sondern ebenso über individuelle und kollektive Ängste und Erinnerungen, über Tabus und Befangenheiten. Der Weg führt über einen humanen Umgang der polnischen Regierung, Kirche und Bevölkerung mit ihrer deutschen Minderheit. Und er führt über ein vorurteilsfreies, tolerantes Verhältnis der Deutschen zu den zeitweilig oder dauerhaft bei uns lebenden polnischen Staatsbürgern und Einwanderern.

VI. Anmerkungen

1. Zu den statistischen Grundlagen des Flüchtlingsproblems vgl. Reichling, G.: Flucht und Vertreibung der Deutschen, in: R. Schulze u. a. (Hg.): Flüchtlinge und Vertriebene in der westdeutschen Nachkriegsgeschichte, Hildesheim 1987, S. 46–56; Der Bundesminister des Inneren: betrifft: Eingliederung der Vertriebenen, Flüchtlinge und Kriegsgeschädigten, Bonn 1982.
2. Zur Situation der Heimatvertriebenen in der DDR: Seraphim, P.-H.: Die Heimatvertriebenen in der Sowjetzone, Berlin 1954; Plato, A. v. und W. Meinecke: Die Last des Schweigens, Berlin 1991.
3. Angelegt z.B. bei Schelsky, H.: Die Flüchtlingsfamilie, in: Kölner Zeitschrift für Soziologie 3/1950. Für das Ruhrgebiet in seiner Besonderheit festgestellt bei Plato, A. von: Fremde Heimat, in: L. Niethammer und A. von Plato (Hg.): Wir kriegen jetzt andere Zeiten, Berlin/Bonn 1985.
4. Pfeil, E.: Der Flüchtling – Gestalt einer Zeitenwende, Hamburg 1948.
5. Schopenhauer, A.: Parerga und Paralipomena § 357, Zürich 1979, Bd. X, S. 663.
6. Krockow, C. Graf von: Die Reise nach Pommern, Stuttgart 1985; Dohna-Schlobitten, A. Fürst zu: Erinnerungen eines alten Ostpreußen, Berlin 1990; Dönhoff, M. Gräfin: Bilder, die langsam verblassen. Ostpreußische Erinnerungen, Berlin 1990.
7. Surminski, A.: Polninken, Reinbek 1984; Bienek, H.: „Reise in die Kindheit", München 1988.
8. Hennig, E.: Flüchtlingsschicksal und -milieu als gefährdende Momente für die psychische Entwicklung Jugendlicher, Phil. Diss., Kiel 1951.
9. Dazu: Bredow, W. von und F. Foltin: Zwiespältige Zufluchten, Bonn 1981, S. 51–157; Helbig, L. F.: Der ungeheure Verlust, Wiesbaden 1988.
10. Lüttinger, P.: Der Mythos von der schnellen Integration, in: Zeitschrift für Soziologie 15/1986, S. 20–36.
11. Dazu: Weinrich, H.: Narrative Theologie, in: Concilium 9/1973, S. 329–335.
12. Lehmann, A.: Erzählstruktur und Lebenslauf, Frankfurt a.M./New York 1983; ders.: Gefangenschaft und Heimkehr, München 1986; Schröder, H. J.: Kasernenzeit, Frankfurt a.M./New York 1985.
13. Petschel, G.: Das Cammann-Archiv in Rotenburg/Wümme, in: Jahrbuch für Ostdeutsche Volkskunde 29/1986, S. 390–398; Brednich, R. W.: Art. Cammann, Alfred, in: Enzyklopädie des Märchens, Bd. 2, Sp. 1160–1162. Cammann hat selbst auf der Quellenbasis des von ihm gesammelten Materials eine stattliche Anzahl von Büchern über Bräuche, Märchen, Lieder, Kinderspiel, insbesondere der Rußlanddeutschen, aber auch der Schlesier und Ostpreußen veröffentlicht, vgl. etwa: Deutsche Volksmärchen aus Rußland und Rumänien, Göttingen 1967; Donauschwaben erzählen, 2 Bde., Marburg

1976f.; Turmberg-Geschichten. Ein Beitrag zur westpreußischen Landes- und Volkskunde, Marburg 1980; Heimat Wolhynien, Marburg 1985.

14. Reichling (wie Anm. 1), S. 51.
15. Klemperer, V.: LTJ – Lingua Tertii Imperii, Berlin 1947.
16. Bauer, F. J.: Flüchtlinge und Flüchtlingspolitik in Bayern 1945–1950, Stuttgart 1982, S. 349.
17. Jolles, H. M.: Zur Soziologie der Heimatvertriebenen und Flüchtlinge, Köln/Berlin 1965.
18. Stiftung Ostdeutscher Kulturrat (Hg.): Bestandsverzeichnis der deutschen Heimatvertriebenenpresse, München/New York/London/Paris 1982 nennt 1135 Titel.
19. Dokumentation der Vertreibung der Deutschen aus Ost-Mitteleuropa. In Verbindung mit Adolf Diestelkamp, Rudolf Laun, Peter Rassow und Hans Rothfels bearbeitet von Theodor Schieder. Herausgegeben vom Bundesministerium für Vertriebene 1954, Nachdruck 1984.
20. Lemberg, E. und F. Edding (Hg.): Die Vertriebenen in Westdeutschland, 3 Bde., Kiel 1959; Jolles (wie Anm. 17).
21. Lemberg, E. und L. Krecker (Hg.): Die Entstehung eines neuen Volkes aus Binnendeutschen und Ostvertriebenen, Marburg 1950; Schmidt, T.: Graslitz, Karlsheim a. M. 1983; Tolksdorf, U.: Volksleben in den Ermländersiedlungen der Eifel, Marburg 1967.
22. Rudolph, H.: Evangelische Kirche und Vertriebene 1945 bis 1972, 2 Bde., Göttingen 1984/85; Kindermann, A.: Religiöse Wandlungen und Probleme im katholischen Bereich, in: Lemberg/Edding (wie Anm. 20) Bd. 3.
23. Frantzjoch, M.: Die Vertriebenen, Berlin 1987.
24. „Jahrbuch für Volkskunde der Heimatvertriebenen" erscheint seit 1955 bis heute. (Ab Bd. 7 – 1962/63 als „Jahrbuch für Ostdeutsche Volkskunde".)
25. Bausinger, H., M. Braun, H. Schwedt: Neue Siedlungen. Volkskundlich-soziologische Untersuchungen, Stuttgart 1959; Dettmer, F.: Konflikte zwischen Flüchtlingen und Einheimischen nach Ende des Zweiten Weltkrieges, in: Jahrbuch für Ostdeutsche Volkskunde 26/1983, S.311–324; Jeggle, U.: Die Sage und ihre Wahrheit, in: Der Deutschunterricht 39/1987, Heft 6, S. 37–50; Schuhladen, H. und G. R. Schroubek: Nahe am Wasser, München 1989.
26. Broszat, M. u. a. (Hg.): Von Stalingrad zur Währungsreform. Zur Sozialgeschichte des Umbruchs in Deutschland, München 1988, dort die Beiträge von Blessing, W. K.: Deutschland in Not, wir im Glauben, S. 3ff.; Erker, P.: Revolution des Dorfes?, S. 367ff.
27. Benz, W. (Hg.): Die Vertreibung der Deutschen aus dem Osten, Frankfurt a. M. 1985; Holtmann, E.: Politik und Nichtpolitik. Lokale Erscheinungsformen politischer Kultur im frühen Nachkriegsdeutschland, Opladen 1989; Schulze u. a. (wie Anm. 1); Lüttinger (wie Anm. 10); Bauer (wie Anm. 16).
28. Bethlehem, S.: Heimatvertreibung, DDR-Flucht, Gastarbeiterzuwanderung, Stuttgart 1982; Bade, K. J.: Sozialhistorische Migrationsforschung und ‚Flüchtlingsintegration', in: Schulze u. a. (wie Anm. 1), S. 126–162.
29. Kornrumpf, M.: In Bayern angekommen. München/Wien 1979; Bausinger u. a. (wie Anm. 25).

30. Vgl. Krockow, C. Graf von: Die Stunde der Frauen. Bericht aus Pommern 1944–1947, Stuttgart 1988. Die Frauen waren unter den Flüchtlingen auch statistisch gesehen deutlich in der Mehrheit. Für den Monat April 1946 registriert das Landesarbeitsamt Oberbayern-Schwaben unter den Ausgewiesenen:
    25% Männer (Vormonat 25%)
    47% Frauen (Vormonat 49%)
    28% Kinder (Vormonat 26%).
    Vgl. Prinz, F. (Hg.): Integration und Neubeginn, Bd. 2, München 1984, S. 880.
31. Camman-Archiv.
32. Bausinger, H.: Beharrung und Einfügung. Zur Typik des Einlebens der Flüchtlinge, in: Jahrbuch für Volkskunde der Heimatvertriebenen 2/1956, S. 9–16.
33. 80 Jahre Heimatverein „Niedersachsen" e.V. Scheeßel, Scheeßel 1985. – Zur schlesischen Trachtengruppe: Debüt der „Bobertoaler Trachtaleute", in: Heimatzeitung für den Kreis Rotenburg v. 16. Oktober 1954.
34. Bade (wie Anm. 28), S. 158.
35. Ich danke Hans Joachim Schröder für die Überlassung dieses Interviews mit einem Bekannten seiner Familie.
36. Ritter, G. A. und M. Niehuss: Wahlen in der Bundesrepublik Deutschland, München 1987, S. 138: BHE/GB/GDP erreichten bei den Landtagswahlen in Schleswig-Holstein am 9. 7. 1950 23,4% der Stimmen.
37. Prinz, F.: Integration von Vertriebenen und Flüchtlingen, in: Schulze u.a. (wie Anm. 1), S. 252–263, hier: S. 254.
38. Leopold, W. F.: Das Deutsch der Flüchtlingskinder, in: Zeitschrift für Mundartforschung 28/1961, S. 289–310.
39. Herr Fleck arbeitete 1988 als Angestellter in einer Bremer Behörde.
40. Nach einer Zeit als Büroangestellte holte Frau Fuhrmann das Abitur nach und studierte eine Sozialwissenschaft. Sie hat uns ihre Tonbanderhebung großzügig zur Verfügung gestellt.
41. Pfeil (wie Anm. 4), S. 136.
42. Esenwein-Rothe, I.: Die Eingliederung der Flüchtlinge in die Stadtstaaten Bremen und Hamburg, Berlin 1955, S. 64f.
43. Zu Volksdeutschen in der Waffen-SS vgl. Stein, G. H.: Geschichte der Waffen-SS, Königstein/Ts., 1967, S. 123 ff.
44. Bude, H.: Deutsche Karrieren, Frankfurt a.M. 1987. Unter den drei Beispielkarrieren, die Bude analysiert hat, ist allerdings kein Flüchtling vertreten.
45. Das sog. „Bieberhaus" wird kontinuierlich bis heute als Ausländeramt genutzt. An Werktagen stehen dort auch heute wieder ab fünf Uhr in der Frühe Flüchtlinge Schlange, um eine Aufenthaltsgenehmigung zu erhalten.
46. Lehmann, A.: „Organisieren". Über Erzählen aus der Kriegs- und Nachkriegszeit, in: Der Deutschunterricht 39/1987, Heft 6, S. 51–63.
47. Pfeil (wie Anm. 4), S. 37.
48. Neuhold, S.: Die Kriminalität der Flüchtlinge, Diss. jur., Köln 1948.
49. Hamburger Allgemeine Zeitung vom 9. 7. 1946.

50. Etwa Bürgermeister Sieveking am Tag der Heimat, dem 22. September 1957 (Sozialbehörde II 007–32), Hamburger Staatsarchiv.
51. Lüttinger (wie Anm. 10).
52. Esenwein-Rothe (wie Anm. 42), S. 124, S. 91.
53. Hamburger Freie Presse vom 16.5.1950.
54. Holtmann (wie Anm. 27).
55. Luhmann, N.: Einfache Sozialsysteme, in: Manfred Auwärter u. a. (Hg.): Seminar: Kommunikation, Frankfurt a. M. 1976, S. 3–33, hier: S. 14; Fonteyne, P.: Webmuster dörflicher Geschichten, in: Bönisch-Brednich (Hg.): Verhandlungen des 27. Deutschen Volkskundekongresses 1989 (im Druck).
56. Dieses Beispiel wurde bereits angeführt in: Lehmann, A.: Flüchtlingserinnerungen im Erzählen zwischen den Generationen, in: BIOS 2/1989, S. 188.
57. Schwedt, H.: Heimatvertriebene in württembergischen Landgemeinden, in: Jahrbuch für Ostdeutsche Volkskunde XII/1969, S. 27–40.
58. Lehmann H. G.: Oder-Neiße-Linie und Heimatverlust, in: Schulze u. a. (wie Anm. 1), S. 107–125, hier: S. 111; Lehmann erwähnt die nicht überprüfbare Angabe des BdV, wonach dieser 2,2 Millionen Mitglieder im Jahre 1986 gehabt haben soll. Dazu auch: Steinert, J.-D.: Vertriebenenverbände in Nordrhein-Westfalen 1945–1954, Düsseldorf 1986.
59. Über Arbeiter in ländlichen norddeutschen Gemeinden vgl. Lehmann, A.: Das Leben in einem Arbeiterdorf, Stuttgart 1976.
60. Scharrer, J.: Das Laientheater der Flüchtlinge und Ausgewiesenen, Gräfelfing 1960.
61. Erker (wie Anm. 26), S. 404.
62. Schwedt (wie Anm. 57), S. 32f.
63. Dazu: Lehmann, A.: Vereinsstruktur und Dorfgesellschaft, in: Zeitschrift für Agrargeschichte und Agrarsoziologie 27/1979, Heft 1, S. 105–118.
64. Schwedt (wie Anm. 57), S. 33.
65. Holtmann (wie Anm. 27), S. 268; Das Verbandsblatt des St. Hedwigs-Werkes „Heimat und Glaube“ erscheint monatlich seit 1948.
66. Schmitt, H.: Das Vereinsleben der Stadt Weinheim an der Bergstraße, Weinheim 1963, S. 119f.
67. Dégh, L.: The Postulative Proto-Memorate, in: J. Pentikäinen/T. Juurika (Hg.): Folk Narrative Research, Helsinki 1976, S. 48–57; Koselleck, R.: Vergangene Zukunft. Zur Semantik geschichtlicher Zeiten, Frankfurt a. M. 1979, S. 144–157; Lehmann, A.: Erzählen zwischen den Generationen, in: Fabula 30/1989, S. 1–25; Geschichten schaffen ihre eigene Wirklichkeit in Familien und anderen Gruppen. Dazu Hildenbrand, B.: Geschichtenerzählen als Prozeß der Wirklichkeitskonstruktion in Familien, in: System Familie 3/1990, Heft 4, S. 227–236.
68. Kornrumpf, M.: In Bayern angekommen, München/Wien 1979, S. 48f.
69. Dazu Jacobmeyer, W.: Vom Zwangsarbeiter zum Heimatlosen Ausländer. Die Displaced Persons in Westdeutschland 1945–1951, Göttingen 1985.
70. Prinz, F. (Hg.): Integration und Neubeginn, Bd. 2 – Dokumente, München 1984, S. 916a.
71. Hilfswerk der Evangelischen Kirchen in Deutschland (Hg.): Die Lebensverhältnisse in Deutschland 1947, Stuttgart Juni 1947.

72. Zur Situation der Stadt Delmenhorst vgl. Baha, N.: Wiederaufbau und Integration, Delmenhorst 1983, S. 55. In Delmenhorst lebten von ca. 53.000 Einwohnern 1948 noch 4.800 in Wohnbaracken und Sammellagern. Die letzten Baracken sind dort im Jahre 1962 geräumt worden. – Vgl. ebd. S. 120.
73. Kurz, K.: Lebensverhältnisse der Nachkriegsjugend, Bremen 1949, S. 15, 63, 93f.
74. Vgl. Müller, K. V.: Heimatvertriebene Jugend, Kitzingen – Main 1953.
75. Später „Institut für empirische Sozialforschung Hannover/Bamberg".
76. Müller (wie Anm. 74), S. 12f.
77. Dazu: Wähler, M. (Hg.): Der deutsche Volkscharakter, Jena 1937. Die Ehe zwischen Bayern und Flüchtlingen ist gelegentlich unter rassischen Gesichtspunkten als „Blutschande" abgelehnt worden, vgl. Erker (wie Anm. 26), S. 400.
78. Müller (wie Anm. 74), S. 126.
79. Bade, K. J. (wie Anm. 28).
80. Schelsky, H.: Wandlungen der deutschen Familie in der Gegenwart, Dortmund 1953, S. 218ff.
81. Leopold (wie Anm. 38).
82. Vgl. S. 33, S. 64f., S. 63f.
83. Hierzu Lück, K.: Der Mythos vom Deutschen in der polnischen Volksüberlieferung und Literatur. Forschungen zur deutsch-polnischen Nachbarschaft im ostmitteleuropäischen Raum, 2. Aufl., Leipzig 1943. – Lebensgeschichtliche Erfahrungen aus den deutsch-polnischen Mischzonen Oberschlesiens vermittelt der bekannte Jesuitenpater Johannes Leppich. – „Eigentlich schäme ich mich heute, daß wir so oft abfällig über die Polen sprachen. Vielleicht hätte es uns mehr imponiert, wenn wir zum Beispiel die Franzosen zu Nachbarn gehabt hätten ..." – „Jedenfalls war ‚polnische Wirtschaft' das Schlagwort, mit dem wir alles abqualifizierten, was aus dem Osten kam." – „Meine Eltern sprachen eigentlich nur in den Tagen, bevor das Christkind kam, polnisch, ein Zeichen dafür, daß wir Kinder die fremde Sprache schon nicht mehr gut verstanden." – Vgl. Leppich, J. SJ: Wir hatten denselben Schulweg, in: Neubach, H. (Hg.): Für unser Schlesien, München/Wien 1985, S. 23–31, hier: S. 26.
84. Lutz Mackensen lebte von 1932 bis 1939 in Riga, von 1942–1945 in Posen. – Vgl. zum folgenden Mackensen, L.: Die deutsche Sprache nach der Vertreibung, in: Lemberg/Edding (wie Anm. 20), S. 224–271.
85. Engel, U.: Die Sprache der Heimatvertriebenen in Württemberg, in: Jahrbuch für Volkskunde der Heimatvertriebenen III, 1958, S. 227–251, hier: S. 249.
86. Lemberg, E.: Die Ausweisung als Schicksal und Aufgabe. Zur Soziologie und Ideologie der Ostvertriebenen, Gräfelfing bei München 1949, S. 26.
87. Leopold (wie Anm. 38).
88. Bausinger, H.: Lebendiges Erzählen. Volkskundliche Gegenwartsuntersuchungen im schwäbischen Dorf, Phil. Diss., Tübingen 1952, S. 77.
89. Leopold (wie Anm. 38).
90. Bausinger, H.: Volkskultur in der technischen Welt, Stuttgart 1962, S. 63 ff.

91. Leopold (wie Anm. 38).
92. So Schlau, W.: Die Eingliederung in gesellschaftlicher Sicht, in: Merkatz, H. J. von (Hg.): Aus Trümmern wurden Fundamente, Düsseldorf 1979, S. 151–162, hier: S. 158.
93. In der Bundesrepublik ist eine ähnliche Auffassung jüngst sehr nachdrücklich von Graf Krockow vertreten worden. Vgl. Krockow, C. Graf von: Heimat. Erfahrungen mit einem deutschen Thema, Stuttgart 1989, S. 133ff.
94. Osteroder Zeitung, 2. Folge, Juli 1955, S. 2.
95. Ebd. 4. Folge, Juli 1956, S. 3.
96. Greverus, I.-M.: Der territoriale Mensch. Ein literaturanthropologischer Versuch zum Heimatphänomen, Frankfurt a.M. 1972, S. 112–119, dort auch ausführliche Literaturangaben. Siehe auch: Bredow/Foltin (wie Anm. 9).
97. Greverus (wie Anm. 96), S. 373.
98. Osteroder Zeitung, 11. Folge, Dezember 1959, S. 3.
99. Osteroder Zeitung, 8. Folge, Juni 1958, S. 3f.
100. Greverus (wie Anm. 96) S. 87.
101. Die Lebensbedingungen und Nationalitätenrechte dieser Oberschlesier in Polen sind inzwischen zu einem wichtigen Thema im deutsch-polnischen Verhältnis geworden. Vgl. etwa: DIE ZEIT Nr. 41 vom 5. Oktober 1990, Dossier S. 17–22: Kleine-Brockhoff, T.: Der schleichenden Anschluß. Oberschlesien ist deutscher als die Politik erlaubt.
102. Dazu vgl. den „Reisebericht" S. 117f. dieses Buches.
103. Zur ideologischen Rechtfertigungsformel der Rückkehr in die wiedergewonnenen Gebiete, von der endlich Abschied genommen werden müsse, vgl. Kleßmann, C.: Das Jahr 1945 in der deutschen Geschichte, in: Deutschland und Polen von der nationalsozialistischen Machtergreifung bis zum Ende des Zweiten Weltkrieges, Brauschweig 1986, S. 135–145.
104. Mitscherlich, A. u. M.: Die Unfähigkeit zu trauern, München 1967, S. 120.
105. Thorwald, J.: Es begann an der Weichsel, 1. Aufl., Stuttgart 1950 und Ausgabe München 1979, 1. Aufl., S. 11.
106. 1979er Ausgabe, S. 11.
107. Leydesdorff, S.: Das gebrochene Schweigen. Lebensgeschichten von Überlebenden des jüdischen Proletariats in Amsterdam, in: BIOS 2/1988, S. 17–26, hier: S. 25.
108. Kunze, H. R.: aus LP: Dein ist mein ganzes Herz, 1985. Ich danke Helga Scharmer und Ulrike Stüdemann aus unserem Hauptseminar „Flüchtlinge in Westdeutschland", Sommersemester 1987, für den freundlichen Hinweis auf diesen Text.
    Die „Gründungssage" von Espelkamp hat aufgeschrieben: Platiko, G.: Die Stadt der Vertriebenen, in: Der Wegweiser (23) 1955, 15–32. Zur heutigen Beliebtheit der Stadt Espelkamp als Zuzugsort für Aussiedler aus Osteuropa. cf. Der gute Ruf Espelkamps und seine Folgen, in: Frankfurter Allgemeine Zeitung Nr. 213, v. 13. 9. 1988. Die 24000 Einwohnerstadt Espelkamp hat allein bis zum September 1988 920 Spätaussiedler aufgenommen. Sie ist bis heute eine sehr wichtige Anlaufstelle für Polenaussiedler.
109. Treinen, H.: Symbolische Ortsbezogenheit. Eine soziologische Untersu-

chung zum Heimatproblem, in: Kölner Zeitschrift für Soziologie und Sozialpsychologie 17/1965, S. 73–93; S. 254–297.

110. Greverus, I.-M.: Auf der Suche nach Heimat, München 1979, S. 20.
111. So spricht Karl Philipp Moritz in seinen Vorlesungen über den Stil (1793) davon, daß der „schöne veraltete“ Ausdruck „Heimat“ – „voll von dunkeln Begriffen und Empfindungen“ eine „Zierde und Schönheit unserer Sprache“ – wieder in die poetische Sprache „eingeführt“ werden müsse. cf. Moritz, K. P.: Vorlesungen, in: Karl Philipp Moritz: Werke ed. Horst Günther, Bd. 3, Frankfurt a.M. 1981, S. 674.
112. Vgl. S. 121 f. dieses Buches.
113. Vgl. Anm. 6 und 7.
114. Bausinger, H.: Auf dem Wege zu einem neuen, aktiven Heimatverständnis, in: H.-G. Wehling (Hg.): Heimat heute, Stuttgart/Berlin/Mainz 1984, S. 11–27, hier: S. 12.
115. Vgl. S. 82 dieses Buches.
116. Heuß, A.: Versagen und Verhängnis. Vom Ruin deutscher Geschichte und ihres Verständnisses, Berlin 1984, S. 206.
117. Ebd.
118. Vgl. S. 115 dieses Buches.
119. Zur Bedeutung von „Erinnerungsgegenständen“ vgl. Kuntz, A.: „Erinnerung und Gegenstand“, in: O. Bockhorn (Hg.): 4. Tagung der Kommission für Arbeiterkulturforschung der DGV (im Druck). Ders.: Zur objektbestimmten Ritualisierung familiärer Geschichtsarbeit, in: BIOS 2/1989, S. 207 ff.
120. Pfeil (wie Anm. 4), S. 170; unter phänomenologischer Perspektive auch für die Erzählforschung bedeutsam: Schapp, W.: In Geschichten verstrickt. Zum Sein von Mensch und Ding, 2. Aufl., Wiesbaden 1986, S. 11–82.
121. Karasek-(Langer), A.: Volkskundliche Erkenntnisse aus der Vertreibung und Eingliederung der Ostdeutschen, in: Jahrbuch für Volkskunde der Heimatvertriebenen 1/1955, S. 11–65; Hanika, J.: Volkskundliche Wandlungen durch Heimatverlust und Zwangswanderung, Salzburg 1957; Pfeil (wie Anm. 4).
122. Dokumentation (wie Anm. 19), Bd. 2, S. 785.
123. Karasek (wie Anm. 121); Hanika, J.: Ortsuntersuchungen zur Eingliederungsforschung, in: Jahrbuch für Volkskunde der Heimatvertriebenen 1/1955, S. 186–197, hier: S. 194; Greverus, I.-M.: Heimweh und Tradition, in: Schweizerisches Archiv für Volkskunde 61/1965, S. 1–31, hier: S. 15 ff.
124. Handwörterbuch des deutschen Aberglaubens (HdA): Art. Erde, Bd. 2, Sp. 895–908; Schroubek, G. R.: Wallfahrt und Heimatverlust, Marburg 1968, S. 281 ff.
125. Ein lebendiger weltweit verbreiteter Brauch: „Am 16. Januar 1979 verließ der Schah den Iran. In einer Schachtel führte er iranische Erde mit sich, wie sein Vater es 1941 getan hatte.“ – Beide haben das Herkunftsland nach ihrer Flucht nicht wiedergesehen. Vgl. Mottahedeh, R.: Der Mantel des Propheten oder Das Leben eines persischen Mullah zwischen Religion und Politik, München 1987 (engl. New York 1985), S. 329.
126. Schelsky (wie Anm. 3); Plato (wie Anm. 3).

127. Schroubek (wie Anm. 124), S. 281.
128. Zur Heimaterde als „Reiseandenken" vgl. S. 138f.
129. Aus dem Cammann-Archiv.
130. Zu Hedwig Gansel vgl. S. 129f., 164f., 213ff.
131. Tolksdorf, U.: Die neuen Fischersiedlungen nach 1945 in Schleswig-Holstein, in: Jahrbuch für Ostdeutsche Volkskunde 30/1987, S. 56–93, hier: S. 82. Und briefliche Mitteilung Tolksdorfs vom 11. Okt. 1990 an den Autor.
132. Tolksdorf, U.: Zum Stand der ostdeutschen Volkskundeforschung, in: Schulze u.a. (wie Anm. 1), S. 196–200.
133. Krockow (wie Anm. 6); Bienek (wie Anm. 7).
134. Die ganze Bandbreite der beiderseitigen Überheblichkeiten, aggressiven Bilder, historisch gewachsenen – auch volksreligiös verfestigten – Stereotype zwischen Polen und Deutschen läßt sich finden bei Lück, K. (wie Anm. 83).
135. Gleiwitzer und Beuthener Heimatblatt, 7. Jg., August 1957, Heft 8, S. 24–30. Autor: Herbert Schmidt.
136. Folge 9, 7. Jg., S. 26–29. Autor: J. M.
137. Ebd. S. 26f.
138. Vgl. S. 30ff.
139. Vgl. S. 101.
140. Zur Heimatdichtung als Zeitstilphänomen vgl. Greverus (wie Anm. 96), S. 273–382. Zur Funktion literarischer Selbstäußerungen in den sozialen Unterschichten: Warneken, B. J.: Populare Autobiographik, Tübingen 1985.
141. Vgl. S. 81.
142. Anm. Vgl. Fuhrmann, H.: „Fern von gebildeten Menschen". Eine oberschlesische Kleinstadt um 1870, München 1989, S. 35. Fuhrmann merkt an, daß es sich wohl nicht um Polnisch, sondern um das sogenannte „Wasserpolnisch" – die deutsch-polnische Mischsprache – gehandelt habe, die noch bei der Abstimmung 1921, wo 95,8% für den Verbleib bei Deutschland stimmten, sehr verbreitet war. (Vgl. ebd. S. 151) Als „Kanonen" bezeichnet der Schreiber (Johann Jacob Oeri, 1844 – 1908) hohe Schaftstiefel. Die Halskrausen, die er erwähnt, erinnern ihn an den sogenannten „Mühlsteinkragen" der evangelischen Geistlichen. (Vgl. Ebd. S. 88, S. 158). Die europäische Ethnologie hat das friedliche Zusammensiedeln unterschiedlicher Ethniken unter dem Begriff ‚Interethnik' diskutiert. S. Ingeborg Weber-Kellermann: Zur Interethnik. Donauschwaben, Siebenbürger Sachsen und ihre Nachbarn. Frankfurt 1978.
143. Vgl. S. 111f.
144. Marianne Thalheimer (Jg. 1921) aus Köslin in Pommern, Arbeiterin, z.Z. Reinemachefrau in einer Hamburger Behörde.
145. Vgl. S. 91ff.
146. Bredow/Foltin (wie Anm. 9).
147. Die Reise fand im Jahre 1981 statt.
148. Simmel, G.: Soziologie, 5. Aufl., Berlin 1968, S. 512.
149. Schopenhauer A.: Zürcher Ausgabe, Bd. X, S. 662.
150. Zum Begriff „Erzählgeschichte" vgl. Schröder, H. J.: Die gestohlenen Jahre.

Erzählgeschichten und Geschichtserzählung im Interview. Der Zweite Weltkrieg aus der Sicht ehemaliger Mannschaftssoldaten, Habil., Hamburg 1989 (im Druck).

151. Lehmann, A.: Krieg – Urlaub – Gastarbeiter. Zur Erfahrung „des Ausländers" in der Lebensgeschichte von Hamburger Arbeitern, in: Archiv für Sozialgeschichte XXIV/1984, S. 457–480.
152. Vgl. S. 111f.
153. Dieses Beispiel wurde bereits angeführt in: Lehmann (wie Anm. 151).
154. Schroubek (wie Anm. 124), S. 283.
155. Bienek (wie Anm. 7), S. 181.
156. Dazu: Müller, H.: ‚Bunzlauer Geschirr' nach 1945, in: dies. u.a. (Hg.): Bunzlauer Geschirr. Gebrauchsware zwischen Handwerk und Industrie, Ausstellungskatalog, Berlin 1986, S. 205–227.
157. Vgl. S. 124.
158. Dazu S. 97ff. dieses Buches; vgl. auch: Lehmann, A. (wie Anm. 67), hier: S. 20f.
159. Lehmann (wie Anm. 12), S. 202ff.
160. Helbig (wie Anm. 9), S. 212ff.
161. Rudolph (wie Anm. 22, Bd. 1), S. 292f.; zur Stellung der evang. Kirche zur Vertreibungsthematik weiterhin: Wilkens, E.: Vertreibung und Versöhnung. Die ‚Ostdenkschrift' als Beitrag zur deutschen Ostpolitik, Hannover 1986.
162. Ruge, E. u. P.: Nicht nur die Steine sprechen deutsch ... Polens deutsche Ostgebiete, Frankfurt a.M. 1987, S. 67.
163. Ebd. S. 24; vermutlich fiktional.
164. Ebd. S. 75.
165. Scholz, F.: Wächter, wie tief ist die Nacht? Görlitzer Tagebuch 1945/46, Eltville 1986, S. 91ff.
166. Krockow (wie Anm. 6).
167. Ebd. S. 34.
168. Krockow (wie Anm. 93), S. 50.
169. Ebd. S. 144.
170. Bienek (wie Anm. 7); Krüger, H.: Ostpreußen. Nachwort auf eine verlorene Provinz, in: Neue Rundschau 90/1, 1979, S. 17–39; Wolf, C.: Kindheitsmuster, Darmstadt/Neuwied 1977 (zuerst Berlin/Ost 1976).
171. Surminski (wie Anm. 7).
172. Surminski (wie Anm. 7), S. 23.
173. Naumann, H.: Grundzüge der deutschen Volkskunde, Leipzig 1922, S. 56–57.
174. Sirowatka, E. M.: Masuren lächelte mir zu. Geschichten von einst und jetzt, Reinbek 1987, S. 29.
175. Art.: Osterwasser, Bd. 6, Sp. 1358ff.
176. Dokumentation (wie Anm. 19), Bd. 1, S. 61E.
177. Hörning, E. M.: Frauen als Kriegsbeute, in: Niethammer u. von Plato (Hg.) (wie Anm. 3), S. 327–344.
178. Von Plato (wie Anm. 3), S. 204.
179. Hörning (wie Anm. 177). Meyer, S. u. E. Schulze: „Als wir wieder zusammen waren, ging der Krieg im Kleinen weiter", in: Niethammer u. von Plato (Hg.) (wie Anm. 3), S. 314.

180. Hennig (wie Anm. 8).
181. Ebd. S. 35; zur Kriminalität männlicher Jugendlicher und Erwachsener aus dem Flüchtlingsmilieu: Neuhold, S.: Die Kriminalität der Flüchtlinge, Diss. jur., Bonn 1955.
182. Den theoretischen Rahmen lieferten die psychologischen und pädagogischen Theorien von Hermann Nohl, Philipp Lersch und Eduard Spranger.
183. Hennig (wie Anm. 8), S. 22, S. 36.
184. Ebd. S. 74.
185. Ebd. S. 83ff.
186. Ebd. S. 89ff.
187. Zum Thema „Displaced Persons" vgl. Jacobmeyer (wie Anm. 69).
188. Mitscherlich A. u. M. (wie Anm. 104); Krockow Graf von (wie Anm. 30).
189. Lehmann, A.: Der Schicksalsvergleich, in: Verhandlungen des 27. Deutschen Volkskundekongresses 1989 (im Druck).
190. Brückner, C.: Jauche und Levkojen, Frankfurt a.M./Berlin 1987 (Mai 1987: 421.–450 Tsd.), S. 296ff.
191. Ebd. S. 297.
192. Niethammer, L.: Privat-Wirtschaft. Erinnerungsfragmente einer anderen Umerziehung, in: ders. (Hg.): „Hinterher merkt man, daß es richtig war, daß es schiefgegangen ist", Berlin/Bonn 1983, S.17–105, hier: S. 31.
193. Vgl. S. 105, 129, 213ff.
194. Jaspers, K.: Psychologie der Weltanschauungen, Berlin/Heidelberg/New York 1971, S. 251.
195. Ebd. S. 229.
196. Bonomi, E.: Mein Briefwechsel mit heimatvertriebenen Deutschen aus dem Ofner Bergland/Ungarn, in: Württ. Jahrbuch für Volkskunde 1961/64, S. 157–187; hier: S. 165, Anm. 33.
197. Niethammer, L.: Flucht ins Konventionelle? in: Schulze u.a. (wie Anm. 1), S. 316–323, hier: 316.
198. Newrzella, O.: Mein Name (Etymologische Gedanken aus meinem westöstlichen Diwan), in: Leobschützer Heimatbrief Nr. 4, 1954, S. 11–13.
199. Auch in anderen Heimatbriefen lassen sich immer wieder sehr ausführliche etymologische Beweisführungen finden, die stets dasselbe Ziel haben, einen slawisch klingenden Namen sprachgeschichtlich zu germanisieren. Etwa: Baurat Paul Schütze: Wandlungen eines oberschlesischen Familiennamens, in: Gleiwitzer und Beuthener Heimatblatt, 3/1953, Heft 7, S. 27–28.
200. Vgl. Bauer (wie Anm. 16), S. 373; Erker (wie Anm. 26), S. 400.
201. Dettmer (wie Anm. 25), S. 317; sie schildert die Nachwirkungen derartiger rassistischer Vorstellungen im familiären Milieu betroffener Flüchtlingsfamilien. Roesler, G.: Beobachtungen in Nachkriegsehen von Heimatvertriebenen, in: Jahrbuch für Volkskunde der Heimatvertriebenen 4/1958, S. 9–34. – Gegen „Mischehen" aus Gründen des Verstoßes gegen „Rassereinheit".
202. Vgl. S. 50f.
203. Etwa auch bei Elisabeth Pfeil (wie Anm. 4).
204. Ziemer, G.: Deutscher Exodus, Stuttgart 1973, S. 42–44.

205. Etwa: Hirsch, H.: Fremd geworden in der Heimat. Die Deutschen in Oberschlesien. Noch hält es sie im Lande, aber wie lange, in: DIE ZEIT, Nr. 19, v. 4. Mai 1990; ZEIT-Dossier: Kleine-Brockhoff (wie Anm. 101).
206. Frisch, M.: „Breslau (Wroclav), 24. 8. 1948", in: H. Piontek: Augenblicke unterwegs. Deutsche Reiseprosa unserer Zeit, Hamburg 1968, S. 114f. Aus: Tagebuch, Frankfurt a.M. 1950. Dazu Helbig (wie Anm. 9), S. XI.
207. Vgl. S. 74.
208. Eventuell FAZ v. 28. Juli 1989, S. 11: „Nur deutscher Weizen für Polen?" Dort wird zu einer Forderung des deutschen Bauernverbandes Stellung genommen, die kostenlosen Getreidelieferungen der EG an Polen – 500 000 Tonnen Brotweizen und 300 000 Tonnen Futterweizen allein aus deutschen Beständen zu nehmen. – Eine Wirtschaftshilfe also nicht allein für Polen, sondern ebenso für die deutschen Bauern, die nach dieser von der Öffentlichkeit finanzierten Polenhilfe die leeren Lagerhäuser wieder füllen können.
209. Pfeil (wie Anm. 4), S. 7.
210. Vgl. S. 137.
211. Das Pseudonym Leopold Streblow steht für einen ähnlich „slawisch" klingenden Namen. Der Name „Schmidt" wurde nicht geändert.
212. Dilthey, W.: Der Aufbau der geschichtlichen Welt in den Geisteswissenschaften, 5. Aufl., Stuttgart/Göttingen 1968, S. 191 ff.
213. Elias, N.: Über den Prozeß der Zivilisation, 2 Bde, 2. Aufl., Frankfurt a.M. 1976, S. LVII.
214. Zu dieser damals öffentlich nicht sehr gründlich diskutierten „kirchlichen", d.h. „nicht politischen" Erklärung vgl. Rudolph (wie Anm. 22), S. 290 ff.
215. Dazu von historischer Seite: Schulze, H.: Die „Deutsche Katastrophe" erklären, in: D. Diner (Hg.): Ist der Nationalsozialismus Geschichte? Frankfurt a.M. 1987, S. 89–101.
216. Rudolph (wie Anm. 22), S. 286.
217. Kerscaw, I.: Der Hitler-Mythos. Volksmeinung und Propaganda im Dritten Reich, Stuttgart 1980.
218. In: Kaps, J. (Hg.): Die Tragödie Schlesiens 1945/46, München 1952/53, S. 187.
219. Schroubek (wie Anm. 124). Das Dogma von der leiblichen Aufnahme Mariens in den Himmel wurde am 1. 11. 1950 von Pius XII. verkündet.
220. Scholz (wie Anm. 165), S. 90, 96.
221. Dazu: Broszat, M.: Massendokumentation als Methode zeitgeschichtlicher Forschung, in: Vierteljahreshefte für Zeitgeschichte 2/1954, S. 202–213 und Schieder, T.: Die Vertreibung der Deutschen aus dem Osten als wissenschaftliches Problem, in: 8/1960 der „Vierteljahreshefte für Zeitgeschichte", S. 1–16.
222. Schieder ebd. S. 9.
223. Auf Mitgliedschaft in kommunistischen Parteien stand seit dem päpstlichen Dekret vom 1. 7. 1949 die Exkommunikation.
224. Bausinger (wie Anm. 88), S. 71.
225. Ebd. S. 75 f.
226. Sie ist von einem Mann unter der Überschrift „Ein Christ erlebt Schlesien", niedergeschrieben und Anfang der 1950er Jahre veröffentlicht worden. Er

gibt die Erfahrungen seiner Frau wieder. Ob die dramatische Übersteigerung bereits in der Erlebniserzählung der Frau angelegt war oder – was näherliegt – eine übertreibende Stilisierung des Mannes ist, ist nicht mehr zu entscheiden. Aber der Prozeß der Stilisierung und Generalisierung, der zum Traditionsvorgang gehört, ist leicht zu erkennen. Vgl. Kaps (wie Anm. 218), S. 138f.

227. Vgl. Kap. Frauenschicksale, S. 167f.
228. Göttinger Arbeitskreis (Hg.): Dokumente der Menschlichkeit, Kitzingen Main 1950.
229. Ebd. S. 5ff.
230. Ebd. S. 11.
231. Ebd. S. 121, 149.
232. Ebd. S. 131.
233. Ebd. S. 8f.
234. Ebd. S. 95.
235. Ebd. S. 74f.
236. Lehmann, Gefangenschaft und Heimkehr (wie Anm. 12), S. 179.
237. Dokumente, S. 149.
238. Ebd. S. 160f.
239. Ebd. 144f.
240. Ebd. S. 120.
241. Gennep, A. van: Übergangsriten, Franfurt a.M./New York 1986 (zuerst französisch 1908), S. 43.
242. Greverus (wie Anm. 96), S. 65ff.
243. Karasek-Langer, A.: Lieder der Heimatlosigkiet, in: Christ unterwegs IV/1950, Nr. 7.
244. Lehmann, H.G.: Der Oder-Neiße Konflikt, München 1979, S. 216.
245. Vgl. S. 133f.
246. In der Zeitschrift BIOS, Heft 2/1989, habe ich auf dieses Beispiel bereits Bezug genommen. Die Differenzen zu diesem Buch ergeben sich aus der Tatsache, daß das Tonband vor der Transkription durch einen Umzug des Hamburger Volkskunde-Instituts und -Archivs kurzfristig verloren gegangen war. In BIOS wurde also einmal aus meiner eigenen Erinnerung berichtet. – Erinnerung – eine unzuverlässige historische Quelle!
247. Roth, J.: Hiob, Köln 1974, S. 58. – Die folgende Informantin, Herta Geldner, ist in Landsberg an der Warthe geboren. Nach dem Abitur ist sie Krankenschwester geworden.
248. Habsburg, O. von: Die Zukunft der Heimatvertriebenen, in: Merkatz, H. J. von (Hg.): Aus Trümmern wurden Fundamente, Düsseldorf 1979, S. 413ff., hier: S. 420.
249. Danach hatte sie als Hausfrau und Mutter zweier Kinder in Geesthacht bei Hamburg gelebt. Ihr Mann hatte bis zu seinem Tode im Jahre 1964 nach einer Umschulung als Arbeiter in der Industrie gearbeitet.
250. Kaschnitz, M. L.: Große Wanderschaft, in: Totentanz und Gedichte zur Zeit, Hamburg 1947, S. 83.
251. Über „sagenhafte Geschichten von heute“ vgl. Brednich R. W.: Die Spinne in der Yucca-Palme. Sagenhafte Geschichten von heute, München 1989;

Klintberg, B. af: Die Ratte in der Pizza, Kiel 1990 (aus dem Schwedischen); Röhrich, L./S. Wienker-Piepho: Storytelling in Contemporary Societies, Tübingen 1990.

252. Vgl. S. 105f., 129f., 164f.
253. Vgl. S. 217f.
254. Zur Erhebungssituation gehörten das Ehepaar Gansel, Karin Hesse und der Autor. Das Gespräch fand im Januar 1988 in der Wohnung der Eheleute statt.
255. Vgl. S. 164.
256. Zum Leben an der Zonengrenze, den Gefahren des Grenzübertritts: Hartmann, A. und S. Künsting (Hg.): Grenzgeschichten. Berichte aus dem deutschen Niemandsland, Frankfurt a. M. 1990.
257. Moser-Rath, E.: „Lustige Gesellschaft". Schwank und Witz des 17. und 18. Jahrhunderts in kultur- und sozialgeschichtlichem Kontext, Stuttgart 1984.
258. Eine stehende Redensart, besonders unter alleinstehenden Frauen, vgl.: Meyer, S. und E. Schulze: Wie wir das alles geschafft haben. Alleinstehende Frauen berichten über ihr Leben nach 1945, 3. Aufl., München 1985; Hartmann/Künsting (wie Anm. 256).
259. Köhler, I.: Art. Grenze, in: Enzyklopädie des Märchens, Bd. 6, Sp. 134–142.
260. Aus dem Cammann-Archiv.
261. Vgl. S. 100.
262. Vgl. Brednich und Klintberg (wie Anm. 251); auch der Kenner mittelalterlicher Visions- und Wunderliteratur, Peter Dinzelbacher, vertritt die Auffassung, daß die Vorstellung von der „Geschichtsmächtigkeit" visionären Erlebens „keine exklusive Besonderheit der mittelalterlichen Epoche" sei. Vgl. Dinzelbacher, P. (Hg.): Mittelalterliche Visionsliteratur, Darmstadt 1989, S. 4f. Zur kulturellen Bedeutung und zu den formalen Versuchen einer "Lösung" des Tschernobyl-Unglücks vgl. Gerndt, H.: Studienskript Volkskunde, München 1990.
263. Bethlehem (wie Anm. 27).
264. Hartmann/Künsting (wie Anm. 256).
265. Lemberg, E.: Der Wandel des politischen Denkens, in: Lemberg/Edding (wie Anm. 20) Bd. III, S. 451.
266. Boberach, H. (Hg.): Meldungen aus dem Reich. Die geheimen Lageberichte des Sicherheitsdienstes der SS 1938–1945, 17 Bde., Herrsching 1984; Ay, K.-L.: Die Entstehung einer Revolution. Die Volksstimmung in Bayern während des Ersten Weltkrieges, Berlin 1968.
267. Ziener, H.: Der Prozeß der Eingliederung der Heimatvertriebenen im Pfieffetal um Spangenberg, in: Lemberg/Krecker (wie Anm. 21), S. 64ff., hier: S. 81.
268. Dinzelbacher (wie Anm. 262), S. 5.
269. Gunter, M.: Der blinde Jüngling, München 1950.
270. Dazu: Pischel, B.: Zur volkstümlichen Metaphysik deutscher Heimatvertriebener, in: Jahrbuch für Volkskunde der Heimatvertriebenen 5/1959/60, S. 63–96. Barbara Pischel nimmt Bezug auf die Sammlung Karasek, die heute in Freiburg/Breisgau untergebracht ist.

271. HdA, Art. Weissager, Bd. 9, Sp. 358–387; dort werden 86 namentlich erwähnt.
272. Lehmann, Erzählstruktur (wie Anm. 12).
273. Gunter (wie Anm. 269) – Die Ausgabe enthält einen Anhang, in dem die sehr ähnlich klingenden Weissagungen eines anderen Waldpropheten dargestellt sind.
274. Dazu sehr ausführlich und aspektreich: Pischel (wie Anm. 270), S. 63–96. Die Autorin unterzieht hier Belege zur neuen Sagenbildung – Flüchtlingssagen – aus der Sammlung Alfred Karaseks einer Analyse.
275. Nach Pischel aus mündlichen Versionen 1346 (wie Anm. 270), S. 93.
276. Der Herausgeber merkt hierzu beflissen an, damit könne nur Hitler gemeint sein; vgl. Gunter (wie Anm. 269), S. 11.
277. Ebd. S. 20. – Hervorhebungen im Original.
278. Ebd. S. 25.
279. Karasek-Langer (wie Anm. 121), S. 25.
280. Vgl. S. 217 oder die Stellungnahme von Frau Vorler, S. 133 f.
281. Bauer, F. J.: Aufnahme und Eingliederung der Flüchtlinge und Vertriebenen, in: Benz (wie Anm. 27), S. 160. – Dabei hatte sich die konfessionelle Zusammensetzung der Gesamtbevölkerung Bayerns nur unwesentlich geändert, weil dorthin zu großen Teilen katholische Vertriebene aus dem Sudetenland und aus Schlesien gekommen waren:
Anteil der Katholiken in Bayern
1939 : 73,2%
1950 : 71,9%.
282. Erker (wie Anm. 26), S. 399.
283. Bausinger (wie Anm. 88), S. 75.
284. Wiebel-Fanderl, O.: „Frömmigkeit war nicht Inbrunst, sondern Brauch". Die Bedeutung von Brauchtum und Ritus für die religiöse Beheimatung, in: Beiträge zur historischen Sozialkunde, Wien 19/1985, S. 104–110.
285. Karasek-Langer (wie Anm. 121), S. 37.
286. Vgl. S. 74, 180.
287. Bausinger (wie Anm. 88), S. 75.
288. Dazu: Karasek-Langer (wie Anm. 121); Pischel (wie Anm. 270); Peuckert, W. E.: Der deutsche Weg im Denken des Volkes, Heidelberg 1951.
289. Karasek-Langer (wie Anm. 121), S. 27.
290. Pischel (wie Anm. 270), S. 72 ff.
291. Nach Jeggle (wie Anm. 25), S. 48, finden sich unter den 599 Sagen der Sammlung Karasek 25 Darstellungen, die von Karasek unter dem Stichwort „Partisanenwahn" zusammengefaßt sind.
292. Bleuler, E.: Lehrbuch der Psychiatrie, 13. Aufl., Berlin/Heidelberg/New York 1975, S. 358 ff.
293. Pischel (wie Anm. 270), S. 73.
294. Röhrich, L.: Erzählforschung, in: Brednich, R. W. (Hg.): Grundriß der Volkskunde, Berlin 1988, S. 353–379, hier: S. 367.
295. Wehler, H. U.: Das Deutschtum in Jugoslawien vor dem II. Weltkrieg, in: Dokumentation (wie Anm. 19), Bd. V, S. 3 E–264 E, hier. S. 60 E f.
296. In Erzählungen deutscher Weltkrieg-II-Teilnehmer bin ich vielfach auf Parti-

sanen-Kriegs-Schilderungen gestoßen, in denen nicht die Spur eines Verständnisses für die Kriegführung der Gegenseite zu erkennen war.

297. Wehler (wie Anm. 295).

298. Dokumentation (wie Anm. 19), Bd. V, S. 202.

299. Jeggle (wie Anm. 25), S. 50.

300. Dirks, W. und E. Kogon: Verhängnis und Hoffnung im Osten. Das Deutsch-Polnische Problem, in: Benz (Hg.) (wie Anm. 27), S. 125–142, hier: S. 128.

301. Kogon, E.: Der SS-Staat. Das System der deutschen Konzentrationslager, 11. Aufl., München 1982.

302. In Marieluise Fleißers „Der starke Stamm" sind es Flüchtlinge – „Ausgesiedelte" –, die auf Wallfahrt nach Heroldsbach gegangen sind. Vgl. Fleißer, M.: Der starke Stamm, hrsg. von R. Roth, München 1985, S. 69. Die Geschichte der Quartiersuche der Reisenden im Gasthaus der Wirtin Balbina zeigt noch einmal die Abneigung, auf die die Flüchtlinge damals stießen:
Balbina (Wirtin): Und jetzt muß ich wissen, für wen. Wie schreiben sich die Damen?
Erste: Elsa Schwannecke. Zwei Enn!
Balbina: (leicht angewidert) Zwei Enn –
Zweite: Hannelore Staudtke, De Te Ka, Staudtke.
Balbina: Schreibnamen wie bei den Wilden.
Dritte: Bertha Kiepenheuer.
Balbina: Ausgesiedelt?
Erste: Wir sind immer noch nicht daheim.
Balbina: Das hab ich gern. Sie zahlen dreiunddreißig Mark, meine Damen.
Zur kirchlicherseits verbotenen Wallfahrt von Heroldsbach vgl. Göksu, C.: Heroldsbach – eine „verbotene Wallfahrt" der Nachkriegszeit in Süddeutschland, Phil. Diss., Hamburg 1988. Die ersten Untersuchungen zu den Heroldsbacher Phänomenen mit Methoden der empirischen Feldforschung stammen von Rudolf Kriss – vgl. Kriss, R.: Heroldsbach. Eine verbotene Wallfahrt der Gegenwart, in: Kultur und Volk, Fs Gustav Gugitz, Wien 1954, S. 203–236.

VII. Literatur

(Auswahl)

Klaus J. Bade: Sozialhistorische Migrationsforschung und ‚Flüchtlingsintegration', in: R. Schulze u. a. (Hg.): Flüchtlinge und Vertriebene in der westdeutschen Nachkriegsgeschichte, Hildesheim 1987, S. 126–162.

Franz J. Bauer: Flüchtlinge und Flüchtlingspolitik in Bayern 1945–1950, Stuttgart 1982.

Hermann Bausinger: Lebendiges Erzählen. Volkskundliche Gegenwartsuntersuchungen im schwäbischen Dorf, Phil. Diss., Tübingen 1952.

– Beharrung und Einfügung. Zur Typik des Einlebens der Flüchtlinge, in: Jahrbuch für Volkskunde der Heimatvertriebenen 2/1956, S. 9–16.

– Auf dem Wege zu einem neuen, aktiven Heimatverständnis, in: H.-G. Wehling (Hg.): Heimat heute, Stuttgart/Berlin/Mainz 1984, S. 11–27.

– Markus Braun und Herbert Schwedt: Neue Siedlungen. Volkskundlich-soziologische Untersuchungen, Stuttgart 1959.

Wolfgang Benz (Hg.): Die Vertreibung der Deutschen aus dem Osten, Frankfurt a. M. 1985.

Siegfried Bethlehem: Heimatvertreibung, DDR-Flucht, Gastarbeiterzuwanderung. Wanderungsströme und Wanderungspolitik in der Bundesrepublik Deutschland, Stuttgart 1982.

Rolf W. Brednich (Hg.): Grundriß der Volkskunde. Einführung in die Forschungsfelder der Europäischen Ethnologie, Berlin 1988.

Wilfried von Bredow und Hans-Friedrich Foltin: Zwiespältige Zufluchten. Zur Renaissance des Heimatgefühls, Bonn 1981,

Werner K. Blessing: Deutschland in Not, wir im Glauben, in: Martin Broszat u. a. (Hg.): Von Stalingrad zur Währungsreform. Zur Sozialgeschichte des Umbruchs in Deutschland, München 1988, S. 3–111.

Martin Broszat, Klaus-Dietmar Henke und Hans Wolter (Hg.): Von Stalingrad zur Währungsreform. Zur Sozialgeschichte des Umbruchs in Deutschland. München 1988.

– Massendokumentation als Methode zeitgeschichtlicher Forschung, in: Vierteljahreshefte für Zeitgeschichte 2/1954, S. 202–213.

Der Bundesminister des Inneren: betrifft: Eingliederung der Vertriebenen, Flüchtlinge und Kriegsgeschädigten, Bonn 1982.

Frauke Dettmer: Konflikte zwischen Flüchtlingen und Einheimischen nach Ende des Zweiten Weltkrieges, in: Jahrbuch für Ostdeutsche Volkskunde 26/1983, S. 311–324.

Wilhelm Dilthey: Der Aufbau der geschichtlichen Welt in den Geisteswissenschaften, 5. Aufl., Stuttgart/Göttingen 1968.

Dokumentation der Vertreibung der Deutschen aus Ost-Mitteleuropa. In Verbindung mit Adolf Diestelkamp, Rudolf Laun, Peter Rassow und Hans Rothfels

bearbeitet von Theodor Schieder. 5 Bände. Herausgegeben vom Bundesministerium für Vertriebene 1954, Nachdruck 1984.
Paul Erker: Revolution des Dorfes?, in: Broszat u.a. (Hg.): Von Stalingrad zur Währungsreform. München 1988, S. 367–425.
Ingeborg Esenwein-Rothe: Die Eingliederung der Flüchtlinge in die Stadtstaaten Bremen und Hamburg, Berlin 1955.
Marion Franzjoch: Die Vertriebenen. Hemmnisse, Antriebskräfte und Wege ihrer Integration in die Bundesrepublik Deutschland, Berlin 1987.
Helge Gerndt: Studienskript Volkskunde, München 1990.
Ina-Maria Greverus: Der territoriale Mensch. Ein literaturanthropologischer Versuch zum Heimatphänomen, Frankfurt a.M. 1972.
– Heimweh und Tradition, in: Schweizerisches Archiv für Volkskunde 61/1965, S. 1–31.
– Auf der Suche nach Heimat, München 1979.
Josef Hanika: Volkskundliche Wandlungen durch Heimatverlust und Zwangswanderung, Salzburg 1957.
– Ortsuntersuchungen zur Eingliederungsforschung, in: Jahrbuch für Volkskunde der Heimatvertriebenen 1/1955, S. 186–197.
Andreas Hartmann und Sabine Künsting (Hg.): Grenzgeschichten. Berichte aus dem deutschen Niemandsland, Frankfurt a.M. 1990.
Louis Ferdinand Helbig: Der ungeheure Verlust. Flucht und Vertreibung in der deutschsprachigen Belletristik, Wiesbaden 1988.
Hilfswerk der Evangelischen Kirchen in Deutschland (Hg.): Die Lebensverhältnisse in Deutschland 1947, Stuttgart Juni 1947.
Everhard Holtmann: Politik und Nichtpolitik. Lokale Erscheinungsformen politischer Kultur im frühen Nachkriegsdeutschland, Opladen 1989.
Wolfgang Jacobmeyer: Vom Zwangsarbeiter zum Heimatlosen Ausländer. Die Displaced Persons in Westdeutschland 1945–1951, Göttingen 1985.
Jahrbuch für Volkskunde der Heimatvertriebenen. Ab Band 7 1962/63 als „Jahrbuch für Ostdeutsche Volkskunde".
Utz Jeggle: Die Sage und ihre Wahrheit, in: Der Deutschunterricht 39/1987, Heft 6, S. 37–50.
Hiddo M. Jolles: Zur Soziologie der Heimatvertriebenen und Flüchtlinge, Köln/Berlin 1965.
Alfred Karasek-Langer: Volkskundliche Erkenntnisse aus der Vertreibung und Eingliederung der Ostdeutschen, in: Jahrbuch für Volkskunde der Heimatvertriebenen 1/1955, S. 11–65.
Johannes Kaps (Hg.): Die Tragödie Schlesiens 1945/46, München 1952/53.
Adolf Kindermann: Religiöse Wandlungen und Probleme im katholischen Bereich, in: Lemberg/Edding (Hg.): Die Vertriebenen in Westdeutschland, Band III, Kiel 1959, S. 92–158.
Martin Kornrumpf: In Bayern angekommen. Die Eingliederung der Vertriebenen, Zahlen – Daten – Namen, München/Wien 1979.
Christian Graf von Krockow: Heimat. Erfahrungen mit einem deutschen Thema, Stuttgart 1989.
Albrecht Lehmann: Das Leben in einem Arbeiterdorf, Stuttgart 1976.
– Erzählstruktur und Lebenslauf, Frankfurt a.M./New York 1983.

– Krieg – Urlaub – Gastarbeiter. Zur Erfahrung „des Ausländers" in der Lebensgeschichte von Hamburger Arbeitern, in: Archiv für Sozialgeschichte XXIV/1984, S. 457–480.
– Gefangenschaft und Heimkehr. Deutsche Kriegsgefangene in der Sowjetunion, München 1986.
– Flüchtlingserinnerungen im Erzählen zwischen den Generationen, in: BIOS 2/1989, S. 183–206.
– Erzählen zwischen den Generationen, in: Fabula 30/1989, S. 1–25.
– Der Schicksalsvergleich, in: Verhandlungen des 27. Deutschen Volkskundekongresses 1989 (im Druck).
Hans Georg Lehmann: Der Oder-Neiße Konflikt, München 1979.
Eugen Lemberg und L. Krecker (Hg.): Die Entstehung eines neuen Volkes aus Binnendeutschen und Ostvertriebenen, Marburg 1950.
– Friedrich Edding (Hg.): Die Vertriebenen in Westdeutschland. Ihre Eingliederung und ihr Einfluß auf Gesellschaft, Wirtschaft, Politik und Geistesleben, 3 Bände, Kiel 1959.
Werner F. Leopold: Das Deutsch der Flüchtlingskinder, in: Zeitschrift für Mundartforschung 28/1961, S. 289–310.
Kurt Lück: Der Mythos vom Deutschen in der polnischen Volksüberlieferung und Literatur. Forschungen zur deutsch-polnischen Nachbarschaft im ostmitteleuropäischen Raum, 2. Aufl., Leipzig 1943.
Paul Lüttinger: Der Mythos von der schnellen Integration, in: Zeitschrift für Soziologie 15/1986, S. 20–36.
Alexander und Margarete Mitscherlich: Die Unfähigkeit zu trauern. Grundlagen kollektiven Verhaltens, München 1967.
Sybille Meyer und Eva Schulze: Wie wir das alles geschafft haben. Alleinstehende Frauen berichten über ihr Leben nach 1945, 3. Aufl., München 1985.
– „Als wir wieder zusammen waren, ging der Krieg im Kleinen weiter", in: Niethammer/von Plato (Hg.): „Wir kriegen jetzt andere Zeiten", S. 305–326.
Heidi Müller: ‚Bunzlauer Geschirr' nach 1945, in: dies. u. a. (Hg.): Bunzlauer Geschirr. Gebrauchsware zwischen Handwerk und Industrie, Ausstellungskatalog, Berlin 1986, S. 205–227.
Karl Valentin Müller: Heimatvertriebene Jugend. Eine soziologische Studie zum Problem der Sozialtüchtigkeit des Nachwuchses der heimatvertriebenen Bevölkerung, Kitzingen – Main 1953.
Hans Naumann: Grundzüge der deutschen Volkskunde, Leipzig 1922.
Lutz Niethammer: Privat-Wirtschaft. Erinnerungsfragmente einer anderen Umerziehung, in: ders. (Hg.): „Hinterher merkt man, daß es richtig war, daß es schiefgegangen ist", Berlin/Bonn 1983, S. 17–105.
– Alexander von Plato (Hg.): „Wir kriegen jetzt andere Zeiten". Auf der Suche nach der Erfahrung des Volkes in nachfaschistischen Ländern, Berlin/Bonn 1985.
– Flucht ins Konventionelle? in: Schulze u. a. (Hg.): Flüchtlinge und Vertriebene in der westdeutschen Nachkriegsgeschichte, S. 316–323.
Elisabeth Pfeil: Der Flüchtling – Gestalt einer Zeitenwende, Hamburg 1948.
Barbara Pischel: Zur volkstümlichen Metaphysik deutscher Heimatvertriebener, in: Jahrbuch für Volkskunde der Heimatvertriebenen 5/1959/60, S. 63–96.

Alexander von Plato: Fremde Heimat, in: Niethammer/Plato (Hg.): „Wir kriegen jetzt andere Zeiten", Berlin/Bonn 1985, S. 172–219.
– und W. Meinecke: Die Last des Schweigens. Flüchtlinge, Vertriebene und Umgesiedelte in der sowjetischen Besatzungszone und in der DDR, Berlin 1991.
Gerhard Reichling: Flucht und Vertreibung der Deutschen, in: R. Schulze u.a. (Hg.): Flüchtlinge und Vertriebene in der westdeutschen Nachkriegsgeschichte, S. 46–56.
Lutz Röhrich: Sage, 2. Aufl., Stuttgart 1971.
– Sabine Wienker-Piepho (Hg.): Storytelling in Contemporary Societies, Tübingen 1990.
Hartmut Rudolph: Evangelische Kirche und Vertriebene 1945 bis 1972, 2 Bände, Göttingen 1984 und 1985.
Helmut Schelsky: Die Flüchtlingsfamilie, in: Kölner Zeitschrift für Soziologie 3/1950.
– Wandlungen der deutschen Familie in der Gegenwart, Dortmund 1953.
Theodor Schieder: Die Vertreibung der Deutschen aus dem Osten als wissenschaftliches Problem, in: Vierteljahreshefte für Zeitgeschichte 8/1960, S. 1–16.
Roderich Schmidt: Graslitz, Karlsheim a.M. 1983.
Franz Scholz: Wächter, wie tief die Nacht? Görlitzer Tagebuch 1945/46, Eltville 1986.
Hans Joachim Schröder: Kasernenzeit. Arbeiter erzählen von der Militärausbildung im Dritten Reich, Frankfurt a.M./New York 1985.
– Die gestohlenen Jahre. Erzählgeschichten und Geschichtserzählung im Interview. Der Zweite Weltkrieg aus der Sicht ehemaliger Mannschaftssoldaten, Habil., Hamburg 1989 (im Druck).
Hans Schuhladen und Georg R. Schroubek (Hg.): Nahe am Wasser. Eine Frau aus dem Schönhengstgau erzählt aus ihrem Leben, München 1989.
Rainer Schulze, Doris von der Brelie-Lewien und Helga Grebing (Hg.): Flüchtlinge und Vertriebene in der westdeutschen Nachkriegsgeschichte, Hildesheim 1987.
Herbert Schwedt: Heimatvertriebene in württembergischen Landgemeinden, in: Jahrbuch für Ostdeutsche Volkskunde XII/1969, S. 27–40.
Peter-Heinz Seraphim: Die Heimatvertriebenen in der Sowjetzone, Berlin 1954.
Jürgen Thorwald: Es begann an der Weichsel, 1. Aufl., Stuttgart 1950 und Ausgabe München 1979.
U. Tolksdorf: Volksleben in den Ermländersiedlungen der Eifel, Marburg 1967.
– Die neuen Fischersiedlungen nach 1945 in Schleswig-Holstein, in: Jahrbuch für Ostdeutsche Volkskunde 30/1987, S. 56–93.
Bernd Jürgen Warneken: Populare Autobiographik. Empirische Studien zu einer Quellengattung der Alltagsgeschichtsforschung, Tübingen 1985.
Ingeborg Weber-Kellermann: Zur Interethnik. Donauschwaben, Siebenbürger Sachsen und ihre Nachbarn. Frankfurt 1978.
Oliva Wiebel-Fanderl: „Frömmigkeit war nicht Inbrunst, sondern Brauch". Die Bedeutung von Brauchtum und Ritus für die religiöse Beheimatung, in: Beiträge zur historischen Sozialkunde, Wien 19/1989, S. 104–110.
Gerhard Ziemer: Deutscher Exodus. Vertreibung und Eingliederung von 15 Millionen Ostdeutschen, Stuttgart 1973.

VIII. Bildquellenverzeichnis

Archiv Andres, Hamburg: Seiten 42, 43, 44, 57, 58, 59, 60, 61, 62, 63, 64, 65, 206, 207, 218, 219, 223.
Privatbesitz: Seiten 37, 106, 139 (3), 141, 142. – Mit Erlaubnis von Informantinnen und Informanten veröffentlicht.
Wolfgang Borchardt, Hamburg: Seiten 104, 138.
Ulrich Tolksdorf, Kiel: S. 107 (2).

Buchanzeigen